中国移民史

葛剑雄 主编

第三卷 隋唐五代时期

吴松弟 著

复旦大学出版社

目 录

第一章　隋唐五代移民的社会与自然背景 ……………………… 1
第一节　隋帝国 ………………………………………………………… 2
第二节　唐帝国 ………………………………………………………… 3
第三节　五代十国 ……………………………………………………… 6
第四节　自然环境的变迁 ……………………………………………… 8

第二章　周边民族的内迁：迁移背景、北方民族 …………… 10
第一节　周边民族内迁的背景 ………………………………………… 10
　一　边疆环境和唐的胡化流风 ……………………………………… 10
　二　移民的安置 ……………………………………………………… 12
　三　迁移阶段 ………………………………………………………… 14
第二节　突厥族的内迁 ………………………………………………… 15
　一　迁移过程 ………………………………………………………… 16
　二　移民分布 ………………………………………………………… 23
第三节　铁勒诸部的内迁 ……………………………………………… 36
　一　迁移过程 ………………………………………………………… 37
　二　移民分布 ………………………………………………………… 43
第四节　稽胡的迁移 …………………………………………………… 50

第三章　周边民族的内迁：西方民族 ... 52

第一节　青藏高原民族的内迁 ... 52
　　一　吐谷浑的内迁 ... 52
　　二　吐蕃族的迁移 ... 59
　　三　党项族的内迁 ... 66

第二节　西域胡人的内迁 ... 73
　　一　丝绸之路上的西域移民 ... 74
　　二　经草原和海路迁入的西域移民 ... 88
　　三　移民分布 ... 93
　　四　小结 ... 97

第三节　云南民族的迁移 ... 99

第四章　周边民族的内迁：东北方民族 ... 103

第一节　朝鲜半岛人口的西迁 ... 103
　　一　初唐时期高丽人和百济人的西迁 ... 104
　　二　晚唐时期新罗人的西迁 ... 107
　　三　各时期因入侍、求法和求学等原因的西迁 ... 109

第二节　契丹、奚、靺鞨等族人民的内迁 ... 111
　　一　契丹人和奚人的内迁 ... 111
　　二　靺鞨人的内迁 ... 115
　　三　室韦人和鞑靼人的内迁 ... 117

第三节　日本人的迁入 ... 120

第五章　周边民族的内迁：移民影响（上） ... 123

第一节　移民与经济 ... 124
　　一　移民数量与北方的人口增长 ... 124
　　二　移民与边区经济 ... 127
　　三　移民与域外作物和生产技术的传入 ... 133
　　四　移民与商业 ... 136

第二节	移民与政治	139
一	扩张性迁移与中原政治	140
二	边族内迁与唐代的羁縻州制度	142
三	唐代的蕃兵蕃将	143
四	移民与唐后期、五代的政治	146

第六章	周边民族的内迁：移民影响（下）	151
第一节	音乐舞蹈	151
一	朝野盛行胡部乐舞	152
二	流播过程	155
三	移民和胡部乐舞的流传	158
第二节	服饰和食物	160
一	服装	160
二	妇女化妆样式	162
三	食物	164
第三节	宗教	165
第四节	语言、科技、医药、绘画和社会风尚	170
第五节	移民的汉化	177

第七章	汉族人口向边疆的迁移	181
第一节	迁移原因	181
第二节	漠南地区	186
第三节	河西走廊	188
第四节	西域地区	190
第五节	青藏高原	197
第六节	云南地区	201
第七节	东北地区	205

第八章	唐后期五代北方人的南迁：迁移过程	207
第一节	安史之乱阶段北方人的南迁	209

一　迁移过程 209
　　二　迁移规模和乱后人口的北归 215
第二节　藩镇割据阶段北方人的南迁 221
第三节　唐末战争阶段北方人的南迁 225
　　一　迁移背景 225
　　二　迁移经过 228
第四节　五代十国阶段北方人的南迁 233
　　一　为避战乱而南迁 234
　　二　因不为所容而南迁 235
　　三　改朝换代之际前朝人物被迫南迁 236
　　四　因战败、被掠南迁 236
　　五　因军事需要而南迁 237
第五节　小结 237

第九章　唐后期五代北方人的南迁：移民分布（上） 241

第一节　江南 242
第二节　淮南 258
第三节　江西 266
第四节　福建 276

第十章　唐后期五代北方人的南迁：移民分布（下） 289

第一节　荆襄 290
第二节　湖南 296
第三节　岭南 303
第四节　蜀汉 309
第五节　移民分布总结和迁移路线 331

第十一章　唐后期五代北方人的南迁：移民影响（上） 336

第一节　移民与南方人口 336
第二节　移民与南方的生产技术 340

第三节	移民与南方各区域的经济开发	342
第四节	南方发展和我国经济重心的南移	351
第五节	移民与唐后期赋役制度的改变	355
第六节	移民与政治	357

第十二章　唐后期五代北方人的南迁：移民影响（下） … 362

第一节	移民与北方音乐舞蹈的南传	362
第二节	移民与北方绘画技术的南传	366
第三节	移民与南方的文学、思想和科技	370
第四节	移民与南方的生活习俗	374
第五节	移民与家族制度的变化	376
第六节	移民与南方文化水平的提高	378
第七节	移民与南方各区域文化的发展	383

第十三章　其他迁移 … 389

第一节	隋代两京地区的外来移民及其文化影响	389
一	迁移状况	390
二	文化影响	396
第二节	唐五代京畿地区的移民	401
一	唐代对都城的移民	401
二	五代实洛阳和开封	404
第三节	隋唐之际的避乱迁移	405
第四节	唐前期逃户的迁移	409
第五节	唐后期五代北方地区人口的迁移	413
一	安史之乱时期	413
二	藩镇割据时期	415
三	唐末战争时期	417
四	五代时期	420
第六节	唐后期五代南方地区汉族的迁移	421
第七节	隋唐五代南方非汉族人的迁移	426

参考文献 …………………………………………………………… 430

卷后记 ……………………………………………………………… 439

表目

表 2-1	突厥移民实例 ……………………………………………	30
表 2-2	铁勒移民实例 ……………………………………………	47
表 3-1	吐谷浑移民实例 …………………………………………	56
表 3-2	吐蕃移民实例 ……………………………………………	64
表 3-3	西域移民实例 ……………………………………………	76
表 8-1	北返或死后归葬北方的移民 ……………………………	217
表 8-2	列表移民的区域和时代 …………………………………	238
表 9-1	唐后期五代南迁的北方移民实例（江南部分） ………	244
表 9-2	唐后期五代南迁的北方移民实例（淮南部分） ………	262
表 9-3	唐后期五代南迁的北方移民实例（江西部分） ………	269
表 9-4	唐天宝至元和间户数有增长之州 ………………………	275
表 9-5	唐后期五代南迁的北方移民实例（福建部分） ………	278
表 10-1	唐后期五代南迁的北方移民实例（荆襄部分） ………	294
表 10-2	唐后期五代南迁的北方移民实例（湖南部分） ………	297
表 10-3	唐后期五代南迁的北方移民实例（岭南部分） ………	304
表 10-4	唐后期五代南迁的北方移民实例（蜀汉部分） ………	312
表 11-1	西汉至清南方占全国著籍户口数比重变化 ……………	337
表 11-2	唐天宝——北宋初南方各区域户数及在南方总人口中所占比重 ………………………………………………………	339
表 12-1	《宣和画谱》所载全国和蜀中的画家人数 ……………	367
表 12-2	唐代南、北方各类人才统计 ……………………………	378
表 12-3	《宋史》列传文臣的地域分布 …………………………	380
表 13-1	陈和后梁北迁移民实例 …………………………………	391

图目

图 2-1 唐玄宗时期突厥、铁勒和西域移民分布图 …………… 25
图 3-1 吐蕃、吐谷浑和党项移民的迁移 ……………………… 55
图 7-1 唐玄宗时期漠南、河西和今青藏高原东部的汉族主要聚居地 ……………………………………………………………… 187
图 7-2 唐玄宗时期西域地区的汉族主要聚居地 ……………… 193
图 10-1 唐后期五代南迁的北方移民分布图 …………………… 332
图 10-2 唐后期五代北方移民南迁路线 ………………………… 333

第一章

隋唐五代移民的社会与自然背景

自581年到960年为我国历史上的隋唐五代时期,本卷即叙述这个时期近400年的移民历史。

公元581年,外戚杨坚夺取北周政权,建立隋朝,数年后统一全国,结束了自西晋末年以来的分裂局面。但是,隋朝如同以往结束分裂、重建统一局面的秦朝、西晋一样,是一个短命的朝代,不久便被农民战争和继之而起的各支武装力量所推翻。经过一番苦战,李渊建立了唐王朝,我国开始进入封建社会的鼎盛阶段。安史之乱以后,唐朝由盛转衰。唐末经农民战争打击,唐朝灭亡,开始进入我国历史上又一个分裂时期——五代十国。

统一、分裂局面的交替出现,隋唐之际、安史之乱和唐末五代的战争,周边民族的大举内迁,以及为躲避沉重的赋役而形成的逃户,为本时期的移民提供了极其广阔和复杂的历史背景。为便于理解移民发生的空间和时间,需要首先简单介绍各时期的历史、疆域、政治、经济、人口和自然环境。

第一节

隋 帝 国

杨坚出身于西魏和北周的军事贵族家庭,北周时官至柱国大将军,女儿为北周宣帝皇后。大成元年(579年)年仅七岁的静帝继立,次年杨坚掌握军政大权。在依次平定各地的叛乱之后,大定元年(581年)杨坚夺取政权,建国号为隋,改元开皇,是为隋文帝。当时,东南仍在陈国和隋的附庸后梁的统治下,突厥势力强盛,屡屡侵犯北部边境。开皇三年,突厥分裂为东、西两个汗国,东突厥沙钵略可汗归附隋朝。七年,隋征后梁君臣入朝,梁亡。九年,隋军攻入建康,陈亡。自西晋末年以来近300年的分裂局面,至此结束。

隋朝在文帝和炀帝统治的前期,采取一系列有利于巩固统一、强化中央集权的措施。在官制方面,中央形成以尚书、内史、门下三省为行政中枢,设六部分掌全国政务的三省六部制。地方行政则改州、郡、县三级制为州、县两级制,以州统县,并废除500余郡,魏晋南北朝以来长期混乱的行政制度得到厘清。在选官制度方面,隋代废除保证门阀大族世袭权力的州郡辟举制和九品中正制,创立科举制度。此外,还改革了府兵制,调整了法律制度,在经济上则继续实行均田制。隋代的这些制度,适应了国家统一和门阀制度走向衰落的历史发展趋势,有利于巩固统一和加强中央集权,许多制度为后世所继承,产生了深远影响。

隋朝稳定时期的疆域大致相当于今青海积石山—青藏高原东缘山地—云南哀牢山一线以北,今蒙古国南端以南,今新疆罗布泊、哈密以东的广大地区。首都大兴城(即长安,在今陕西西安市)。隋炀帝即位以后,开始在洛阳(今属河南)营建东京城。大业元年(605年)以后,洛阳取代长安,成为隋朝的政治中心。以隋朝全境为统治范围的著籍户口数字，主要记载在《隋书·地理志》。大业五年(609年)，全国有郡190，县1 255，户8 907 546，口46 019 956。

隋炀帝时，曾对疆域包括今辽东半岛和朝鲜半岛的高丽发动三次大举进攻，均以失败而告终。战争给人民造成严重的灾祸，大业七年各地人民纷纷起义，反对暴政，豪强也乘乱而起。义宁二年(618年)，力量最大的李渊集团推翻隋朝，建立唐朝。

第二节

唐 帝 国

李渊建立唐朝以后，定都长安，改元武德。九年(626年)，李渊次子李世民发动宫廷政变，不久即位，是为唐太宗，次年改元贞观。自武德元年到贞观二年(628年)平定夏州，唐朝用了整整10年时间，重新实现全国统一。

贞观年间(627—649年)，唐太宗和群臣认真总结隋朝因滥用民力国祚甚短的历史教训，采取种种与民休息、轻徭薄赋的措施，使残破的经济开始得到恢复和发展；并攻灭东突厥和薛延陀，击败吐谷浑，将唐朝的势力伸入青海高原、西域和漠北地区。贞观二十三年太宗逝世，高宗李治即位，皇后武则天逐步登上政治舞台。高宗死后，她相继立过中宗李显和睿宗李旦。载初元年(690年)武则天废睿宗称帝，改国号为周，至神龙元年(705年)武则天死后始重建李氏唐朝。神龙以后，经过中宗和睿宗的短期统治，即进入玄宗李隆基的先天(712—713年)、开元(713—741年)和天宝(742—756年)时期。虽然政治有过重大变故，但贞观时的基本政策和做法仍被继承下来。唐玄宗励精图治，力求有所作为，在开元、天宝年间形成政治稳定、经济发展、文化繁荣的局面，被称为开、天之治，成为唐代的鼎盛时期，我国古代经济文化发展的高峰阶段之一。

唐朝政治制度基本继承隋朝。中央机构设中书、门下和尚书三省,尚书省下设吏、户、礼、兵、刑、工六部,负责实施政令,并以御史台作为监察机构,大理寺和刑部则是最高审判机构和司法行政机构。地方行政设州、县二级制,州设刺史,有时称郡,则设郡守;县设县令。县以下在农村实行乡里制,每100户为一里,设里正;五里为乡,设耆老。城市居民区称坊,设坊正。沿边和内地军事要地还设有都督府。府兵制是建立在均田制基础上的军事制度,全国设12个卫,下设折冲府,大多设在关中,充当府兵成为农民的一项沉重负担。在损益隋朝的《开皇律》基础上,唐朝形成自己的法律制度《唐律》。学校分京师学和州县学两种,科举制在选官制度中的作用不断提高,到中唐已成为主要选官途径。如果说隋代国祚甚短,来不及充分实施、完善这些制度的话,唐代则为其提供了良好的机会。

唐代的农业、手工业、商业都较前代有了较大的发展。各地兴修了很多水利工程,农民除了用传统的辘轳和桔槔汲水,还制成水车、筒车,用以灌溉地势较高的耕地,北方旱地还制成立井式水车。过去使用的直辕犁,已被改造成便于转弯的曲辕犁。水利灌溉事业和耕作技术的进步有利于提高单位面积产量。耕田面积不断增加,由于深入山区的广大逃户及其他移民的努力,有的地区"高山绝壑,耒耜亦满"[1]。手工业分官府、私营和农民家庭三种形态。官府手工业规模最大,劳动者对官府有人身依附关系,商品主要满足皇族、官僚和军队需要。私营手工业作坊产品均投入市场,有的雇有工匠,不过规模一般不大。家庭手工业主要产品是麻、丝等纺织品,除了供自己消费,也用于缴纳课调,只有很小一部分进入市场。以长安、洛阳为中心的驿传制度得到进一步的发展,差不多每30里置一驿。主要交通大道上还有接待客商的私人客肆。经济和交通的发达为商业提供良好条件,长安、洛阳、扬州、成都等主要城市商业繁盛,人口众多。

由于漠北、西域和东北民族的臣服,唐代疆域在北部和西部较隋代又有了新的扩展,是我国继西汉以后疆域面积最为广大的朝代。西

---

[1] 元结:《问进士·第三》,《全唐文》卷380,上海古籍出版社影印本,第1708页。

至咸海,北至贝加尔湖和外兴安岭,东到库页岛,都纳入唐朝的版图。唐在周边民族地区设都护府以统之,下再辖有都督府。随着唐朝影响力的日益增强,大批来自周边国家和地区的人民,因内附和经商、求学、出使、传教等原因进入中原,有的并定居下来。唐代也是中原经济文化影响在边疆扩大的重要时期。渤海、南诏、吐蕃等边疆民族建立的区域性政权,都受到中原文化的影响,并对所在地区和民族的发展作出贡献。

贞观年间全国人口不足 300 万户,但到百余年后的天宝十三载(754 年)增加到 900 余万户。如果加上逃户、隐户,人口最多时的实际户数大约在一千三四百万。贞观元年(627 年),唐划全国为 10 大监察区,称十道,即关内道、河南道、河东道、河北道、山南道、陇右道、淮南道、江南道、剑南道和岭南道。开元二十一年(733 年)以后,又将江南道分为江南东、江南西及黔中三道,山南道分为山南东、山南西二道,从关内道析出京畿道,从河南道析出都畿道,合为 15 道。同时,在边境设立节度使,用来统兵。

唐代是均田制走向崩溃的时代。由于农民受田不足和过重的赋役,逃户问题日益严重。均田制的崩溃导致建立在其基础上的府兵制动摇,唐不得不以长期戍守的长征健儿代替府兵,一些节度使因同士兵有稳固的统属关系且多兼管地方行政和财政,开始具备割据的基础。玄宗天宝十四载(755 年)十一月,身兼范阳、平卢和河东三镇节度使的安禄山,在范阳(今北京市)发动叛乱,很快攻下洛阳、长安等地。唐玄宗仓皇出逃蜀中,太子李亨在灵武(今宁夏灵武市境)即位,是为肃宗。肃宗征调西北军队,并借回纥兵,经七年的残酷战争,到代宗广德元年(763 年),叛军首领史朝义自杀,主要将领纷纷易帜,安史之乱结束。

安史之乱结束以后,易帜的安史叛将被唐朝任命为河北、山东各地区的节度使,其他唐朝军将也都委以节度使一职,藩镇制度推至全国。在各藩镇中,虽然有服从君命、臣事中央的人,但不少都具有不同程度的割据性。其中,最严重的是成德、卢龙、魏博等河朔三镇以及山东的淄青镇。这些节度使父死子继,自署将吏,财赋不纳中央,几同国中之国。唐朝后期,朝廷和节度使之间发生过多次战争,到宪宗时削藩达到高潮。但是,这些成果都不巩固,藩镇割据的局面始终存在着。同时,朝廷中宦官专政现象日益严重,还存在因仕途出身和政见不同而形成的党争,财政状况也一年比一年困难。

安史之乱不仅使无数的北方人民死于战火,也迫使大量的北方人民向南迁移。加上豪强庇护下的隐户,使旧有的建立在均田制基础上的租庸调制度因之破产。唐德宗时,开始实行两税法,废除租庸调和一切杂税,不论土户、客户一律就地落籍纳税,居无定处的行商则于所在郡县缴纳商税。当北方受到战争的严重破坏时,南方相对和平,加之北方人口迁入等原因,经济发展速度加快,成为唐后期朝廷漕粮和财政收入的主要来源地,文化也得到较快的发展。

僖宗乾符二年(875年),王仙芝、黄巢发动大规模的农民战争,给唐朝政权以最后的沉重打击。农民战争失败之后,全国陷入军阀混战的乱局。大批北方人民为避战乱再次向南方大举迁移,一些北方籍将领和士大夫也迁入南方。公元907年,朱温建立后梁政权,唐朝灭亡。

第三节

五 代 十 国

唐朝灭亡以后,在中原地区相继出现五个朝代和割据南方及河东的十国政权,合称五代十国。

五代是指后梁、后唐、后晋、后汉和后周。除后梁一个较短时期及后唐都洛阳,其他均定都开封。后梁建立者朱温本是黄巢农民军的将领,后归降唐朝,受封为宣武节度使,势力逐渐壮大。后梁建国以后,基本统一黄河流域。后唐、后晋、后汉和北汉的建立者都是内迁山西的沙陀族移民。唐末,沙陀族酋长李克用参加镇压黄巢农民军,被任命为河东节度使,开始割据河东。朱温灭唐建立后梁政权以后,李克用以拥护唐朝为名,与后梁交战不休。后来其儿子李存勖消灭长期跋扈的河北三镇,又灭掉后梁,统一华北。后晋、后汉的建立者石敬瑭、刘知远原来均任河东节度使,后晋是石敬瑭在契丹军队帮助下建立的,后汉则是刘知远在契丹灭晋北返时乘虚建立。后周建立者郭威原为后汉大将,后汉末乘乱率兵入开封建立后周。

十国是前蜀、后蜀、吴、南唐、吴越、闽、楚、南汉、南平(荆南)和北汉。除北汉建国今山西境内,都太原,其余九个国家都在南方。其中,前蜀、后蜀大致前后衔接,主要在今四川盆地和汉水流域,建都成都。吴、南唐前后相承,主要在今江苏、安徽两省的江南和江淮地区与江西省,都城分别在广陵(今江苏扬州市)和金陵(今南京市),南唐末年曾一度迁都洪州(今江西南昌市)。吴越主要在今浙江省、上海市和江苏的太湖以东地区,建都杭州。闽国占据今福建省境,建都福州。楚国主要在今湖南省,建都长沙。南汉拥有今广东和广西、海南,建都番禺(今广州市)。南平疆域最小,只拥有江陵府(治今湖北荆州市荆州区)及其周围数州。

契丹——辽是五代十国时重要的边疆区域政权。契丹族生活在今内蒙古东南部草原,在唐后期和五代开始得到发展。916年辽太祖耶律阿保机在今内蒙古西拉木伦河流域建契丹国,定都皇都(后改名上京临潢府,在今内蒙古巴林左旗南),947年改国号为辽。契丹在建国前已开始向外扩张,建国后继续向南深入汉地掳掠,将北方人民强行掳入境内。后唐末年,应河东石敬瑭之邀派兵南下,大破唐军,帮助建立后晋政权,石敬瑭割让幽、蓟、云等16个州予契丹。从此,契丹占领大致在今拒马河、内长城一线以北的北京市和天津市、河北省、山西省的北部地区,并以此为基地,南下牧马,插手中原政治。

五代各政权的交替,大多通过武力的方式实行,战争给人民的生命财产造成破坏,契丹的南下也给中原人民带来灾难。因此,在短短的半个世纪中,北方大小战事接连不断,加之黄河决溢泛滥等自然灾害,人口减少,经济残破。南方各国的统治者大多采取保境安民的政策,虽有时局部地区不免遭到一些内外战争的破坏,但相对华北而言破坏程度要轻得多,经济文化得到较快的发展。北宋统一南北时,原后周和北汉所在的华北地区人口约100万户,而南方各国所在地区达230万户。在古代从事简单生产劳动的前提下,人口数量的差异不仅对区域经济发展具有重大意义,也是经济差异的一个集中反映。

公元960年,后周殿前都点检赵匡胤在陈桥驿策动兵变,建立宋朝,五代十国结束,开始进入新的历史时期。

第四节

自然环境的变迁

人类的生活和生产劳动必然要对自然环境产生影响,而环境的变迁也要影响人类社会。总的说来,隋唐五代时期(6—10世纪)的自然环境变迁远无宋元以后剧烈,但也发生过一些变化[1]。

诗人元稹(779—831年)《和乐天秋题曲江》诗中谈到长安南部曲江池的梅。此外,黄河流域有若干地方的地名是为了纪念那里曾有梅树的生长。梅树只能抵抗-14℃的最低温度,据此推论公元8—9世纪气候较今稍为温和,湿润时期持续时间长,旱期持续时间短。

植被的破坏往往是山区过分开发的结果,而我国山区的大规模开发和森林的过分砍伐一般说来始于明清时期,在此以前总的说来森林植被破坏现象并不严重,主要集中在北方。隋唐五代森林植被变迁较大的地区,主要是:太行山中段山区,到北宋中期森林已大半遭到破坏;华北平原中南部地区,原始植被早在战国时期即已遭到破坏,此后因战争造成人口大量死亡等原因,出现过农田和次生植被的相互转化过程;浙江宁绍地区,由于农业垦殖和广泛种植茶叶,山区植被也遭到一定程度的破坏。

黄河自东汉王景治河以后到唐代中期,河水含沙量相对减少,加

---

[1] 本节所述基本依据中国科学院《中国自然地理》编委会:《中国自然地理·历史自然地理》,科学出版社1982年版。

之王景治河对河道稳定的重要作用,长期安流,下游河道比较稳定,决溢次数较少。但从7世纪中叶开始,下游的决溢逐渐增多。从7世纪中叶到10世纪初,决溢12次,而从10世纪初到11世纪40年代的140年中,决溢已达95次,说明黄河中下游的生态环境自五代以后已开始向不利于人类生产生活的方向转化。

与黄河流域相比较,南方河流的变迁程度很轻,对人类生产生活尚未构成威胁。环境的变迁主要表现在长江中游湖泊和太湖的变迁。曾存在于今湖北长江以北的云梦泽,魏晋南北朝时尚有三四百里方圆,唐宋时代已变为星罗棋布的小湖群。随着统一的云梦泽的消失,下荆江统一河床最后塑造完成。当云梦泽渐趋消亡的时候,长江以南的洞庭湖湖面却因地表沉降的扩展趋于扩大,将若干小湖吞并,连成汪洋水面,水的深度也不断增大,"八百里洞庭"一词开始出现于这一时期的诗文中。基于同样的原因,江西北部鄱阳湖的湖面也在不断扩展之中。同时,由于长江三角洲的不等量下沉和沿海地区泥沙的不断加积,太湖积水不畅,面积不断扩大。

隋炀帝定都洛阳,为了沟通南北交通,发河南、河北民百余万人,开通北起洛阳,南至今江苏盱眙县的通济渠,又发淮南民十余万疏通江淮间的邗沟,从而连接成贯通黄河、淮河、长江和钱塘江的大运河。中唐以后,长江中下游地区成为王朝漕粮和财政收入的主要来源地,大运河的畅通与否成为王朝安危的关键所在。

海岸线的变迁是环境变迁的一个方面。渤海湾海岸和苏北海岸的形成和发展受到黄河的深刻影响,由于东汉至唐中叶间黄河下游长期安流,岸线比较稳定。以苏北海岸而言,唐宋时海在盐城东不到一公里,到12世纪黄河南下夺淮以后海岸才开始淤涨。隋唐以后,由于长江流域山区加速开发促使水土流失,长江三角洲的海岸扩展更见迅速,到8世纪初海岸已到今上海黄浦江东,北宋时推进更远。我国钱塘江以南的海岸线属山地岩岸地带,长期是海水直拍山前的海域。唐宋以后,随着泥沙堆积和围海造田的进行,各沿海小平原,例如珠江三角洲、福州平原,开始了堆积发育的过程,从而促进了向东南沿海的移民活动。

第二章

周边民族的内迁：迁移背景、北方民族

隋唐五代时期，生活在周边地区的非汉民族继续向内地迁移，构成我国历史上自魏晋南北朝所谓"五胡乱华"后的又一次大规模的民族迁徙，对当时及以后的中国政治、经济、文化产生了重大影响。

第一节

周边民族内迁的背景

一 边疆环境和唐的胡化流风

隋代建立仅仅30余年便告结束。继之而起的唐代是我国封建社会的顶峰时期之一，国家强盛，疆域辽阔，文化灿烂。经过太宗贞观之治，残破的经济开始恢复，国力趋于强盛。到玄宗开元、天宝年间，进

入极盛时期。

自隋末以来,雄踞漠北的突厥趁中原混乱,不断南下牧马,侵入中原王朝的北部沿边。唐太宗时,随着国力的逐渐恢复开始对其作战,贞观四年(630年)一举平定东突厥,唐的影响进入大漠南北。不久,唐又向西发展,击败吐谷浑,并顺河西走廊进入西域地区。贞观末,薛延陀崛起漠北,复为唐军攻灭,铁勒各部纷纷降附。高宗时期,唐着力经营东方,派兵攻入朝鲜半岛,灭高丽和百济。以后,由于周边形势的变化和朝鲜半岛人民的反抗,唐被迫退入东北。随着唐在东北影响的扩大,契丹、奚、靺鞨等东北民族纷纷归附。吐蕃兴起以后,不断向北扩张,但在今青海省的东北部遇到唐军的顽强阻击。可以说,在安史之乱以前,唐朝疆域大体是稳定的,东到东北,西到葱岭,北迄大漠,南到南海,都在其统治或控制、影响下,国力臻于极盛。"是时中国强盛,自安远门西尽唐境万二千里,闾阎相望,桑麻翳野。"[1] 虽然此话有所夸张,但仍可看出极盛时期唐代经济繁荣、疆域辽阔的景况。

唐代承南北朝胡化流风,且不要说皇室的胡人血统,朝中的大臣将领也有不少人出身周边民族。在君臣的思想认识中,并无鲜明的华夷之分。作为一代明主的唐太宗尤其具有各民族平等的博大胸怀,他总结隋炀帝失败的经验教训,认为不能善待胡人是其中的一个方面。他说:"隋炀帝性好猜防,专信邪道,大忌胡人,乃至谓胡床为交床,胡瓜为黄瓜,筑长城以避胡,终被宇文化及使令狐行达杀之。"[2] 他表明自己决不这样做,他说:"自古皆贵中华,贱夷狄,朕独爱之如一,故其种落皆依朕如父母。"[3] 又表示:"我在,天下四夷有不安安之,不乐乐之,如骥尾受苍蝇,可使日千里也。"[4]

由于生活环境的差异,汉族与周边非汉族在文化上存在着较大的区别。历史上汉族的君主大多以坚持中原文化的纯正为理由,反对"以夷乱夏",即盲目拒绝非汉族文化进入中原。唐代君主对待非汉族

---

[1] 司马光等:《资治通鉴》卷216,玄宗天宝十二载八月,中华书局点校本,第6919页。
[2] 吴兢:《贞观政要集校》卷6"慎所好第二十一",上海古籍出版社点校本,第195页。
[3] 《资治通鉴》卷198,太宗贞观二十一年五月,第6247页。
[4] 《新唐书》卷217下《回鹘传》,中华书局点校本,第6139页。

文化,表现出与众不同的"容纳百川"的气魄。贞观十二年(638年),波斯的景教徒阿罗本来到长安,要求在此设寺传教,获得唐太宗同意。太宗的理由是:"道无常名,圣无常体,随方设教,密济群生。"[1] 换言之,不仅中国的"道"和圣人能普济群生,来自异方殊域的"道"和圣人也能如此。因此,他认为景教"元妙无为,生成立要,济物利人,宜行天下"[2]。

由于唐君臣能以比较平等的态度对待周边民族,中原对周边地区的吸引力较前增强,唐天子被周边各族称为皇帝天可汗,一批又一批的周边民族成员前来中原朝贡、经商或求学,因而定居中原。安史乱后,鲍防赋《杂感》诗,以"汉家"喻唐朝,表达自己对盛唐的怀恋心情:

> 汉家海内承平久,万国戎王皆稽首。
> 天马常衔苜蓿花,胡人岁献葡萄酒。
> 五月荔枝初破颜,朝离象郡夕函关。[3]

隋唐时代是周边民族之间争战较为频繁的时期。漠北的东突厥和其他民族,薛延陀和回鹘,黠戛斯和回鹘,青藏高原的吐蕃和吐谷浑、党项,东北的契丹和奚,都曾发生过严重的民族斗争。由于唐朝在周边民族中的崇高威信,斗争中失败的一方如果在本地无法立足,往往投附唐朝,迁入中原沿边地区。同时,有的民族内部不同部落之间也会发生严重的利益之争,如有一方无法立足被迫外迁,中原沿边也常成为其首选之地。

二 移民的安置

迁入中原的周边民族人数很多,如何安置内迁的大批周边民族移民,成为当时的一个重要政治问题。

---

[1] 王溥:《唐会要》卷49《大秦寺》,上海古籍出版社点校本,第1011页。
[2] 《唐会要》卷49《大秦寺》,第1012页。
[3] 载《全唐诗》卷307,中华书局点校本,第3485页。

贞观四年(630年),唐太宗采纳中书令温彦博"全其部落,顺其土俗,以实空虚之地,使为中国扞蔽"的建议,将来降的东突厥部众安置在广阔的沿边地区,设顺、祐、化、长四州都督府以统其部众。内迁的部落首领分别封为将军、中郎将等官,布列朝廷[1]。此后,唐对集体内迁的周边民族大多采取了类似的做法,广设羁縻府州,"即其部落列置州县。其大者为都督府,以其首领为都督、刺史,皆得世袭"[2],实行比较多的自治政策。并将内迁移民组织为军队,以其部落首领或杰出者为将,让他们率领军队戍守边疆,并参加在边疆和内地的各种军事行动。

内迁部落在沿边地区一般有自己的住地,不与汉人杂居,在某种情况下还不许可汉人进入所在地。宣宗大中六年(852年)六月,河东节度使李业放纵属下侵掠境内的杂虏,"又妄杀降者,由是北边扰动"。韦宙任河东节度副使以后,采取措施进行弥补,措施之一就是"禁唐民毋得入虏境侵掠,犯者必死"[3]。

对那些零散迁入的移民,唐朝往往将之安置在中原土地较多的宽乡,并采取"给复十年"即在十年内不承担徭役的优惠[4]。如果所在地遭遇自然灾害,这些移民同汉人一样得到优抚矜恤。唐玄宗时河北许多地方水灾严重,朝廷遣使安抚,安抚对象就有"诸蕃投降人"[5]。

周边各国为了取得朝廷的信任,以确保国家安全王位稳固,常常派王族成员到朝廷充当质子,即所谓的"入充侍卫"。对这些质子,朝廷一般封其为将军等职,并给以种种优厚待遇。有的质子留数月即返归本国,有的长留不去,甚至世代留居,实际已成为移民。玄宗开元二年(714年)闰五月下诏说:"今外蕃侍子,久在京国……宜命所司勘会诸蕃充质宿卫子弟等,量放还国。"[6]如果居唐的诸蕃质子人数不多,是不会颁此诏令的。

---

1 《资治通鉴》卷193,贞观四年四月,第6078页。
2 《新唐书》卷43下《地理志》,第1119页。
3 《资治通鉴》卷249,第8051页。
4 《新唐书》卷51《食货志》,第1343页。
5 玄宗:《宣慰河北州县制》,载《全唐文》卷23,第111页。
6 载《册府元龟》卷996外臣部"纳质"。

此外,新罗、日本等国都有一些僧侣入唐学法,学成后留唐不归。朝廷下令:"新罗、日本僧入朝学问,九年不还者编诸籍。"[1] 即编入僧籍,成为唐朝子民。

周边民族移民上层迁入中原以后,只要忠于朝廷并为其效劳,差不多都在朝廷或地方上担任一定级别的职务,得到各种封号,享有汉族贵族具有的权势,甚至还有一些世代尊贵的家庭。来自吐蕃的论氏家庭即其中的一个。武周圣历二年(699年)论弓仁率部来降,以后累迁至左骁卫大将军,其子论诚节曾任右领军卫大将军,其孙论惟贤和论惟明均任节度使,论惟贞任左领军卫大将军。其重孙论辅鼎、论倜和论偘地位虽不如祖先,仍分别担任县丞、县尉和右领军卫骑曹参军[2]。《资治通鉴》卷254载,僖宗中和元年(881年)论百率吐蕃军擅自从百井(今山西阳曲县东北)退兵,为郑从谠处斩,论百很可能也是论弓仁的后裔。据此,自论弓仁迁入中原以后的200多年中,论氏子弟主要在军队供职,担任较高的职务,自然也享有相应的政治经济上的好处。类似论氏这样的上层移民家庭,在唐代为数甚多,只要翻翻二、三、四各章所附的《移民实例》,即可得出这一认识。

三 迁移阶段

约三四百年的周边民族内迁,依迁移的动因和影响,可约略分为三个阶段。

隋初至唐天宝十四载(755年)安史之乱爆发为第一阶段。除了隋末唐初外,大部分时间均处于唐朝的鼎盛时期,社会经济文化高度发达,国力强盛,中原在边疆的影响较前大大加强。周边民族内迁,主要分为被唐朝灭国后内迁,和因本族或外部强敌进攻主动内迁寻求保护两种,因仰慕内地先进的经济文化生活而零散内迁的人也很多。这一阶段的移民规模很大,仅贞观四年内迁的周边民族移民及自边

---

[1] 《唐会要》卷49《僧籍》,第1011页。
[2] 见表3-2。

外归来的中原汉人便达120万人[1]。

安史之乱至贞元初年(785年)为第二阶段。一方面,原先迁居中原边缘地区的周边民族成员,由于参加安史叛军或唐军在中原作战,深入到黄河中下游等中原腹心地区。例如河北道的幽州、营州境内,原有17个由东北降胡组成的羁縻州,"安禄山之乱,一切驱之为寇,遂扰中原。至德之后,入据河朔,其部落之名无存者"[2]。另一方面,吐蕃等族趁唐朝边备空虚,自边疆进入中原沿边,进而深入中原腹地。经过此两方面的迁移,北部地区,无论是中原沿边,还是河南、河北南部等腹心区域,都有了一定数量的周边民族移民。刘商诗"一朝虏骑入中国,苍黄处处逢胡人"[3],即反映了这种现象。

贞元初年至五代末(785—960年)为第三阶段。除吐蕃继续东侵,一些原已内迁的民族向新的区域迁移外,因边疆民族之间争战加剧又发生新的内迁。契丹族崛起之后,原先生活在今内蒙古东部的奚、黑车子室韦、鞑靼等族受到攻劫,不得不向长城一线迁移。文宗开成四年(839年),回鹘内部分裂,黠戛斯乘机进攻,迫使回鹘各部撤离漠北,分几路外迁,河北、河东的沿边地区和河西走廊就是其主要迁入地之一。

第二节

突厥族的内迁

隋和唐前期,以大漠(今蒙古高原大沙漠)南北和葱岭(今帕米尔高原)东西为基本生活区域的突厥族,在政治舞台上极为活跃,不仅多

---

[1] 据杜佑:《通典》卷7(万有文库本)和《新唐书》卷51《食货志》。二书所载事实和年代有所不同,有关分析详见本卷第五章第一节。
[2] 《旧唐书》卷39《地理志》,中华书局点校本,第1527页。
[3] 刘商:《胡笳十八拍·第一拍》,《全唐诗》卷23,第300页。

次与中原王朝发生战争与对抗,在和平时包括和亲和贸易等内容的双方的联系也比较频繁。在交往过程中,大批突厥人由于种种原因迁入中原王朝的北部沿边地区,从而对中原地区的政治经济文化产生一定的影响。

有关突厥这个概念的外延和内涵比较混乱,一些历史文献有时将铁勒、粟特等臣属于突厥的民族也包括在内。本卷采纳薛宗正先生的说法,所说的突厥,系以阿史那氏为中心,以 Türk 为共名的蓝突厥以及执失、苏农、苏尼失、奴剌等少数久已忠于阿史那氏且关系十分密切的异姓突厥部落[1],不包括铁勒九姓与粟特人。

一 迁移过程

南北朝末期,突厥力量开始壮大,至木杆可汗时期(553—572年),领地"东自辽海(今辽河上游)以西,至西海(今里海),万里;南至沙漠(即大漠)以北,至北海(今贝加尔湖),五六千里"[2],开始骚扰中原王朝的北方边境。约在隋文帝开皇三年(583年),分裂为东、西二部,后分别称为东突厥和西突厥。西突厥主要活动在葱岭东西,东突厥主要活动在大漠南北。

开皇五年,东突厥沙钵略可汗"既为(西突厥可汗)达头所困,又东畏契丹",遣使向隋朝告急,经同意率部落南迁漠南,寄居白道川(在今内蒙古呼和浩特市西北);七年,又"请猎于恒(州,治今河北正定市南)、代(州,治今山西代县)之间",亦获得许可[3]。在隋朝的支持下,东突厥力量复振,两年后重新建牙帐于漠北。

自开皇十七年(597年)始,东突厥已进行若干年的内战加剧。都蓝可汗归降于西突厥达头可汗,与之合攻北面小可汗突利。十九年春,突利部被击败,被迫南下附隋[4]。十月,隋册封突利为启民可汗,

---

[1] 参见薛宗正:《突厥史》,中国社会科学出版社1992年版,第24、29页。关于突厥史的分期,本卷亦采用此书的观点。
[2] 《北史》卷99《突厥传》,中华书局点校本,第3287页。
[3] 《隋书》卷84《突厥传》,中华书局点校本,第1869—1870页。
[4] 《资治通鉴》卷178,第5563页。

下有万余人,不久漠北部落归之者益众。隋为启民筑大利城(在今内蒙古和林格尔县西北)以安之,后因受都蓝侵掠,复移居于黄河以南的夏、胜二州之间(今内蒙古河套以南地区),东、西两面至黄河,南北400余里,外掘以横堑[1]。当年十二月,都蓝为部下所杀,漠北大乱,隋派兵进攻漠北并派人招抚,降者达万余家[2]。

仁寿元年(601年),突厥步迦可汗(即达头可汗)率部犯塞,隋军与启民部落全力反攻,击败步迦可汗,"自是突厥远遁,碛南无复虏庭"[3]。由于漠北频遭战乱,一些牧民南下归附于隋或投启民,仅在当年五月便有"突厥男女九万口来降"[4]。仁寿三年,因铁勒诸部反叛,步迦在漠北无法立足,被迫降于启民,部众或西奔吐谷浑,或南下归附启民,启民于是尽有步迦之众,统一东突厥[5]。

大业前期,西突厥在处罗可汗的统治下。五年(609年),炀帝西巡河西,在燕支山会见高昌王和西域诸国首领,处罗借故不赴,炀帝大怒。七年,隋挑动西突厥酋长射匮袭击处罗,处罗大败,率残部东迁。次年,隋将其部众一分为三,处罗率500骑随炀帝出巡,其余二部分别居住在会宁郡(治今甘肃靖远县)和楼烦郡(治今山西静乐县)[6]。

唐朝初年,东突厥大力支持北方的反唐武装,并多次派重兵侵入关中、河东、河北等地区,威胁着新成立的唐政权。唐朝统一华北以后,利用大漠南北因薛延陀、回鹘反叛东突厥所产生的严重内乱,开始平定东突厥的军事行动。这一行动引发了东突厥的迁移。

贞观三年(629年),唐派大将李靖、李勣等人分路出兵,进攻东突厥。当年十二月,"突利可汗及郁射设、荫奈特勤等并率所部来奔"[7]。四年二月,唐军灭东突厥,李靖和李勣两部分别俘突厥男女10余万和5万余人自阴山以北南归[8]。突厥首领苏尼失,督部落5万余家,牙帐

---

1 《资治通鉴》卷178,开皇十九年十月,第5568—5569页。
2 《隋书》卷74《赵仲卿传》,第1697页。
3 《隋书》卷48《杨素传》,第1286页。
4 《隋书》卷2《高祖纪》,第46页。
5 《资治通鉴》卷179,第5600页。
6 《隋书》卷84《西突厥传》,第1879页;《旧唐书》卷194下《突厥传》,第5180页。
7 《旧唐书》卷194上《突厥传》,第5159页。
8 《资治通鉴》卷193,第6073页。

设于灵州(治今宁夏吴忠市北),亦于三月间举众来降;颉利可汗此时也被捉获;突厥的其余部众,"或北附薛延陀,或西奔西域"[1]。

东突厥灭亡之后,唐朝在东自幽州(治今北京城西南)西至灵州的沿边地区设顺、祐、化、长四州都督府;又分颉利之地为六州,左置定襄都督府,右置云中都督府,"以统其众"。内迁的部落首领分别封为将军、中郎将等官,布列朝廷,五品以上 100 余人,"殆与朝士相半",因而入居长安的达近万家[2]。据《新唐书·地理志》,贞观四年平突厥后还置北开、北宁、北安、北抚等四州都督府,并复置丰州。

贞观十三年(639 年),由于朝廷猜疑分布在河南的突厥人,立李思摩为可汗,率"突厥及胡在诸州安置者"北迁[3]。十五年,李思摩率众 10 余万、胜兵 4 万,渡过黄河,设牙帐于故定襄城(今内蒙古和林格尔县西北)。十七年,因部下相继背叛,李思摩入朝侍卫,突厥部众复南渡黄河,迁于夏、胜二州之间游牧[4]。

攻灭东突厥以后,唐朝的影响开始进入西域。贞观十年(636 年),原退居西突厥、自称都布可汗的东突厥拓设阿史那社尔,率众万余人内属[5]。西突厥可汗阿史那弥射,在企图自立为可汗的族兄阿史那步真的威逼下,被迫于贞观十三年率所统处月、处密二部落入朝,被授以右监门卫大将军一职。其后,阿史那步真自立为咄陆叶护,因各部落多不服,亦逃亡,携家属入朝,被授以左屯卫大将军一职。二人以后主要居住在长安,子孙也生活在中原[6],形成本书定义的移民。

颉利政权灭亡以后,仍留在漠北的一些东突厥人推阿史那斛勃为君,称之为乙注车鼻可汗,建牙帐于金山(今阿勒泰山)以北。贞观二十三年(649 年),唐军袭击车鼻部,部众尽降,车鼻就擒[7]。

同年,唐朝于北部沿边地区以突厥部落设立一批羁縻府州。据《新唐书》卷 43 下《地理志》,以阿史德部置阿德州,以执失部置执失

---

1 《资治通鉴》卷 193,贞观四年四月,第 6074—6075 页。
2 《资治通鉴》卷 193,贞观四年四月、五月,第 6078 页。
3 《旧唐书》卷 194 上《突厥传》,第 5164 页。
4 参见《旧唐书》卷 194 上《突厥传》,第 5164 页;《新唐书》卷 215 上《突厥传》,第 6040 页。
5 《新唐书》卷 110《阿史那社尔传》,第 4115 页。
6 《旧唐书》卷 194 下《突厥传》,第 5188 页。
7 《旧唐书》卷 194 上《突厥传》,第 5165 页。

州,以苏农部置苏农州,加拔延州共4州隶定襄都督府;以舍利吐利部置舍利州,以阿史那部置阿史那州,以绰部置绰州,此外又有思壁州和白登州,此5州属云中都督府;以郁射施部置郁射州,以多地艺失部置艺失州,以卑失部置卑失州,此外还有叱略州,此4州(除艺失州)龙朔三年(663年)后属桑干都督府;以贺鲁部置贺鲁州,以葛逻、挹怛部置葛逻州,此2州及以铁勒族跌跌部置跌跌州属贞观二十年才设的呼延都督府。另,贞观四年复设、十一年又废的丰州也在二十三年复置[1]。《唐会要》卷73解释增设诸州的原因是"诸突厥归化",考虑到各州是在唐军平定车鼻政权之年增置,在此期间当有一定数量的突厥移民自漠北内迁。

车鼻政权灭亡以后,唐在大漠南北设瀚海和燕然二都护府,其中瀚海领突厥诸部,治于狼山都督府。高宗龙朔三年,瀚海都护府改名云中都护府,移至云中古城(今内蒙古和林格尔西北),专理大漠以南诸突厥部落,麟德元年(664年)改名单于都护府[2]。谭其骧先生指出:原作为瀚海都护府治所的狼山都督府,"亦当此时撤废,徙其部落于碛南,但诸书皆略而不载"[3]。这种推测是很有道理的,史书虽略而不载,仍可看出痕迹。《资治通鉴》卷201载:麟德元年,"改云中都护府为单于大都护府,以殷王旭轮为单于大都护。初,李靖破突厥,迁三百帐于云中城,阿史德氏为之长,至是部落渐众。阿史德氏诣阙,请如胡法立亲王为可汗以统之"。按从李靖破突厥至麟德元年才短短34年,迁入云中古城的突厥人最初不过300帐,按正常繁殖速度,此时人口不至于多到刺激阿史德氏要求立可汗,而此"部落渐众"恰又在云中都护府迁入之次年,大量增加的突厥人只能来自随都护府迁入的漠北移民。

《旧唐书》卷194上《突厥传》载:"初,咸亨中,突厥诸部落来降附者,多处之丰、胜、灵、夏、朔、代等六州,谓之降户。"不知这些部落属于

---

1 《新唐书》卷37《地理志》,第976页。
2 《唐会要》卷73,《新唐书》卷215上《突厥传》。参见谭其骧:《唐北陲二都护府建置沿革与治所迁移》(载《长水集》,人民出版社1987年版),文中对有关史料的错误和二都护府的沿革与治所迁移做了详细考证。
3 《长水集》,第265—266页。

东突厥还是属于西突厥,也不知咸亨时他们系何原因迁移。

调露元年(679年),单于都护府的突厥阿史德温傅和奉职二部反唐,24个州的首领皆响应之。此后叛乱不断,几年后阿史那骨咄禄建立后东突厥政权,并率领一些本已迁居漠南的突厥人将牙帐迁回漠北[1],开始骚扰唐朝北部沿边地区。

骨咄禄死后,默啜立为可汗,借和亲机会,索要咸亨年间迁入河曲六州的突厥降户。由于突厥兵势甚盛,唐朝只好答应,"遂尽驱六州降户数千帐"和大批种子、农具予突厥[2]。这些降户在沿边地区生活若干年,已不同程度地接受了汉族先进的生产技术和文化,他们的迁入必然促进后东突厥的发展。

在双方作战过程中,不少唐兵和汉人被掳至突厥境内,也有一些突厥人因沦为俘虏而流入中原。武周大足元年(701年)五月三日诏令:"西北缘边州县,不得畜突厥奴婢。"[3]可见应有一定数量的突厥人迁入并沦为奴婢,否则就不必专门发此诏令。

垂拱年间(685—688年),西突厥屡受后东突厥的侵掠,部众散失严重。天授元年(690年),唐朝扶植的继往绝可汗二世阿史那斛瑟罗收余众六七万人,入居内地[4]。阿史那斛瑟罗后拜为右卫大将军,除于久视元年(700年)以后出镇碎叶的三年外,主要生活在中原地区。只是随其内迁的六七万人究竟分布何处,无从考证。

中宗景云二年(711年),唐将张仁愿夺取漠南,并于黄河北岸修筑三受降城,开始扭转对后东突厥战争中的被动局面。不久,后东突厥内部不稳,"部落渐多逃散"[5],唐朝趁机对其发起进攻,漠北部落纷纷降唐。

玄宗开元二年(714年),默啜妹婿火拔颉利发率兵攻打北庭失败,"惧不敢归,携其妻来奔",迁入中原[6]。十月,十姓胡禄屋等诸部

---

1 《旧唐书》卷194上《突厥传》,第5166—5167页。
2 《旧唐书》卷194上《突厥传》,第5168页。
3 《唐会要》卷86《奴婢》。
4 《资治通鉴》卷204,则天后天授元年十月,第6469页。
5 《旧唐书》卷194上《突厥传》,第5172页。
6 同上。

赴北庭(治今新疆吉木萨尔县北)请降[1]。

开元三年正月,"突厥十姓前后降者万余帐",被安置在河南地,除来自铁勒九姓和高丽等部族外,当有一些突厥人。由于唐边将措施不当和毗伽可汗继立,这些部落一年以后叛归漠北[2]。

开元四年,默啜在作战中被杀,其家族遭到骨咄禄之子的残酷攻杀,幸存的家属和有关部落不得不南迁。默啜之女贤力毗伽公主和其兄右贤王阙特勤,就在这种背景下迁入长安[3]。

开元二十九年(741年),后东突厥发生严重内乱,争夺汗位的各派互相残杀,"部落日以携离"[4]。天宝元年(742年),突厥西叶护阿布思、西杀葛腊哆、默啜之孙勃德支、毗伽登利之女等人,率部众1 000余帐,相次降唐[5]。不过,史书并未载明这些人居住在何处。

天宝三载,拔悉密部落进攻后东突厥,杀乌苏可汗,突厥人复立其弟为白眉可汗,国中大乱。唐朝联合回纥军队乘机进攻,杀了白眉可汗,后东突厥汗国灭亡。在此情况下,已去世的毗伽可汗的妻子骨咄禄婆匐可敦不得不率余众归唐[6]。此后,回纥开始称雄漠北。

天宝十四载(755年)安史之乱爆发以后,一些南迁的突厥部落参加唐军,对安史叛军作战。当年的保卫潼关之战,指挥是内迁的西突厥人哥舒翰,20万名军人相当一部分人来自边疆民族,其中也有属于突厥的沙陀、火拔等部落[7]。

一些突厥部落则参加了安史叛军。当年夏季,突厥酋长阿史那从礼率5 000骑自安史叛军占领下的长安逃归朔方,劝诱铁勒九姓和分布在漠南的六州胡(其中一些是突厥人)数万众进攻唐军,被击败,至德二年(757年)数万人复归安史叛军,迁入范阳(今北京市境)[8]。

---

1 《资治通鉴》卷211,玄宗开元二年十一月丙申,第6706页。
2 《资治通鉴》卷211,第6709—6721页。
3 阙名:《夫人阿史那氏之墓志》,载陆心源:《唐文拾遗》卷66,上海古籍出版社影印本,第327页。
4 《册府元龟》卷986。
5 《资治通鉴》卷215,玄宗天宝元年四月丁亥,第6855页。
6 参见《新唐书》卷215下《突厥传》,第6055页。
7 《资治通鉴》卷217,玄宗天宝十四载十二月,第6943页。
8 据《资治通鉴》卷218,肃宗至德元载,第6986、6997页;卷220,肃宗至德二载十二月甲子,第7047页。

上述突厥部落,在中原各地的作战过程中,除了死于战争,可能都留在中原,渐为汉族所同化。

唐德宗时期,吐蕃大举侵入关内道北部,河南地的突厥人无法立足。《资治通鉴》卷232载:贞元二年(786年)十一月,唐朝"命马燧以河东军击吐蕃。燧至石州(治今山西吕梁市离石区),河曲六胡州皆降,迁于云、朔之间"。此后,包括突厥人在内的六州胡人多被迁至河东的北部。

到宣宗大中元年(847年),唐朝的北部边境已很少有突厥人活动,只有在振武军(治今内蒙古和林格尔县西北)附近,仍有一些突厥人"掠漕米及行商",为振武节度使史宪忠击破[1]。显然,这些突厥人势力已不大,否则不至于沦为抢劫行人的强盗,也不至于一击即溃。又《新唐书》卷113《徐商传》载:大中间,"突厥残种保特峨山,以千帐渡河自归"。徐商平定此部,并将约1 000人迁至太行山以东,"置备征军"。特峨山确地无考,据上引大中年间突厥史料,估计应在振武军附近,被徐商南迁的突厥和在振武军附近抢掠的突厥应同出一部。经此次迁移以后,漠南突厥的势力更小了。

五代,突厥式微,加之与中原来往较少,以至于"其君长史皆失不能纪"[2]。后唐长兴二年(931年),在契丹的进逼下,突厥与吐浑开始向河东北部移动[3]。后晋天福中(936—944年),由于成德节度使安重荣的招引,继熟吐浑3万余帐自应州地界进入后晋以后,"生吐浑并浑、契苾、两突厥三部落,南北将沙陀、安庆、九府等,各领部族老少",进入五台山一带,各部的强壮人马约有10万众[4]。据此看来,五代时突厥主要活动在河东的北部沿边一带,大约只有几个部落,人数不会超过数万人,力量不仅远远小于契丹,也不及吐浑。五代来中原入贡的突厥首领已非阿史那氏,而分别姓浑、张、杜、薛[5],与汉人姓氏无异,说明这些突厥人已开始与汉族相融合。

---

1 《资治通鉴》卷248,宣宗大中元年八月,第8031页。
2 《新五代史》卷74《突厥传》,中华书局点校本,第913页。
3 《旧五代史》卷75《晋书·高祖纪》,中华书局点校本,第981页。
4 《旧五代史》卷98《晋书·安重荣传》,第1302—1303页。
5 《新五代史》卷74《突厥传》,第913页。

辽代曾于圣宗统和元年(983年)派兵赴西南路讨伐西突厥[1]。但自11世纪以后,西突厥寂然无闻,因此,有的学者认为:"西支突厥大约同东支突厥一样,皆消失于十一世纪。"[2]他们的去向不明。

唐后期,西突厥沙陀部落举部内迁。沙陀本居蒲类海(今新疆巴里坤湖)之东,金娑山(今尼赤金山)之南。贞元六年(790年),吐蕃攻陷北庭,沙陀7 000帐被迫东迁至甘州(治今甘肃张掖市)。由于吐蕃欲远徙沙陀于河外地区,元和三年(808年),酋长朱邪尽忠率众3万余,顺河西走廊东迁附唐。经一路作战,部众略尽,到灵州时只有战士二三千人,朝廷将他们安置在盐州(治今陕西定边县),设阴山都督府以处之。灵州节度使范希朝为利用沙陀人作战,"为之市牛羊,广畜牧,休养之"。此后,原散失在凤翔府(治今陕西宝鸡市凤翔区)、兴元府(治今陕西汉中市)和太原府(治今山西太原市南)等地的沙陀人,以及朱邪尽忠弟弟葛勒阿波率领的700余人,也相继迁入盐州。次年,范希朝出镇太原,沙陀举部从之,迁入河东的北部[3]。

沙陀人东迁以后,参加了唐朝讨伐北方藩镇的战争,屡立战功,沙陀的势力也随之扩张。乾符五年(878年),沙陀已"北据蔚(州,治今河北蔚县)、朔(州,治今山西朔州市),南侵忻(州,治今忻州市)、代(州,治今代县)、岚(州,治今岚县北)、石(州,治今吕梁市离石区),至于太谷(今晋中市太谷区)焉"[4]。五代十国时,沙陀人在中原建立后唐、后晋、后汉三个王朝和北汉国。北宋建国后,沙陀与汉人相混,无复分辨。

二 移民分布

突厥移民的分布状况极为复杂,兹据《旧唐书》和《新唐书》之《地

---

1 《辽史》卷10《圣宗纪》,中华书局点校本,第111页。
2 薛宗正:《突厥史》,第700页。
3 据《新唐书》卷218《沙陀传》、《新五代史》卷4《唐本纪》。
4 《新五代史》卷4《唐庄宗纪》,第32页。

理志》所载羁縻府州及其他文献讨论之[1],并请参看图2-1。

营州(相当今辽宁省西部)。贞观六年(632年),唐于营州南之五柳戍侨置顺州,用以安置突利可汗率领内迁的部落。十年,又于营州界置威州,用以安置乌汗达干部落,咸亨中改名瑞州,治来远县(今辽宁绥中县境)。二州人口较少,贞观十三年著籍户口数分别是户81,口219;户60,口365。武周万岁通天元年(696年)以后,二州内迁[2]。《旧唐书》卷200上《史思明传》载:史思明"营州宁夷州突厥杂种胡人也……与安禄山同乡里"。同卷《安禄山传》说安禄山"营州柳城杂种胡人也",其母阿史德氏为突厥人。据此可见,宁夷州不仅有胡人,也有突厥人。

幽州(相当于今北京、天津的大部和河北涿州一带)。万岁通天元年,契丹李万荣部攻陷营州,此后营州都督府下属各州内迁。顺州侨治幽州城(今北京城西南)内,天宝元年(742年)改为顺义郡,乾元元年(758年)改名顺州,此后无闻。瑞州先迁于宋州(治今河南商丘市南),神龙元年(705年)复迁治幽州之故广阳城(今北京房山区良乡镇东北)。天宝元年(742年),二州的著籍户数分别是户1 064,口5 157;户195,口624[3]。《旧唐书》卷39《地理志》于河北道下提道:"自燕以下十七州,皆东北蕃降胡散诸处幽州、营州界内,以州名羁縻之,无所役属。安禄山之乱,一切驱之为寇,遂扰中原。至德之后,入据河朔,其部落之名无存者。"瑞州在17州之列,顺州虽未包括在17州之内,但也是寄治幽州的蕃州。二州在至德(756—758年)后撤废,突厥移民估计都被驱入中原作战。至德二载以后,数万突厥、铁勒和六州胡人自河南地又迁入范阳[4]。

河东道北部诸州(约相当于今山西省的太原—离石一线以北地区)。由于与蒙古高原相接,向为游牧民族南迁的重要区域,突厥人也

---

[1] 本卷有关羁縻府州今地的确定,依据谭其骧主编《中国历史地图集》第五册(地图出版社1982年版)。此外,刘统的博士学位论文《唐代羁縻府州研究》(复旦大学,1988年,未刊),为笔者了解某些羁縻府州迁移提供了方便。
[2] 《旧唐书》卷39《地理志》,第1520、1525页;《资治通鉴》卷193,第6077页。
[3] 《旧唐书》卷39《地理志》,第1520、1525页。
[4] 《资治通鉴》卷220,肃宗至德二载十二月甲子,第7047页。

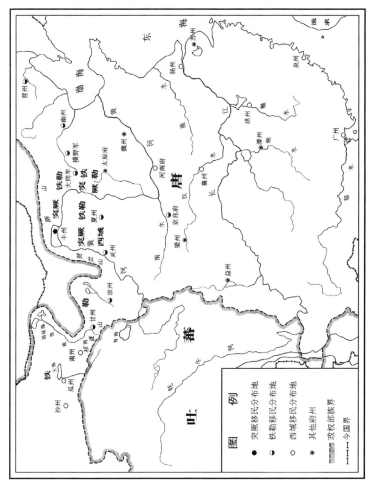

图 2-1 唐玄宗时期突厥、铁勒和西域移民分布图

不例外。隋开皇十九年(599年),南下降隋的突厥人万余家便被安置在恒安镇(今大同市北),并为之筑城[1]。大业年间,由处罗可汗率领的西突厥内迁部落,一部分由特勒史大奈统领,居住在楼烦郡(相当今静乐县、兴县一带),隋末在河东参加了李渊发动的反隋起义[2]。朔州(治今市)和代州(治今代县)都是唐咸亨中主要安置突厥内迁部落的州[3]。

唐贞元二年(786年)以后,由于原居住在河曲一带的六州胡迁入云州(治今大同市)和朔州(见上),河东北部的突厥移民人数有所增加。元和(806—820年)以后,沙陀人迁入定襄川(今定襄县境)和神武川(今应县)等地,唐末逐渐分布到河东北部诸州[4]。

关内道之河南地(约相当于今内蒙古河套以南,包括陕西省北部沿边和宁夏东部地区),属蒙古高原的一部分,南邻隋唐都城所在的关中平原,又有广阔的牧场可供放牧。中原王朝为了屏蔽关中并借以保持内迁的游牧民族的习俗,常常将他们安置于此,因此这里是内迁突厥人最主要的迁入地区。

开皇十九年启民部南下附隋,不久移居夏、胜二州,河南地的大部分地区都成为其游牧区域[5]。以后,由于突厥移民增多,隋又在黄河北岸为其筑金河城(在今托克托县境)[6]。显然,启民部落的游牧范围已自河南地扩大到黄河以北。

贞观四年(630年)以后,河南地是唐朝安置东突厥降人的主要地区。安置降人的定襄与云中二都督府,及顺、祐、化、长、北开、北宁、北抚、北安、丰等州都督府,除顺州侨置营州,丰州治今内蒙古五原县南,祐州无考,其余可能都设在河南地。

---

1 《隋书》卷74《赵仲卿传》,第1697页。关于突厥移民的安置地点,《赵仲卿传》先云"时突厥降者万余家,上命仲卿处之恒安";继又云"明年,督役筑金河、定襄二城,以居启民"。《资治通鉴》卷179则仅云"帝又遣赵仲卿为启民筑金河、定襄二城"。胡三省云:定襄即云内县之恒安镇。按《旧唐书》卷39《地理志》云州下,云州治所即隋代之恒安镇,贞观十四年自朔州北定襄城移云州及定襄县于此。据此,胡言无误,"定襄"实即恒安,唐宋人系由唐名称恒地因而给后人造成理解上的错误,而恒安城乃为安置内迁的万余家突厥移民而筑,否则便难以解释何以移民安置在恒安而城筑在朔州北之定襄。
2 《旧唐书》卷194下《突厥传》,第5180页。
3 《旧唐书》卷194上《突厥传》,第5168页。
4 《新五代史》卷4《唐庄宗纪》,第32页。
5 《资治通鉴》卷178,文帝开皇十九年十月,第5569页。
6 《资治通鉴》卷179,文帝开皇二十年四月,第5572页。

关于定襄和云中二都督府的侨置地,史学界有许多不同的看法。按《新唐书·地理志》记载,二都督府侨置地分别是宁朔县(今陕西靖边县东)和朔方县(治今陕西横山县西),皆属于夏州。又《旧唐书》卷61《温彦博传》载李世民接受温彦博建议,"遂处降人于朔方之地";《唐会要》卷73将此事解释为:"封阿史那苏尼失为怀德郡王,阿史那思摩为怀化郡王,处其部落于河南朔方之地。"据此可见,河南朔方是当时安置东突厥降人最主要的地区,因夏州在贞观二年平梁师都前本名朔郡,所谓"朔方""河南朔方"即指夏州,《地理志》之记载不误,二都督府侨置地当一开始即设于夏州。

据《旧唐书》卷38《地理志》,长州治夏州长泽县(今内蒙古乌审旗南);北开州即化州(贞观八年改名),治夏州德静县(今陕西榆林市西)。北宁州都督为阿史那苏尼失[1]。据上引《唐会要》,其部落被安置于河南地,子阿史那忠任都督的长州侨置夏州长泽县[2],北宁州或也侨置其附近。北安州和北抚州侨置地不详,河南地既是东突厥降人的主要安置地,二州也可能侨置在此。

贞观六年,又以突厥降户置缘州,治平高之他楼城(今宁夏同心县东南)[3]。十年,阿史那社尔部众万余人被安置于灵州[4]。此外,在颉利政权灭亡以前,夏州都督窦静"潜令人间其部落,郁射设所部郁孤尼等九俟斤并率众归款"[5],这些移民也应分布在河南地。

贞观十三年(639年),朝廷要李思摩率河南地所有的突厥部落渡黄河北上(见上),该年长州和化州的废省无疑与此有关,北宁、北安和北抚三州估计也于同年废去。根据李思摩率众渡河的人数,估计分布在河南地的周边民族成员不下20余万人,其中相当部分应是突厥人。

贞观二十三年,唐朝于北部沿边地区增设一批突厥州,分别属于定襄、云中和呼延三都督府。《旧唐书》卷38载三都督府分别侨置于夏州的朔方和宁朔县境,但其下辖各州是否与都督府同侨置一地、是

---

1 《资治通鉴》卷193,太宗贞观元年六月丁酉,第6079页。
2 《金石萃编》卷38《阿史那忠碑》,中国书店影印本。
3 《旧唐书》卷38《地理志》,第1407页。
4 《新唐书》卷110《阿史那社尔传》,第4115页。
5 《旧唐书》卷61《窦静传》,第2369页。

否有过迁移,则无交代。另外,咸亨中(670—674年)胜州、灵州和夏州都是主要安置突厥内迁部落的州[1]。

高宗调露元年(679年)以后,河南地的部分边族移民参与叛乱并返回漠北,但仍有相当部分留在当地。为了加强对这部分人的控制,唐于调露元年在灵、夏二州的南境设置鲁、丽、含、塞、依、契六州,以唐人为刺史,称之为六胡州,后屡有改置[2]。开元十年(722年),六胡州的移民叛乱,平定后他们被迁往河南道和江淮地区,二十六年(738年)复迁回并置宥州(治今内蒙古鄂托克旗南),此后虽屡有废置,治所也有变化,但都不出河南地。天宝元年著籍户数7 083,口数32 652。六胡州和宥州的居民既有胡人,也有突厥人[3]。安史之乱以后,由于分别参加唐军和安史叛军,河南地的突厥移民人数大减,贞元二年以后剩余的六州胡人多被迁入河东道北部(上揭),估计此后已无多少突厥移民。

关内道邻近河南地的一些府州也有突厥移民。隋大业七年(611年),西突厥处罗可汗率部内属,其弟阙达设率羸弱万余口被安置在会宁郡(今甘肃靖远县、会宁县一带)游牧,唐武德初主要武装为河陇割据势力李轨所灭[4]。贞观二十年所置的呼延州(一作呼延)都督府,可能也设于今宁夏盐池县境内[5]。

都城长安是突厥族贵族重要的迁入地,贞观四年近万户突厥人迁入长安,如以每家4口计,当有4万人左右。此后内迁的突厥族上层人物,如阿史那弥射、阿史那道真、阿史那社尔、阙特勤等,皆举家居住于此(见上)。

关内道之黄河以北地区(相当于今内蒙古河套地区),是漠北民族进入中原王朝的跳板。在可能的情况下,他们会在此生活若干年,之后随着形势的变化,或南迁河南地和进入中原,或北返漠北。因此,本区也是突厥人的重要迁入区之一。

---

1 《旧唐书》卷194上《突厥传》,第5168页。
2 《新唐书》卷37《地理志》,第975页。
3 《新唐书》卷37《地理志》,第975页。参见周伟洲:《唐代六胡州与"康待宾之乱"》,载《民族研究》1988年第3期。
4 《隋书》卷84《西突厥传》,第1879页;《旧唐书》卷194下《突厥传》,第5180页。
5 参见《旧唐书》卷67《李敬业传》。

启民部南迁以后,隋曾在今和林格尔和托克托两县境为其筑大利城和金河城[1]。大业三年(607年),炀帝北巡突厥居地,启民为之筑自榆林郡(治今托克托县东南黄河南岸)北上至其牙帐的御道[2],可见本区也是启民部落长期生活的地区,大业间设牙帐于此。

唐贞观四年(630年)以后,有300户突厥人被迁至本区的云中城(上揭)。丰州(治今五原县南)原以汉人置州,唐初废,贞观四年因突厥降户迁入复置,此后除在贞观十一年至二十三年一度废省外皆长期存在。咸亨中(670—674年),丰州是当时安置突厥内迁部落的州。天宝元年著籍户数2813,口数9641,居民既有突厥人,也有汉人和铁勒九姓等[3]。此后,直至北宋初年,本区都有突厥移民,但主要活动地区已局限在振武军附近[4]。

陇右道东部的一些府州也有突厥移民。高宗和武则天时期,内迁的西突厥首领阿史那弥射与其子阿史那元庆先后被唐朝封为西突厥兴昔亡可汗,部落长期生活在凉州(治今甘肃武威市)一带,设兴昔都督府以处之[5]。此外,贞观二十二年以阿史德特健部置的皋兰州也位于凉州一带[6]。开元二年(714年),火拔部自庭州降唐,此后活动在陇右一带,安史乱后参加镇守潼关的战斗,失败后降于安史叛军[7]。武周大足元年(701年)前后,在陇右和关中一带还有一些沦为奴婢的突厥人[8]。

综上所述,突厥移民的分布地域,东起河北道的营州,西至陇右道的凉州,相当广阔。可以说,在唐代经常性的行政管辖区域的北部沿边各州,几乎都有突厥移民分布。移民比较集中的区域,除了长安,主要是河南地,在这一带突厥移民在相当长时期中可能已成为当地人口的主要部分。参见表2-1《突厥移民实例》。

---

1 《资治通鉴》卷178,文帝开皇十九年十月甲午,第5568页;卷179,文帝开皇二十年四月,第5572页。
2 据《资治通鉴》卷180,炀帝大业三年五月,第5630—5631页。
3 据《新唐书》卷37《地理志》,第976页;《旧书》卷194上《突厥传》,第5168页。
4 据《资治通鉴》卷254,僖宗中和元年(881年)此地的突厥人曾随从振武节度使契苾璋与沙陀军作战。李焘《续资治通鉴长编》卷12载,宋开宝四年(971年),"丰州言愿诱吐浑、突厥内附"。
5 《旧唐书》卷40《地理志》,第1641页;《新唐书》卷43下《地理志》,第1130页。
6 同上。
7 《旧唐书》卷194上《突厥传》,第5172页;《资治通鉴》卷218,肃宗至德元载六月,第6979页。
8 《唐会要》卷86《奴婢》。

表 2-1 突厥移民实例

姓 名	迁移时间	迁入地	今 地	原身份	迁后身份	备 注	资料来源
突利	开皇十九年	河南地	内蒙古黄河南	东突厥小可汗	东突厥可汗	改名启民可汗	资治通鉴 178／5563
步迦	仁寿三年	河南地	内蒙古黄河南	西突厥可汗	不明	改名曷萨那可汗	资治通鉴 179／5600
处罗	大业七年	长安	陕西西安	西突厥可汗	可汗		隋书 84／1879
达度阙	大业七年	会宁郡	甘肃靖远	处罗弟	不明		隋书 84／1879
史大柰	大业	楼烦郡	山西静乐	西突厥特勤	右武卫大将军		新唐书 110／4111
突利	贞观四年	顺州	辽宁朝阳	东突厥小可汗	顺州都督		资治通鉴 193／6077
结社率	贞观四年	长安	陕西西安	突利弟	中郎将	突利可汗弟	旧唐书 194 上／5161
郁射设	贞观四年	？	？	东突厥首领	？		旧唐书 194 上／5159
荫奈	贞观四年	？	？	东突厥特勤	？		旧唐书 194 上／5159
阿史那苏尼失	贞观四年	夏州	陕西北部	东突厥小可汗	怀德郡王		唐会要 73／1573
颉利	贞观四年	长安	陕西西安	东突厥特勤	右卫大将军		旧唐书 194 上／5159
阿史那思摩	贞观四年	河南地	内蒙古黄河南	东突厥特勤	怀化郡王	后迁长安	旧唐书 194 上／5163
执失思力	贞观四年	长安	陕西西安	东突厥酋长	归州刺史		新唐书 110／4116
阿史那忠	贞观四年	夏州	陕西北部	苏尼失之子	长州都督	后迁长安	金石萃编 38／
阿史那社尔	贞观十年	长安	陕西西安	东突厥拓设	右卫大将军		新唐书 110／4114
阿史那道真	贞观十年	长安	陕西西安	社尔之子	左屯卫大将军		新唐书 110／4116
阿史那弥射	贞观十三年	长安	陕西西安	西突厥可汗	右门卫大将军		旧唐书 194 下／5188
阿史那元庆*	贞观十三年	长安	陕西西安	弥射之子	昆陵都护		旧唐书 194 下／5189

续表

姓名	迁移时间	迁入地	今地	原身身份	迁后身份	备注	资料来源
阿史那献*		长安	陕西西安	弥射之孙	右金吾大将军	曾流放崖州	旧唐书194下/5189
阿史那步真	贞观十三年	长安	陕西西安	西突厥叶护	左屯卫大将军		旧唐书194下/5188
阿史那斛瑟罗	贞观十三年	长安	陕西西安	步真之子	濛池都护		旧唐书194下/5190
阿史那怀道*		长安	陕西西安	步真之孙	濛池都护		旧唐书194下/5190
车鼻	永徽元年	长安	陕西西安	东突厥残部可汗	左武卫将军		旧唐书194上/5165
羯漫陀	永徽元年	长安	陕西西安	车鼻之子	左卫将军		旧唐书194上/5166
火拔颉利发	开元二年	?	?	后东突厥可汗叔父	左卫大将军		旧唐书194上/5172
阿史德胡禄	开元三年	?	?	后东突厥可汗女婿	特进		旧唐书194上/5173
阙特勤	开元四年	长安	陕西西安	后东突厥右贤王			唐文拾遗/327
贤力毗伽公主	开元四年	长安	陕西西安	突厥公主		父默啜可汗	唐文拾遗/327
西杀妻子	开元末	?		后东突厥可汗叔父妻子			旧唐书194上/5178
勃德支	开元末	?		后东突厥特勤	?		旧唐书194上/5178
大洛公主	开元末	?		后东突厥可汗女			旧唐书194上/5178
余塞匐	开元末	?		后东突厥可汗小妻			旧唐书194上/5178
余烛公主	开元末	?		后东突厥可汗女			旧唐书194上/5178
阿布思	开元末	?		贵族	?		旧唐书194上/5178
骨咄禄婆匐可敦	天宝三载	?		后东突厥可汗妻			新唐书215下/6055

续表

姓 名	迁移时间	迁入地	今 地	原身份	迁后身份	备 注	资料来源
哥舒翰	开元	河西	甘肃中部	突骑施部人	尚书左仆射		旧唐书104/3211
哥曜*	?	?		舒翰之子	河南尹		新唐书135/4575
白道生		?			宁州刺史		新唐书136/4954
白元光*		?		道生之子			新唐书136/4594
张万进*		河东	山西		后晋留后		旧五代史88/1157
郭金海*		河东	山西		后晋都指挥使		旧五代史94/1248
张彦泽*		太原	山西太原南		后晋节度使		旧五代史98/1305
阿史那氏*		洛阳	河南洛阳	怀道之女			墓志汇编（1）/1222
史思明*		营州	辽宁朝阳		平卢兵马使		新唐书215上/6426
史朝义	开元中	营州	辽宁朝阳	思明之子			新唐书225上/6426
安禄山母来	贞元后	营州	辽宁张掖	沙陀部酋长			旧唐书200上/5367
朱邪尽忠	元和间	甘州	甘肃张掖		蔚州刺史		新唐书218/6154
朱邪执宜		神武川	山西山阴	尽忠之子			旧五代史25/331
朱邪赤心*		神武川	山西山阴	尽忠之曾孙	节度使	后改名李国昌	旧五代史25/332
李克用*		神武川	山西山阴	尽忠之曾孙	后唐太祖		旧五代史25/331
李存勖*		洛阳	河南洛阳	四代祖尽忠	后唐庄宗		旧五代史27/365
李亶*		洛阳	河南洛阳	尽忠后裔	后唐明宗		旧五代史35/481
李从厚*		洛阳	河南洛阳	尽忠后裔	后唐闵帝		旧五代史45/613

续表

姓　名	迁移时间	迁入地	今　地	原身身份	迁后身份	备　注	资料来源
李克让*		神武川	山西山阴	尽忠之曾孙	唐金吾将军		旧五代史50/681
李克修*		神武川	山西山阴	尽忠之曾孙	唐节度使		旧五代史50/682
李嗣肱*		洛阳	河南洛阳	尽忠后裔	后唐州刺史		旧五代史50/684
李克恭*		神武川	山西山阴	尽忠之曾孙	唐节度使		旧五代史50/685
李克宁*		洛阳	河南洛阳	尽忠之曾孙	后唐节度使		旧五代史50/685
李存霸*		洛阳	河南洛阳	四代祖尽忠	永王		旧五代史51/689
李存美*		洛阳	河南洛阳	四代祖尽忠	邕王		旧五代史51/690
李存礼*		洛阳	河南洛阳	四代祖尽忠	薛王		旧五代史51/690
李存渥*		洛阳	河南洛阳	四代祖尽忠	申王		旧五代史51/690
李存乂*		洛阳	河南洛阳	四代祖尽忠	睦王		旧五代史51/690
李存确*		洛阳	河南洛阳	四代祖尽忠	通王		旧五代史51/690
李存纪*		洛阳	河南洛阳	四代祖尽忠	诸王		新五代史14/152
李继岌*		洛阳	河南洛阳	尽忠后裔	北都留守		旧五代史51/691
李从璟*		洛阳	河南洛阳	尽忠后裔	指挥使		旧五代史51/693
李从荣*		洛阳	河南洛阳	尽忠后裔	河南尹		旧五代史51/693
李从璨*		洛阳	河南洛阳	尽忠后裔	右卫大将军		旧五代史51/695
李从益*		洛阳	河南洛阳	尽忠后裔	许王		旧五代史51/696
李从温*		洛阳	河南洛阳	尽忠后裔	后唐节度使		新五代史15/166

33

续 表

姓 名	迁移时间	迁入地	今 地	原身份	迁后身份	备 注	资料来源
李从璋*		洛阳	河南洛阳	尽忠后裔	后唐节度使		新五代史15/167
李从敏*		洛阳	河南洛阳	尽忠后裔	后唐节度使		新五代史15/168
李氏*		洛阳	河南洛阳	尽忠后裔	唐明宗女,后晋皇后		新五代史17/175
李重吉*		洛阳	河南洛阳	尽忠后裔	控鹤都指挥使		旧五代史51/697
李重美*		洛阳	河南洛阳	尽忠后裔	雍王		旧五代史51/697
药彦稠		河东	山西	沙陀三部落人	节度使		旧五代史66/880
石璟*		河东	山西	沙陀	朔州刺史	元和自灵武迁河东	旧五代史75/977
石绍雍*		太原	山西太原南	石璟后裔	刺史		旧五代史75/978
石敬瑭*		开封	河南开封	石璟后裔	后晋高祖		旧五代史75/978
石重贵*		开封	河南开封	石璟后裔	后晋出帝	后迁契丹	旧五代史81/1067
石敬儒*		太原	山西太原	石璟后裔	后唐骑将		旧五代史81/1067
石敬威*		洛阳	河南洛阳	石璟后裔	后唐兵部尚书		旧五代史87/1137
石斌*		开封	河南开封	石璟后裔	后晋节度使		旧五代史87/1138
石晖*		开封	河南开封	石璟后裔	后晋皇城都布署		旧五代史87/1138
石重信*		开封	河南开封	石璟后裔	后晋左金吾卫大将军		旧五代史87/1140
石重乂*		开封	河南开封	石璟后裔	后晋左骁卫大将军		旧五代史87/1140

续 表

姓 名	迁移时间	迁入地	今 地	原身份	迁后身份	备 注	资料来源
石重睿*		开封	河南开封	石璟后裔	开封尹		新五代史 17/185
石延煦*		开封	河南开封	石璟后裔	节度使	后迁契丹	新五代史 17/186
石延宝*		开封	河南开封	石璟后裔	刺史	后迁契丹	新五代史 17/186
刘知远*		太原	山西太原	其先沙陀部人	后汉高祖		旧五代史 99/1321
刘承祐*		太原	山西太原	知远之子	后汉隐帝		旧五代史 101/1343
刘承训*		太原	山西太原	知远之子	后汉开封尹		旧五代史 105/1385
刘承勋*		太原	山西太原	知远之子	后汉开封尹		旧五代史 105/1385
刘信*		太原	山西太原	知远之弟	后汉节度使		旧五代史 105/1386
刘斌*		太原	山西太原	知远之弟	后汉节度使		旧五代史 105/1386
安审琦*		河东	山西	其先沙陀人	后周节度使		旧五代史 123/1614
安审晖*		河东	山西	审琦兄	后周节度使		旧五代史 123/1617
安审信*		河东	山西	审琦从父兄	后周节度使		旧五代史 123/1617
安叔千*		河东	山西	其先沙陀人	后周节度使		旧五代史 123/1622
张彦超*		河东	山西	其先沙陀人	后汉节度使		旧五代史 129/1706
安重海*		河东	山西	其先北部酋长	后唐枢密使		旧五代史 66/873
康义诚*		河东	山西	其先代北三部落人	后唐节度使		旧五代史 66/879
杨光远*		河东	山西	其先沙陀部人	后晋节度使		旧五代史 97/1290

说明：带 * 者为移民后裔。（1）即《唐代墓志汇编》，以下各表均同，不另注。

第三节

铁勒诸部的内迁

铁勒为古代北方的重要民族,主要分布在大漠以北,隋唐时期分布极为广泛,"自西海(今哈萨克斯坦和乌兹别克斯坦之咸海)之东,依据山谷,往往不绝"[1]。部落主要有:

回鹘,本称回纥,唐德宗贞元四年(788年)改名。原居娑陵水(今蒙古色楞格河),辗转迁徙于独乐河(今土拉河)和嗢昆水(今鄂尔浑河)之间。唐初有众10万,胜兵半之[2]。

薛延陀,自云本称薛氏,因吞并延陀部而改名。原分布在回鹘居住地之南,唐贞观初建牙帐于郁督军山下。在铁勒诸部中力量最强,贞观二年(628年)至少有部帐7万余家。

拔野古,一译拔野固、拔曳固。原居今俄罗斯鄂嫩河和蒙古克鲁伦河之间。唐初有户6万,兵万人。

仆骨,一译仆固。原居今俄罗斯鄂嫩河上游和蒙古克鲁伦河上游之间。唐初有户3万,兵万人。

同罗,原居今蒙古肯特山一带,有胜兵3万。

浑,原居今蒙古土拉河之北。

思结,一译奚结。原居地跨大漠南北,其中生活在漠北同罗以北的部落往往被称为奚结,生活在漠南延陀故牙帐者则称为思结。有兵2万人。

契苾,原居焉耆西北鹰娑川(今新疆之裕勒都斯河流域)。

多览葛,一译多滥。原居地在同罗以西,有胜兵万人。

---

1 《隋书》卷84《铁勒传》,第1879页。
2 据《新唐书》卷217上、下《回鹘传》。以下资料凡未注明者皆据此。

阿跌，一译跌跌、䫂跌。原居地在多览葛西北，有胜兵1 700余人[1]。

葛逻禄，一译歌逻禄。原居地在北庭（今新疆吉木萨尔县北）之西北，金山（今名阿尔泰山）之西。有谋落、炽俟、踏实力等3个部落，为铁勒九姓中最强大的部落之一。

拔悉密，一译拔悉蜜、拔悉弥。原居地在结骨（在今俄罗斯叶尼塞河源头）东南，有户2 000余[2]。

天宝初，回鹘灭突厥，其首领自立为九姓可汗，此后"兼九姓之号"，以回鹘、仆骨、浑、拔野古、同罗、奚结、契苾、拔悉密、葛逻禄九部为九姓部落[3]，故又有铁勒九姓之称。

一　迁移过程

突厥兴起以后，铁勒各部受其控制和奴役，"自突厥有国，东西征讨，皆资其用，以制北荒"[4]。隋仁寿元年（601年），突厥步迦可汗为隋军和启民可汗战败，铁勒各部乘机摆脱其控制。大业年间，各部推契苾首领契苾哥楞为易勿真莫贺可汗，据贪汗山（今新疆博格多山）；奉薛延陀首领乙失钵为野咥可汗，保燕末山（约在今新疆塔城一带）[5]。显然，在隋代已有一部分薛延陀部落西迁至今阿尔泰山一带。西突厥射匮可汗复强，二部又去可汗之号。此后，回鹘、拔野古、阿跌、同罗、仆骨、白霫等在郁督军山的部落受东突厥控制，在金山的部落则受西突厥奴役。

唐贞观四年（630年），灭东突厥，大批突厥人迁入漠南。在此前后一些依附于突厥的铁勒部落也来降或随之南迁。贞观三年九月戊午，拔野古、仆骨、同罗酋长并率众来降。次年三月庚午，思结俟斤率

1　乐史：《太平寰宇记》卷198，金陵书局本。
2　《通典》卷200。
3　《唐会要》卷98《回鹘》，第2068页。
4　《隋书》卷84《铁勒传》，第1880页。
5　《旧唐书》卷199下《铁勒传》。

众4万人降唐[1]。思结部迁入河东地区（详下），但文献未载拔野古等三部有否南迁、迁入何处。

贞观六年十一月辛巳，原在热海（今吉尔吉斯斯坦伊塞克湖）一带游牧的契苾部酋长契苾何力，随其母率部落6 000余家至沙州（治今甘肃敦煌市西）内附，被安置在凉州（治今武威市），契苾何力被任命为左领军将军。10余年后，何力之母率部分部落成员北迁漠北，其余仍留在凉州[2]。

东突厥灭亡以后，薛延陀称雄漠北，迁牙帐于都尉揵山（今地不详）、独逻水（今蒙古国土拉河）之南。贞观十五年（641年）十一月，薛延陀趁唐太宗东封泰山之机，南下攻击分布在漠南的突厥内迁部落，被唐军击败，"斩首三千余级，捕虏五万余人"[3]。二十年（646年），在回鹘、仆骨、同罗等部族和唐军的进攻下，薛延陀大乱，可汗多弥率数千骑奔突厥阿史德时健部，多弥与其宗族后皆被回鹘攻杀。不久，退居郁督军山的薛延陀余众为唐军击破，唐将李勣"斩五千余级，系老孺三万，遂灭其国"。继位不久的可汗咄摩支降唐，被封为右武卫将军[4]。

薛延陀灭后，唐朝重新控制了漠北，铁勒诸部请求内属。贞观二十一年正月，唐朝在漠北以铁勒诸部遍置羁縻府州。设6都督府：以回鹘部为瀚海，多览葛部为燕然，仆骨部为金微，拔野古部为幽陵，同罗部为龟林，思结部为卢山；设7州：以浑部为皋兰，斛薛部为高阙，阿跌部为鸡田，契苾部为榆溪，奚结部为鸡鹿，思结别部为蹛林，白霫为寘颜；并在故单于台（约在今内蒙古杭锦后旗境）置燕然都护府（后改名瀚海，又改名安北）以统之。不久，又以结骨部设坚昆府，以骨利干部设玄阙州，以俱罗勃部设烛龙州。皆以各部首领为都督、刺史等职。文献未载此次设羁縻府州过程中发生过人口迁移[5]。

高宗调露元年（679年）以后，后东突厥在漠北崛起，与铁勒各部

---

1 《资治通鉴》卷193，第6066、6073页。
2 据《资治通鉴》卷194，第6099页；《旧唐书》卷109《契苾何力传》，第3291页。
3 《新唐书》卷217下《回鹘传》，第6135页；《资治通鉴》卷196，第6172页。
4 《新唐书》卷217下《回鹘传》，第6138页。
5 同上书，第6112—6113页。

落发生冲突。此外,自开耀元年(681年)起,漠北连续几年旱灾。时人述其垂拱元年(685年)所闻:"九姓中遭大旱,经今三年矣,野皆赤地,少有生草,以此羊马死耗,十至七八。"各部落又互相抢掠,一片混乱[1]。可能为了躲避灾害和后东突厥的扩张,开耀元年七月"薛延陀达浑等五州四万余帐来降"[2]。约在高宗末,回鹘部"其都督、亲属及部落征战有功者,并自碛北移居甘州界"[3]。

垂拱元年(685年)六月,漠北同罗、仆骨等部叛,唐军出居延海(今内蒙古额济纳旗北)击败之,二部溃散,唐于同城(今内蒙古额济纳旗东南)设安北都护府以安置归降者[4]。在此前后,因后东突厥夺取铁勒诸部故地,回鹘、契苾、浑等部纷纷向甘、凉二州迁移[5]。一位官员向朝廷报告其同城所见:"其碛北突厥来入者,莫不一一。臣所委察,比者归化,首尾相仍,携幼扶老,已过数万然,而疮痍羸惫,皆无人色,饥饿道死,颇亦相继。"[6]唐以回鹘、契苾、思结、浑部分别置瀚海、贺兰、卢山、蹛林、皋兰等府州,皆属于凉州都督府管辖[7]。这些羁縻府州原先都设在漠北,至此随着有关设置羁縻府州的部落的南迁而南迁。

玄宗开元十五年(727年),王君㚟为河西节度使,诬陷内迁凉州的回鹘、契苾等四部"潜有叛志",流放四部首领于南方边远之州,引起回鹘部落反抗,杀王君㚟,断安西诸国入长安道路,此后退回漠北乌德健山(即郁督军山),但当地的契苾、浑、思结三部并未一同退回漠北。

高宗后期和武则天时期未能南迁的漠北铁勒部落,均受后东突厥政权的控制和奴役。到睿宗景云年间(710—711年),后东突厥内

---

[1] 陈子昂:《为乔补阙论突厥表》,载《全唐文》卷209。
[2] 《资治通鉴》卷202,第6402页。
[3] 《唐会要》卷98,第2067页。
[4] 《资治通鉴》卷203,第6435页。
[5] 《新唐书》卷217下《回鹘传》,第6114页。
[6] 陈子昂:《为乔补阙论突厥表》。因铁勒为突厥属部,故文中以突厥称之。
[7] 据《新唐书》卷43下《地理志》,第1132页;《旧唐书》卷40《地理志》,第1641页;《新唐书》卷133《王君㚟传》,第4547页。《新唐书·地理志》载上述州于总章元年(668年)始隶凉州都督府,有误。谭其骧的《唐北陲二都护府建置沿革与治所迁移》认为,这些府州南迁之始,不得早过垂拱(685年)。

部不稳,铁勒部落不断逃散[1]。

玄宗开元元年(713年),以浑部置东皋兰州,多览葛部置燕然州,阿跌部置鸡田州,奚结部置鸡鹿州,俱罗勃(一译掘罗勿)部置烛龙州,以铁勒某部置燕山州,寄治灵州界(约相当今宁夏的北部)[2]。此六州,除了燕山情况不明以外,原都是设于漠北以同一部落置的同名羁縻府州(仅东皋兰州系自皋兰州析置,州名略有不同),移灵州重建反映了上述部落在开元初或在此以前自漠北南迁。

开元二年(714年)和三年间,在漠北的铁勒各部用武力反抗后东突厥的统治[3],铁勒部落纷纷南逃。二年,葛逻禄部之胡屋、鼠尼施三姓与属葛逻禄部的大漠都督特进朱斯、阴山都督谋落匐鸡、玄池都督蹋实力胡鼻等率众内附,皆迁于金山[4]。三年正月,葛逻禄部首领裴达干率部南迁,以其部复置葛逻州[5]。同年,跌跌都督跌跌思泰与突厥十姓部落等共万余帐南迁,被安置于河南地[6]。秋季,默啜与九姓首领阿布思等在漠北作战,九姓大败,阿布思率众来降[7]。

开元四年,回鹘助唐攻杀默啜。但不久,回鹘诸部为阙特勤率领的突厥军队击败,拔野古、回鹘、同罗、(白)霫、仆固等五部南迁,被安置于大武军(今山西朔州市东北马邑)之北[8]。

关于开元初铁勒各部落南迁人数,文献中缺乏具体记载。据上所述,开元三年跌跌思泰与突厥十姓共万余帐南迁。开元四年拔野古、回鹘、同罗等5部迁入大武军以北,颜真卿《臧怀恪神道碑铭》称开元初仆骨部设支部落2 000帐来归[9],如以每帐4口计,亦有8 000人左右,5部大约有四五万人。因此,有理由估计期间南迁的漠北人口总

---

[1] 《新唐书》卷215上《突厥传》,第6048页。
[2] 据《新唐书》卷43下《地理志》,第1121页;《旧唐书》卷38《地理志》,第1416页。
[3] 据《阙特勤碑》(载岑仲勉:《突厥集史》下册,中华书局1958年版)记载,阙特勤在30岁时与阿热、思结人交战,在31岁时又与阿跌、回鹘、同罗人交战五次。阙特勤于开元二十年47岁时去世,30岁和31岁应为开元二年和三年。
[4] 《新唐书》卷215上《回鹘传》,第6048页。系年据《资治通鉴》卷217胡注引《实录》。
[5] 《册府元龟》卷974。
[6] 《新唐书》卷215上《回鹘传》,第6048页。
[7] 《旧唐书》卷194上《突厥传》,第5173页;《新唐书》卷225上《安禄山传》,第6415页。
[8] 《资治通鉴》卷211,玄宗开元四年六月癸酉,第6719页。参见刘美崧:《两唐书回纥传回鹘传疏证》,中央民族学院出版社1989年版,第25—26页。
[9] 载《全唐文》卷342。

数应在二三十万人左右。开元四年后因突厥招降和唐边将虐待,分布在河套的跌跌部和其他一些部落复归漠北,但据开元六年《移蔚州横野军于代郡制》,各部需听天兵军调遣的骑兵数分别是:拔野古部3 000人、同罗部2 000人、霫部2 000人、回鹘部1 000人、仆固部800人,留在当地未走者仍有三四万人[1]。

河西的回鹘部落退回漠北以后,以乌德健山(即郁督军山)为基地,逐渐壮大,拥有11个部落。天宝三载(744年),骨力裴罗自立为骨咄禄毗伽阙可汗,得到唐朝承认。不久,与唐联合灭了后东突厥,尽有突厥故地,称雄漠北[2]。

天宝十四载(755年),安史之乱爆发。在安史叛军中,相当一部分人是来自内迁的铁勒各部。在乱后的头几年,因唐军兵力寡少,朝廷不得不向回鹘求援,以平定叛乱。同时,征调内迁的铁勒各部到中原各战场作战。因此,在天宝末年和肃宗、代宗时期,以上述三种身份出现的回鹘和铁勒各部的军人即纷纷涌入中原地带。

出身铁勒的军人是安史叛军的中坚力量之一。这些军人,一部分来自阿布思率领的部落。阿布思本九姓首领,开元初为后东突厥可汗默啜战败而内附,以后为安禄山所忌复奔漠北,为回鹘所破后"安禄山诱其部落而降之,由是禄山精兵,天下莫及"[3]。一部分来自同罗,《资治通鉴》卷216载:"禄山养同罗、奚、契丹降者八千余人,谓之曳落河。"《新唐书·回鹘传》叙同罗:"安禄山反,劫其兵用之,号曳落河者也",据此曳落河本是安禄山军中对同罗兵的指称,以后曳落河成为安禄山的亲兵,从而补充一些他族人,但同罗人仍可能是其主要部分。尽管这样,在曳落河者仍只是安禄山叛军中同罗人的一部分,因为在乱前三年一次流产的攻击契丹的军事行动中,安禄山便打算调用同罗数万骑[4]。在安史之乱时,叛军中出身于铁勒和其他边族的成员不仅在长安、睢阳等地攻城略地,还作为各郡的防兵驻守在河北道[5]。

---

[1] 据《全唐文》卷21。
[2] 据《资治通鉴》卷215,玄宗天宝三载八月,第6860页;四载正月,第6863页。
[3] 《资治通鉴》卷216,玄宗天宝十二载五月,第6918页;《新唐书》卷225上《安禄山传》,第6415页。
[4] 《资治通鉴》卷216,玄宗天宝十一载三月,第6910页。
[5] 据《资治通鉴》卷218,第6986页;卷219,第7006、7016页。

安史乱后，叛军迅速攻占河北，进入黄河以南，兵锋直逼关中。为了保卫长安，朝廷委派哥舒翰为副元帅，"领河、陇诸蕃部落奴剌、颉跌、朱邪、契苾、浑、蹛林、奚结、沙陀、蓬子、处蜜、吐谷浑、思结等十三部落，督蕃、汉兵二十一万八千人，镇于潼关"[1]。上述13部落中，颉跌（即阿跌）、契苾、浑、蹛林、奚结、思结7部落属铁勒。在平叛过程中，郭子仪率领的军队立功最多。乱发时郭子仪任朔方节度使，其下将领左武锋使仆固怀恩、右武锋使浑释之分别是仆固部和浑部的酋长，世为金微都督和皋兰都督[2]。一般说来，二部落的青壮年都可能随他们参加了唐军。郭子仪既在铁勒移民重要分布地区任节度使，其部下之铁勒兵当不止来自仆固和浑二部。铁勒各部在深入中原的作战过程中，相当一部分人死于战争。由于文献中没有重新外迁的记载，其余人可能都留在中原或其沿边地区，并渐为汉族所同化。

回鹘人素以善于经商而著名，安史之乱以后因助唐作战，回鹘对中原的影响随之扩大，也为回鹘商人出没于中原重要城市提供了方便。其中以长安的回鹘商人最多，常达1 000余人，他们在此长期不归，"殖货产，开第舍、市肆，美利皆归之，日纵贪横，吏不敢问。或衣华服，诱取妻妾"[3]，有的实际已成为长安居民。贞元十一年(795年)，阿跌氏出身的回鹘怀信可汗继立，出于对旧王族药罗葛氏的担心，尽取其子孙纳之唐朝廷。从此，漠北不复有药罗葛氏[4]。

文宗开成四年(839年)，回鹘统治阶层发生严重内乱，国相掘罗勿引沙陀兵进攻可汗，可汗自杀，掘罗勿拥立新可汗即位。次年，别将句罗莫贺引黠戛斯10万军队攻破漠北回鹘王庭，杀死可汗和掘罗勿，回鹘各部溃败，纷纷逃离漠北。

回鹘的迁徙主要分向西和向南两个方向，以向西迁徙规模较大。国相馺职和其外甥庞特勒率15部投奔葛逻禄；途中一支投奔吐蕃占领下的河西走廊，一支迁入安西[5]。在新疆的回鹘人与当地民族长期

---

1 《资治通鉴》卷217，玄宗天宝十四载十二月，胡注引《禄山事迹》，第6943页。
2 《资治通鉴》卷217，玄宗天宝十四载十二月，第6944页。
3 《资治通鉴》卷225，代宗大历十四年，第7265页。
4 《新唐书》卷217上《回鹘传》，第6126页。
5 据《旧唐书》卷195《回纥传》和《新唐书》卷217下《回鹘传》。

相处，逐渐发展为今日的维吾尔族。

另一部分南迁，又分为二支。原在可汗牙帐周围的13个部落，拥特勤乌介为可汗，向唐朝的北部沿边运动，于会昌元年（841年）退保错子山（在今内蒙古杭锦后旗北）[1]。三年，乌介率部侵逼振武军，为刘沔率领的唐军击败，部落2万余人投降，乌介可汗被迫北逃依附于黑车子室韦，其余的溃兵多到幽州降附，前后3万余人，被分散到各道安置[2]。乌介南迁时有众10万，到会昌六年，"所余不及三千人"[3]。乌介后来逃入室韦，为室韦所杀，随逃者被黠戛斯收回漠北。极少数部落仍留在漠南，"散藏诸山深林，盗劫诸蕃"[4]。不过以后在历史上已不起什么作用。

另一支以回纥王子嗢没斯为首，退至天德军（在今内蒙古乌拉特前旗北）附近。会昌二年，嗢没斯率其下特勤、宰相等2 000余人降于振武节度使，嗢没斯后迁入长安，族人被安置在云、朔之间[5]。那颉率领的别部于同年五月为卢龙节度使张仲武所破，残众7 000余帐投降，后分配各道安置[6]。此外，特勤叶被沽兄李2部南奔吐蕃，特勤可质力2部往东北投奔大室韦[7]。

此次南迁的回鹘人至少有10余万，因为乌介的人马便在10万以上。除了少数人迁回漠北，绝大多数的人都迁入唐朝北部沿边或中原地区，以后未发现再迁移的记载。由于分散在中国北方相当大的范围内，这些移民必定很快被其他民族所吸收，不再以回鹘族存在。

二 移民分布

内迁的铁勒各部落分布在西起河西走廊、东至幽州的广阔的沿边地带（参见图2-1）。

---

1 《资治通鉴》卷246，武宗会昌元年二月，第7949页。
2 《资治通鉴》卷247，武宗会昌三年正月，第7971、7973、7976页。
3 《资治通鉴》卷248，武宗会昌六年七月，第8025页。
4 《旧唐书》卷195《回纥传》，第5215页。
5 见《新唐书》217下《回鹘传》、《资治通鉴》卷246。
6 《资治通鉴》卷246，武宗会昌二年五月，第7962页。
7 《旧唐书》卷195《回纥传》，第5214页。

陇右道以凉州、甘州为中心的河西走廊是移民主要的分布区域之一。

贞观六年(632年),契苾何力与其母率契苾部6 000余家迁入凉州,唐置贺兰州以安之。尽管在贞观十六年其母率部分人员迁回漠北,但仍有部分移民居住凉州。契苾何力入朝任职,其子契苾明在凉州统辖本部落,后世袭贺兰都督一职,并自称武威姑臧人,于武周证圣元年(695年)卒于姑臧(今武威市)之里第[1]。

垂拱元年(685年)以后,回鹘、契苾、思结和浑部纷纷迁入凉州以及邻近的甘州。甘州北部的同城为唐朝接待铁勒移民的主要中心,仅在安北都护府设立后的数月间,移民便达5 000余户,不久原在甘州的约4 000降户也迁入同城[2]。开元初,由于漠北铁勒诸部大批迁入凉州和甘州一带,朝廷任命右羽林大将军薛讷为凉州镇大总管,节度赤水、建康、河源等军,驻屯凉州,以"抚新附,检钞暴"[3]。据《旧唐书》卷40《地理志》,天宝元年(742年)凉州都督府下辖以铁勒各部落置的贺兰、蹛林、卢山、金水等4个羁縻府州,加吐浑、兴昔、阁门、皋兰等4个其他族的部落和府,上述府州共有著籍户5 048,口17 212。

安史乱初,各部落随唐将哥舒翰驻镇潼关(上揭)。哥舒翰失败以后,各部流散,再也没有回到河西。但在河西仍有一些铁勒族人,至德元载(756年)五月,河西节度使周泌和思结部出身的都护思结进明一起在河陇招抚部落[4],即是一证。

位于关内道南部的首都长安是铁勒上层移民的主要定居地(详表2-2),因经商而定居者也为数不少(详上)。此外,关内道西北的灵州是铁勒移民的另一个重要迁入区。高宗麟德年间(664—665年),崔知温任灵州都督府司马,"州界有浑、斛薛(铁勒别部)部落万余帐,数侵掠居人,百姓咸废农业,习骑射以备之"。后知温上奏朝廷,将二

---

1 见《全唐文》卷187《契苾明碑》;阙名《契苾嵩墓志铭》,载周绍良主编:《唐代墓志汇编》,上海古籍出版社1992年版,第1374页。
2 陈子昂:《上西蕃边州安危事》,载《全唐文》卷211。
3 《新唐书》卷215上《回纥传》,第6048页。
4 《资治通鉴》卷218,第6979页。

部迁至黄河以北地区,"于是百姓始就耕获"[1]。开元元年(713年)以后,铁勒人纷纷南迁,灵州为主要迁入地之一,羁縻府州燕然、鸡鹿、鸡田、皋兰、烛龙、燕山等州分别侨治回乐(治今宁夏灵武市南)、鸣沙(治今吴忠市南)、温池(治今中宁县东)等县[2]。天宝元年上述府州著籍户数为2 315,口数为9 716[3]。

铁勒各部还迁徙到关内道北部的河南地。开耀元年(681年)以薛延陀部置之达浑都督府,与其下属的姑衍、步讫若、溪弹、鹘、低粟等5州共约4万帐南迁(上揭)。《新唐书》和《旧唐书》之《地理志》均载达浑府及其下5州侨治夏州宁朔(治今陕西靖边县东),但史无记载是否在开耀元年即迁入夏州。此外,在夏州还有安化、宁朔、仆固等以铁勒族置的3州都督府。天宝元年,此3州和达浑府共有著籍户数1 103,口数5 248[4]。

关内道最北的黄河以北地区也有一定数量的铁勒部落。《唐会要》卷72《诸蕃马印》条载:杖曳固(即拔野固)马,在瀚海南幽陵山东杖曳固川;同罗马,在洪诺河东南,曲越山北,幽陵山东;仆骨马,在幽陵山南;"恩结(应为思结之误)马,碛南突厥马也"。所提地名今多无考,但既在"瀚海南""碛南",则应在本区。大和年间(827—835年),原在凉州的契苾部亦迁到振武军(治今内蒙古和林格尔县西北)[5]。

河东道北部是铁勒移民的另一个重要迁入地区,唐初即有移民迁入。贞观六年,唐以思结部置怀化县,属顺州,侨治于忻州秀容县(治今山西忻州市),高宗时废[6]。当时,张俭任朔州(治今市)都督,"属李靖平突厥之后,有思结部落,贫穷离散,俭招慰安集之",后张俭移任代州(治今代县),此部落随其前往[7]。开元四年以后,拔野固、回鹘、同罗、霫、仆固等5部约四五万人迁入大武军(详上),至开元八年

---

[1] 《旧唐书》卷185上《崔知温传》,第4791页。
[2] 《新唐书》卷43下《地理志》,第1121页。
[3] 《旧唐书》卷38《地理志》,第1417页。
[4] 同上书,第1415页。
[5] 《新唐书》卷217下《回鹘传》,第6142页。
[6] 《新唐书》卷43下《地理志》,《旧唐书》卷39《地理志》。
[7] 《旧唐书》卷83《张俭传》,第2775—2776页。

诸部居住地扩展至大同军(治今代县北)和横野军(治今河北蔚县)一带[1]。此外,铁勒移民还"散处太原(今市以南)以北",为此唐于并州置天兵军"以镇之"[2]。由于移民众多,朝廷任命郭虔瓘为朔州镇军大总管,节度和戎、大武和并州以北诸军,以"抚新附,捡钞暴"[3]。安史乱后,此部落相当一部分移民参加了安史叛军,安禄山"劫其兵用之,号曳落河者"的同罗部落可能原来居住于此[4]。会昌以来,嗢没斯率领的回鹘部落迁入云、朔二州(详上),后唐大将李存信和后晋将领何建就是这批移民的后裔(见表2-2)。

玄宗以前,有关河北的铁勒移民资料较少,迁入移民当不多。安禄山担任范阳节度使以后,为了扩大军力,极力引诱铁勒移民,人数激增,安史叛军中相当一部分人即来自同罗部落和阿布思所部(上揭)。晚唐时的镇州节度使王廷凑,本出于回鹘阿布思之族,曾祖五哥之为李宝臣帐下,估计安史乱后不久即定居在镇州(治今河北正定县)[5]。此外,在幽州(治今北京城西南)之北还有"部落分散,四出者多"的薛延陀部落[6]。会昌以后,乌介可汗所部溃兵3万余人到幽州降附,应有一些人定居于此。

安史之乱以后,回鹘势力强盛,力量尚小的东北民族契丹和奚不得不依附于回鹘。回鹘在二部各驻有监使,"岁督其贡赋,且诇唐事",直到回鹘溃散之后的会昌二年仍有监使等800余人[7]。《辽史·地理志》载,辽上京(在今内蒙古巴林左旗境)南门之东有回鹘营,"回鹘商贩留居上京,置营居之"。唐代回鹘商人经商曾到达中原的许多城市,回鹘商人东入契丹并定居于此应始于唐代。据研究,与辽代皇帝耶律氏世代通婚的述律氏(后改姓萧氏)即是回鹘移民的后裔[8]。

由于会昌以后迁入幽州的回鹘移民重新被安置到诸道,其他地

---

1 《资治通鉴》卷212,第6741页。
2 《旧唐书》卷99《张嘉贞传》,第3090页。
3 《新唐书》卷215上《回鹘传》,第6048页。
4 《新唐书》卷217下《回鹘传》,第6141页。
5 《新唐书》卷211《王廷凑传》,第5959页。
6 《唐会要》卷72《诸蕃马印》。
7 《资治通鉴》卷246,武宗会昌二年九月,第7967页。
8 参见肖之兴:《回鹘后裔在辽朝"共国任事"》,载《民族研究》1980年第4期。

表 2-2 铁勒移民实例

姓　名	部落名	迁移时间	迁入地	今　地	原身份	迁后身份	备　注	资料来源
延陀梯真	薛延陀	唐前期	?	?	?	左武侯将军		资治通鉴 204/63
契苾何力	契苾	贞观六年	长安	陕西西安	特勒	镇军大将军	初迁凉州	新唐书 110/4117
契苾明	契苾		凉州	甘肃武威	贺兰州都督		父何力	新唐书 110/4120
契必嵩*	契苾		凉州	甘肃武威	贺兰州都督		祖何力	墓志汇编/374
契必通*	契苾		（不明）			蔚州刺史	五世祖何力	资治通鉴 246/79
咄摩支	薛延陀	贞观二十年	长安	陕西西安	可汗	右武卫将军		新唐书 217/6138
阿布思	?	开元三年	幽州	北京	首领	朔方节度使		新唐书 225/6415
颉质略	拔野固	开元四年	代郡	山西北部	都督	讨击大使		全唐文 21/105
毗伽末啜	同罗	开元四年	代郡	山西北部	都督	讨击大使		全唐文 21/105
比言	霫	开元四年	代郡	山西北部	都督	讨击大使		全唐文 21/105
夷健利	回鹘	开元四年	代郡	山西北部	都督	讨击大使		全唐文 21/105
曳勒哥	仆固	开元四年	长安	陕西西安	特勤	归义军副使	后名李思忠	资治通鉴 246/79
仆固怀恩	仆固	会昌	河曲	内蒙古黄河南	金微州都督	太保		新唐书 224上/63
浑释之*	浑		灵州	宁夏吴忠市北	皋兰州都督	开府仪同三司		新唐书 155/4890
浑瑊*	浑		灵州	宁夏吴忠市北	皋兰州都督	检校司空	父释之	新唐书 155/4894

47

续 表

姓 名	部落名	迁移时间	迁入地	今 地	原身份	迁后身份	备 注	资料来源
浑镐*	浑		灵州	宁夏吴忠市北		延州刺史	祖先释之	新唐书155/4895
浑镒*	浑		灵州	宁夏灵武		诸卫大将军	祖先释之	新唐书155/4895
李光进*	阿跌		太原	山西太原	鸡田州刺史	节度使	原居灵州	新唐书171/5183
李光颜*	阿跌		太原	山西太原		节度使	原居灵州	新唐书171/5184
思结进明*	思结		河西	甘肃		都护		资治通鉴218/69
张从训*	回鹘		太原	山西太原		后晋刺史	祖居凉州	旧五代史91/120
李茂勋	回鹘	会昌	幽州	北京	将领	节度使		新唐书212/5983
李可举*	回鹘	会昌	幽州	北京		节度使	父茂勋	新唐书212/5983
何建*	回鹘		云朔间	山西北部		节度使	后迁蜀	旧五代史94/124
张君政	回鹘	会昌	云州	山西大同		后唐右校		旧五代史53/713
李存信*	回鹘		云州	山西大同		后唐右校	父张君政	旧五代史53/713
王廷凑*	阿布思		镇州	河北正定		节度使	曾祖已居镇州	新唐书211/5959
王元逵*	阿布思		镇州	河北正定		节度使	父廷凑	新唐书211/5961
王绍懿*	回鹘		镇州	河北正定		节度使	祖廷凑	新唐书211/5962
王绍鼎*	回鹘		镇州	河北正定		节度使	祖廷凑	新唐书211/5961
王景崇*	回鹘		镇州	河北正定		节度使	曾祖廷凑	新唐书211/5962
王镕*	回鹘		镇州	河北正定		节度使	四代祖廷凑	新唐书211/5963

说明：有 * 者系移民后裔。

区特别是南方都有一定数量的回鹘移民。归州（治今湖北秭归县）虽僻居长江三峡，会昌三年也有56名回鹘移民迁入，他们居住的地方后人称之为回鹘营[1]。此后，仍不断有回鹘人迁入南方。懿宗咸通元年（860年），浙东观察使王式说："吐蕃、回鹘比配江、淮者，其人习险阻，便鞍马，可用也"，因而在浙东的吐蕃和回鹘人中挑骁健者100人组成骑兵[2]。甚至在遥远的岭南，也有少数发配去的回鹘奴婢[3]。

宋辽文献中已见不到关于北部沿边的铁勒移民的记载，也很少提到将领和官员中某某人是出身于铁勒，而五代关于这方面的记载仍然很多。显然，宋辽时期分布在内地和沿边地区的铁勒移民已基本上与汉族或其他民族所融合。

但是，西迁的回鹘部落却长期存在下来，并在当地建立了政权。奔葛逻禄的回鹘人后分布在伊州（治今新疆哈密市）、西州（治今吐鲁番市东）、龟兹（今库车县）、于阗（今和田市南），以及今哈萨克斯坦境内的楚河流域，建立强大的黑汗王朝（一称喀喇汗王朝），首都八拉沙衮（今吉尔吉斯斯坦托克马克西南），喀什噶尔（今我国新疆喀什市）为第二首都[4]。奔安西的回鹘通常又被称为西州回鹘或高昌回鹘，建立了高昌国，都城设在喀喇和卓（在今新疆吐鲁番市以东），疆域大约东到今甘肃，北界天山，西接葱岭，南邻于阗[5]。随着势力的扩张，回鹘人民不断向天山以南迁移，在龟兹（今库车县）等地已成为当地人民的主体部分，因而《宋史》卷490《龟兹传》说："龟兹本回鹘别种。"分布在新疆的回鹘人民以后与当地民族长期共处，逐渐发展为今日的维吾尔族。

投奔吐蕃的那一支回鹘移民，后人称之为甘州回鹘或河西回鹘，分布在以甘州（治今甘肃张掖市）为中心的河西走廊。西至肃州（治今酒泉市）、瓜州（治今县东南）、沙州（治今敦煌市），东南至凉州、兰州

---

1 王象之：《舆地纪胜》卷74，广陵刻印社影印倜盈斋本。
2 《资治通鉴》卷250，懿宗咸通元年四月，第8084页。
3 《唐会要》卷86《奴婢》。
4 据冯家升、程溯洛、穆广文编著：《维吾尔族史料简编》上册第三章第三节《黑汗王朝》，民族出版社1958年版。在笔者之前，有关铁勒诸部迁移的研究主要集中在840年以后回鹘的西迁。本节这方面内容，吸收了《维吾尔族史料简编》和林幹《突厥史》（内蒙古人民出版社1988年版）的成果。
5 据《维吾尔族史料简编》上册第三章第四节《西州回鹘——高昌》。

(治今市)、秦州(治今天水市),东北至今宁夏境内的贺兰山,西北至合罗川(今额济纳河)流域,都有回鹘人居住,并建立了若干个规模不同的政权。其中,以甘州为中心的政权较为强大。北宋天圣六年(1028年),西夏攻破甘州城,不久河西走廊各州的回鹘都被征服。此后,除主要部分降于党项,一部分居住在今青海省境的唃厮啰,其余逃归山林,无所归属[1]。迁入唃厮啰的回鹘人以后与吐蕃混合,称为黄头回鹘,为今裕固族祖先[2]。

第四节

稽胡的迁移

稽胡,又称稽落胡,源于南匈奴,又说是先秦山戎、赤狄的后代,长期居住在离石郡(治今山西吕梁市离石区)—安定郡(治今甘肃泾川县北)一线的北部。至南北朝后期,仍分布在今山西、陕西二省的北部山谷间,与汉人杂居,主要从事农业[3]。

隋代,稽胡仍大体生活在上述地区。隋末天下大乱,刘龙儿率离石一带的稽胡起兵,有众数万,自号刘王,以其子季真为太子,不断攻城略地[4]。唐朝建立以后,开始对之作战。高祖武德元年(618年)四月,稽胡5万余人进攻宜君(今陕西宜君县),为唐军击败,男女2万人被唐军掳获[5]。二年五月,刘龙儿之子六儿率部降唐,被任命为岚州(治今山西岚县北)总管[6]。四年三月,唐太子李建成招降到大批稽胡,凡年龄在20岁以上的6 000余人均被围而杀之[7]。九年八月,原

---

1 参见林幹:《突厥史》,第218页。
2 见李符桐:《撒里畏兀儿来源考》,《东北集刊》1942年第3期。
3 参见《北史》卷96《稽胡传》,第3194页。
4 《资治通鉴》卷187,唐武德二年五月。
5 《资治通鉴》卷185。
6 《资治通鉴》卷187。
7 《资治通鉴》卷189。

依附于地方武装梁师都的稽胡纷纷降唐[1]。至此,稽胡力量已大为衰弱。那些降唐或被唐军掳掠的民众,文献不曾提到是否返回故地。在当时的情况下,唐朝为了削弱稽胡的力量,可能将被掳掠的人以及一部分降兵迁到中原。

直到武周时期,在河东道和关内道的北部仍有一定数量的稽胡。万岁通天元年(696年)契丹反叛,武周调此两道的军队和民族武装前往镇压,其中便有绥(治今陕西绥德县)、延(治今延安市)、丹(治今宜川县)、隰(治今山西隰县)等州的稽胡[2]。但在此前后,稽胡已开始加速与汉族相融合的步伐。有人于唐中宗神龙元年(705年)为卜元简作墓志铭,提到其父亲卜冲曾任石州(即隋代离石郡)定夷县县令之事,说此县"离石前墟,稽胡旧俗"[3]。从稽胡风俗被称为"旧俗"这一点来看,居住在石州及其附近的稽胡已失去本民族的习俗。到唐中后期,文献已极少提到稽胡,显然已完成与其他民族的融合。

---

1 《资治通鉴》卷191。
2 陈子昂:《上军国机要事》,《全唐文》卷211,第942页。
3 阙名:《卜君之墓志铭》,《唐代墓志汇编》,第1044页。

第三章

周边民族的内迁:西方民族

第一节

青藏高原民族的内迁

南北朝后期,广袤的青藏高原上生活着吐谷浑、吐蕃、党项等民族,其中吐蕃居住在高原南部,吐谷浑和党项居住在北部。隋唐以来,吐蕃不断向北扩张,迫使吐谷浑、党项等民族向中原迁移。除此之外,还有不少人因战败、内部矛盾激化、求学等原因,迁入中原地区。

一 吐谷浑的内迁

吐谷浑,亦称吐浑,唐后期五代又称之退浑,本属鲜卑族,居住在今辽宁西部一带,西晋末年趁天下大乱,向西迁入今青海境内。隋代,其游牧范围"自西平临羌城(今青海湟源县东南)以西,且末(新疆今县)以东,祁连(今祁连山)以南,雪山(今昆仑山和巴颜喀拉山、阿尼玛卿山)以北,东西四千里,南北二千里",都城伏俟城在青海(今湖)西15里[1]。

开皇年间(581—600年),吐谷浑数次进扰隋的边境。不久,可汗吕夸杀太子,立少子诃为太子,"诃复惧其父诛之",图谋率部落15 000户内迁,但遭到隋朝拒绝。名王拓跋木弥率1 000余家要求归化,也未被接纳。大业五年(609年),隋军击败吐谷浑,"部落来降者十万余口"[2]。《隋书》和《资治通鉴》诸文献皆未载此10万余吐谷浑人迁入中原,如果确有迁移,文献中对于规模如此之大的移民不可能不记载。

隋末天下大乱,原被迫客居党项部落的吐谷浑可汗伏允收复故地,进攻河西。唐初,吐谷浑与唐朝时和时战。贞观九年(635年),李靖率唐军深入吐谷浑境内作战,击败之,不久立诺曷钵为可汗。此后,吐谷浑采取亲唐的政策,唐亦将弘化公主嫁与诺曷钵,双方相安无事[3]。

高宗龙朔三年(663年),吐蕃向北扩张,进入河源地区,灭了吐谷浑,吐谷浑可汗诺曷钵被迫与弘化公主率数千帐迁入凉州(治今甘肃武威市)。咸亨元年(670年),为了牵制吐蕃向西域扩张,唐朝派薛仁贵率军出兵河源地区,并送吐谷浑部归回故地。不久,吐谷浑部生活在鄯州浩亹水(今青海大通河)之南。三年,唐军为吐蕃所败,吐谷浑部落"畏吐蕃之强,不安其居,又鄯州地狭",迁到灵州(治今宁夏吴忠市北);唐于故鸣沙县地设安乐州(治今同心县东北韦州)以安之[4]。仪凤中(676—679年),部分吐谷浑部落自凉州内迁,被安置在延州金明县(治今陕西安塞县南)西境,设浑州以处之[5]。此次迁移的过程和原因文献阙载,估计移民人数也不多。

龙朔以后迁入安乐州的部众不过数千帐,仍有大量的吐谷浑人留在河源地区,受吐蕃的控制。武周长寿元年(692年),王孝杰率唐

---

1 《隋书》卷83《吐谷浑传》,第1845页。参见《旧唐书》卷198《吐谷浑传》,第5297页。
2 《隋书》卷83《吐谷浑传》,第1845页。
3 见《新唐书》卷221上《吐谷浑传》。
4 《资治通鉴》卷201,高宗咸亨元年四月,第6363页;卷202,高宗咸亨三年二月庚午,第6368页。
5 《新唐书》卷43下《地理志》,第1125页。

军进攻吐蕃,自河源军(治今青海西宁市)一带将吐谷浑耽尔乙句贵部内迁至灵州境内[1]。圣历二年(699年),吐蕃内乱,重臣论钦陵兵败被杀,钦陵子论弓仁率所统吐谷浑7 000帐内迁。不久,论弓仁又派人赴吐谷浑部招降,"其吐浑以论家世恩,又曰:'仁人东矣',从之者七千人"[2]。《资治通鉴》卷206载:同年七月,又有吐谷浑部落1 400帐内迁,这些部落可能就是论弓仁招降来的吐谷浑人。这两批吐谷浑移民迁居何处,史无明载,估计也在安乐州和耽尔乙句贵部所在的灵州(参见图3-1)。

诺贺钵率部落迁入安乐州之后,即与其子慕容忠长期居住于此(见表3-1)。但约在圣历二年八月至久视元年(700年),诺贺钵之孙慕容宣超(一作宣赵、宣明)却率领灵州一带的吐谷浑人大举叛乱,"入牧坊掠群马,瘢夷州县",继而逃入青海故地复国。八月,因不堪吐蕃控制,慕容宣超又自愿归唐,率10万众,"突夭刃,弃吐蕃而来",各部赴河西凉、甘(治今张掖市)、肃(治今酒泉市)、瓜(治今瓜州县东南)、沙(治今敦煌市)等州降唐,安置在各州附近[3]。

综上所述,初唐时吐谷浑人的内迁,主要有四次,第一次是高宗龙朔三年由诺葛钵率领迁入凉州,第二次是咸亨三年诺葛钵率部迁青海后复迁入灵州,第三次是圣历二年论弓仁等部迁入灵州,第四次是慕容宣超率吐谷浑人回迁青海后复迁入河西各州。但内迁的吐谷浑移民,实只有第一次和第三次迁入的两批,据上述数字估计人数在10万上下,其余两次不过是外迁后的重新迁入。

在久视元年迁入以后到安史乱前的半个多世纪中,关内道的灵州和陇右道河西诸州都有吐谷浑移民分布。在此期间尤其是玄宗时,仍有一些留在青海故地的吐谷浑人因各种原因迁入陇右和关内二道。开元三年(715年)正月,吐谷浑大酋慕容道奴与铁勒九姓、高丽等部族共1万余帐,迁入关内道北部的河南地。一年以后各部落多叛

---

1 《新唐书》卷221上《吐谷浑传》,第6228页。年代据《旧唐书》卷93《王孝杰传》。
2 张说:《拨川郡王碑》,《全唐文》卷227。
3 《新唐书》卷221上《吐谷浑传》,第6227—6228页。参见王素:《吐鲁番所出武周时期吐谷浑归朝文书史实考证》,载《文史》第29辑,中华书局1988年版。

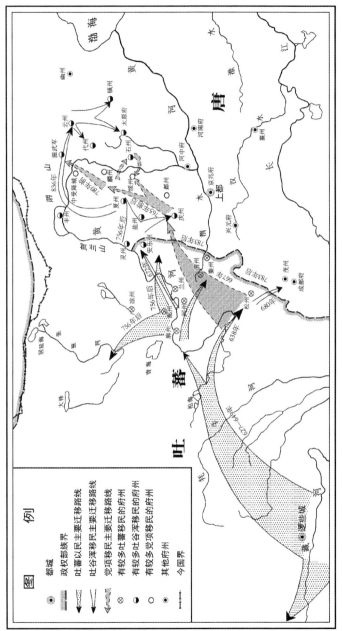

图 3-1 吐蕃、吐谷浑和党项移民的迁移

表 3-1 吐谷浑移民实例

姓 名	迁移时间	迁出地	迁入地	今 地	原身份	迁后身份	备 注	资料来源
慕容顺	大业	青海	长安	陕西西安	可汗子	金紫光禄大夫	唐初返回	隋书 83/1845
慕容诺贺钵	咸亨	青海	安乐州	宁夏同心	可汗	州刺史	一作诺曷钵	新唐书 221 上/6227
慕容忠	咸亨	青海	安乐州	宁夏同心	可汗子	镇军大将军	父诺贺钵	墓志汇编/945
慕容宣明*			凉州	甘肃武威		左领军卫大将军	祖诺贺钵	墓志汇编/1091
慕容曦皓*			安乐州	宁夏同心	州刺史	曾祖诺贺钵		新唐书 221 上/6228
慕容威*			长乐州	宁夏同心	左武卫郎将	曾祖诺贺钵		墓志汇编/1738
慕容兆*			安乐州	宁夏同心	州刺史	祖先诺贺钵		新唐书 221 上/6228
慕容明			长安	陕西西安		神龙迁长安		墓志汇编/1485
李金全			河东	山西	后晋节度使			旧五代史 97/1296
李嗣恩			河东	山西		后唐节度使	本姓骆	新五代史 36/390
慕容彦超*			河东	山西	后汉节度使			新五代史 53/607
赫连铎父来*			云州	山西大同	都督	开成迁此		新唐书 212/5984
赫连铎*			云州	山西大同	节度使			新唐书 212/5984
直鲁古	辽太祖	塞北	辽京	内蒙古巴林	左旗	太医		辽史 107/1475

说明：有 * 者为移民后裔。

归漠北[1],吐谷浑与突厥关系不深,估计仍留在河南地。开元十一年,一些吐谷浑部众诣沙州降,为河西节度使张敬忠所接纳[2]。天宝五载(746年)正月,河西节度使王忠嗣讨伐原迁居在沙州墨离军(今甘肃瓜州县东南)的吐谷浑部,"虏其全部而归"[3]。

安史乱后,河西和灵州一带的吐谷浑人,一部分加入唐军,参加了保卫潼关的战斗[4];一部分因吐蕃的进逼向东迁入盐(治今陕西定边县)、庆(治今甘肃庆阳市)两州和夏州朔方县(治今陕西靖边县东,于此置宁朔州)等地[5]。加入唐军的吐谷浑部落潼关战后下落不明,但迁居盐、庆等州的部落仍活动在关内道的北部。文宗开成元年(836年)二月,关内道北部的吐谷浑部3 000余帐又向北迁入丰州(治今内蒙古五原县南)一带[6]。此外,《新唐书》卷212《李匡威传》载:"(赫连)铎本吐谷浑部酋也,开成中,其父率种人三千帐自归,守云州(治今山西大同市)十五年。至是(昭宗大顺二年,891年),失其地。"由于史书未记载迁入丰州的部落酋长姓名,无法得知是两支部落同时迁入丰州和云州,还是同一支部落先迁入丰州尔后再迁入云州。不过,丰州的部落迁后即无闻,而云州的部落则屡屡在文献中留下记载[7],当是后一种可能性较大。天复三年(903年)五月,李克用部将攻占振武军(治今内蒙古和林格尔西北),杀赫连铎部落2 000余人[8]。据此,毗连云州的振武军也是吐谷浑部后期的迁入地之一。

赫连铎丢失云州以后,逃入幽州(治今北京城南),其部族分散在蔚州(治今山西灵丘县)界中。后唐庄宗时,白承福代理都督,在中山(治今河北唐县西南)北的石门建寨,有丁壮数千人,以畜牧业为生,与后唐保持较好的关系[9]。后唐长兴二年(931年),由于契丹向南进逼,

---

1 《资治通鉴》卷211,第6709—6721页。
2 《资治通鉴》卷212,玄宗开元十一年九月,第6757页。
3 《资治通鉴》卷215,第6871页。
4 《资治通鉴》卷217《考异》引《安禄山事迹》,第6943页。
5 《新唐书》卷221上《党项传》,第6216页。
6 《资治通鉴》卷245,第7923页。
7 见《资治通鉴》卷253、卷258。
8 《资治通鉴》卷264,第8608页。
9 王溥:《五代会要》卷28《吐浑》,中华书局点校本。

塞外的吐谷浑部落开始向云、朔(治山西今市)二州运动[1]。

后晋天福元年(936年),石敬瑭将燕云十六州割属契丹,分布在雁门关以北的吐谷浑人民均役属于契丹。由于不堪奴役,加上镇州节度使安重荣的劝诱,吐谷浑部落1000余帐自五台南迁,被安置在并(治今太原市南)、忻(治今忻州)、代(治今代县)、镇(治今河北正定县)四州山区[2]。因契丹指责,天福六年(941年)后晋命供奉官张澄率兵2000,将分布上述四州的吐谷浑人驱回塞北旧地。不过,石敬瑭"亦以契丹诛求无厌,心不平之",故命出镇太原的刘知远"潜加抚慰",开一只眼闭一只眼;加之安重荣的收纳,因而仍有相当部分吐谷浑人留在四州。开运间(944—946年),白承福率部族从晋出帝出兵至澶州(治今河南濮阳市南)作战,"属岁多暑热,部下多死",不久部落移居岚州(治今山西岚县北)和石州(治今吕梁市离石区)。此后,白可久率部分族人北迁契丹境内,白承福也被刘知远杀死[3]。

白承福死后,河东境内的吐浑衰微,但在契丹(辽)境仍有一定数量的吐谷浑部落[4]。北宋雍熙三年(986年),宋军伐辽南归,将山北云、应(治今山西应县)、寰(治今朔州市东北)、朔四州境内的百姓及吐浑部族都迁到河东和京西(主要在今河南省西部)[5],估计在辽境仍有一些吐谷浑人。

五代时河东地区的吐谷浑人是协助沙陀人逐鹿中原的重要力量,在后唐、后晋和后汉政权都有一些出身吐谷浑的将领,李金全、李嗣恩、慕容彦超即是他们的代表(详表3-1)。由于与汉族、契丹、沙陀等族人民杂居生活,吐谷浑移民逐渐与他们相融合,11世纪以后的文献中已不再有吐谷浑部落活动的记载。

《资治通鉴》和两《唐书·吐蕃传》多次记载,广德元年(763年)以

---

1 《旧五代史》卷75《晋书·高祖纪》,第981页。
2 《资治通鉴》卷282,高祖天福五年、六年正月,第9219页。《旧五代史》卷98《安重荣传》载当时迁入的各部强壮人马约10万众,仅吐谷浑两部便各有3万余帐,依此则各部内迁人数至少有三四十万人。如此多的边族迁入必然要引起河东地区的社会动荡,但文献并无此记载,颇疑安重荣夸大迁入的人数。
3 《五代会要》卷28《吐浑》。
4 《辽史》卷4《太宗纪》载会同九年(946年)吐谷浑向契丹献生口1000户。
5 《宋史》卷5《太宗纪》,中华书局点校本,第78页。

后吐蕃以吐谷浑、党项等部族侵入唐朝辖境。这些吐谷浑人,一部分应是至德后仍留居河西的部落,一部分应来自武周以后仍留在河源故地的部落。唐后期贞元二十年(804年),吕温奉使入吐蕃,还看见"退浑种落尽在,而为蕃所鞭挞";因赋《蕃中答退浑词二首》:"退浑儿,退浑儿,朔风长在气何衰。万群铁马从奴虏,强弱由人莫叹时。"[1] 五代以后,留在青海的部分部落可能与吐蕃人相融合,另有部分部落仍长期存在着。现青海省互助、民和、大通、乐都和甘肃省天祝等地的土族,即与吐谷浑有渊源关系。

二 吐蕃族的迁移

吐蕃族本生活在今西藏高原一带,隋唐之交各部逐渐统一,设都城于逻些城(今拉萨市)。唐初已有胜兵数十万,号为强国,"党项、白兰诸部及吐谷浑、西域诸国咸畏惧之"[2]。太宗贞观八年(634年),赞普弃宗弄赞派使节入唐,开始和中原发生交往。

1. 不断向北扩张

从唐初起,吐蕃不断向北扩张。贞观十二年(638年),进攻吐谷浑,"吐谷浑不能支,遁于青海之北,民、畜多为吐蕃所掠",接着又进破党项、白兰诸羌,部众20万屯于松州(治今四川松潘县)之西境[3]。高宗龙朔三年(663年),灭吐谷浑,可汗诺曷钵被迫内迁河西。乾封二年(667年),破诸羌12羁縻州。咸亨元年(670年),陷西域18州,唐被迫罢安西四镇[4]。永隆元年(680年),攻占茂州西南之安戎城(在今四川马尔康市东南),"由是西洱(今云南西部洱海)诸蛮皆降于吐蕃。吐蕃尽据羊同(约在今西藏西北部)、党项(约在今四川、甘肃、青海三省交界的地区)及诸羌之地,东接凉(治今甘肃武威市)、松、茂(治今四川茂县凤仪镇)、巂(治今四川西昌市)等州,南邻天竺(今印度),西陷

---

[1]《全唐诗》卷371,第4171页。
[2]《通典》卷190《边防六》。
[3]《资治通鉴》卷195。
[4]《资治通鉴》卷201,第6336、6351、6363页。

龟兹(今新疆库车县西)、疏勒(今新疆喀什市)等四镇,北抵突厥,地方万余里,诸胡之盛,莫与为比"[1]。

武周长寿元年(692年)十月丙戌,王孝杰率军大破吐蕃,复取安西四镇,并置安西都护府于龟兹,发兵戍之[2],从而遏制了吐蕃在西域的扩张。但吐蕃在东方的扩张仍在继续。睿宗景云元年(710年),吐蕃通过赂买鄯州都督杨矩,以为和蕃的金城公主作汤沐地之名,获得九曲之地(今青海东南境黄河曲流处)。九曲地区靠近中原,土地肥沃,牧草丰美,便于屯兵放牧牲畜。吐蕃占据九曲之后,不断"率兵入寇"中原[3]。

经七八十年时间的扩张,到玄宗时期,吐蕃的控制范围急剧扩大。按现代区域言之,整个青藏高原,除了青海北部日月山南北和邻近四川盆地与甘肃西南部的边缘山区仍为双方激烈争夺的地带,其余的广大地区都已置于吐蕃的统治下,吐蕃已成为地跨今藏、青、新、川、滇各省区的大帝国。

安史之乱爆发以后,镇守河西、陇右和西域地区的唐军悉数东调,吐蕃乘虚而入。肃宗至德元载(756年),陷赤岭(今日月山)以北的威戎、神威、制胜、天成诸军以及石堡城等唐军长期坚守的据点[4]。至宝应元年(762年),已相继攻占巂、廓(治今青海化隆县西)、霸(治今四川汶川县西北)、岷(治今甘肃岷县)、秦(治今秦安县西北)、成(治今西和县西)、渭(治今陇西县东)等州。次年,又取兰(治今兰州市)、河(治今临夏市东北)、洮(治今临潭县)、鄯(治今青海海东市乐都区)等州。接着,频频进兵关中,"自凤翔(陕西今县)以西,邠州(治今彬县)以北,皆为左衽矣"。同年,占领松、维(治今四川理县东)、保(治今理县北)3州,"于是剑南西山诸州亦入于吐蕃矣"[5]。至此,不仅整个青藏高原,连河西、陇右和关内道西部也都处于吐蕃的统治下。德宗建中四年(783年),唐与吐蕃划界,规定:"泾州西至弹筝峡西口(在今泾河上

---

1 《资治通鉴》卷202,高宗永隆元年七月,第6396页。
2 《资治通鉴》卷205,第6488页。
3 《旧唐书》卷196上《吐蕃传》,第5228页。
4 《资治通鉴》卷219,第7011页。
5 《资治通鉴》卷223,第7146、7158页。参见《新唐书》卷216上《吐蕃传》。

源)、陇州西至清水县(治甘肃今县西)、凤州西至同谷县(治今成县);暨剑南西山、大渡河东,为汉界。蕃国,守备在兰、渭、原(治今宁夏固原)、会(治今甘肃靖远县),西至临洮(今岷县),又东至成州,抵剑南西界磨些诸蛮、大渡水(今大渡河)西南,为蕃界。"[1]但是,吐蕃没有遵守界约,仍然不断向关内道的北部扩张,并攻入西域。直到晚唐的武宗会昌(841—846年)前后,吐蕃发生内乱,国力衰落,才停止扩张。

按照吐蕃制度,"出师必发豪室,皆以奴从,平时散处耕牧"[2],而奴隶"往往一家至十数人,由是吐蕃之众多"[3]。因此,吐蕃的扩张过程,就是其民族迁徙的过程,新征服的地区往往成为吐蕃族的居住地和游牧地区。例如,明代居住在今四川松潘、茂汶一带,"上下凡十八寨,部曲素强"的白草诸羌,据说即是"唐吐蕃赞普遗种"[4]。此外,吐蕃每攻下一地便派军驻守,少则数千人,多则数万人。在吐蕃王朝崩溃以后,这些军队的很大一部分留居当地,变成了"呷玛罗(Ka-ma-log)",即"没有赞普命令不得返回的人"[5]。吐蕃移民在新居地往往又同化、融合仍留在当地的羌、氐、吐谷浑等民族,分布今四川省汶川、理县、黑水、马尔康、金川、小金和丹巴等县的嘉戎藏族,即是唐代同化西山诸羌后形成的[6]。因此,有理由推测,今青藏高原的藏族分布区基本上是在唐代形成的。

2. 移民陇右、关内

安史之乱以后,陇右道和关内道的西部地区都成为吐蕃族的移民区域。自宝应以后,吐蕃占领关内道西部的原、会和陇右道东部的成、渭等四州[7],四州成为吐蕃占领区的东界。牧草丰美的原州是吐蕃的游牧地,每岁冬春于此放牧,夏季则"畜牧青海"[8]。唐后期河、渭等州是吐蕃尚延心部落的住地,宣宗大中十一年(857年)尚延心以

---

[1]《资治通鉴》卷228,德宗建中四年四月胡注,第7343页。
[2]《新唐书》卷216下《吐蕃传》,第6108页。
[3]《资治通鉴》卷250,懿宗咸通三年十二月,第8101页。
[4]《明史》卷311《四川土司传》,中华书局点校本,第8028页。
[5] 见格勒:《古代藏族同化、融合西山诸羌与嘉戎藏族的形成》,载《西藏研究》1988年第2期。
[6] 同上。
[7]《新唐书》卷216上《吐蕃传》,第6088页。
[8] 元载:《城原州议》,《全唐文》卷369。

河、渭二州部落降唐,迁入秦州,被封为河渭都游奕使,仍率部落居河、渭等地[1]。大将尚婢婢所部原在鄯州一带游牧,大中四年为论恐热率领的另一支吐蕃军队击败,除留拓跋怀光守鄯州,"率部落三千余人,就水草于甘州(治今张掖市)西"。此后,论恐热残虐,所部多叛,部众或散入廓州等地的吐蕃部落,或降于鄯州拓跋怀光[2]。论恐热作乱以后,人数众多的吐蕃奴隶(其中有些是汉人)失去主人,"遂相纠合为部落",称为嗢末,"散在甘、肃、瓜、沙、河、渭、岷、廓、叠、宕之间"[3]。

大中年间,张义潮率沙州(治今敦煌市)的汉人乘吐蕃内乱起义,并以河陇13个州的图籍归唐,加之尚延心所部降唐,河陇和关内道北部复归属于唐。但以后唐又重新失去对河陇的控制,回鹘部迁入河西一带,河陇的党项羌势力也日渐发展。尽管这样,唐末五代和北宋前期河陇地区的吐蕃人仍为数不少,广泛分布各地。敦煌石室发现的《张淮深变文》记唐使节在赴沙州的路上,看见"甘、凉、瓜、肃,雉堞凋残,居人与蕃丑齐肩,衣着岂忘于左衽。独有沙州一郡,人物风华,一同内地"[4]。《宋史》卷492《吐蕃传》载:

> 唐末,瓜、沙之地复为所隔。然而其国亦自衰弱,族种分散,大者数千家,小者百十家,无复统一矣。自仪(治今甘肃华亭县)、渭、泾(治今泾川县北)、原、环(治今环县)、庆及镇戎(治今宁夏固原市)、秦州暨于灵、夏皆有之,各有首领,内属者谓之熟户,余谓之生户。凉州虽为所隔,然其地自置牧守,或请命于中朝。

《旧五代史》卷138《吐蕃传》说:"凉州夷夏杂处。"但是,《宋史》卷492《吐蕃传》载五代时,凉州城只有汉民300户,"凉州郭外数十里,尚有汉民陷没者耕作,余皆吐蕃"。据此可见,凉州的居民实际以吐蕃人为主。后晋天福三年(938年),高居海奉使于阗,著《于阗记》载其沿途所见:"自灵州渡黄河至于阗(今新疆和田县),往往见吐蕃族帐,而于阗常与吐蕃相攻劫";又载:灵州至凉州间的沙丘地区为党项住地,

---

1 《资治通鉴》卷249,宣宗大中十一年十月,第8064页。
2 《资治通鉴》卷249,宣宗大中四年八月,五年四月,第8043页。
3 《资治通鉴》卷250,懿宗咸通三年十二月,第8102页。
4 王重民等编:《敦煌变文集》上册卷1,人民文学出版社1957年版。

甘州是回鹘牙帐所在,州南的祁连山有沙陀遗族,出玉门关(在今瓜州县东)经过吐蕃地界,沙州西有仲云部落,惟瓜、沙二州多汉人[1]。据陈守忠先生研究,陇东的吐蕃人族名及其居地尚有不少可考者,部分部族分布地的今地是:天水市新阳镇以西至甘谷县城以东,秦安县安伏镇,甘谷县大石镇和潘安镇,武山县鸳鸯镇和洛门镇,陇西县内,渭源县和漳县境,临洮县抹邦山,榆中县马衔山和龛谷寨,兰州,其中渭源和漳县境的俞龙阿部族宋代有众20万口[2]。据上所述,在河陇地区,汉人只占人口小部分,居民主要来自吐蕃、回鹘、党项等周边民族,吐蕃人随处可见,在河、渭、秦、凉等州和玉门关以西地区已成为当地居民的主体部分(参见图3-1)。

此外,在西域地区也有吐蕃移民。关于《于阗记》所载的仲云部落,有的学者指出,是吐蕃势力从西域撤退以后,留在当地的吐蕃人独立发展形成的区域性政权,甚至有可能成了伊州的统治者[3]。

河陇地区在中唐时农业相当兴盛,至德以后留在当地的汉人仍以农业为主。由于频频向关中进军,吐蕃人较多接触到中原先进的经济文化。此外,吐蕃人攻入关中以后,往往掠夺汉族妇女西归,强迫其嫁与吐蕃人为妻,"多来中国收妇女,一半生男为汉语"即是对此事的描述[4]。这些方面必然要对吐蕃移民产生重要影响。因此,吐蕃移民与汉族的接触过程,也是进行民族融合的过程。11世纪初,吐蕃人在今青海和甘肃甘南州等地建立唃厮罗政权,河陇地区的一些吐蕃移民及后裔迁入其统治区。元明以后关于今新疆吐蕃人的记载已不多见,宁夏、甘肃境内吐蕃人活动的记载基本限于甘南一带,除甘南以外这些地区的吐蕃人显然已融合于其他民族。

3. 迁入中原地区

在唐代,还有一些吐蕃人因内附、求学和沦为战俘等原因迁入中原地区,前者主要发生在安史乱前,后者主要发生在乱后的唐蕃战

---

[1] 载《新五代史》卷74《四夷附录·于阗》。
[2] 《公元八世纪后期至十一世纪前期河西历史述论》,载《西北师范学院学报》1983年第4期。
[3] 参见郭锋:《略论归义军时期仲云族的族属诸问题》,油印稿。
[4] 王建:《凉州行》,载《全唐诗》卷298,第3374页。

争时。

贞观十五年(641年),吐蕃赞普弃宗弄赞迎唐文成公主为妻,此后因仰慕唐文化,"仍遣酋豪子弟,请入(唐)国学以习《诗》《书》"[1]。神龙元年(705年),中宗颁诏:"吐蕃王及可汗子孙,欲学习经业,亦附国子学读书。"[2]据此可以推测,在唐蕃战争前吐蕃可能经常派贵族子弟入唐求学。唐代前来求学的周边民族贵族子弟多长期留居中原,当有一些吐蕃青年如此。

吐蕃部落的内附以武周圣历二年(699年)论赞婆叔侄的内迁最为著名。论赞婆兄弟长期在吐蕃执掌大权,兄论钦陵居中秉政,其余兄弟握兵分据各方。赞普器弩悉弄年长后发兵诛论钦陵,赞婆被迫率所部1000余人内附,后被封为辅国大将军,率部驻守河源地区,不久死去。同年,钦陵子论弓仁亦来降[3]。论弓仁及其子孙最初居住银州(治今陕西榆林南),后迁到长安(详表3-2)。论弓仁和其子诚节,孙惟贤、惟贞、惟明长期带兵作战,代宗时惟贤曾领部落数千人镇岐阳(今陕西岐山县北)[4]。

表3-2 吐蕃移民实例

姓 名	迁移时间	迁入地	今 地	原身份	迁后身份	备注	资料来源
论赞婆	圣历二年			大臣	辅国大将军	戍河源	新唐书216上/6080
论弓仁	圣历二年	银州	陕西榆林南	贵族	左骁卫大将军		全唐文227/1014
论诚节		银州	陕西榆林南		右领军卫大将军	父弓仁	全唐文479/2166
论惟贤*		长安	陕西西安		节度使	祖弓仁	全唐文479/2166
论惟贞*		长安	陕西西安		左领军卫大将军	祖弓仁	新唐书110/4127

---

1 《旧唐书》卷196上《吐蕃传》,第5222页。
2 《唐会要》卷36《附学读书》。
3 《资治通鉴》卷206,则天后圣历二年四月,第6539—6540页;《新唐书》卷216上《吐蕃传》,第6080页。
4 吕元膺:《论公神道碑铭》,载《全唐文》卷479。

续表

姓　名	迁移时间	迁入地	今　地	原身份	迁后身份	备注	资料来源
论惟明*		长安	陕西西安		节度使	祖弓仁	全唐文 479/2166
论辅鼎*		长安	陕西西安		县丞	祖弓仁	全唐文 479/2166
论倜*		长安	陕西西安		县尉	祖弓仁	全唐文 479/2166
论傪*		长安	陕西西安		参军	祖弓仁	全唐文 479/2166
论百*					司差教练使		资治通鉴 254/8253
悉诺逻	天宝			苏毗王子	怀义王		新唐书 216上/6087

说明：有 * 号者系移民后裔。

唐蕃战争断断续续达100余年时间，战争中既有汉人沦为吐蕃战俘被迫迁入吐蕃境内，也有吐蕃人因沦为唐朝战俘或投降迁入中原地区。主要的几次是：开元十六年（728年），张忠亮率唐军攻占大莫门城，俘1000余人。天宝十一载（752年），唐军在云南击破前来救援南诏的吐蕃军队，俘虏6000余人。永泰元年（765年），白元光与回纥军队于泾州灵台大破吐蕃，生擒万余人。大历十年（776年），崔宁破吐蕃故洪节度和氏、蛮等兵，擒数千人。贞元九年（793年），唐军和南诏大破吐蕃于铁桥，"俘馘三万"。十六年，吐蕃曩贡、腊城等节度与大将近90人举部落来降。十八年，韦皋大破吐蕃军于维州，受降3000余户，生擒6000余人[1]。唐朝规定，"西边每擒蕃囚，例皆配置南方，不加剿戮"[2]，因此，吐蕃战俘往往被押送到南方，大中以后甚至远送南岭以南。咸通元年（806年），仅配隶越州（治今浙江绍兴市）境内的吐蕃、回鹘人中之骁健者便达100余人[3]。此外，代宗时吐蕃数次遣使前来议和，但同时又不断派兵攻唐，唐朝将这些使节扣留在中原[4]。

---

1 据《旧唐书·吐蕃传》《新唐书·吐蕃传》《旧唐书·回纥传》和《资治通鉴》卷216、卷225。
2 元稹：《缚戎人》，《全唐诗》卷419，第4619页。
3 《唐会要》卷86《奴婢》；《资治通鉴》卷250，懿宗咸通元年四月，第8084页。
4 《资治通鉴》卷226，代宗大历十四年八月，第7267页。

三 党项族的内迁[1]

党项,一作党项羌,学者多认为源于我国青藏高原的古老民族西羌。汉代西羌盛极一时,但在魏晋以后势力衰微。据《隋书》卷83《党项传》,其居住范围"东接临洮、西平,西拒叶护,南北数千里,处山谷间"。以今天的地理界线言之,东边大致在今青海祁连山以南的河湟平原和甘肃西南部的洮河上游一线,西边在阿尔金山一带,这一区域亦属于吐谷浑的游牧范围[2]。

1. 第一次内迁(隋代)

北魏和北周之际,党项开始与中原接触,并协同吐谷浑屡次进扰中原沿边地带。隋大业五年(609年),隋军大败吐谷浑,"其故地皆空,自西平临羌城以西,且末以东,雪山以北,东西四千里,南北二千里,皆为隋有";隋在此地置四郡,徙汉人前往居之[3]。在此背景下,居住在祁连山麓、青海湖畔的党项人无法立足,只好向东南迁移。至隋末吐谷浑趁乱复国之后,形成吐谷浑居住北部、党项居住南部的格局。《旧唐书》卷198《党项羌传》载隋唐间党项居住地区:"其界东至松州(治今四川松潘县),西接叶护,南杂春桑、迷桑等羌,北连吐谷浑,处山谷间,亘三千里。"松州治今四川松潘县;春桑、迷桑约在今青海、四川两省交界处的果洛、阿坝藏族自治州[4];"北连吐谷浑"则指北与占据青海湖一带的吐谷浑为邻。至此,党项已基本集中到今甘肃、青海、四川三省交界地区,东南界线一直推进到松州[5]。

研究表明,北周和隋代,在金城郡(治今甘肃兰州市)、临洮郡(治今临潭县)、宕昌郡(治今宕昌县东)、同昌郡(治今四川九寨沟县东)和

---

[1] 有关党项内迁的研究成果较多,主要有[日]冈崎精太郎:《党项古代史研究》,1972年东洋史研究会版;周伟洲:《唐代党项》,三秦出版社1988年版;汤开建:《隋唐时期党项部落迁徙考》,《暨南学报(哲学社会科学)》1994年第1期。本节有关内容吸收了上述成果。
[2] 参见《隋唐时期党项部落迁徙考》。
[3] 《隋书》卷83《吐谷浑传》,第1845页。
[4] 李好文:《党项原始地考》,1982年银川西夏学术讨论会论文集。
[5] 参见汤开建:《隋唐时期党项部落迁徙考》,《暨南学报(哲学社会科学)》1994年第1期。

汶山郡（治今茂县）等中原沿边地区，也出现了党项人。这些党项人很可能是在北周和隋军进入今青海一带作战时，因逃散和归附而东迁的。例如，临洮郡的党项人，可能就是隋开皇五年（585年）到旭州（治今甘肃临潭县西南）内附的拓跋宁丛等部[1]。尽管此次是党项人在隋唐时期的第一次内迁，但看来规模有限，除了金城、临洮二郡，唐初曾在此以党项移民置过州县，其余均缺乏党项人定居的根据。开皇十六年，党项侵扰会州（治今四川茂县西北），为隋军击败。隋文帝责备党项使者："人生须有定居，养老长幼，而乃乍还乍走，不羞乡里邪？"[2]据此看来，一些曾迁往中原沿边地区的党项部落因与隋交恶，以后复迁回旧址。

值得注意的是，隋末唐初曾有一支党项部落长途迁移到长安。据《资治通鉴》卷186记载，唐武德元年（618年）十二月，原已降唐迁入长安的羌豪旁企地率众数千叛唐，越过秦岭，进入今陕南一带，后部众溃散[3]。此部众应随旁企地一同内迁，但因文献阙载，不仅迁移过程不明了，也不知此部溃散后是否流回关中。

2. 第二次内迁（唐安史乱前）

太宗贞观以后，唐朝的政治军事势力开始伸入青藏高原。在此背景下，党项各部落纷纷内附，对唐称臣纳贡。唐朝以内附部落居住地设置府州，拜各部首领为刺史，实行羁縻政策。《新唐书·地理志》载："贞观三年（629年），酋长细封步赖内附，其后诸姓酋长相率亦内附，皆列其地置州县，隶松州都督府。五年，又开其地，置州十六，县四十七；又以拓跋赤辞部置州三十二。"旧、新《党项传》《唐会要》和《资治通鉴》等有关记载置州的数目和时间颇有歧异，部分州名已难以考证，但诸州地域大致在今川西、陇西南的青藏高原东部应无疑问[4]。

---

1 汤开建：《隋唐时期党项部落迁徙考》，《暨南学报（哲学社会科学）》1994年第1期。
2 《隋书》卷83《党项传》，第1846页。
3 《资治通鉴》卷186。
4 据《新唐书·党项传》，细封部诸州系由南会州都督郑元璹招抚后置，以拓跋赤辞部所置各州隶于松州都督府。按南会州和松州治所分别在今四川茂县和松潘县，各羁縻州应在其西和其北。又，同传载："于是自河首积石山而东，皆为中国地"，积石山在今青海省境东南，其东、南即川西和陇西南。

从文献记载来看,此次设州过程中以及此后至高宗时吐蕃侵入党项住地前,并无党项移民内迁。

自贞观年间开始,吐蕃不断向北扩张,先后击败吐谷浑和党项、白兰诸羌。高宗乾封二年(667年)二月,吐蕃击破都、流、厥、调、凑、般、匐、迩、率、差等12个以党项羌置的州,诸州废。咸亨二年(671年),又废去蚕、黎2州[1]。党项被迫开始向内地迁移,唐朝"始移其部落于庆州(治今甘肃庆阳市),置静边等州以处之"。仍留在故地者,受吐蕃奴役,吐蕃人称其为"弭药"[2]。文献对此次内迁的时间缺乏明确记载,不过,《新唐书·地理志》为此提供了线索。志载:"乾封二年以吐蕃入寇,废都、流……十二州。"也就是说,乾封二年因吐蕃侵入,迫使党项内迁,故废去上述12个党项羁縻州。因此,党项人的第二次较大规模的内迁,开始于乾封二年。有关此次迁移的时间,还有几种不同说法,似都缺少直接有力的证据[3]。

永隆元年(680年),吐蕃攻占茂州西南的安戎城(在今四川马尔康市西南),尽据党项之地[4],仍留在旧地的党项人受其统治。尽管这样,在此前后仍有一些不愿受其统治的党项人迁入中原。

《旧唐书·崔知温传》载:麟德中(664—665年),崔任灵州都督府司马,后经四次升迁担任兰州刺史,"会有党项三万余众来寇州城",为唐军击败。在崔的安抚下,"党项余众由是悉来降附"。文献未载这些党项人何时自何处来寇兰州城,以崔任职时间推测年代约在永隆前后,时正是党项人大批内迁时期,寇兰州的这些人很可能是在吐蕃的压力下由青藏高原进入陇东或兰州附近的。

武周长寿元年(692年)二月己亥,隶属于吐蕃的党项部落1万余人内附,唐以此置朝、吴、浮、归等10州,散居在灵(治今宁夏吴忠市北)、夏

---

1 《资治通鉴》卷201,第6351页;《新唐书》卷43下,第1123页。
2 《旧唐书》卷198《党项羌传》,第5292页。
3 关于此次内迁的时间,有学者主张发生在开元中,《隋唐时期党项部落迁徙考》已通过有力的分析,认为其缺少证明。此文据《新唐书·太宗纪》"(贞观十二年)八月壬寅,吐蕃寇松州"的记载,认为12州内迁应在吐蕃侵入之年,因而主张贞观十二年说。按"寇松州"并不等于当年即将党项人逐出此地,因为直到永隆元年(680年)攻占茂州西南的安戎城以后,吐蕃始尽据党项之地。
4 《资治通鉴》卷202。

(治今陕西榆林市横山区西)等州内[1],是一次人数不少的内迁。

至天宝十四载(755年)安史之乱爆发前,关内道北部和陇右道中部各州都已有一定数量的党项移民。

关内道北部是党项移民的主要迁入区。除上述庆州、灵州和夏州,黄河河套以南的其余各州可能都有移民,且迁入时间较早。《新唐书》卷116《陆余庆传》载:"圣历初(698年),灵、胜二州党项诱北胡寇边,诏余庆招慰。"据此,武周时胜州(治今内蒙古托克托县境黄河南岸)一带已有党项部落。《新唐书》卷125《张说传》载:开元九年(721年)康待宾乱时,"党项羌亦连兵攻银城(治今陕西神木市南)"。后为张说击败,"说招纳党项,使复故处……奏置麟州以安羌众",说明在此以前党项已居此地。《旧唐书》卷38《地理志》银州下载:"静边州都督府,旧治银川郡(即银州)界内,管小州十八。归德州,寄治银州界,处降党项羌。"按银川郡即银州,于天宝元年后改名,据此可知银州也有党项移民。

《新唐书·地理志》载:陇右道有党项州七十三,府一,县一。其中,马邑州"开元十七年(729年)置,在秦、成二州山谷间"。可见位于陇右道东部的秦州(治今甘肃秦安县西北)、成州(治今西和县西)也有党项部落。

综上所述,在安史之乱以前,关内道的北部、西部和陇右道的东部,包括胜、银、夏、麟、庆、灵、秦、成诸州,都已有党项移民。上述各州在地域上互相连接,恰如分布在关中地区西面和北面外缘的一轮新月。从比较靠南的庆州等地,只要越过非党项移民分布区的一二个州,即可进入都城所在的长安。

党项人民的迁移,一般皆以部落为单位,迁入新居地后重置或新置部落所属的羁縻府州。周伟洲先生认为,附于灵州、银州的兰池、芳

---

[1] 《资治通鉴》卷205,《旧唐书·党项传》。两书记载略有不同,前书不提州名,载内附人数万余人;后书将此事系于天授三年(同是692年),载内附人数20万口。冈崎精太郎、汤开建均认为《党项传》20万口这一数字偏大,《新唐书·吐蕃传》作30万更可靠,《资治通鉴》万余人说较可信。此说有一定证据,在未发现明确记载前姑依之。长寿元年所设应是乾封等10州而非朝、吴、浮、归等10州。按《新唐书·地理志》已于乾封等10州下明言"以上宝应元年内附",周说似不妥。另,汤开建先生以为,朝、吴、浮、归等10州肃宗时始内迁,在此之前均在松州境内。按永隆元年吐蕃已尽党项之地,此后至肃宗年间仍有七八十年,吐蕃不会允许党项羁縻州长期存在,因此肃宗时内迁说亦不妥。

池、相与（应为相兴之误）、乐容四府及清塞、归德二州领有的内徙党项，从各府州大多出现在安史之乱前推测，当以贞观以后陆续内徙至庆、灵、银、夏之境的党项部设置。属陇右道的党项羁縻府州，除马邑州、保塞州和密恭县，其余原属松州都督府的诸州内迁都应早在肃宗以前[1]。换言之，上述诸府州的党项族人在安史乱前都已内迁。

从有关文献记载来看，周氏此一推论大体符合历史事实，关内道北部和陇右道的一些州在安史乱前应都已迁入一定数量的党项移民。不过，需要补充指出，某些州，特别是比较靠北的州，其中的党项移民未必自青藏高原直接迁入，很可能是先迁入灵、庆等州，若干年后复迁入靠北的州。开元九年（721年）平定兰池胡叛乱后，玄宗颁《安置北州诸蕃诏》，提道："却投来吐浑、党项、左右厢降户、杂蕃并胡残部落"[2]，兰池州的党项人或在平康待宾后自附近州迁入。又如，天宝元年前已设在银州境内的静边州，最初便是置在庆州的。

3. 第三次内迁（安史乱后）

安史之乱以后，唐朝失去对内徙党项部落的有效控制。在仆固怀恩叛军和吐蕃等反唐势力的劝诱下，党项部落一度参加反唐作战，并步步向关中进逼，开始第三次内迁。

肃宗至德末年（758年），分布在灵、夏二州的党项部落为吐蕃作向导寇边。乾元年间（758—760年），又进攻邠（治今陕西彬县）、宁（治今甘肃宁县）二州，为郭子仪率领的唐军击溃[3]。

上元元年（760年），分布泾州和陇州的党项部落和浑、羌诸部共十万余人，归降于凤翔节度使崔光远。次年，进攻宝鸡（陕西今市），旋越过大散关攻入凤州（治今陕西凤县东北）。宝应元年（762年），直扑梁州（治今汉中市），继而又北掠华原（今铜川市耀州区）、同官（今铜川市）诸县。不久，归顺于梁州刺史臧希让[4]，但归顺后居住何地，文献阙载。

---

1 《唐代党项》，第37—38页。周氏并指出：《新唐书·地理志七下》所说"禄山之乱，河、陇陷吐蕃，乃徙党项州所存者于灵、庆、银、夏之境"，是不够确切的。
2 《全唐文》卷28。
3 《新唐书》卷221上《党项传》，第6216页。
4 同上。

与此同时,鄜(治今陕西富县)、坊(治今黄陵县东南)、丹(治今宜川县)、延(治今延安市)、同(治今大荔县)诸州,也都遭到党项军队的侵陵[1]。到代宗广德元年(763年)前后,吐蕃基本占据河陇,党项与吐蕃联兵,从而对唐构成更大的威胁。

由于散处盐、庆等州的党项部落与吐蕃占领区相近,容易联络和勾结,在唐军统帅郭子仪要求下,朝廷将居住该地区的静边州都督、夏州、乐容等六府党项,向东迁往银州之北、夏州之东,并在夏州西部安置吐谷浑,以进一步分离党项与吐蕃。此外,又将宜定州折磨部落和芳池州野利部东迁绥州(治今陕西绥德县)和延州。不过,庆州的党项部落并未全都迁走,仍有破丑氏、野利氏、把利氏等族的9个部落。为此,朝廷派工部尚书路嗣恭为朔方留后,将作少监梁进用为押党项蕃落使兼庆州刺史,采取措施断绝党项和吐蕃间的联系[2]。

永泰、大历(765—779年)以后,因吐蕃继续东进,部分党项部落被迫东渡黄河,集中在石州(治今山西吕梁市离石区)。至德宗贞元十二年(796年),因不堪永安城镇将阿史那思昧的无度求索,复迁回河西[3]。史文未载回迁部落居于何处,估计仍迁回原住地。但据李德裕的一份报告,会昌年间(841—846年)党项人"自麟、府、鄜、坊,至于太原,偏居河曲,种落实蕃"[4],今山西省的北部和中部地区也有很多党项移民。这些移民,估计是在贞元十二年到会昌元年前迁入的。

贞元年间,党项人也越过河南地,进入今内蒙古黄河以北地区。约在贞元五年至贞元末(789—805年),范希朝任振武节度使(治今内蒙古和林格尔县西北)时,境内已有和其他各族人民杂居在一起的党项人。党项和室韦人"暴掠放肆,日入慝作,谓之'刮城门'",希朝不得不在要害地增加警备,加强巡逻[5],可见人数不会太少。

---

[1] 阙名:《刘府君墓志铭并序》,《唐代墓志汇编》,第1894页;《新唐书》卷221上《党项传》,第6216页。
[2] 《新唐书》卷221上《党项传》,第6216—6217页。《旧唐书》卷11《代宗纪》载:永泰元年(765年)二月戊午,"河西党项永、定等十二州部落内属,请置宜、芳等十五州,许之"。《资治通鉴》《新唐书·党项传》和《新唐书·代宗纪》及《唐会要》诸书均不载此事,疑此有误,故诸书不载。
[3] 《唐会要》卷98《党项羌》,第2083—2084页。
[4] 《请先降使至党项屯集处状》,《全唐文》卷702,第3194页。
[5] 《新唐书》卷170《范希朝传》,第5167页。

后晋天福三年(938年),高居诲奉使河西,经过今腾格里沙漠,看见这一带都是党项区域,直至凉州一带[1]。显然,经过唐后期的迁移,党项居住地区的西界已到达今甘肃武威一带。

综上所述,经过第三次内迁,到唐末,北自黄河以北的振武节度使所在地,东到河东的中部和北部,西至河西走廊的凉州,南到关中平原西北的邠(治今陕西彬县)、宁(治今甘肃宁县)二州,都已成为党项族的生活地区(参见图3-1)。"行到泾州塞,惟闻羌戍鼙"[2],反映了西南界线在泾州(治今甘肃泾川县)。

《旧唐书·党项羌传》说:"党项有六府部落,曰野利越诗、野利龙儿、野利厥律、儿黄、野海、野窣等。居庆州者号为东山部落,居夏州者号为平夏部落。"据此可见,经第三次迁移以后,党项已形成两大地域集团:一以庆州为中心,称东山部落;一以夏州为中心,称平夏部落[3]。到宣宗大中五年(851年)前,党项进犯邠、宁诸州,为唐军击败,一些部落逃入盐州以南的横山山区,唐人谓之南山,又称此地的党项人为南山党项部落[4]。

党项人迁入关内道北部各州之后,人口有所增加,经济得到发展。元和十五年(820年),由于"党项部落繁富",朝廷特设宣抚党项使;会昌年间又一度在邠、宁、延、盐、夏、灵、麟、胜诸州分设3个宣抚党项使,以安抚党项[5]。在上述州,党项人可能都已在人口中占了相当部分。在某些州,例如夏州,甚至已成为人口的主体。元和间沈亚之对

---

1 《于阗记》,载《全唐文》卷850,第3958页。
2 张籍:《泾州塞》,载《全唐诗》卷386,第4349页。
3 《册府元龟》卷956外臣部和《新唐书·党项传》所载略同。对此记载学者理解不同,多主张只有同属于六府部落的东山部落和平夏部落两大集团。但《唐代党项》认为,由于六府中缺少最强的拓跋部,应将此文解释为存在着以野利部为主的六府部和以拓跋部为主的东山、平夏两部(第50页)。疑心说有误。据《新唐书·党项传》"子仪以党项、吐谷浑部落散处盐、庆等州,其地与吐蕃近,易相胁,即表徙静边州都督、夏州、乐容等六府党项于银州之北、夏州之东",六府党项即静边州都督府和夏州、乐容等都督府下属之党项部落。按同传"后吐蕃新盛,拓跋畏逼,请内徙,始诏庆州置静边等州处之"一语,静边等州即以拓跋部所置,六府党项中的主体部分或部首领应是拓跋部。"野利"等名,或如冈崎精太郎先生所言,乃用部号而不表明部首领为拓跋氏。又,六府党项者,即六州党项。野利越诗、野利龙儿、野利厥律、儿黄、野海、野窣等部落,《新唐书·党项传》和《资治通鉴》胡注作"六州部落"或"六州党项部落",《旧唐书·党项羌传》和《唐会要·党项羌传》则作"六府部落"。诸传"六府党项"与"六州党项"并用,故给后人造成理解上的困难。
4 《资治通鉴》卷249,宣宗大中五年正月,第8045页。
5 《旧唐书》卷198《党项羌传》,第5293页。

此做了很好的说明:"夏之属土,广、长几千里,皆流沙,属民皆杂虏,虏之多者曰党项。"[1]

虽然唐末五代西北局势屡有变迁,但党项移民的分布格局并无太大的变化。《宋史·党项传》叙五代宋初党项的分布:"今灵、夏、绥、麟、府、环、庆、丰州、镇戎、天德、振武军并其族帐。"又载:"太祖建隆二年(961年),代州刺史折乜理来朝。乜理,党项之大姓,世居河右,有捍边之功,故授以方州,召令入觐而遣还。"但是,五代宋初的党项族居地并不止上述诸州,如仍忠于中原政权的凉州的大将拓跋承谦、留后折逋嘉施都是居住当地的党项人[2]。此外,秦州、原州、银州、宥州、会州、渭州也都有党项族帐[3]。

第二节

西域胡人的内迁

隋唐时代,在包括中亚和我国新疆地区的西域,分布着许多小国家。其中,今中亚阿姆、锡尔两河流域分布着康、安、曹、石、米、何、火寻、戊地、史等9个小国,以康国和安国最大,史称昭武九姓或粟特人。此外,广义的西域还包括今伊朗、印度和巴基斯坦、阿富汗乃至其以西地区。西域各国和隋唐时代的中原地区保持比较密切的关系,并有许多人民移居中原及其沿边地带。关于西域人民的内迁,桑原骘藏、张星烺、冯承钧、向达和张广达等先生都就某方面的问题做过卓越的研究[4]。本节拟在此基础上,对隋唐时期西域人民的内迁过程和分布进

---

[1]《夏平》,载《全唐文》卷737,第3373页。
[2]《旧五代史》卷138《吐蕃传》,第1840页。
[3] 参见顾吉辰:《北宋前期党项羌族帐考》,载《史学集刊》1985年第3期。
[4] [日]桑原骘藏:《隋唐时代西域归化人考》,载《师大月刊》1935年第22期;张星烺:《中西交通史料汇编》,朱杰勤校订,中华书局1977年版;冯承钧:《唐代华化蕃胡考》,载《西域南海史地考证论著汇辑》,中华书局1957年版;向达:《唐代长安与西域文明》,生活·读书·新知三联书店1956年版;以及张广达:《唐代六胡州等地的昭武九姓》,载《北京大学学报》1986年第2期。

行比较全面的研究。见于文献记载的隋唐时居住中原的西域籍人民中,一部分系北朝时迁入,他们不属于本节的研究范围。

内迁的西域人民基本上经丝绸之路、海路和漠北草原三条道路迁入中原。试以此三条路线,简述移民的迁移过程和分布状况。

一 丝绸之路上的西域移民

受地理条件的限制,自古以来今新疆地区及中亚各国和中原的交通往来,基本上都沿塔里木盆地的南北两缘进入河西走廊,此即著名的丝绸之路。隋唐时代,大批来自今新疆地区及中亚各国的西域胡人,经此道路迁入中原。其他地区的西域移民,也有小部分人经此道路迁入中原。

经此道路的西域胡人,在唐安史之乱爆发以前,主要是因经商、传教、入华侍卫、各国进献和避难、沦为战俘等原因而迁入中原的。兹分项简述于下:

1. 商胡逐利而来

古代粟特人素以善于经商而闻名,"善商贾,争分铢之利。……利之所在,无所不到"[1]。中原经济发达,物产丰盛,加之隋唐两朝鼓励发展与西域各国的贸易,刺激粟特商人前来经商。史载:康国(在今乌兹别克斯坦撒马尔罕一带)"男子年二十,即远之旁国,来适中夏"[2],其他昭武九姓的国家当也如此。

隋唐时代前往中原的胡商甚多。隋炀帝时任命裴矩为黄门侍郎,"引致诸胡,啖之以利,劝令入朝。自是西域胡往来相继,所经郡县,疲于送迎"[3],其盛况可想而知。唐代在中原从事商业活动的西域胡人,不仅有开旅馆的店主、腰缠万贯的巨商,也有高利贷经营者。向达先生据史料指出:"此辈久居其间,乐不思蜀,遂多娶妻生子,数代而后,

---

[1]《旧唐书》卷198《康国传》,第5310页。
[2] 同上。
[3]《资治通鉴》卷180,炀帝大业三年十月,第5635页。

华化愈甚,盖即可称之为中国人矣。"[1]

2. 教徒传教东土

自佛教传入我国以后,不仅有我国高僧前往西域取经,"志传像法"的西域高僧也"不吝乡邦,杖锡孤征,来臻中夏"[2],前来中原的僧人为数甚多。

据表 3-3,来自婆罗门(指印度)、西印度、中印度、北印度、南天竺(即南印度)、乌荼(今印度奥里萨邦北部一带)、睹货罗(在帕米尔高原、阿姆河一带);速利(大致在乌浒河与锡尔河之间)、何国(在今乌兹别克斯坦撒马尔罕的西北方)、康国,以及高昌(在今新疆吐鲁番盆地一带)等国的佛教高僧利涉、尊法、日照、菩提流志、实叉难陀、宝思惟、天智、伽跋摩、佛陀波利、无极高、玄觉、卢迦逸多、佛陀达摩、僧伽等 14 人,分别在唐代太宗、高宗和武后时迁入中原。此外,来自何国的火祆教教士何禄,大秦国(指古罗马帝国,今西亚地区)的景教教士阿罗本,也在此时迁入长安一带传教。

玄宗开元、天宝时期及其前后,来唐的西域僧人人数大增。在表 3-3 中,其间迁入中原的高僧达 17 人,超过太宗至武后时期的总和(14 人)。此外,来自中亚的景教教士罗含、大德及烈和火祆教教士米萨宝也在此时迁入中原。

在列入表 3-3 的僧侣中,除中印度人日照和无极高、南天竺人菩提流志、北印度人宝思惟等人文献未载迁移路线,金刚智、智慧、大辩证、大宏正、纯陀等经海路外,其余皆经丝绸之路迁入中原。

3. 王族入充侍卫

隋唐两代国势强盛,声威远播。为了保护丝绸之路,控制今新疆和中亚地区,隋朝在此设西域校尉,唐朝设安西都护府并在今新疆一带驻扎军队。在此背景下,各国为了取得中原朝廷的信任,常常派贵族成员前来充当质子,有的质子长留不去,成为移民。还有个别臣子,甚至国王,赴中原后由于某种原因也留居不归。

---

[1] 向达:《唐代西域与长安文明》三《西市胡店与胡姬》。
[2] 赞宁:《宋高僧传》卷 2《周洛京寂友传》,中华书局点校本,第 34 页。

表 3-3 西域移民实例

姓 名	迁移时间	迁出地	迁入地	今 地	原身份	迁后身份	备 注	资料来源
米暨*						节度使	祖先迁自米国	资治通鉴 248/8021
利涉	贞观	婆罗门			和尚	和尚		全唐诗 808/9117
尊法	高宗	西印度			和尚	和尚		宋高僧传 2/29
白再荣*		石国				后汉节度使	祖先迁自龟兹	旧五代史 106/1439
石演芬	唐中叶	石国				都将	德宗时人	新唐书 193/5555
索元礼	武后	西域				游击将军		新唐书 209/5904
白孝德	玄宗	龟兹				节度使		旧唐书 109/3301
康谦	玄宗				商人	安南都护		新唐书 225上/6425
石宁芬	玄宗	西域	甘州	甘肃张掖	首领	散将军	父宁芬	墓志汇编/1892
石思景	玄宗	西域	甘州	甘肃张掖	首领	左果毅	父思景	墓志汇编/1892
石崇俊*			甘州	甘肃张掖				墓志汇编/1892
康洽	?	康国	酒泉	甘肃酒泉			后居长安	全唐诗 284/3238
曹明照父来	唐前期	曹国	凉州	甘肃武威	贵族			墓志汇编/1284
曹明照兄	唐前期	曹国	凉州	甘肃武威	贵族			墓志汇编/1284
曹明照	唐前期	曹国	凉州	甘肃武威	贵族			墓志汇编/1284
李国臣*			河西	甘肃西部		刺史	原姓安	新唐书 136/4592
史圭*			常山	河北正定		后晋河南尹		旧五代史 92/1217
李彦升*			大梁	河南开封		进士	祖先迁自大食	全唐文 767/3539

续 表

姓 名	迁移时间	迁出地	迁入地	今 地	原身份	迁后身份	备 注	资料来源
康从远父亲	唐前期	康国	洛阳	河南洛阳	首领	折冲都尉		墓志汇编/1634
康从远*	唐前期		洛阳	河南洛阳		折冲都尉	康国人	墓志汇编/1634
口彻	隋	波斯	洛阳	河南洛阳				唐代长安与西域文明/25
骨仪	隋	天竺	洛阳	河南洛阳		刑部侍郎		资治通鉴182/5863
裴骑支	贞观	焉耆	洛阳	河南洛阳	国王	左卫大将军	后归国	新唐书221上/6229
鞠武	唐初	昭武	洛阳	河南洛阳	贵族		父隆	墓志汇编/968
鞠信	唐初	昭武	洛阳	河南洛阳	贵族		祖支	墓志汇编/968
裴沙	唐前期	疏勒	洛阳	河南洛阳	贵族	忠武将军		墓志汇编/1304
裴支	唐前期	疏勒	洛阳	河南洛阳	贵族	宣威将军		墓志汇编/1304
阿罗憾	显庆	波斯	洛阳	河南洛阳	大酋长	内屯卫将军		墓志汇编/1116
日照	高宗	中印度	洛阳	河南洛阳	和尚	和尚		宋高僧传2/32
菩提流志	永淳	南天竺	洛阳	河南洛阳	和尚	和尚		宋高僧传3/43
实叉难陀	武后	于阗	洛阳	河南洛阳	和尚	和尚		宋高僧传2/31
宝思惟	武后	北印度	洛阳	河南洛阳	和尚	和尚		宋高僧传2/42
天智	武后	于阗	洛阳	河南洛阳	和尚			宋高僧传2/33
慧智父亲	唐初	印度	洛阳	河南洛阳	婆罗门			宋高僧传2/33
慧智*			洛阳	河南洛阳		和尚		宋高僧传2/33

续 表

姓 名	迁移时间	迁出地	迁入地	今 地	原身份	迁后身份	备 注	资料来源
金刚智	开元	南印度	洛阳	河南洛阳	和尚	和尚		宋高僧传 1/4
善无畏	睿宗	中印度	洛阳	河南洛阳	和尚	和尚		宋高僧传 2/17
智慧	建中	北天竺	洛阳	河南洛阳	和尚	和尚		宋高僧传 2/23
觉救	唐中叶	北天竺	洛阳	河南洛阳	和尚	和尚		宋高僧传 2/27
普明	唐中叶	西域	滑州	河南滑县		和尚		宋高僧传 18/467
安禄山	开元	突厥	营州	辽宁朝阳		节度使	本姓康	新唐书 225上/6411
安庆绪		突厥	营州	辽宁朝阳			父禄山	新唐书 225上/6420
康阿义屈达干	天宝	突厥	柳城	辽宁朝阳	贵族	金吾大将军		全唐文 342/1536
史善应	贞观四年	突厥	北朔州	内蒙古河曲	首领	都督		资治通鉴 193/6079
康苏密	贞观四年	突厥	北安州	内蒙古河曲	首领	都督		资治通鉴 193/6079
康植	唐前期		灵州	宁夏灵武		左武卫将军		新唐书 148/4772
康日知*			灵州	宁夏灵武		节度使	祖植	新唐书 148/4772
康承训*			灵州	宁夏灵武		节度使	曾祖植	新唐书 148/4773
康志睦*			灵武	宁夏灵武		节度使	曾祖植	新唐书 148/4773
何进滔*			灵武	宁夏灵武		节度使	后迁魏州	新唐书 210/5937
佛陀波利	武后	北印度	五台山	山西五台山	和尚	和尚		宋高僧传 2/28
安贞节	开元前	突厥	岚州	山西		别驾		旧唐书 200上/5367

续表

姓名	迁移时间	迁出地	迁入地	今地	原身份	迁后身份	备注	资料来源
安思顺	开元前	突厥	岚州	山西			父贞节	旧唐书 200 上/5367
何重建*			云朔间	山西北部		后晋节度使	祖先迁自何国	资治通鉴 283/9234
康义诚*			代北	山西北部		后唐节度使		新五代史 27/296
安重海*			河东	山西		后唐枢密使		旧五代史 66/873
安从进*			河东	山西		后唐节度使		新五代史 51/586
康延孝*			塞北	山西北部		将领		旧五代史 74/967
康思立*			山阴	山西北部		后唐节度使		新五代史 27/295
史万宝	隋	西域	长安	陕西西安		侠客		资治通鉴 184/5757
何潘仁	隋	西域	长安	陕西西安		商人		资治通鉴 184/5757
法藏祖先	隋	康居	长安	陕西西安				佛祖统纪 29/
跋质那	隋末	于阗	长安	陕西西安	贵族	宿卫官		历代名画记 9/
尉迟乙僧	隋末	于阗	长安	陕西西安	贵族	宿卫官	父跋质那	历代名画记 9/
鞠智盛	贞观	高昌	长安	陕西西安	国王	左武卫将军		新唐书 221 上/6223
鞠智湛	贞观	高昌	长安	陕西西安	贵族	右武卫中郎将	兄智盛	新唐书 221 上/6223
鞠昭	贞观	高昌	长安	陕西西安	贵族	司膳卿	父智湛	新唐书 221 上/6223
鞠崇裕	贞观	高昌	长安	陕西西安	贵族	镇军大将军	父智湛	新唐书 221 上/6223
伽法摩	贞观	康国	长安	陕西西安	和尚	和尚		求法高僧传上/93（1）

续 表

姓 名	迁移时间	迁出地	迁入地	今 地	原身份	迁后身份	备 注	资料来源
何禄	贞观	何国	长安	陕西西安	火祆教教士	火祆教教士		西溪丛语下/（2）
阿罗本	贞观	大秦	长安	陕西西安	景教教士	景教教士		大秦景教流行中国碑（3）
安胐汗	贞观四年	突厥	长安	陕西西安		刺史	安国人	全唐文435/1963
安附国	贞观四年	突厥	长安	陕西西安		刺史	父胐汗	全唐文435/1963
安菩父妻	唐初	安国	长安	陕西西安	首领	定远将军		墓志汇编/1105
安菩*			长安	陕西西安	首领	定远将军		墓志汇编/1105
安金藏*			长安	陕西西安		隶太常寺	父菩居六胡州	墓志汇编/1105
李元谅*	永徽	安息	长安	陕西西安		节度使	本姓安	新唐书156/4901
何怀昌先人*		何国	长安	陕西西安	王子	殿中少监		考古1986年第9期
何怀昌*			长安	陕西西安		正议大夫	父怀昌	同上
何彦诠*			长安	陕西西安		开府仪同三司	祖怀昌	同上
何游仙*			长安	陕西西安		节度使	曾祖怀昌	同上
何文哲*			长安	陕西西安				同上
无极高	高宗	中印度	长安	陕西西安	和尚	和尚		宋高僧传2/30
罗含	圣历、先天	中亚	长安	陕西西安	景教教士	景教教士		大秦景教流行中国碑
大德及烈	圣历、先天	中亚	长安	陕西西安	景教教士	景教教士		同上
伊斯	肃宗	吐火罗	长安	陕西西安	景教教士	景教教士		同上

续 表

姓 名	迁移时间	迁出地	迁入地	今 地	原身份	迁后身份	备 注	资料来源
伋罗	神龙	吐火罗	长安	陕西西安	贵族	中郎将	兄国王	新唐书 221下/6252
智严	中宗	于阗	长安	陕西西安	王族	和尚	曾任将军	宋高僧传 2/41
般若	宪宗	罽宾	长安	陕西西安	和尚	和尚		宋高僧传 3/49
满月	唐后期	西域	长安	陕西西安	和尚	和尚		宋高僧传 3/51
那罗迩娑寐	开元	天竺	长安	陕西西安	方士	方士		唐会要 82/1802
罗真檀	天宝	护蜜	长安	陕西西安	国王	右武卫将军	久乃归国	新唐书 221下/6255
薛裕	天宝	宁远	长安	陕西西安	王子	左武卫将军		新唐书 221下/6250
苏夫利	天宝	小勃律	长安	陕西西安	国王	右威卫将军		新唐书 221下/6252
玄觉	唐初	高昌	长安	陕西西安		和尚		宋高僧传 2/24
米萨宝	唐中叶	米国	长安	陕西西安	火祆教徒	火祆教徒		唐代长安与西域文明/23
不空金刚	开元	北天竺	长安	陕西西安	婆罗门	和尚		宋高僧传 1/6
纯陀	唐中叶	西域	长安	陕西西安	和尚	和尚		宋高僧传 29/724
寂默	贞元	北印度	长安	陕西西安	和尚	和尚		宋高僧传 3/45
天竺	德宗	印度	长安	陕西西安	和尚	和尚		宋高僧传 19/480
慧琳	德宗	疏勒	长安	陕西西安	和尚	和尚		宋高僧传 5/108
李益初	天宝	波斯	长安	陕西西安	贵族	银青光禄大夫		墓志汇编/2039
李志皇	天宝	波斯	长安	陕西西安	贵族	朝散大夫	父益初	墓志汇编/2039

续表

姓 名	迁移时间	迁出地	迁入地	今 地	原身份	迁后身份	备 注	资料来源
李素*			长安	陕西西安		翰林待诏	祖益初	墓志汇编/2039
卑路斯	咸亨	波斯	长安	陕西西安	王子	右武卫将军		新唐书221下/6259
泥涅师	咸亨	波斯	长安	陕西西安	贵族	左武卫将军	父卑路斯	新唐书221下/6259
自罗会	天宝	陀拔斯单	长安	陕西西安	王子	中郎将		新唐书221下/6259
尉迟胜	至德	于阗	长安	陕西西安	国王	骠骑大将军		新唐书110/4128
尉迟锐	至德	于阗	长安	陕西西安	王子	父胜		资治通鉴232/7467
卢迦逸多	高宗	乌荼	长安	陕西西安	和尚	和尚,将军		资治通鉴201/6356
海明上人	玄宗	西天竺	长安	陕西西安国王	和尚	和尚		全唐诗268/2979
裴纠	武德	疏勒	京兆	陕西西安	鹰扬大将军		五世祖纠	新唐书110/4129
裴扮*			长安	陕西西安		节度使		全唐文272/1222
石福庆	武德	疏勒	长安	陕西西安		冠军大将军		全唐文701/3189
石诚直	文、武宗	回鹘	长安	陕西西安				全唐文701/3205
神会祖父	文、武宗	回鹘	长安	陕西西安				宋高僧传9/209
神会*	玄宗	西域	岐	陕西凤翔		和尚		宋高僧传9/209
佛陀达摩	贞观?	睹货逻利	成都府	四川成都	和尚	和尚		求法高僧传上/47
李珣祖先	?	波斯	益府	四川成都			后人印度	
			梓州	四川三台				茅亭客话2/

续 表

姓 名	迁移时间	迁出地	迁入地	今 地	原身份	迁后身份	备 注	资料来源
李珣*			梓州	四川三台				茅亭客话2/
李玹*			梓州	四川三台			兄珣	茅亭客话2/
李舜弦*			梓州	四川三台			父珣	茅亭客话2/
难陀	德宗	西域	蜀	四川	和尚	和尚		宋高僧传20/512
石处温*			万州	四川万县		后蜀刺史	祖先迁自波斯	九国志7/（4）
曹赞	唐甲叶	曹国	洪州	江西南昌		优人		因话录6/
智藏祖父		西印度	庐陵	江西吉安		官宦		宋高僧传6/120
智藏*	玄宗		庐陵	江西吉安	和尚			宋高僧传6/120
僧伽	龙朔	何国	泗州	江苏盱眙	和尚	和尚		宋高僧传18/448
无则	德宗	西域	会稽	浙江绍兴	和尚	和尚		宋高僧传29/727
法师彼岸*			京师	陕西西安		和尚	祖先迁自高昌	求法高僧传上/95
智岸法师*			京师	陕西西安		和尚	同上	求法高僧传上/95

说明：有*者为移民后裔。（1）义净著，王邦维校注本，中华书局1988年版。（2）姚宽著，丛书集成初编本。（3）引自张星烺《中西交通史料汇编》第一册，第一编第三章。（4）路振著，丛书集成初编本。

隋代,西域各国已开始派王族成员到朝廷入充侍卫,于阗国贵族跋质那和尉迟乙僧父子就是作为质子而迁入长安的[1]。初唐时长安僧人智严,本姓尉迟,也是于阗国质子,向达先生以为系跋质那之孙[2]。唐高祖武德年间(618—626年),疏勒国(在今新疆喀什市一带)国王裴纠来到长安,被封为鹰扬大将军,"留不去,遂籍京兆"[3]。此外,后任冠军大将军、开元间(713—741年)以98岁高龄病逝的疏勒人裴索,以年代计也应在武德或贞观时迁入,或随裴纠一同迁入[4]。武德七年,曹国(在今乌兹别克斯坦撒马尔罕的北方和东北方)派使节至长安。使节对唐高祖说:"本国以臣为健儿,闻秦王神武,愿在麾下",高祖大悦[5],以后可能留在长安。来自昭武九国的贵族鞠隆,唐初也迁入中原[6]。于阗国王在贞观九年(635年)时已遣子入充侍卫,二十一年又"请以子弟宿卫"[7]。

波斯(在今伊朗境)人阿罗憾,石国(在今乌兹别克斯坦塔什干一带)人石宁芬、石思景父子,曹国人曹明照父子,康国人康从远的父亲,疏勒人裴达、裴沙父子,何国人何怀昌的祖先,都在初唐时迁入(详表3-3)。他们出身贵族,或为王子,或为酋长和首领,有的因入宿侍卫而留在长安,有的因奉使入唐而不归。

开元、天宝年间是唐朝的鼎盛时期,入宿侍卫的胡人特别多。护蜜国(在今阿富汗东北)国王罗真檀,拔汗那(一名宁远,在今乌兹别克斯坦费尔干纳一带)王子薛裕,陀拔斯单国(在今伊朗的里海南岸一带)王子自罗会,小勃律(在今克什米尔地区的西部)国王苏失利等人,都在此期间因入朝宿卫而留居长安,除罗真檀外可能都未返国。

4. 各国进献入华

西域各国为了讨得隋唐皇帝的欢心,不仅经常进献珍奇物品,有时也进献在本国具有较高水平的歌舞艺人与美术家等。隋炀帝时,韦

---

[1] 张彦远:《历代名画记》卷8、卷9,丛书集成初编本。
[2] 向达:《唐代长安与西域文明》二《流寓长安之西域人》,第9页。
[3] 《新唐书》卷110《裴玢传》,第4129页。
[4] 徐坚:《裴公墓志铭》,《全唐文》卷272。
[5] 《唐会要》卷98《曹国》。
[6] 阙名:《唐故鞠府君墓志铭并序》,载《唐代墓志汇编》,第968页。
[7] 《新唐书》卷221上《于阗传》,第6235页。

节等人奉使西域,至史国(在今乌兹别克斯坦撒马尔罕的南部),史国进献10名舞女[1];唐贞观初(627年),吐火罗(在今阿富汗北部)国王将画家尉迟乙僧"荐之阙下"[2],某国进献善于弹琵琶的艺人[3];都是其中的例子。开元间,康国、史国、米国(在今撒马尔罕以东)、骨咄(在今塔吉克斯坦杜尚别以南)屡次遣使入唐,献从事表演的越诺侏儒人和歌舞女子[4]。

有时,安西都护也将歌舞艺人送给皇帝或大臣,"凉州未陷日,安西都护进来时"便是一名歌舞艺人自西域迁入凉州(治今甘肃武威市)的原因[5]。

5. 被迫内迁

西域人民为避难而内迁大约有两次。隋开皇年间(581—600年),突厥攻入高昌国,约2 000名高昌人迁入中原[6]。迁移原因阙载,从时局分析避难迁入的可能性较大。唐高宗龙朔元年(661年),波斯为大食战败,王子卑路斯于咸亨年间(670—674年)避难前来长安,几年后死去。调露元年(679年),其子泥涅师在唐军护送下归国不果,寄寓吐火罗20余年,中宗景龙二年(708年)重入中原[7]。桑原骘藏据韦述《两京新记》中卑路斯请求朝廷在长安建波斯寺记载,认为:"可知随同卑路斯来中国之部族臣僚,人数相当不少,故特请于朝廷,建祆教于右街醴泉寺,以维持其本族之信仰。"[8]《旧唐书·波斯传》载:卑路斯(按:此应为泥涅师之误)客吐火罗国二十余年,"有部落数千人,后渐离散",此数千人可能都曾随泥涅师迁入中原,并有一些人后又随泥涅师从吐火罗再次迁入中原。

隋唐时代中原与西域各国间大规模的军事冲突较少,因而有关沦为战俘而内迁的记载不多。贞观十四年(640年),唐灭高昌国,

---

1 《隋书》卷83《西域传序》,第1841页。
2 朱景玄:《唐朝名画录》,四库全书本。
3 张鷟:《朝野佥载》卷5,丛书集成初编本。
4 《唐会要》卷99《康国》《史国》;《新唐书》卷221下《西域传》,第6247、6257页。
5 白居易:《西凉伎》,《全唐诗》卷427,第4701页。
6 《通典》卷191《边防七》。
7 《新唐书》卷221下《波斯传》,第6258页。
8 [日]桑原骘藏:《隋唐时代西域归化人考》,《师大月刊》1935年第22期。

"(国王)智盛君臣及其豪右皆徙中国"[1],可能是此类迁移中较大的一起。天宝九载(750年),安西四镇节度使高仙芝袭击石国,"虏其王及部众以归",石国国王被带长安处斩[2]。由于史料阙载,不知被俘部众是否被带到中原。

女奴主要是由粟特商人卖入中原的。早在东汉和帝时,即有粟特商人将西域女奴贩入中原。唐代,具有异国情调的西域和突厥女奴特别受人青睐,这种买卖达到高峰,女奴成为粟特商人赖以和中原交换产品的主要商品。在吐鲁番出土汉文文书中,有许多粟特人出卖女奴的买卖契约。更多的女奴则被贩入中原的长安等地,唐人诗歌中常常提到的酒店中的胡姬,在街头卖艺和达官贵族人家表演的胡女,可能大多是被贩入中原的女奴[3]。

综上所述,安史之乱前经丝绸之路进入中原的西域人民为数不少,其中部分人会返回故国,部分人则会留居于中原。虽然这些移民,多属于以个人或家庭为单位的零散迁移,但他们犹如涓涓细流汇为大河,总人数并不少。天宝十四载(755年)安史之乱爆发前夕,"西域朝贡酋长及安西、北庭校吏岁集京师者数千人"[4]。这些人是每年经丝绸之路前来长安的西域上层人物,如果加上分布各地的下层人民,每年进入中原的西域人民应有数万人之多。假如其中有几分之一的人留居不归,每年经此道路迁入的西域胡人便至少在万人以上。鉴于隋唐文献有大量关于西域人民在中原活动的记载,这一估计当不会过高。

安史之乱爆发以后,唐军节节溃败,不得不从回鹘借兵,"又发拔汗那兵,且使转谕城郭诸国,许以厚赏,使从安西兵入援"[5]。肃宗至德二载(757年)正月,安西、北庭及拔汗那、大食诸国兵至河西走廊[6],

---

1 《旧唐书》卷198《高昌传》,第5296页。
2 《资治通鉴》卷216,玄宗天宝九载十二月,第6901页;《唐会要》卷99《石国》。
3 参见林梅村:《粟特文买婢契与丝绸之路上的女奴贸易》,《文物》1992年第9期。
4 《新唐书》卷170《王锷传》,第5169页。
5 《资治通鉴》卷218,肃宗至德元载九月,第6998页。
6 《资治通鉴》卷219,第7014页。

开始进入中原作战。与此同时，于阗国王尉迟胜闻中原变乱，命弟尉迟曜代理国事，自率本国兵5 000人前往中原帮助唐朝。张星烺据戎昱《苦哉行》诗所提到的长鼻黄发人，认为来自里海西北岸及黑海北岸的斯拉夫人也进入中原助唐作战[1]。

关于征调入华的西域军队的人数，史无明载，蓝文徵《隋唐五代史》认为：元帅广平王领朔方、安西、回纥、大食兵十五万以收京师，"朔方军数殊有限，余悉为外兵也"。岑仲勉先生不同意此看法，认为：回纥遣来不过四千余人，于阗尉迟胜所率只五千人，"则其他大食、吐火罗之兵数若干，可想而知；安西兵额原二万四千，河西七万三千，朔方六万四千七百，唯其当日将河西、朔方兵马调空，故吐蕃得以攻陷河陇"[2]。换言之，他认为自西域征调来的主要是驻守的唐军，各国军队人数有限。虽然岑先生所据兵马数并非实际调兵数，但据此所作的推测应比较接近事实。

西域军队进入中原以后，转战于河南道和关内道的许多地区。据《资治通鉴》卷224，四镇、北庭的军队"久羁旅，数迁徙"。四镇历汴（州，治今河南开封市）、虢（州，治今河南灵宝县）、凤翔（府，治陕西今县）、北庭历怀（州，治今河南沁阳市）、绛（州，治今山西新绛县）、鄜（州，治今陕西富县）然后至邠（州，治今陕西彬县）；代宗大历三年（768年）又迁到泾州（治今甘肃泾川县）。四镇、北庭军队系安史乱前驻守西域的唐军，来自西域各国的军队自参加收复长安、洛阳等地的战斗以后便很少见于记载。张星烺先生分析道："此等柘羯军队（即西域各国军队）入中国后，皆归安西（后改镇西）节度使指挥，故其行踪亦可于安西节度使所统治之军移动中见之。"[3]按四镇节度即安西节度，依此则西域军队亦和四镇军队一同转战于中原腹地和关中一带。于阗国王尉迟胜和王子尉迟锐后留在中原[4]，其下属的5 000名军人可能多留居中原。

---

1 张星烺：《中西交通史料汇编》第五册附录二《唐代西域人组成之军队考》。
2 岑仲勉：《隋唐史》，中华书局1982年版，第469页。
3 张星烺：《中西交通史料汇编》第五册附录二《唐代西域人组成之军队考》。
4 《旧唐书》卷144《尉迟胜传》，第3924页。

安史乱后,吐蕃军队占领河西走廊,隔断丝绸之路。当年滞留长安的西域朝贡酋长和安西、北庭校吏数千人皆无法返回,被迫定居长安,"名田养子孙如编民",至德宗时仅"名王以下无虑四千人"[1]。下层人民财力有限,势单力孤,无疑更难以返国。此后,经丝绸之路迁移的西域胡人显著减少。

二 经草原和海路迁入的西域移民

经蒙古草原南迁和从印度洋沿岸泛舟至我国东南沿海,是西域移民迁入中原的另两条重要道路。

隋唐时期,突厥和回鹘势力强盛,先后控制着漠北草原和中亚的广大地区。善于经商的粟特人为重利所诱,遂大批前往草原经商。突厥和回鹘的可汗,因粟特人见多识广、善于理财和外交,往往委之重任亲近他们,本族人反而受到冷落。唐初东突厥"诸部携贰",便是颉利可汗"每委任诸胡,疏远族类,胡人贪冒,性多反复,以故法令滋彰,兵革岁动"所造成的[2]。由于具有相当的政治经济势力,一些粟特人因而留居草原,形成自己的部落。东突厥胡人史蜀胡悉便曾"率其部落,尽驱六畜",前往边塞贸易[3],颉利可汗也曾委派部下"统特勒主胡部"[4]。

天宝以后,回鹘取代突厥称雄漠北,所属部众也有不少粟特人,建中元年(780年),"九姓胡闻其种族为新可汗所诛,多道亡",即是一证[5]。中唐人张光晟也说:"回纥本种非多,所辅以强者,群胡耳。"[6]

突厥人和回鹘人曾数度大举南迁,居住在东起营州(治今辽宁朝阳市)、西至河西走廊的沿边地区。每当突厥人和回鹘人大批南迁时,总有一定数量的粟特人随同迁移。由于胡人依附于突厥和回鹘,历史文献往往只记载突厥和回鹘的迁移,很少提到胡人迁移。尽管这样,

---

1 《新唐书》卷170《王锷传》,第5169页。
2 《旧唐书》卷194上《突厥传》,第5159页。
3 《隋书》卷67《裴矩传》,第1582页。
4 《新唐书》卷215上《突厥传》,第6038页。
5 《资治通鉴》卷226,德宗建中元年八月甲午,第7288页。
6 同上。

还是留下胡人南迁的一些踪迹。

隋开皇十九年(599年)十月,突厥启民部附隋,移居夏、胜二州(详第二章第二节),与突厥共同生活的一些胡人可能随其迁此。《旧唐书》卷93《唐休璟传》载:"(丰州,治今内蒙古五原县南)隋季丧乱,不能坚守,乃迁徙百姓就宁(治今甘肃宁县)、庆(治今庆阳市)二州,致使戎羯交侵,乃以灵(治今宁夏吴忠市北)、夏为边界。"陈寅恪先生认为,此记载"或可于此事(指胡人内迁)略露消息也"[1]。陈著据同传"调授营府户曹。调露中,单于突厥背叛,诱扇奚、契丹侵掠州县,其后奚、羯胡又与桑干突厥同反"的记载,还认为营州的胡人也是在隋末迁入。按此条史料可证明营州在调露前有胡人部落,但他们是唐初还是隋末随突厥人迁入仍难以确定,因为贞观四年东突厥灭亡后有突厥部落迁入营州,并在此设顺州以处之[2]。

太宗贞观四年(630年),唐平定东突厥,突厥人大批迁居中原及其沿边地带,粟特人也同时自漠北迁入。六月丁酉,唐朝封来降的史善应为北抚州都督,康苏密为北安州都督[3]。按二人姓氏很可能系粟特人,北安、北抚二州也是内迁粟特人的主要安置地。祖父在突厥中"官品称为第二"的安息(在今伊朗境;疑应为安国,在今乌兹别克斯坦布哈拉一带)人安胐汗和其子安附国,率所部5 000余人内迁,被安置在维州,安胐汗担任州刺史[4]。此外,安菩的父亲也率领所属安国部落的"百姓归中国"[5]。据上所述,东突厥降后南迁的粟特人人数不少,而且往往按部来迁,并由原部落首领担任安置地的长官。

玄宗开元初年(713年)前后,漠北局势动荡,漠北部落纷纷降唐,一些粟特胡人随同南迁。东北的营州是胡人的一个重要迁入地。开元五年,唐朝从契丹手中收复营州,除将已外迁的当地居民迁回外,又"招辑商胡,为立店肆"[6]。一批胡人,包括后来发动安史之乱的安禄

---

[1] 陈寅恪:《唐代政治史述论稿》上篇《统治阶级之氏族及其升降》,上海古籍出版社1982年版,第45页。
[2] 《新唐书》卷43下《地理志》,第1125页。
[3] 《资治通鉴》卷193,第6079页。
[4] 李至远:《唐维州刺史安侯神道碑》,《全唐文》卷435,第1963页。
[5] 阙名:《唐故陆胡州大安君墓志》,载《唐代墓志汇编》,第1104页。
[6] 《旧唐书》卷185下《宋庆礼传》,第4814页。

山,就在此时迁入营州[1]。

天宝元年(742年),后东突厥汗国灭亡,余部附唐,康国人康阿义屈达干率四子随同突厥贵族迁入中原。此次南迁共有5 000余帐,胡人人数不详。文献载康本人南迁后任"部落都督",其家至德二载(757年)有200余口[2]。该年距始迁才10余年,估计始迁时至少有100人左右,胡人部落应有五六百人至1 000人。由于迁入范阳(今北京城南)的胡人人数较多,唐在此一带设凛州以安置之[3]。

天宝以后,回鹘助唐平叛获得一定特权,胡人遂冒回鹘之名进入中原经商,李肇《唐国史补》卷下"江、岭、西市商胡橐,其源生于回鹘有功也"即是一证。不仅长安西市,而且江南和岭南也有来自漠北草原的粟特商胡。长安商胡最多,代宗时"回纥留京师者常千人,商胡伪服而杂居者又倍之"。有的长期在此经商,"殖货产,开第舍、市肆,美利皆归之,日纵贪横,吏不敢问。或衣华服,诱取妻妾"[4],差不多已成为移民。

自漠北南迁的西域移民主要分布在关内道北部的河南地,与突厥人混居在一起。调露元年(679年),突厥部落多叛唐而去,但西域胡人和部分突厥人仍留在当地,唐设六胡州以管辖之。

《新唐书》卷37《地理志》叙六胡州:"调露元年,于灵(治今宁夏吴忠市北)、夏南境以降突厥置鲁州、丽州、含州、塞州、依州、契州,以唐人为刺史,谓之六胡州。"岑仲勉认为:"按调露即突厥复叛之年,突厥辖下胡人极多,此六州之户,必是突厥原辖之中亚胡人,既居留我国七八十年,乐不思蜀,故不随突厥叛去;到武后圣历间,默啜屡申索回州之议,即索取此项丁口也。"[5]按此言甚确,调露元年关内道北部的突厥移民叛唐,规模甚大,"二十四州叛应之"[6],在这种背景下,六胡州的建立不可能由于新移民迁入,而只能以未叛或虽叛但很快投降唐

---

1 《新唐书》卷225上《安禄山传》,第6411页。
2 颜真卿:《康公神道碑铭》,载《全唐文》卷342。
3 《旧唐书》卷39《地理志》,第1526页。
4 《资治通鉴》卷225,代宗大历十四年七月庚辰,第7265页。
5 《隋唐史》,第467页。
6 《旧唐书》卷194上《突厥传》,第5166页。

军的胡人而设。由于朝廷不放心胡人,故诸州皆用汉人为刺史。

开元九年(721年),由于"苦于赋役",康待宾、安慕容、石神奴、康铁头等人率六胡州的胡人叛唐,攻陷州城,有众7万,进逼夏州[1]。次年,平定叛乱,唐朝将残余的胡人5万余口全部移往河南道的许(治今河南许昌市)、汝(治今汝州市)、仙(治今叶县西南)、豫(治今汝南县)和山南道的唐(治今河南泌阳县)、邓(治今邓州市)等州,"始空河南朔方千里之地"[2]。然而,被移徙的胡人不断逃回故地,开元二十六年又于"盐(治今陕西定边县)、夏之间,置宥州(治今内蒙古鄂托克旗境)以处之",并下令"河曲六州胡坐康待宾散隶诸州者,听还故土"[3]。于是,散居中原的胡人又回到关内道北部。

安史叛军攻占长安以后,叛军大将阿史那从礼率5 000骑自长安逃归朔方郡(即夏州),"谋邀结诸胡,盗据边地"。不久,"聚集六胡州诸胡数万众,聚于经略军北,将寇朔方"[4]。在唐军的进攻下,部分六州胡随安史叛军向范阳退却,史思明"遣使逆招至范阳境,曳落河、六州胡皆降"[5],迁入幽州一带。但仍有一些胡人留在河南地。德宗时期,吐蕃大举侵入关内道北部,河南地的胡人无法立足,遂于贞元二年(786年),被唐大将马燧"迁于云(州,治今山西大同市)、朔(州,治今市)之间"[6]。

隋唐时今南亚的印度、巴基斯坦、斯里兰卡,西亚的伊朗和阿拉伯国家的人民,由于濒临印度洋且有着发达的航海业,前往中国的人,除了少数人走丝绸之路外,往往经海路乘船至我国东南沿海登陆。《慧超往五天竺国传》(载《敦煌石室遗书》)载:大食国商人在安史乱前,"常于西海泛舶入南海,向师子国取诸宝物,所以彼国云出宝物。亦向昆仑国取金。亦泛舶汉地直至广州,取绫绢丝绵之类"。开元中来唐的南印度高僧金刚智和大宏正,狮子国高僧大辩正[7],均经海路前往

---

[1] 据《旧唐书》卷93《王晙传》;《资治通鉴》卷212,玄宗开元九年四月,第6745页。
[2] 《旧唐书》卷8《玄宗纪》,第184页。
[3] 《资治通鉴》卷214,玄宗开元二十六年二月壬戌,第6832页。
[4] 《资治通鉴》卷218,肃宗至德元载七月,第6986、6987页。
[5] 《资治通鉴》卷220,肃宗至德二载十二月,第7047页。
[6] 《资治通鉴》卷232,德宗贞元二年十二月丙寅,第7477页。
[7] 《宋高僧传》卷1;权德舆:《唐大兴善寺故大宏正大辩正三藏和尚影堂碣铭并序》,载《全唐文》卷506。

中国。安史乱后,海上交通日趋发达,自大食、印度泛舟前来的西域商人人数不断增多。为保护外商的利益,唐文宗于太和八年(834年)下谕道:"南海番舶,本以慕化而来,固在接以仁恩,使其感悦。……其岭南、福建及扬州蕃客,宜委节度观察使常加存问,除舶脚、收市、进奉外,任其来往通流,自为交易,不得重加率税。"[1]据此可知,岭南、福建和扬州等地都有一定数量的外国海商。据阿拉伯人的记载,黄巢军攻入广州时,西域商人死亡甚多,并且"事变波及于海外万里之西拉甫港(Siraf)及瓮蛮省(Oman)两地之人。前此恃营商中国为生,至此破产者,所见皆是也"[2]。海上贸易之盛况于此可见。此外,还有佛教徒经海路前来中国,如北天竺高僧智慧、西域人纯陀(未载国籍)即泛舟来唐[3]。

唐代的笔记、小说中,有时会涉及"昆仑奴"。他们肤色黝黑,头发卷曲,大多身体强壮,善于游水,性格耿直,勇敢无畏,靠在富豪人家当奴仆谋生。由于相貌独特,唐诗中也留下他们的形象。著名诗人张籍的《昆仑儿》诗说他们:

> 昆仑家住海中州,蛮客将来汉地游。
> 言语解教秦吉了,波涛初过郁林洲。
> 金环欲落曾穿耳,螺髻长卷不裹头。
> 自爱肌肤黑如漆,行时半脱木棉裘。[4]

《旧唐书》卷197《林邑传》将分布在林邑(今越南中部)以南"拳发黑身"的人,称之为"昆仑"。因此,学者认为,这些昆仑奴就是最广义的马来人,此外也泛指来自印度群岛甚至其他印度洋民族的奴隶。另外,在唐代的一个短暂的时期中,还有被称为"僧祗"的辗转前来的非洲黑人奴隶[5]。也有学者以为,昆仑奴都是非洲黑人,由阿拉伯人输

---

[1]《全唐文》卷75《太和八年疾愈德音》,第342页。
[2] 张星烺:《中西交通史料汇编》第二册第三编第五章《阿布赛德哈散之记录》。
[3]《宋高僧传》卷2、卷29。
[4] 载《全唐诗》卷385。
[5] [美]谢弗著,吴玉贵译:《唐代的外来文明》,中国社会科学出版社1995年版,第二章,第46—48页。

入中国[1]。在出土文物中,有一些皮肤漆黑、鼻梁低平、嘴唇较厚的昆仑奴俑,说明确有黑人迁入。

三 移民分布

西域移民主要分布在东起营州(治今辽宁朝阳市),经幽州(治今北京市,幽州城因为范阳节度使所在地又称范阳)、河东道(约当今山西省)北部诸州、关内道北部的河南地诸州、凉州(治今甘肃武威市),西至沙州(治今敦煌市西)的广阔的沿边地区,以及长安、洛阳、广州、扬州等城市(参见第 25 页图 2-1)。

河南地是唐贞观四年以后东突厥降众的主要居住区,该年以内迁胡人部落置的北抚州、北安州或亦侨置于此。如上所述,朝廷置维州以安置安肚汗部落,以安肚汗为刺史。维州确地无考,但附国次子思恭担任刺史的鲁州位于河南地,且南迁的突厥人多安置在此,估计维州也应在此[2]。此外,安氏后代称安菩为分布河南地的六胡州的首领[3],安菩父亲率领南迁的部落也应安置在此。居住河南地的胡人特别多,仅开元九年四月参加叛乱的六胡州的胡人便达 7 万之众[4]。自贞元二年(786 年)迁到河东以后,文献中已很少提到河南地的胡人,估计即使有,人数也不会多。

凉州是胡人的重要聚居地。隋唐之际,当地豪强李轨图谋起兵,胡人安修仁"夜率诸胡入内苑城,建旗大呼,轨集众应之",捉拿郡将;事成后,李轨谋主梁硕"尝见故西域胡种族盛,劝轨备之",遂与安修仁交恶。安修仁"潜引诸胡兵围其城",擒李轨,举凉州归唐[5]。据《新唐书》卷 75 下《宰相世系》内容分析,安修仁祖先后魏时可能已迁入中

---

1 张星烺:《中西交通史料汇编》第二册第二编附《昆仑与昆仑奴考》。
2 周伟洲的《唐代六胡州与"康待宾之乱"》(载《民族研究》1988 年第 3 期)谓此州即剑南道之维州,州复置于贞观二年,恰与上文置州时间相合。按该文所载的"贞观初",实指四年平东突厥之后,突厥中的胡人不可能在此前南迁,又剑南道之维州与突厥主要安置地道里过于遥远,当误。
3 阙名:《唐故陆胡州大首领安君墓志》,载《唐代墓志汇编》,第 1105 页。
4 《资治通鉴》卷 212,第 6745 页。
5 《新唐书》卷 86《李轨传》,第 3708—3710 页。

原,但凉州的胡人一部分在隋代迁入应无问题。安史乱后,凉州城的九姓商胡安门物等率众助河西兵马使盖庭伦叛乱。当时,"武威大城之中,小城有七,胡据其五,二城坚守",唐军经七日战斗始平定叛乱[1]。由于胡人众多,在中唐边塞诗人岑参的笔下,凉州早已不是以汉族人为主的地区,而是以胡人为主的"胡区"[2]。吐蕃占领河西走廊以后,当地的西域移民大批流入中原。大历诗人李端于《胡腾儿》诗中,为一来自凉州的西域艺人发感慨"胡腾身是凉州儿,肌肤如玉鼻如锥。……胡腾儿,胡腾儿,故乡路断知不知?"[3]

除凉州外,沙州、瓜州(治今县东南)、肃州(治今酒泉市)、甘州(治今张掖市)等丝绸之路经过的州,也有一定数量的西域移民。石国人石宁芬、石思景,康国人康洽,便分别居住在甘州和肃州(见表3-3)。沙州的粟特人在州陷于吐蕃以前,大多居住在城东一带的从化乡,有300余户,一千四五百人,另有少数住在其他各乡[4]。

由于长安是国内经济、政治和文化中心,西域各国贵族、僧侣、商人、艺术家,无论自何条路线进入中原,多集中在此。在唐中叶前后,每年进入长安的西域人估计达几千乃至万人,因为天宝末仅"西域朝贡酋长及安西、北庭校吏,岁集京师者数千人";代宗时"回纥留京师者常千人,商胡伪服而杂居者又倍之",定居于此的移民数量应相当可观,且多贵族和富商、艺术家、高僧。

隋义宁元年(617年)九月,李渊军队进军关中,"西域商胡何潘仁入司竹园为盗,有众数万",响应李渊;长安大侠史万宝也起兵接应之[5]。昭武九国移民往往以国名为姓,因此向达认为史万宝也是粟特人。唐初东突厥灭亡以后,突厥部落多安置在河南地,上层主要移居长安,与其同迁的粟特胡也是这样,故安菩父子和安胙汗、安附国父子都居住并葬在长安(详表3-3)。表3-3所列的移民及其后裔一般都

---

1 《资治通鉴》卷219,肃宗至德二载正月,第7015页。
2 其《登凉州尹台寺》:"胡地三月半,梨花今始开";《凉州馆中与诸判官夜集》:"凉州七里十万家,胡人半解弹琵琶。"分别载《全唐诗》卷200,第2085页;卷199,第2055页。
3 《全唐诗》卷284,第3238页。
4 据《唐代六胡州等地的昭武九姓》转引[日]池田温《八世纪中叶敦煌的粟特人聚落》。
5 《资治通鉴》卷184,第5757页。

是上层之人，共135人，其中62人居住长安，占46%。

洛阳是隋唐时代主要政治中心和文化中心之一，隋炀帝和唐高宗、武则天曾长期驻此，因此也是西域上层移民的主要聚居地。表3-3中，22人居住在洛阳，占总数的16.4%；其中不仅有佛教高僧、艺术家、商胡，也有国王和贵族。城内的立德坊及南市西坊均有胡祆神庙，供商胡举行宗教活动[1]。

六州胡自贞元二年（786年）迁入河东道北部的云、朔二州，即长期定居在这一带。沙陀部落迁到代北以后，与六州胡关系十分密切。唐末李钧担任宣慰沙陀、六州、三部落使，张广达先生认为："六州应指自灵、盐迁来云、朔，并与沙陀混居的六州胡，三部落殆指沙陀、萨葛、安庆三部落"，萨葛（或索葛）部是粟特部的不同音译，安庆部极可能也是源于六胡州的昭武九姓[2]。五代后晋、后唐的将臣何重建、康诚、安重海、安从进、康延孝和康思立等人，都是胡人的后裔（详表3-3）。此外，太原有祆教徒活动，康武通和安孝臣墓志都称墓主为太原郡人，唐代的康、安诸姓几乎都是西域昭武九姓移民所独有，据此可见太原也有西域人[3]。不过，墓志无法证实二人是否是隋唐入迁的移民或其后裔。

据上所述，范阳一带在安史乱时涌入一定数量的六州胡。其实，在安史乱前，当地已有相当数量的西域胡人。天宝初，于范阳界置凛州，"处降胡"，有2 187人[4]。天宝时，安禄山帐下常有"胡人数百侍左右"[5]，并派商胡为其赴各道经商[6]。安史乱后，范阳的胡人分散到河北各地，因此恒州（治今正定县）、魏州（治今大名县北）等地也有胡人。刘言史《王中丞宅夜观舞胡腾》记其于成德节度使（治恒州）王武俊宅所见："石国胡儿人见少，蹲舞尊前急如鸟。"[7] 唐魏州节度使何进滔和后晋河南尹史圭都是胡人后裔，何进滔少客于魏州，史圭的先人已住

---

1 张鹭：《朝野佥载》卷3。
2 张广达：《唐代六胡州等地的昭武九姓》，《北京大学学报（哲学社会科学版）》1986年第2期。
3 参见程越：《从石刻史料看入华粟特人的汉化》，载《史学月刊》1994年第1期。
4 《旧唐书》卷39《地理志》，第1526页。
5 《新唐书》卷225上《安禄山传》，第6414页。
6 《资治通鉴》卷216，玄宗天宝十载二月，第6905页。
7 《全唐诗》卷468，第5324页。

在恒州(皆详表 3-3)。又《朝野佥载》卷 5 提到,广平郡(治今河北鸡泽县东南)人宋察是胡人后裔,其先人迁入唐代已有三世,则在初唐时已有胡人迁到河北道的南部。到五代时,除史圭等少数人外,河北境内的胡人状况已不甚清楚,可能已与汉族相融合。

不少西域移民或其后裔称自己柳城人,柳城是营州的治所。据上所述,高宗调露前营州已有胡人部落,开元五年唐朝在此"招辑商胡,为立店肆",天宝元年后康阿义屈达干率四子和部落迁此,营州应是自漠北南迁的西域移民的主要迁入地之一。高适《营州歌》说:"营州少年厌原野,狐裘蒙茸猎城下。虏酒千钟不醉人,胡儿十岁能骑马。"[1] 未知此"胡"是指包括西域胡人在内的内迁边族,还是仅指西域人。

广州是唐代的最大海港,西域商人特别多。鉴真和尚在广州看见:"江中有婆罗门、波斯、昆仑等舶,不知其数;并载香药、珍宝,积载如山。其舶深六七丈。师子国、大石国、骨唐国、白蛮、赤蛮等往来居住,种类极多。"[2] 扬州是唐代的重要商业城市,西域商人也不少。至德年间田神功率军在扬州杀掠,"商胡大食、波斯等商旅死者数千人"[3]。据上引太和八年文宗的诏令,泉州在唐后期开始有一定数量的蕃商。

各地的商胡,商事完毕大多返回本国,但也有一些人留居当地。史载:广州"蕃僚与华人错居,相婚嫁,多占田营第舍"[4];"广人与夷人杂处,地征薄而丛求于川市"[5];当地有"婆罗门寺三所,并梵僧居住"[6];此外,还有阿拉伯人的回教教堂一所,牧师一人[7]。有关扬州的资料较少,《太平广记》卷 402 李勉条载李在睢阳遇见一位要求搭船回扬州的波斯籍老人,老人说:"我本王贵种也,商贩于此,已逾二十年,家有三子,计必有求吾来者。"此外,已在扬州唐墓和遗址中出土一批

---

1 《全唐诗》卷 214,第 2242 页。
2 [日]真人元开:《唐大和上东征传》,中华书局校注本,第 74 页。
3 《旧唐书》卷 110《邓景山传》,第 3313 页。
4 《新唐书》卷 182《卢钧传》,第 5367 页。
5 《旧唐书》卷 151《王锷传》,第 4060 页。
6 [日]真人元开:《唐大和上东征传》,第 74 页。
7 张星烺:《中西交通史料汇编》第二册第五章《苏烈曼游记》。

涉及中外文化交流的文物,包括上刻有阿拉伯文的瓷壶、来自波斯的大陶壶[1]。据此,应有一些商胡定居扬州。泉州等其他港市因缺乏资料无从得知,但既然广州、扬州都有定居于此的蕃客,蕃客定居在其他港市也并非没有可能。

洪州(治今江西南昌市)虽非海港,但为岭南北上道路所经,也有一些胡人。这些人可能主要来自波斯,"故《太平广记》中屡及洪州之波斯胡人"[2]。其中某些人,如《因话录》所载的优胡曹赞,显然已定居洪州[3]。

《唐大和上东征传》载鉴真于万安州(治今海南陵水县北)大首领冯若芳家见闻:"若芳每年常劫取波斯舶二三艘,取物为己货,掠人为奴婢。其奴婢居处,南北三日行,东西五日行,村村相次,总是若芳奴婢之住处也。"可见万安州颇有一些波斯籍奴婢。

南方的某些地方,例如襄阳和蜀中(今四川)也有少数胡人,杨巨源曾于襄阳作《胡姬词》纪其酒店所见[4];五代人李珣是祖先随唐僖宗迁入的"蜀中土生波斯"[5]。

四 小结

综上所述,隋唐时代西域人民的内迁,实具有一定的规模。

首先,其来源地极为广泛。仅表3-3所提及的便有高昌、龟兹、焉耆、疏勒、于阗、康、史、何、康居、曹、米、石、吐火罗、护蜜、罽宾、宁远、小勃律、安息、大食、波斯、陀拔斯单、乌茶、睹货速利、于逎、天竺、南天竺、北天竺、西天竺、婆罗门、印度、西印度、中印度、北印度、南印度、师子、大秦等36个国家或地区,上述名称覆盖的区域有重复,但仍能反映出移民的迁出国数目很多。就上述国家和地区的空间范围而言,几乎已包括今新疆和中亚、南亚及西亚东部。不过,以人数计,主要迁入

---

1 秦浩编著:《隋唐考古》,南京大学出版社1992年版,第236页。
2 向达:《唐代长安与西域文明》,第34页。
3 赵璘:《因话录》,上海古籍出版社点校本。
4 《全唐诗》卷333,第3718页。
5 黄休复:《茅亭客话》卷2,四库全书本。

地区应是今新疆和中亚,然后是西亚东部和南亚。

其次,其迁移时间甚长,几乎与300余年的隋唐时代相始终。移民数量,如按时期区分,以太宗、玄宗二朝最多,上述史实和表3-3反映的状况即说明这一点。此表中,唐代迁入的移民共96人;有74人可知迁入时期,其中太宗时14人,玄宗时21人,分别占18.9%和28.4%,皆超过其他时期[1]。唐太宗是封建社会少有的明主,在其统治时唐朝国力逐渐得到恢复,声威远播,自然吸引西域人民迁入中原。此外,在平定东突厥后,又有漠北的粟特人大批迁入。玄宗朝唐朝疆域广大,文化昌盛,在此期间漠北局势动荡,也促使粟特人南迁。总的说来,每次迁入的移民数量是多还是少,不仅与唐朝国力有关,也与漠北局势有关。

再次,移民人数不少。虽然由于迁入国家很多,持续时间甚长,文献又多阙载,要准确估计有相当困难,但仍能看出移民规模。旧、新《唐书》中,石演芬、索元礼、白孝德、李国臣、安禄山、安庆绪、康日知、康志睦、康承训、何进滔、李元谅、尉迟胜、裴玢等13位西域移民或后裔立有专传。在旧、新《五代史》中,白再荣、史圭、康义诚、安重海、安从进、康延孝、康思立等7人立有专传。此外,如上所述,开元九年六州胡叛乱时曾有胡人7万人参加,估计叛乱前六州胡可达到10万人;另外,安史乱前每年应有几万名胡人进入中原,如其中几分之一留居中原,便在万人以上。估计在安史乱前居住在中原和其沿边地区的西域移民与后裔(不计已居住几代人的西域籍人)应有四五十万人。

最后,西域移民分布地域极广。不仅东起营州、西至沙州的广阔的沿边地区有较多的移民,内地的长安、洛阳、广州等重要城市和港口也都有一定数量的移民,甚至洪州、襄阳、蜀中、恒州、魏州等地也留下移民居住和生活的足迹。

---

[1] 其他时期迁入的人数,分别是:隋朝7人,高祖时2人,高宗时10人,武后时6人,中宗和睿宗时3人,肃宗时2人,德宗时6人,宪宗时1人,文、武宗时2人。

第三节

云南民族的迁移

位居我国西南的今云南省自古以来是一个多民族地区,隋唐五代时期曾有一些非汉民族的成员因在战争中被掳掠等原因,迁入汉族聚居的今四川地区。

隋代在今云南省及与其相邻的贵州、四川的一些地区,设立南宁州总管府及恭、协、昆、越析等州。开皇十七年(597年),昆州(治今昆明市西)刺史、大姓爨翫反叛,文帝派大将史万岁率军经蜻蛉川(今大姚县)、弄栋川(今姚安县北)、小勃弄(今大理市东南),渡西二河(今洱海),至于渠滥川(今大理市东北),攻破30余部,俘获男女2万余口[1]。爨翫及其诸子也一同进入长安,以后爨翫被文帝杀死,诸子沦落为奴,至唐初子弘达返回昆州[2]。关于被俘的2万余口的下落,文献阙载,在当时的情况下估计北迁今四川盆地西部汉族地区的可能性较大。

唐前期通过设立羁縻州县等措施,基本控制着云南一带的局势,和当地民族间的冲突较少,因之引起的民族迁移较为少见。中宗神龙三年(707年)六月,唐九徵率领的唐军击破叛唐的姚州蛮(在今云南姚安县一带),俘其3 000余人[3]。玄宗开元十七年(729年)二月,巂州都督张守素率唐军破西南蛮,拔昆明(今四川盐源县)及可能在其附近的盐城,"杀获万人"[4]。有关上述两次被俘者的下落文献阙载,如果北迁,均应就近迁入四川境内的汉族地区。

---

1 《隋书》卷53《史万岁传》,第1355页;卷2《高祖纪》,第41页。
2 《新唐书》卷222下《两爨蛮传》,第6315页。
3 《旧唐书》卷7《中宗纪》,第144页。
4 《资治通鉴》卷213,第6783页。

自7世纪初以来,云南境内开始发生新的民族迁移和政治变动,直到8世纪30年代南诏统一云南。天宝九载(750年)前,唐和南诏保持和平友好的局面,曾有"云南子弟"1万人应募前往中原驻守。安史之乱爆发以后,这支军队参与对安史叛军作战,并在河中府(治今山西永济市西南)等地屯戍[1]。天宝九载以后,唐朝和南诏发生过数次较大规模的冲突。在战争过程中,既有汉族人民或军人因被南诏掳掠、俘获而迁入云南,也有一些南诏将士沦为唐军俘虏。唐军击败南诏王异牟寻发动的进攻,杀死南诏军6 000余人,此外还有很多南诏军被"禽生捕伤"[2];唐宣宗时,四川节度使刘潼派军袭击居住在南诏沿边的六姓蛮卑笼部落,俘5 000人[3],便是其中著名的两次。不过,文献中类似记载较少,总的说来被唐军俘获的南诏军人数目不会很多。

南诏时期,云南境内的民族迁移达到相当大的规模。

云南各民族间向来在政治、经济、文化方面存在着较大的差异。南诏统一云南以后,采取一系列措施,以加强对被征服民族的控制和统治。据赵吕甫先生的研究,南诏这方面的政策,大约可分为三类。第一类,凡属政治、经济、文化水平较高,但尚未形成统一强固政权之邑落集团割据势力,除吸收其降附部分大姓头目参加南诏政权之外,其余大姓强迫徙至边远冲要,以增强当地的控摄力量。第二类,凡乌蛮(社会形态大抵较白蛮落后)之被南诏征服者,首领及其宗族例被掳置于南诏统治中心地区给养之,以便于直接控制。至于其部属,或任其散居原地,或强迫全族分隶数处。第三类,被征服的杂蛮,政治经济大抵落后于乌蛮,巢居穴处,散在山谷,南诏一般纵其生存于原地。若有征伐,则强迫其族众加入军伍,也有徙其族众以戍守新建城邑附近者[4]。据此看来,人口迁徙是南诏用来控制被征服部族、部落的主要手段之一。

---

1 《资治通鉴》卷223,代宗广德二年正月,第7161页。
2 《新唐书》卷222下《南诏传》,第6272页。
3 《新唐书》卷149《刘潼传》,第4800页。
4 赵吕甫:《云南志校释》,中国社会科学出版社1985年版,第142—143页。

根据《旧唐书·南诏蛮传》《新唐书·南蛮传》和樊绰《云南志》的记载,下述各部族和部落都在南诏的强制下改变自己的居住地:

西洱河蛮,开元中因南诏拔太和城(今大理市南太和村)被迫北徙,后又迁云南(在今祥云县东南)东北。

顺蛮,本居剑、共诸川(今剑川县一带),后徙铁桥(今丽江市西北)。

汉裳蛮,原居铁桥北,唐贞元十年(794年)数千户被移于云南东北。

弄栋蛮,本居弄栋县(治今姚安县)境,后散居磨些江(今丽江—鹤庆县东之长江河段)侧以及剑、共诸川。

浪穹诏,原居剑川,贞元中为南诏击破,徙到永昌(今保山市)。

长裈蛮,本在剑川,后被迁走,与施、顺诸蛮杂居。

邆睒诏,原居邆睒(在今大理市北),贞元中被徙到永昌。

施浪诏,原居苴和城和石和城(在今大理市东)一带。后因兵败,一部迁到永昌,一部迁到剑川,并有首领及其家族逃入吐蕃。

西爨,原分布在今云南东部,在南诏的武力胁迫下20余万户迁到永昌。

甚至居住在境外的骠国(在今缅甸中部)人也被迫卷入迁徙。唐大和六年(832年),南诏攻入骠国,掳走3 000余人,隶配柘东(今昆明市)。此外,南诏在贞元九年以后改变依附吐蕃反唐的态度,十年,在铁桥大破吐蕃军。据唐官员报告:南诏"擒其王五人,降其余众十余万"。南诏以后又曾和唐联兵,共同对吐蕃作战,"惟南诏攻其腹心,俘获最多"。吐蕃降众中,无疑会有一些人留居南诏。

上述记载,不可能包罗南诏境内所有的迁移事件,并且有些记载可能有错误,例如西爨蛮是否有那么多的人口被迁到永昌,便值得怀疑。不过,毕竟反映出卷入迁徙的部族、部落不少。有学者估计,如果加上自骠国等境外迁来的移民,"南诏掳掠迁徙配隶的各族人口不下百万"[1]。如此规模的人口迁移,必然要对南诏的民族、人口分布以及

---

[1] 马曜主编:《云南简史》第四章第二节,云南人民出版社1983年版,第79页。

区域经济、文化发展产生重要影响。

唐末五代时期,南诏相继为大长和、大天兴、大义宁和大理国所取代。这些政权和邻近的南方区域性政权前蜀、后蜀、南汉大致保持着和平的局面,战争较少。比较著名的一次战争发生在大长和与前蜀之间。前蜀永平四年(914年)十二月,前蜀军在大渡河击败大长和军队的进攻,杀戮甚多,并擒获包括坦绰、布燮、清平官在内的3 000余人[1]。文献未载这些人以后放回云南,或许大多定居前蜀。

---

[1]《十国春秋》卷36《前蜀二·高祖纪》,第522页。

第四章

周边民族的内迁：东北方民族

第一节

朝鲜半岛人口的西迁

我国与朝鲜半岛山水相连，自古以来关系密切，交往很多。除在政治经济文化诸方面的友好往来外，人民移住对方国家也是经常发生的。唐至五代时期，这种移民活动达到相当的规模，对当时的中国和朝鲜半岛均产生一定影响。其中，尤以朝鲜半岛人口迁往中国规模最大。

唐、五代时期朝鲜半岛人口迁入中国内地，主要集中在三个方面：一、初唐时期高丽人和百济人因国灭被迫迁入中国；二、晚唐时期新罗人因被掠卖为奴和来华谋生等原因迁入中国沿海；三、各个时期都有一些贵族成员和僧侣因入侍和求学等原因迁入中国。

一 初唐时期高丽人和百济人的西迁

隋唐之际,今朝鲜半岛并立高丽、百济和新罗三国。百济在半岛西南部;新罗在半岛东南部;高丽在半岛北部,兼有中国的辽东半岛之地。隋朝曾与高丽发生严重冲突,唐初与高丽又发生激烈冲突。

太宗贞观十六年(642年),高丽国统治阶层发生严重内讧,权臣泉盖苏文杀国王建武,立国王之侄藏为国王,自为莫离支,专擅大权。不久,新罗国遣使者赴唐求救,称"高丽、百济联和,将见讨,谨归命天子"。太宗李世民不顾大臣的劝阻,于贞观十九年亲率大军征讨高丽,攻入辽东半岛[1]。

当年四月,唐军攻拔盖牟城(今中国辽宁盖州市)、辽东城(今辽宁辽阳市)和白岩城(在今辽阳市东),以三地设盖、辽、岩三州。不久,在安市(今中国辽宁海城市南)周围大败高丽北部傉萨高延寿和南部傉萨高惠真率领的援兵,但安市城未能攻克。太宗下令班师,将来降的高丽酋长3 500余人授以官职,迁入中原;此外,又"徙辽、盖、岩三州户口入中国者七万人"[2]。

由于辽、盖、岩三州地在今中国版图范围,人民内迁属中国内部的移民。但是,在迁入中原的3 500名高丽酋长中,应有相当部分原先居住在朝鲜半岛,因而属朝鲜半岛人民迁入中国。《新唐书·高丽传》载:"辽(州)降口万四千,当没为奴婢,前集幽州,将分赏士",后太宗"诏有司以布帛赎之,原为民";说明可能相当一部分平民分布在今北京、河北等地。

高宗永徽六年(655年),高丽、百济和靺鞨夺取新罗36个城。在新罗的要求下,唐派兵进攻高丽,至新城(今辽宁抚顺市北)击败高丽军队,旋即引还。此后,唐和高丽几次交兵,互有胜败。

为了援救新罗,唐决定先灭百济。显庆五年(660年),唐派左卫大将军苏定方率大军攻入百济,百济降。百济国王扶余义慈、太子扶

---

[1] 《新唐书》卷220《高丽传》。
[2] 《资治通鉴》卷198。

余隆和酋长等58人及部分百姓被迁入中国。

扶余义慈迁入不久病死,扶余隆被授以司稼卿之职,定居在京兆府万年县(治今陕西西安市)[1];原百济达率黑齿常之、贵族□隆迁入后分别居住在长安和洛阳[2]。随迁的贵族可能主要安置在长安和洛阳一带。迁入中国的百济百姓,则被安置到河南道的徐州(治今江苏徐州市)、兖州(治今山东济宁市兖州区)等州[3]。

乾封元年(666年),泉盖苏文死,子泉男生代为莫离支。男生与兄弟男建、男产不和,不久被逐走,退保国内城(今吉林集安市境),派其子献诚赴唐朝求助。唐命契苾何力等率军前往,旋又增派大将李勣为帅,率唐军攻入高丽。总章元年(668年)十一月,灭高丽,分其地置9都督府、42州和100县,并设安东都护府于平壤(今朝鲜平壤)以统之[4]。

高丽灭后,国王高藏和大臣泉男生、泉男产、泉男建等人均被迁入中原。唐委任高藏为工部尚书,泉男产为司宰少卿,泉男生为右卫大将军,分别居住在长安和洛阳。泉男建和扶余丰则被分别流放到黔中(指今贵州境)和岭南(指今南岭以南)[5]。总章二年四月,由于"高丽之民多离叛者",唐又将高丽人28 200户迁到当时人口尚稀的江淮地区,以及山南道(相当于今秦岭—淮河以南、长江以北地区)和并(治今山西太原市南)、凉(治今甘肃武威市)等州的空旷之地[6]。当时,高丽全国有户69万,移民约占全部户数的4.1%。

总章二年以后,高丽境内叛乱迭起,局势动荡。上元三年(676年),唐被迫将安东都护府迁到辽东郡故城(今辽宁辽阳市),仪凤二年(677年)又迁到新城。同年,封高藏为辽东都督、朝鲜郡王,赴辽东统

---

1 参见《旧唐书》卷199上《百济传》;阙名:《黑齿府君墓志铭并序》,载《唐代墓志汇编》,第942页。
2 见《黑齿府君墓志铭并序》和《扶余君墓志铭》,《唐代墓志汇编》,第942、702页。另据《新唐书·外戚传》,武氏宗室的重要成员武承嗣之妻本百济人,也应在此时迁入长安一带。
3 《资治通鉴》卷202,高宗仪凤元年二月甲戌,第6379页。
4 据《旧唐书》卷199上《高丽传》,第5327页。
5 据高震、泉献诚诸人墓志铭,载《唐代墓志汇编》,第1814、996页。
6 《资治通鉴》卷201,第6356、6359页;《旧唐书》卷5《高宗纪》,第92页。诸书所载移民数字并不相同,《旧唐书·高宗纪》和《唐会要》卷95《高句丽传》为户28 200,《资治通鉴》为户38 200,《新唐书·高丽传》为3万,疑《新唐书》所载之28 200的约数,《资治通鉴》则将第一个"二"误为"三",应从《旧唐书》和《唐会要》。

辖高丽人民,并将原先安置在中原地区的高丽移民迁到辽东。与此同时,原设在今韩国忠清南道管辖百济事务的熊津都督府,也徙至建安故城(今中国辽宁盖州市东北),原先安置在中原的百济民户复北迁于此[1]。关于原百济太子扶余隆,《新唐书·百济传》载:"仪凤时,进带方郡王,遣归藩。是时,新罗强,隆不敢入旧国,寄治高丽死。"在朝鲜半岛局势动荡的状态下,扶余隆所寄治的"高丽",只能是本属高丽、又是管辖百济事务的熊津都督府所在的辽东地区。

高藏到辽东不久,图谋反唐,被唐朝召回,流放到邛州(治今四川邛崃市)。高丽民众强壮者重新迁到中原,安置在河南道(相当今河南、山东两省大部和江苏、安徽两省的淮河以北地区)及陇右道(相当今甘肃大部和青海东北部),只有一些贫弱人家留在安东。此后,高丽辖境逐渐为新罗吞并;并且,安东都护府辖下的高丽民户日渐减少,相当一部分人投奔突厥和靺鞨[2]。至玄宗天宝十一载(752年),安东都护府已移至辽西故郡城(在今辽宁义县境),辖下的高丽降户共5 718户、18 156人[3]。估计生活在辽东的绝大部分户口,或逃亡,或已与汉族相融合。关于辽东的百济移民去向,文献阙载,也不知是否参与高藏组织的反唐行为,因此无从推测是复入中原还是留在当地与所在地区的人民相融合。

文献未载内迁的高丽民众以后是否复返故国。由于故国已为新罗所占,高丽遗民或留在故乡受新罗统治,或散入各国,且国王流放偏僻的邛州,可以推测在这种背景下迁入中国的高丽人复返故国的可能性是极小的。

投奔靺鞨的高丽人,后受渤海国统治,而迁入突厥的高丽部众不少又随南徙的突厥人自蒙古草原迁入唐境。开元三年(715年),突厥自漠北南下附唐被安置在河南地(今内蒙古河套地区)的1万余帐中,便有高丽莫离支高文简、大酋高拱毅及其所率领的部落[4]。

---

1 《资治通鉴》卷202,高宗仪凤元年二月甲戌,第6379页。
2 《新唐书》卷220《高丽传》,第6198页;《唐会要》卷95《高句丽传》。
3 《旧唐书》卷39《地理志》,第1527页。
4 《新唐书》卷215上《突厥传》,第6048页。

二 晚唐时期新罗人的西迁

百济和高丽灭亡以后,新罗统一了朝鲜半岛的大部分地区,至公元935年始为王氏高丽所取代。因此,自唐高宗后期起直至五代中期,基本上是唐、五代政权与新罗交往。

据《旧唐书·地理志》,河北道辖下的归义州,系"总章中置,处海外新罗,隶幽州都督。旧领县一,户一百九十五,口六百二十四"。从文献记载来看,初唐时期不曾发生过新罗人大批迁入中国之事,唯有总章二年新罗派兵支持高丽叛军,援兵2000为唐所俘[1],此归义州当以新罗俘虏所置。

到唐后期,分布在中国沿海地区的新罗移民开始增多。

唐文宗开成三年(838年),日本高僧圆仁随遣唐使藤原常嗣入唐,归国后著《入唐求法巡礼行记》[2],载其在华所见。根据此书的记载,今山东半岛和江苏沿海一些地方有不少新罗侨民。

卷一载:船泊密州(治今山东诸城市)以南海岸,遇见自密州载炭前往楚州(治今江苏淮安市)的船只,船上的十余人均"本是新罗人";而搭日本使船自楚州前往密州的几位僧人,也"本是新罗人,先住楚州"。下船后,圆仁等一行人又在城村新罗人宅暂时憩息。

卷二载:船到乳山(今山东乳山市境)西浦,有新罗三十余人骑马或乘驴来迎。船到文登县(今威海市文登区)清宁乡赤山村,当地有新罗寺院。十月十六日,寺院开坛讲《法华经》,二百余人参加集会,"其集会道俗老少尊卑,总是新罗人,但三僧及行者一人,日本国人耳";"其讲经礼忏,皆据新罗风俗";"讲师上堂,登高座间,大众同音称叹佛名,音曲一依新罗,不似唐音"。文登县并设有管理新罗侨民的机构"勾当新罗押衙所"。

卷四载:船到泗州涟水县(今属江苏省),重新遇到在文登县见过面的新罗人崔晕第十二郎。崔自与圆仁分别后,又归新罗,"遇国难,

---

1 《新唐书》卷220《高丽传》,第6198页。
2 [日]圆仁:《入唐求法巡礼行记》,上海古籍出版社点校本。

逃至涟水住"。

据上所述,文登县因是朝鲜半岛人民经海路来唐的主要登岸地,境内的新罗人特别多。这些人,除了一部分系经过此地,从参加集会者有老有少这一点来看,相当部分应是定居于此的移民。因为老人和小孩身体较弱,一般不可能会为经商之类的目的随船出没于波涛汹涌的大海。此外,乳山、密州及泗州、楚州等沿海地区也有一些新罗移民,楚州和泗州涟水县都有新罗人居住的新罗坊,坊设总管,并备有船队、水手、译员和修船人员,显见居住当地的新罗人为数不少[1]。

分布在今山东和江苏沿海的新罗人,迁入中国的原因颇多,或因经商(如载炭前往楚州者),或因学法和传教(如赤山院僧人),或因避难(如崔晕第十二郎),还有很大一部分人则是被人贩子掠卖而至。《唐会要》卷86《奴婢》条载:穆宗长庆元年(821年),平卢军节度使薛平上奏:"应有海贼詃掠新罗良口,将到当管登(治今山东蓬莱市)、莱州(治今山东莱州市)界及缘海诸道,卖为奴婢者。伏以新罗国虽是外夷……其百姓良口等,常被海贼掠卖,于理实难。先有制敕禁断,缘当管久陷贼中,承前不守法度,自收复以来道路无阻,递相贩鬻,其弊尤深",要求严令禁止。曾在武宁军任军职的新罗人张保皋,归国后向国王报告:"遍中国以新罗人有奴婢",要求领兵镇守海口,"使贼不得掠人西去"。由于张保皋率兵1万人严守海路,唐文宗大和(827—835年)以后"海上无鬻新罗人者"[2]。据此看来,在宪宗、穆宗和文宗在位期间,被海贼掠至中国为奴的新罗人为数不少,不仅山东沿海有新罗奴婢,其他沿海地区也有,朝廷几次下诏严禁都未能收效。

刘希为《唐代新罗侨民在华社会活动的考述》一文详细讨论了新罗侨民在唐代的分布状况。据其研究,除了上述地区,留居在长安及其附近的新罗人也不在少数。留学生、质子和在朝廷任官的新罗人多居住在首都长安,长安的青龙寺、兴善寺、资圣寺、章敬寺等寺院都有新罗僧。此外,长安附近的终南山中、成都府、金州(今陕

---

1 [日]圆仁:《入唐求法巡礼行记》卷1、卷4。
2 杜牧:《张保皋郑年传》,载《全唐文》卷756。

西安康市)、江州庐山(在今江西九江市)、台州天台县(今属浙江)、池州九华山(在今安徽青阳县)、苏州、徐州、兖州、扬州等地也都有新罗侨民[1]。

三　各时期因入侍、求法和求学等原因的西迁

唐代因入侍、求学、求法前来中国的外国人为数很多,其中又以来自山水相连、文化背景相似的百济、高丽和新罗三国人数较多。

唐自贞观以来,文治大兴,"于是新罗、高昌、百济、吐蕃、高丽等群酋长并遣子弟入学,鼓箧踵堂者,凡八千余人"[2]。虽然无从得知此8 000人中究竟有多少人来自朝鲜半岛,但从占所列国家数的五分之三这一点分析,来自朝鲜半岛的学子当多于其他任何一个国家。唐中后期,虽然国势已衰,仍有一定数量的新罗学子赴唐留学。文宗开成二年(837年),除了朝廷要求学习期满归国的学生,仍有216名新罗留学生留在国子学[3]。有的留学生在唐朝居住相当长的时间,成为留唐的朝鲜侨民,崔致远即是其中的一个代表。崔12岁自新罗入唐求学,6年后(乾符二年,875年)科举中第,任宣州溧水县尉,后于中和四年(884年)归国,在唐居住了15年[4]。

据旧、新《唐书》之《新罗传》,自贞观至高宗期间,文王、金春秋、金法敏、金仁问等新罗王族成员相继入唐侍卫。长庆、宝历和大和年间,又遣使者来唐,留宿卫。有的入侍人员长留唐朝而不返,例如,高元光的祖先于唐初入华"侍卫紫宸",长期居住并死在洛阳[5]。

从《全唐诗》中大量的送别诗来看,朝鲜半岛的僧人入唐求法,早在唐朝初年即已开始,直至五代仍有人前来中国。有的僧人长期生活在中国,已成为移民,文登赤山寺院的新罗僧人显然就是移民。新罗

1　载《中国史研究》1993年第3期。还有若干分布地,由于文中证据不够充分,或未必是移民分布地,本节未列举。
2　《新唐书》卷198《儒学上》,第5636页。
3　《唐会要》卷36《附学读书》。
4　陆心源:《唐文拾遗》卷34附《崔致远传》。
5　阙名:《高府君墓志铭并序》,载《唐代墓志汇编》,第1536页。

僧人释无相于开元十六年（728年）入唐，后到成都净众寺，至德元年（756年）死于此；释无漏于玄宗时入唐，后住灵武（今宁夏灵武市南）下院，上元三年（762年）卒此；释道育于景福元年（892年）挂锡于天台山（在今浙江天台县）平田寺，后晋天福三年（938年）在此坐化[1]；高丽僧灵照五代时先入福建，继而居杭州龙华寺，后卒于此[2]；此四人更是移民无疑。五代人齐己《送高丽二僧南游诗》，说此二人"日边乡井别年深，中国灵踪欲遍寻"[3]，显然已入居中国多年。可能由于留唐不归的僧人人数较多，朝廷规定：凡来自新罗和日本的僧人，入唐超过九年而未归国者，均要编入僧籍[4]。

唐五代中原许多地方的寺院都有来自朝鲜半岛的僧人。仅据上引的不完全史料，有朝鲜僧人的地方，便有今山东文登、四川成都、宁夏灵武、福建、浙江杭州和天台等地。据圆仁《入唐求法巡礼行记》卷2载，文登赤山寺院于八月十五日，"寺家设馎饨饼食等，作八月十五日之节。斯节诸国未有，唯新罗国独有此节"；"其集会道俗老少尊卑，总是新罗人"。作为唐代政治文化中心的长安、洛阳，朝鲜籍僧人当也有一定数量，如长安的青龙寺、兴善寺、慈恩寺、资圣寺、大荐福寺中便有新罗籍的高僧[5]。

综上所述，朝鲜半岛对中国零散的移民几乎从初唐至五代都在进行中，但较大规模的移民活动基本上集中在唐太宗和唐高宗时期。此外，宪宗、穆宗和文宗时期被掠卖至中国沿海的新罗人也不在少数。后两种移民活动，可以说都属于强迫性迁移。虽然对当时中国人口数量与经济的恢复起到积极作用，但对于朝鲜半岛而言显然具有负面作用。

---

1 赞宁：《宋高僧传》卷19《唐成都净众寺无相传》，卷21《唐朔方灵武下院无漏传》，卷23《晋天台山平田寺道育传》。
2 吴任臣：《十国春秋》卷89《吴越十三·僧灵照传》。
3 载《全唐诗》卷847，第9595页。
4 《唐会要》卷49《僧籍》。
5 ［日］圆仁：《入唐求法巡礼行记》卷3、卷4。

第二节

契丹、奚、靺鞨等族人民的内迁

一 契丹人和奚人的内迁

契丹是我国古老民族之一,三国魏以后开始生活在潢水(在今内蒙古东南部的辽河上游西拉木伦河)流域,过着以车马为家的游牧生活。北朝后期,部落离散,或仍居住在潢水,或被迁到缘边地区居住,或依附于高丽,或投奔突厥。隋统一以后,在朝廷的支持下,各部纷纷迁回故地[1]。奚族主要分布在营州(治今辽宁朝阳市)西北,与契丹为邻,也是游牧民族,常与契丹发生战争。

早在隋炀帝时,契丹族已开始内迁。当时,契丹入抄营州,大将韦云起奉令率内附的突厥军队袭击契丹,大破之,尽获契丹男女4万口。韦云起以女子和畜产之半予突厥,一半随同入朝,男子皆杀之[2]。若以男女各占一半,入隋的女子又占女性一半计,估计有1万名左右的契丹女性被迁入中原。不过,文献没有提到她们的分布地和内迁以后的情况。此外,契丹李去闾部落于开皇初内附,隋设玄州以安置之。文献没有记载设于何地,但此州于唐万岁通天二年(697年)和其他设于营州的羁縻州一同内迁[3],估计也应置在营州一带。

唐太宗贞观二年(628年),契丹酋长摩会率部落来降,突厥要求以亡入塞外的梁师都换这些契丹部落,太宗不许[4],但文献没有记载

---

1 《隋书》卷84《契丹传》,第1881页。
2 《旧唐书》卷75《韦云起传》,第2632页。
3 《旧唐书》卷39《地理志》,第1522页。
4 《新唐书》卷219《契丹传》,第6168页。

此部安置何处。在此前后,契丹、奚一些部落内附,在营州(治今辽宁朝阳市)境内设置一批羁縻州。以契丹族建立的有威(原名辽州)、师、带、沃、昌等州,以奚族建立的有崇、鲜等州。贞观十三年(639年),其中的威、师、昌、崇四州著籍人口近6 000人[1],实际人口可能还要多些。武则天时,契丹酋长李楷洛入朝,徙居京兆万年县(今陕西西安市),官至左羽林大将军,其子李光弼为唐中兴名将,另一子李光进和孙李汇也都是著名战将[2]。

武周万岁通天元年(696年),松漠都督李尽忠、归诚州刺史孙万荣率所部契丹人举兵反唐,攻陷营州,营州都督府被迫侨治幽州。属其管辖的分布在营州一带的羁縻府州也纷纷内迁,分布在河南道的徐州(治今江苏徐州市)、宋州(治今河南商丘市南)、青州(治今山东青州市)及河北道的幽州(治今北京城区南)。神龙年间(705—707年),原迁河南道的各羁縻州重新迁移到幽州附近安置[3]。

李尽忠、孙万荣起兵不久,攻入幽州,直到河北道的中部。由于突厥和奚乘机袭击松漠,"掠其幼弱",契丹军败,别将李楷固、骆务整降唐。契丹力量转弱,依附于突厥。万岁通天中,奚也和契丹一同反唐,与突厥相表里,号为"两番",屡与唐军作战。玄宗开元四年(716年),因突厥衰落,契丹和奚复臣附于唐,重新置松漠和饶乐二都督府[4]。

开元、天宝年间,唐和契丹、奚之间保持和亲和朝贡关系,但有时又发生冲突。由于部族内部矛盾等原因,也有一些契丹、奚的酋长或将领率部民迁入中原。开元十三年(725年),契丹酋长吐于因与另一酋长可突于猜忌,携唐公主来奔,因留宿卫[5]。十四年,奚部众在契丹衙官可突于胁迫下归降突厥;首领鲁苏不能控制部众,逃入榆关(今河北秦皇岛市抚宁区东),随其内迁的部落被安置在幽州界内[6]。二十年三月,在唐军的进攻下,奚酋长李诗琐高率部落5 000帐来降,唐封

---

1 《旧唐书》卷39《地理志》。
2 《新唐书》卷136《李光弼传》;卷75下《宰相世系五下》。
3 《旧唐书》卷39《地理志》。
4 《资治通鉴》卷205;《旧唐书》卷199下《契丹传》;《新唐书》卷219《契丹传》。
5 《旧唐书》卷199下《契丹传》,第5352页。
6 《唐会要》卷96,第2036页。

其为归义王兼归义州都督,移其部落于幽州良乡县广阳城(今北京市房山区良乡镇东北)安置[1]。开元间,奚族乙失活部酋长张谧提众归附,授鸿胪寺卿,迁入河北[2]。

唐在幽州一带驻扎较多的军队,以防备契丹和奚扰边。边将为了邀功,往往以武力滥捉契丹和奚的人民。安史之乱的领导者安禄山和史思明起初都是幽州的"捉生将","每与数骑出,辄擒契丹数十人而返"[3]。安禄山任幽州节度使以后,被无辜捉拿的契丹人和奚人为数更多,仅天宝九载(750年)十月辛未一次献奚俘便达8 000人[4]。被俘者真正能够返回故乡的人为数极少,唐常将他们送到遥远的云南守边[5]。

幽州是契丹和奚移民最主要的迁入地。据《旧唐书·地理志》载,设置在幽州一带的以契丹、奚人设立的羁縻州,有归顺、威、玄、崇、师、鲜、带、沃、昌、信、青山等11个州。除归顺州系开元四年以契丹松漠府弹汗州部落置,青山州析自玄州,其余各州都是万岁通天元年自营州迁来或神龙以后从河南道迁来。天宝年间共有4 932户,22 472口,实际人口无疑要多一些。这些州的治所,分别位于怀柔(今北京市顺义区)、良乡县石窟保(今北京市房山区西北)、良乡县故都乡城(房山区西南)、良乡县故东闾城、范阳县(今河北涿州市)、范阳县鲁泊村、范阳县水门村、潞县之古潞城(在今河北三河市西)、昌平县清水店(今北京市昌平区西北)、蓟县东南回城(今北京大兴区东南)、安次县古常道城(今河北廊坊市西)等地。

幽州的契丹和奚族移民中,相当一部分人是安禄山管下的军人。文献载:安禄山"养同罗、奚、契丹降者八千余人,谓之'曳落河'"[6]。如以契丹人和奚人占一半计,便有4 000人。天宝十四载安禄山以15万众反唐,契丹人和奚人都是其主力军[7]。其中,奚人的人数可能还

---

1 《资治通鉴》卷213,第6797页。
2 《新唐书》卷148《张孝忠传》,第4767页。
3 《资治通鉴》卷214,玄宗开元二十四年三月,第6817页。
4 《资治通鉴》卷216,玄宗天宝九载十月,第6900页。
5 《新唐书》卷219《奚传》,第6175页。
6 《资治通鉴》卷216,玄宗天宝十载二月,第6905页。
7 《资治通鉴》卷217,玄宗天宝十四载十一月甲子,第6934页。

超过契丹人。《新唐书·安禄山传》载,安史叛军张通儒等"哀兵十万陈长安中,贼皆奚"。孟广耀认为,当然不能把此10万人都看成奚人,但起码奚人半数还是有的。他甚至认为,奚兵总数约有10万人[1]。安禄山发兵作乱之初不过15万兵力,因此奚兵有10万人(占其三分之二)这一说的可靠性颇值得怀疑,不过奚兵是安史叛军的主力部队之一却是毋庸置疑的。关于契丹兵和奚兵的下落,文献阙载,一般说来在残酷的战争环境中,能够生还故里的只是极少数人。

至德以后,河北藩镇专权,务求边境安宁,"鄣戍斥候益谨,不生事于边,奚、契丹亦鲜入寇"[2],因此较少发生因战争而导致的强迫性移民。

懿宗咸通(860—873年)以后,契丹趁中原大乱,开始得到发展,"疆土稍大"。到僖宗光启(885—888年)中,蚕食邻近各部,"达靼、奚、室韦之属,咸被驱役,族帐渐盛"[3]。到五代后梁贞明二年(916年),耶律阿保机建立契丹国,后改称辽,统一东北地区。总的说来,唐末五代契丹人民较大规模的内迁已比较少见,比较著名的一次是东丹王耶律倍的内迁。耶律倍(契丹名突欲)本为契丹皇太子、东丹国国主。耶律德光继位以后,耶律倍遭到猜忌,遂于辽天显五年(930年)携妻率部曲40人,越海自登州(今山东蓬莱市)上岸,投奔后唐[4]。之后,耶律倍改名李赞华,长期生活在中原。此外,五代时后唐的军队中有契丹人和奚人[5],幽州赵德钧属下也有号称"银鞍契丹"的契丹籍军人3 000人[6]。

唐代奚族的驻牧范围发生过几次变化。在唐初至饶乐都督府改为奉诚督府(734年)前夕这段时间中,以饶乐水(今西拉木伦河)为中心,南达白狼河(今辽宁大凌河)北岸。在改为奉诚都督府至公元840年回纥汗国瓦解时期,以土护真河(今老哈河)为中心,南至白狼河,西

---

1 孟广耀:《安史之乱中的奚族》,《社会科学战线》1985年第3期。
2 《新唐书》卷219《契丹传》,第6172页。
3 《旧五代史》卷137《契丹传》,第1827页。
4 《资治通鉴》卷277,明宗长兴元年十一月,第9052页。
5 《旧五代史》卷28《唐书·庄宗纪》,第392页。
6 《资治通鉴》卷280,高祖天福元年闰十一月,第9160页。

到大洛泊。840年以后,由于唐朝国力衰微和契丹的进逼,奚族进一步向南向西发展,南达长城,西至大马群山(在今内蒙古和河北西北省境)[1]。此外,大约在唐末五代之交,奚部落首领去诸率数千帐越过长城迁到妫州(治今河北怀来县境)境内,自称西奚(西部奚),与以原居地的奚人相区别[2]。因西部奚远离契丹不便控制,契丹太宗于天显十二年(937年)率兵南下攻打后唐时,"遣国舅安端发奚西部民各还本土"[3]。大部分人被迫北返,一部分人"畏契丹之虐",逃入中原[4]。此外,在中原的其他地区,甚至江南,也有少数奚人。德宗贞元十七年(801年)镇守浙西的诸道转运使李锜谋拥兵自重,选流放江南的胡人和奚人当兵,谓之"蕃落"[5]。

二　靺鞨人的内迁

靺鞨为东北古代民族肃慎人的后裔,隋唐时分布在今松花江、牡丹江流域及黑龙江下游,东至日本海,共有七部。最南为粟末部和白山部,位于长白山区,与高丽相接,并臣附之。最北为黑水部,位于黑龙江下游。

隋开皇年间(581—600年),粟末部被高丽战败,厥居部落渠长突地稽率1 000余家内附,被安置在营州汝罗故城(今辽宁义县南),唐武德初在此置燕州,以突地稽为总管。不久,突地稽率所部赴定州助唐军作战,立下战功。武德六年(623年)燕州侨治幽州城内(今北京市区南)[6]。此后,燕州统下的靺鞨移民及其后裔长期居住幽州境内。开元二十五年(737年),燕州移至幽州北的桃谷山(在今北京市怀柔区南)。天宝年间有2 045户,11 603人[7],为幽州所管较大的羁縻州。突地稽之子李谨行所辖的部落成员和家童达数千人,以财力称雄,曾

---

[1] 据孟广耀:《唐代奚族驻牧范围变迁考论》,《内蒙古师大学报(哲学社会科学版)》1983年第1期。
[2] 据《辽史》卷41《地理志》,第511页。
[3] 《辽史》卷3《太宗上》,第40页。
[4] 《资治通鉴》卷281,高祖天福二年,第9170页。
[5] 《资治通鉴》卷236,德宗贞元十七年六月,第7597页。
[6] 《旧唐书》卷199下《靺鞨传》;卷39《地理志》。
[7] 《旧唐书》卷39《地理志》,第1521页。

任右领军大将军,在青海大破吐蕃军,死后陪葬乾陵[1]。中唐著名战将李怀光的祖先本姓茹,也是居住幽州的靺鞨移民[2]。

武德初,唐又以粟末靺鞨的乌素固部落设慎州,隶营州都督府,当置在营州(今辽宁朝阳市)附近。载初二年(690年),自慎州析置黎州,亦隶于营州都督府。万岁通天元年(696年),契丹李尽忠、孙万荣攻陷营州,二州的靺鞨移民迁到淄州(治今山东淄博市南)、青州(治今山东青州市)和宋州(治今河南商丘市南)安置。神龙初年(705年)两州复迁到幽州,治所均设在良乡县之故都乡城(今北京市房山区西南)。天宝年间,共有著籍人口2 975人[3]。

高宗总章元年(668年),唐灭高丽。依附于高丽的粟末靺鞨的一部分人退保挹娄之东牟山(在今吉林敦化市),另一部分人则被迁到营州。契丹李尽忠攻占营州之后,营州的粟末靺鞨人在舍利乞乞仲象和他的儿子大祚荣的率领下,东归故地,在今牡丹江流域建立震国,后改称渤海[4]。不过,在营州的粟末靺鞨人并未全部东归,仍有一些人居住在营州。乾封中(666—668年),唐于营州界置夷宾州,安置靺鞨愁思岭部落。夷宾州置州时间和唐灭高丽时间相一致,愁思岭部落应自高丽境内迁来。万岁通天二年,夷宾州迁于青州安置,神龙初迁到幽州,治于良乡县之古广阳城(今北京市房山区东北),天宝年间有著籍人口648人[5]。

原依附于高丽的白山靺鞨部在唐攻占平壤以后的去向,文献并无明确记载,《旧唐书·靺鞨传》仅仅说"部众多入中国"。按"中国"在唐代一般用以指中原地区,并不包括安置粟末部的营州,白山部迁入地应是中原而非营州一带。

渤海建国以后,和唐朝保持着较为密切的经济文化联系。有许多贵族子弟被派到长安的太学留学,"习识古今制度"。渤海通过他们学

---

1 《旧唐书》卷199下《靺鞨传》,第5358页。
2 《旧唐书》卷121《李怀光传》,第3491页。
3 《旧唐书》卷39《地理志》。
4 《新唐书》卷219《渤海传》。
5 《旧唐书》卷39《地理志》,第1523页。

习、模仿唐朝的政治文化制度,因而被称为"海东盛国"[1]。此外,还有一些贵族子弟作为质子来长安,或因避难等原因入唐。有的留唐不归,如大祚荣之子门艺曾作为质子来到长安,后来唐避难,至死都未回国[2]。

三 室韦人和鞑靼人的内迁

室韦是我国东北的古老民族之一,最早见于《魏书》,称为失韦。唐代共有九部,按照王德厚先生对《旧唐书·室韦传》所载室韦地理方位的解释,其东约以牛满江(今俄罗斯境内布列亚河)与黑水靺鞨接界,西以今俄罗斯鄂嫩河、蒙古国克鲁伦河下游与突厥相邻,南当我国今内蒙古东部霍林河以南,北至今俄罗斯鄂霍次克海[3]。《旧唐书·室韦传》记载的是唐代主要时期的地理方位,唐中后期情况已有很大的改变。

据王国维《黑车子室韦考》[4],黑车子室韦一称和解室韦,原居今内蒙古呼伦池的东南、大兴安岭的两侧,与岭西的鞑靼并为回鹘左厢部落;"至回鹘国破,种人分散之时,此部或他种室韦之一部,亦随回鹘而南,至中国塞下"。其地当在振武(治今内蒙古和林格尔县西北)、大同(山西今市)之东北,幽州(治今北京市区南)之西北。由于唐后期室韦随回鹘逼近幽州,在幽州军政官员有关报告中已多次提到室韦。"(张)仲武破回鹘之时,收得室韦部落主妻儿",便是幽州进奏官孙方造一次向朝廷报告的内容[5]。迨契丹之兴,黑车子室韦更南徙幽州、并州(治今山西太原市南)近塞,因而在几次契丹进攻室韦时,都与幽、并两镇军队发生冲突。王国维先生并认为:鞑靼和黑车子室韦"当唐之季世均有南徙之迹……盖当回鹘既衰,契丹将兴之际,北方民族间受一种之感应,故有移徙之事"。

---

1 《新唐书》卷219《渤海传》,第6182页。
2 《新唐书》卷219《渤海传》。
3 《室韦地理考补》,《北方文物》1989年第1期。
4 载王国维:《观堂集林》第三册,中华书局影印本。
5 李德裕:《请发镇州兵马状》,载《全唐文》卷705。

《黑车子室韦考》一文不曾提到位于今内蒙古中部的唐振武节度使治所，其实唐后期振武军也是室韦人的分布地。贞元间（785—805年），范希朝迁振武节度使，"部有党项、室韦杂居，暴掠肆，日入虑作，谓之'刮城门'"[1]。可见唐后期室韦一些部落不但与党项杂居在振武节度使辖区，甚至深入到节度使治所所在地"暴掠肆"。另据《新唐书》卷219《室韦传》，在唐朝臣任节度使的贞元四年（788年），室韦已与奚人共同攻入振武城内，"大杀掠而去"。按回鹘国破并开始逃离漠北是在文宗开成四年（839年）[2]，此时离贞元四年已过51年。据此看来，王国维先生关于黑车子室韦在回鹘国破之后随同南迁的推测并不确切。

关于黑车子室韦的迁移时间和原因，史籍阙载。不过，《资治通鉴》卷253唐僖宗广明元年七月辛酉下胡注引宋白语，或能给人以启示。宋白说："鞑靼者，本东北方之夷，盖靺鞨之部也。贞元、元和之后，奚、契丹渐盛，多为攻劫，部众分散，或投属契丹，或依于渤海，渐流徙于阴山。"按黑车子室韦在迁徙前与鞑靼分居大兴安岭两侧，皆与奚、契丹相邻，南迁后都分布在中原近塞地区，两部的迁徙时间、原因必然大致相同，即在贞元以后受契丹和奚的攻劫，不得不南迁。

虽然贞元年间室韦部落始大举南迁，但在唐初河北道北部地区已有若干室韦移民，至安史乱前在幽州一带已有一定数量。贞观三年（629年），唐在营州附近设立羁縻州师州，隶营州都督，此州的居民除契丹人，还有室韦人。万岁通天以后师州内迁青州，神龙以后迁到幽州，天宝年间著籍人口为3 215人[3]。但幽州一带的室韦人绝不止一二千人。天宝十四载（755年）安禄山举幽州15万众反唐时，除所部兵，还有同罗、奚、契丹、室韦等族军人[4]。如果幽州的室韦人仅仅一二千人，以一家出一兵计士兵不过几百，《资治通鉴》便不值得将其和作为安史叛军主力的同罗兵、奚兵相提并论。只是由于史料缺乏，无

---

1 《新唐书》卷170《范希朝传》。
2 《新唐书》卷217下《回鹘传》。
3 《旧唐书》卷39《地理志》，第1523页。
4 《资治通鉴》卷217，玄宗天宝十四载十一月甲子，第6934页。

从得知安史之乱以前室韦移民迁入幽州的原因和经过。室韦和契丹关系密切,被视为"契丹别种"或"别类",估计这些室韦移民的南迁也与契丹人有一定的关系。

五代时期,由于室韦人的南下,在麟(治今陕西神木市北)、胜(治今内蒙古托克托县南)、云(治今山西大同市)、蔚(治今河北蔚县)、新(治今河北涿鹿县)、武(治今河北张家口市宣化区)等州,都有室韦移民。《资治通鉴》卷270载后梁贞明四年(918年)晋王谋大举入寇,上述诸州的奚、契丹、室韦和吐谷浑皆以兵会之,便是一证。

鞑靼之名始见于唐开元二十年(732年)立于漠北的突厥文《阙特勤碑》,有三十姓鞑靼和九姓鞑靼两个部分,大约分布在漠北的东部和西部。唐末由于参与中原政治,开始在汉文文献中留下记载,最早出现是在李德裕《会昌一品集》叙会昌二年(842年)事的有关文书中[1]。贞元、元和之后,由于奚和契丹经常攻劫,鞑靼部众分散,一部逐渐向阴山(在今内蒙古中部)迁移,在漠南放牧,唐末开始"以名见中国"[2]。

懿宗咸通九年(868年),唐征天下兵讨伐庞勋,鞑靼酋长一度率众随同蔚州(治今河北蔚县)刺史朱邪赤心进入中原作战[3]。僖宗广明元年(880年),河东将领李国昌和李克用父子为赫连铎所败,率宗族逃入阴山鞑靼部避难。次年,鞑靼诸部1万余人在李克用的率领下,入关击破黄巢。此后,鞑靼开始迁居云州(治今山西大同市)和代州(治今山西代县)[4]。

由于某种原因,少数鞑靼人进一步向南迁入河东中部。例如,后唐长兴三年(932年),首领颉哥率其族人400人来附[5],但文献未载其

---

[1] 据王国维:《鞑靼考》,《观堂集林》第三册。
[2] 据《新五代史》卷74《四夷附录·达靼传》;《资治通鉴》卷253,僖宗广明元年七月,第8231页。王国维《鞑靼考》推测,唐会昌初回鹘国破,一部分鞑靼人始随回鹘南走,迁入阴山。按笔者已于室韦一节指出贞元四年室韦已经南迁,王国维先生关于黑车子室韦在回鹘国破之后南迁的推测并不确切,鞑靼既与黑车子室韦同时迁移(参见王国维:《黑车子室韦考》),则鞑靼的南迁时间和迁移原因宜依宋白。
[3] 《资治通鉴》卷251,懿宗咸通九年十一月,第8131页。
[4] 《新五代史》卷74《四夷附录·达靼传》,第911页;《资治通鉴》卷254,僖宗中和元年三月,第8248页。
[5] 《新五代史》卷74《四夷附录·达靼传》,第911页。

居住地。清泰二年(935年),一支鞑靼部族内迁,被安置在灵邱(今山西灵丘县)[1]。

第三节

日本人的迁入

日本位于东海之东,与我国大海相隔。由于这一原因,古代与我国的联系远不如今朝鲜半岛国家方便,国和国之间大规模的人口迁移并不多见。隋唐五代时期同样如此,只有一些遣唐使节、僧侣和求学的学生,来中国以后因仰慕中华文化滞留不归。虽然其中的绝大多数后来都返回日本,但他们在中国往往居住数十年,有的已在中国的历史文献中留下自己的痕迹,称得上是迁入中国的移民,只不过后来又重新返回故国罢了。

据《隋书·倭国传》,开皇二十年(日本推古天皇八年,600年),倭王阿每已派遣使节来到长安。日本学者分析,这一记载不能认为不确实,但所说的使节是否是日本朝廷派遣,不无疑问。大业四年(日本推古天皇十五年,607年),日本圣德太子派遣大礼小野妹子和通事鞍作福利前往隋朝,正式开始向中国派遣隋使。不久,遣隋留学生和学问僧也来到中国。据日本学者对《日本书纪》《续日本纪》等日本史籍的研究,史书中留名的隋代前往中国的日本留学生和学问僧共有13人,其中倭汉直福因、高向汉人玄理、新汉人旻、南渊汉人请安、志贺汉人惠隐和新汉人广齐等6人,分别在中国留学16—33年[2]。

唐代,日本社会正处于开始迅速发展的重要历史时期,学习中国

---

[1] 《旧五代史》卷47《唐书·末帝纪》,第652页。
[2] [日]木宫泰彦著,胡锡年译:《日中文化交流史》,商务印书馆1980年版。此书利用日本和中国文献,对历史上中日之间的文化交流做了深入的研究,本节凡未注明出处者,皆依据此书隋唐篇和五代北宋篇的第一章。

文化达到高潮。从日本舒明天皇二年(630年)开始派遣,到宇多天皇宽平六年(894年),先后派过19次遣唐使,其中13次到达唐朝。每次除使臣、水手之外,还有留学生、学问僧、医师、音声生等,少则200余人,多则五六百人,其中知识分子大约数十人。遣唐使停派以后,仍有学问僧搭乘商船前往唐朝,直到唐亡。

出于汲取中国文化的热情,日本派到中国的遣唐学生和学问僧的留学时间一般都长达数年,特别是在公元780年以前(日本的文武朝和奈良朝时期),很多人长达20年或30年。据木宫泰彦《中日文化交流史》隋唐篇第四章所载《遣唐学生、学问僧一览表》,死于中国或在中国留学10年以上的,计有道光、觉胜、定慧、义德、惠妙、智国、智宗、觉胜、道慈、玄昉、吉备真备、大和长冈、阿倍仲麿、理镜、荣睿、普照、业行、玄明、玄法、藤原刷雄、戒明、善议、永忠、灵仙、金刚三昧、法道、圆仁、惟正、丁雄满、圆载、丰智、济诠等32人。所提到"死于中国"的人,有的可能入唐几年甚至不久即死于疾病或意外事故,也有一些人是在中国留学10年以上才死,例如圆载就在中国留居了整整40年。

在长期定居中国的日本留学生中,阿倍仲麿(又写作阿部仲满)因其文学才能和在中国的仕宦经历,在《旧唐书》《新唐书》和《唐会要》等史书中留下深刻的记载。《旧唐书》卷199上《东夷传·日本》载:

> 开元初,又遣使来朝……其偏使朝臣仲满,慕中国之风,因留不去,改姓名为朝衡,仕历左补阙、仪王友。衡留京师五十年,好书籍,放归乡,逗留不去。……上元中,擢衡为左散骑常侍、镇南都护。

此外,《新唐书·日本传》还提到留学生橘免势和学问僧空海:

> 贞元末,其王曰桓武,遣使者朝。其学子橘免势、浮屠空海愿留肄业,历二十余年,使者高阶真人来请免势等俱还,诏可。

五代时期,日本僧侣渡海赴华为数不多,史册留名不过数人,但也有宽建、超会、宽辅等人留居中国。另有澄觉,究竟是否回国,不详。

日本留学生和学问僧在中国读中国的书,而且即使是暂时留居,也要⋯⋯国的风俗习惯,在衣食各方面过着和中国人一样的生活。

还有人娶中国妇女为妻,生育子女。因此,他们无论在中国居住时间长短,都在不同程度上接受了中国文化。他们归国以后,对日本的各方面都产生重要影响,大大促进日本社会的发展。中日两国学者有关这方面的论述甚多,已取得共识。

日本和唐代的渤海国隔海相望,双方保持着一定程度的交往。唐大历十二年(777年),渤海国派使节来唐,献日本国舞女11人[1]。因文献阙载,不知除此次以外是否还有一些日本人民因渤海国的原因迁入中国。

---

[1] 《旧唐书》卷199下《渤海靺鞨传》,第5362页。

第五章

周边民族的内迁：移民影响（上）

综上所述，隋唐五代是边疆民族内迁的重要时期。边疆民族的大规模内迁，必然在经济、政治、文化等方面对当时社会产生重要影响，即所谓的胡化。向达先生指出：

> 昔者汉灵帝好胡服，胡帐，胡床，胡坐，胡饭，胡箜篌，胡笛，胡舞；京城贵戚，皆竞为之。所谓上有好者下必有甚也。李唐起自西陲，历事周隋，不惟政制多袭前代之旧，一切文物亦复不问华夷，兼收并蓄。第七世纪以降之长安，几乎为一国际的都会，各种人民，各种宗教，无不可于长安得之。太宗雄才大略，固不囿于琐微，而波罗球之盛行唐代，太宗即与有力焉。开元、天宝之际，天下升平，而玄宗以声色犬马为羁縻诸王之策，重以蕃将大盛，异族入居长安者多，于是长安胡化盛极一时。此种胡化大率为西域风之好尚：服饰、饮食、宫室、乐舞、绘画，竞事纷泊；其极社会各方面，隐约皆有所化，好之者盖不仅帝王及一二贵戚而已也。[1]

向达先生以上所说，虽指首都长安，但长安只是全国的一个缩影，

---

[1] 向达：《唐代长安与西域文明》，第 41 页。

尽管它是全国胡化最严重的地方;虽指唐代,但"历事""多袭""亦复"数语,亦隐含隋代胡化之意。虽然只是寥寥数语,却言简意赅地指出唐代胡化的广泛和深刻,无疑是理解隋唐胡化问题的钥匙。关于隋唐时期胡化的具体表现,特别是文化方面的具体表现,前贤和今学者特别是向达、陈寅恪、谢弗等先生都做了深入的研究,不需要在此重作论述。笔者拟主要采用考证的方法,论述通过移民为载体对隋唐五代社会所产生的直接影响。

第一节

移民与经济

一 移民数量与北方的人口增长

隋唐五代究竟有多少周边民族移民迁入中原,可能是一个永远无法搞清的问题。即使是某一个时期的移民总数,由于文献阙载,要准确估计也是比较困难的。但如缺少适当的估计,又不易看出移民的规模。在此,笔者拟综合本卷第二、三、四各章有关内容,对唐太宗贞观年间(627—649年)及高宗与武周时期(650—705年)迁入的周边民族移民总数做个粗略的估计[1]。

1. 贞观年间

文献明确记载在此期间规模稍大的移民活动,主要有:

(1)三年,唐派兵进攻东突厥。当年十二月,突利可汗及郁射设、荫奈特勤等并率所部南迁。四年二月,唐灭东突厥,李靖和李勣两部分别俘男女10余万和5万余人南归。突厥首领苏尼失督部落5万

---

[1] 以下内容,如非首次出现又非引用原文,均不再注明出处。

家,亦于三月间举众降唐。

（2）三年九月,拔野古、仆骨、同罗酋长并率众降唐。次年三月,思结俟斤率众 4 万人降唐。

（3）与此同时,依附于东突厥的粟特人史善应部、康苏密部和安菩部南迁。此外,安朏汗部 5 000 余人亦内迁。

（4）六年,契苾何力和其母率部落 6 000 余家自西域迁至沙州(治今甘肃敦煌市西)。

（5）十年,东突厥拓设阿史那社尔率众 1 万余人内迁。

（6）十五年,唐军击败薛延陀,俘获 5 万余人。

（7）二十年,唐军大败薛延陀,俘获老孺 3 万人。

（8）十四年,唐灭高昌国,国王智盛和大臣及国中豪右共约几千人内徙中原。

（9）十九年,唐军攻入高丽,班师时将来降的高丽酋长 3 500 余人迁入中原,又徙辽、盖、岩三州 7 万人入中原。

（10）二年,契丹酋长摩会率部落来降。在此前后还有一些契丹、奚的部落内附,安置在营州周围,设羁縻州以处之。贞观十三年,仅威、师、昌、崇四州著籍人口近 6 000 人。

以上 10 次移民,估计有六七十万人口内迁,其中在贞观三四年间平定突厥时内迁的突厥人、铁勒人和粟特人便有四五十万人。此系就有记载的规模移民而言,如将不见记载的移民也计算在内,总数可达 100 余万人,其中在贞观三四年间大约有七八十万人。

《通典》卷 7 载:"(贞观)三年,户部奏,中国人因塞外来归及突厥前后降附、开四夷为州县,获男女一百二十余万口。"关于此事,《新唐书》卷 51《食货志》解释为"四夷降附者百二十万人"。按贞观三年系唐军灭突厥开始之年,十二月始有突厥降人来奔,因此《通典》所言之"三年"实际是用以代指三年、四年平定东突厥一事。据上所言及《新唐书》解释,此 120 余万口中,大部分应是周边民族移民,隋唐之际迁入塞外复归的中原人民只占小部分。贞观十三年全国约有 1 235 万人,内迁的周边民族移民约占全国总人口的 6%—7%。贞观年间迁入的移民基本分布在北方,贞观十三年关内、河南、河东、河北、陇右等北方五道约有人口570万,移民占人口的七八分之一左右[1]。

由于经历隋唐之际的残酷战争,北方人口锐减,贞观年间荒地甚多。至贞观中后期,中原仍相当荒凉。魏徵说其所见:"今自伊、洛以东,暨乎海岱,灌莽巨泽,苍茫千里,人烟断绝,鸡犬不闻,道路萧条,进退艰阻。"[2] 必要的人口数量是恢复中原经济的首要前提,为此唐政府采取许多有力措施来恢复人口。为了收抚流散在边塞的人口,不惜采用金钱赎还甚至动用武力(如对高昌)等手段。贞观初全国户数不满300万,经过20余年的努力,到高宗永徽元年(650年)已达380万户[3]。周边民族移民的内迁无疑是促进北方人口恢复的重要因素之一。

2. 高宗和武周时期

在这个时期,唐朝国力开始强盛,周边民族对中原的移民达到新的规模,其中规模稍大的移民,主要有:

(1) 天授元年(690年),西突厥继往绝可汗二世阿史那斛瑟罗率众六七万人内迁。

(2) 高宗开耀元年(682年),薛延陀达浑等五州4万余帐降唐。在此前后,回鹘部的都督及其亲属和部落征战有功者并自漠北移居甘州。

(3) 垂拱元年(685年)以后,铁勒系各族纷纷南迁陇右,仅陈子昂于同城了解到的移民数字,便已过数万人。

(4) 因吐蕃向青海高原扩张,吐谷浑约有10万名移民迁入陇右和关中。党项部落也纷纷向中原迁移;咸亨二年(671年)以后许多部落迁入庆州一带。此外,在长寿元年(692年)二月和麟德中,又有两批至少4万余人自青藏高原迁入陇右。

(5) 显庆五年(660年),唐灭百济,国王扶余义慈、太子夫余隆和酋长等58人及部分百姓被迁入中国。总章元年(668年),唐灭高丽,

---

[1] 贞观年间的全国和北方五道人口数均见梁方仲:《中国历代户口、田地、田赋统计》甲表23、甲表24,上海人民出版社1980年版。
[2] 《旧唐书》卷71《魏徵传》,第2560页。
[3] 《通典》卷7《食货七》。

国王高藏和大臣泉男生、泉男建等人迁入中国。次年,唐又将高丽人28 200户迁到中原。

以上五次移民,仅据所提到的数字相加,便已达七八十万人,如加上未曾提到的零星迁移,移民总数至少可达100万人。假设贞观时内迁的移民及其后裔保持着与汉族人民相似的人口增长率,加上高宗和武则天时的100万移民,到则天末年,周边民族移民及其后裔在全国人口中所占的比率无疑高于贞观年间。

自中宗以后,特别是玄宗开元、天宝时期,周边民族的内迁仍在进行着,且规模并未减弱,仅开元初铁勒各部落的内迁人数便有二三十万人。唐后期,因回鹘国灭和契丹勃兴又产生了一定规模的迁移浪潮。

隋唐是我国周边民族内迁和融合的重要时期,移民的持续迁入使得北方人口中的外族血统达到相当高的比例。考虑到贞观十三年移民占北方人口的七八分之一,此后又有高宗和武周时期的迁移浪潮,估计在天宝十四载安史之乱前,周边民族移民及其后裔可能占北方人口的五六分之一或六七分之一。就此看来,虽然唐代胡化程度较深,但迁入的移民及其后裔仍只是人口中的一小部分,包括北方地区。因此,隋唐的胡化并不完全是这一时期周边民族迁入的结果,也是魏晋南北朝周边民族大举内迁及其影响的继续和发展,可见北方汉人中的胡族血统的提高是一次又一次周边民族内迁而导致的。

二　移民与边区经济

周边民族移民主要分布在东起营州,西至陇右道东部的中原北部沿边地区。在下述地区,周边民族移民已成为当地人口的重要组成部分。

营州(相当今辽宁西部)。唐初契丹、奚、靺鞨等东北民族移民主要分布于此,万岁通天元年李尽忠、孙万荣率契丹人反唐以后,有关民族的羁縻府州内迁幽州。神龙以后一些府州复迁回营州,此后西域胡人又以此为主要迁入地之一。不少西域移民或其后裔称自己柳城人,柳城即是营州的治所,据此可见居住此地的胡人不少。

幽州及其附近各州(相当于今河北北部和北京市、天津市)。安史乱前是突厥、靺鞨、同罗、奚、契丹、高丽移民以及胡人的重要迁入地,天宝年间侨置在幽州一带的羁縻州有19个之多,著籍人口达4.4万余人[1],实际人口要远远大于此数字。天宝十四载(755年),安禄山在幽州反唐,"发所部兵及同罗、奚、契丹、室韦凡十五万众"[2]。虽然不知周边民族成员人数,但《新唐书·安禄山传》载张通儒等叛军"裒兵十万陈长安中,贼皆奚","皆"字无疑有夸大之成分,但奚人是其中主力却是可以肯定的,据此可以推测15万人中周边民族成员至少占一半以上。如以每2人出1兵计,幽州一带的移民至少有十余万人。天宝年间能够为安禄山提供兵源的幽、蓟、檀、妫、平诸州与境内的羁縻州共有著籍人口31万[3],移民及其后裔大约占人口的一半。

河东道北部诸州(相当今山西省北部)。由于与蒙古高原相接,向为游牧民族南迁的重要区域,隋唐五代也不例外。初唐时突厥人主要迁入云州(治今大同市)、朔州(治今市)和代州(治今代县),开元以后大武军(在今朔州东北)、大同军(治今代县北)和横野军(治今河北蔚县)一带为铁勒系移民的重要迁入地,此外还有移民散处太原以北。唐末,党项、沙陀、回鹘、室韦、浑等民族和胡人也纷纷向此迁移。

唐代诗文中有一些反映河东道北部周边民族移民状况的记载。高宗时乐玄德任朔州善阳县丞,后人赞他"毗赞一同,播清徽于代壤;翼宣百里,睦氓黎于胡蕃"[4]。崔颢《雁门胡人歌》说代郡(即代州):"高山代郡东接燕,雁门胡人家近边。解放胡鹰逐塞鸟,能将代马猎秋田。"[5] 耿湋《送大谷高少府》诗提道:"县属并州北近胡,悠悠此别宦仍孤。"[6] 北宋初成书的《太平寰宇记》卷49叙代州风俗:"其风俗与太原略同,然自代北至云、朔等州,北临绝塞之地,封略之内,杂虏所居。戎

---

1 据《旧唐书》卷39《地理志》统计。
2 《资治通鉴》卷217,玄宗天宝十四载十一月甲子,第6934页。
3 据《旧唐书》卷39《地理志》统计。
4 阙名:《乐君墓志铭》,载《唐代墓志汇编》,第401页。
5 《全唐诗》卷130,第1326页。
6 《全唐诗》卷269,第3001页。

狄……歉馑则剽劫,丰饱则柔从……纵有编户,亦染戎风,比于他邦,实为难理。"蔚州、朔州风俗同代州。

据上所述,在河东北部,周边民族移民可能已成为当地人口的主体。

关内道中部和北部(包括今陕西北半部、宁夏、甘肃东部、内蒙古河套及其南地区)。河南地(又称河曲,今内蒙古黄河以南及陕西北部)是隋代和唐初内迁突厥人最主要的迁入地区;其北面的一些州,例如"不领县,唯领蕃户"的丰州[1],突厥等边族移民也是人口的基本部分。高宗以后,铁勒、吐谷浑和党项移民大批迁入关内道北部,按照开元年间玄宗《安置北州诸蕃诏》所说[2],在玄宗之前周边民族移民已在河曲人口中占相当大的比例。据研究,天宝元年胜、夏、宥三州的突厥、铁勒诸部著籍人口近1.1万户、约4.9万人,占当地著籍户数的44.4%和口数的39.6%[3]。

安史乱后,随着党项移民的大量进入,北自振武节度使所在地(治今内蒙古和林格尔县西北),南到邠(治今陕西彬县)、宁(治今甘肃宁县)、鄜(治今陕西富县)、坊(治今陕西黄陵县南)诸州,都是党项族的生活地区。在关内道北部的一些州,例如夏州,周边民族移民及其后裔已成了人口的主体。在北宋初的夏州著籍户数中,汉人2 096户,而蕃人达19 290户[4]。《太平寰宇记》记关内道一些州的风俗,还提到鄜州、坊州和延州"俗与羌浑杂居",可见在这些州蕃族是人口的重要组成部分。

陇右道东部(相当今甘肃河西走廊和陇东南)。唐初,陇右道东部是突厥移民和胡人的安置地之一,铁勒系移民更主要分布在凉州(治今武威市)、甘州(治今张掖市)诸州,此后吐谷浑、党项以及高丽移民纷纷迁入。其中,河西走廊当西域入中原的要道,周边移民尤其多。

隋唐之际,凉州(治今武威市)豪强李轨图谋起兵,胡人首领安修仁

---

1 李吉甫:《元和郡县图志》卷4,中华书局点校本,第112页。
2 "咸若河曲之地,密迩京畿,诸蕃所居。旧在于山,自服王化,列为编氓,安其耕凿,积有年序。"载《全唐文》卷28,第136页。
3 樊文礼:《唐代鄂尔多斯地区的人口与经济略论》,《内蒙古社会科学》1988年第2期。
4 《太平寰宇记》卷37。

率城内胡人响应。后李轨与安修仁交恶,安修仁擒李轨,举凉州归唐。在中唐边塞诗人岑参的笔下,凉州是一派胡人为主的"胡区"景象。

安史之乱以后,陇右道东部成为吐蕃的移民区域,唐末以来回鹘人迁入河西,党项也扩大了自己的分布范围。加之汉人的东迁,周边民族移民及其后裔已成为陇右道东部人口的主体。在陇东南的河(治今和政县)、渭(治今陇西县南)、秦(治今天水市)数州,吐蕃人是当地人口的主体部分。河西走廊同样是周边民族移民的区域,五代高居海西使于阗,便看见灵州(治今宁夏吴忠市北)至凉州间的沙丘地区为党项住地,甘州是回鹘牙帐所在,州南的祁连山有沙陀遗族,沙州西有仲云部落,惟瓜、沙二州多汉人[1]。受周边民族的影响,仍留在当地的汉人也开始了夷化的过程。"一自萧关起战尘,河湟隔断异乡春。汉儿尽作胡儿语,却向城头骂汉人"[2],就是唐末一位诗人的见闻。

上述区域的南界,东起今河北中北部与天津市的大清河和海河,向西进入山西省的五台山、陕西省陕北高原的南缘和甘肃渭河流域。据上所述,隋唐五代时期在这一界线以北的广大地区,周边民族移民及其后裔已成为当地人口的主体部分;其中的小部分州可能移民及后裔尚未成为人口的主体,但也是重要组成部分。

突厥、铁勒、吐谷浑、吐蕃、党项、契丹、奚、室韦、鞑靼等民族在内迁之前,主要生活在草原上,过着幕天席地的游牧生活。内迁以后,他们在中原北部沿边的羁縻州内聚族而居,在相当长的时间内维持着原先的生产生活方式,并进而对与之杂居或邻近的汉族人民产生影响。因此,在上述区域内,牧业或已成为主要生产部门,或地位上升甚至与农业并驾齐驱。其中,相当多原先以农业为主的地区,经历了由农转牧的过程。

我国太行山以东地区的农牧分界线,长期以来维持在长城一线,此线以北以牧业为主,以南基本是农业区。《隋书·地理志》论位于今京、津、冀、晋四省市境内的冀州、幽州和并州各郡的经济状况,无一字说及区域内的牧业,表明牧业经济并不占重要地位,也无以牧业为主

---

[1] 载《新五代史》卷74《四夷附录·于阗》。
[2] 司空图:《河湟有感》,载《全唐诗》卷633,第7261页。

的州。到了唐代,情况有了一定的变化。

有关河东北部地区的经济状况,在中唐诗人的笔下有所反映。"高山代郡东接燕,雁门胡人家近边。解放胡鹰逐塞鸟,能将代马猎秋田。"[1] "少年学骑射,勇冠并州儿。直爱出身早,边功沙漠垂。戎鞭腰下插,羌笛雪中吹。"[2] 两首诗展示给人们的是一派游牧和射猎经济的画面。代州以南的忻州(治今市)虽然位于汉人聚居的汾河河谷平原,可能受五台山以北的游牧和射猎经济的影响,"气俗尚武,不本树艺,岁多歉食",农业也很落后[3]。

虽然不能据此得出结论,以为河东北部经济以畜牧和射猎为主,但畜牧和射猎在经济中占有重要地位却是无法否认的。即使到北宋初年,《太平寰宇记》仍列羊、马、牦牛尾为云州的主要土产,表明牧业仍是当地的重要经济部门。云州如此,其他移民较多的州的情况可想而知。

位于关内道最北部黄河以南的胜(治今内蒙古托克托县南)、夏(治今陕西榆林市横山区西)、宥(治今内蒙古鄂托克旗境)三州,相当今之鄂尔多斯地区,隋唐五代主要是游牧民族移民的居住地区,汉族人口较少。因此,唐代农业规模较小,畜牧业在经济中有较大的比重[4]。五代以来,这种状况并无任何改变。例如夏州,唐后期"属民皆杂虏,虏之多者曰党项,相聚为落于野曰部落,其所业无农桑事,畜马、牛、羊、骆驼"[5]。到北宋初期,夏州仍"地广人稀,逐水草畜牧,以兵马为务",土产只有角弓、毡、羊、马、驼等畜产品[6]。《太平寰宇记》卷39叙位于黄河以北的丰州风俗:"自汉魏以后多为羌胡所侵,人俗随水草以畜牧,迫近戎狄,唯以鞍马骑射为事,风声气习自古而然。"唐五代显然如此。

根据《太平寰宇记》所载"风俗"和"土产"两门,今长城以南的陕北

---

[1] 崔颢:《雁门胡人歌》,《全唐诗》卷130,第1326页。
[2] 李颀:《塞下曲》,载《全唐诗》卷134,第1359页。
[3] 王璠:《赠司空崔公墓志铭》,载《唐代墓志汇编》,第2123页。
[4] 参见樊文礼:《唐代鄂尔多斯地区的人口与经济略论》,《内蒙古社会科学》1988年第2期。
[5] 沈亚之:《夏平》,载《全唐文》卷737。
[6] 《太平寰宇记》卷37。

各州北宋初年的经济均以畜牧为主。盐州(治今定边县)"以牧养牛、羊为业";保安军(治今志丹县)"地寒霜早,不宜五谷",土产只有羊;绥州(治今绥德县)、银州(治今榆林市南)两州的风俗均同夏州,人民"逐水草畜牧";府州(治今府谷县)土产只有羊、马而无其他农产品。这一带在唐后期五代是羌族的生活地区,北宋初的经济状况自然是这一时期移民的结果。

上述诸州以南的地区,泾(治今甘肃泾川县北)、宁(治今甘肃宁县)、原(治今宁夏固原市)、邠(治今陕西彬县)、会(治今甘肃靖远县)等西部诸州,北宋初期的土产均以覆鞍毡、白毡、胡女布、羊、马、驼褐等畜产品为主,农产品所占比重较小。但东部诸州,例如坊、鄜、延诸州,土产却以种植业产品为主[1]。据《隋书》卷29《地理志》,泾、宁、鄜、陇诸州隋代是"勤于稼穑,多畜牧"的农牧并重的地区。北宋初期的经济状况说明经过唐五代的变迁,泾、宁、陇等西部诸州人民已以畜牧业为主兼事农业,而鄜州等东部诸州农业在经济中仍占主要地位。

陇右道的河西走廊在隋唐五代经历过数次农牧变迁。初唐的游牧民族内迁加大了北魏以来的牧业经济比重,当地经济以畜牧为主。中唐以来,由于政府在此采取屯田等促进农业发展的措施,成为农业为主、畜牧业也很发达的地区,但安史乱后的民族迁移又使得这一地区再次由农转牧[2]。不过,至德以后留在当地的汉人仍以农业为主。由于频频向关中进军,吐蕃人频繁接触中原先进的经济文化,唐后期吐蕃人的经济生活也产生了一定的变化。但是,这种变化尚未导致区域经济由牧业为主转变为农业为主。

陇东南的变迁可以秦州(治今天水市)为例。《隋书·地理志》说包括天水郡(即秦州)在内的六郡,"勤于稼穑,多畜牧",即农牧并重。安史乱后杜甫避乱在秦州,看见"降虏兼千帐,居人有万家。马骄珠汗落,胡舞白蹄斜"[3],当地仍有发达的牧业经济,而此与"降虏"迁居有关。

---

1 均据《太平寰宇记》。
2 据赵永复:《历史时期河西走廊的农牧业变迁》,载《历史地理》第4辑,上海人民出版社1986年版。
3 《秦州杂诗二十首》,载《全唐诗》卷225,第2417页。

三 移民与域外作物和生产技术的传入

隋唐是我国历史上域外作物和生产技术传入中原的重要时期,无论农作物还是手工业技术,都有若干种类传入,从而对当时乃至以后的生产和人民生活发生重要影响。试列举文献有较明确记载的部分作物和生产技术如下:

1. 熬糖法

《唐会要》卷100《杂录》载:"西蕃胡国出石蜜,中国贵之,太宗遣使至摩伽陀国(在今印度境)取其法,令扬州煎蔗之汁,于中厨自造焉,色味逾于西域所出者。"对此记载,学者有两种不同看法。一种认为,在此以前我国不会生产蔗糖,自贞观年间从印度传入熬糖法后才开始生产。一种据《齐民要术》引后汉杨孚《异物志》,认为早在东汉时我国南方已出产冰糖,唐代参考印度的熬糖法加以改进,蔗糖的质量有所提高[1]。

2. 种葡萄酿葡萄酒法

《唐会要》卷100《杂录》载:"葡萄酒,西域有之,前世或有贡献。及破高昌,收马乳葡萄实,于苑中种之,并得其酒法,自损益造酒,酒成,凡有八色,芳香酷烈,味兼醍醐,即颁赐群臣,京中始识其味。"到唐后期,中原一些地方,特别是河东一带的葡萄种植和葡萄酒酿制业已有一定规模。刘禹锡《葡萄歌》载一位河东汾阴(今山西万荣县境)人之语:"自言我晋人,种此如种玉。酿之成美酒,令人饮不足。为君持一斗,往取凉州牧。"[2] 杜甫在秦州看见"一县蒲萄熟,秋山苜蓿多"[3],可见陇右一带葡萄种植也很兴盛。

3. 三勒浆类酒酿制法

《唐国史补》卷下载:"又有三勒浆类酒,法出波斯。三勒者,谓庵

---
[1] 参见杨文琪:《中国饮食文化和食品工业发展简史》第八章第二节和第六章第三节,中国展望出版社1983年版。
[2] 《全唐诗》卷354,第3963页。
[3] 《寓目》,《全唐诗》卷225,第2420页。

摩勒、毗梨勒、诃梨勒。"[1] 所谓三勒酒，即用以上三"勒"制成的酒，为我国当时名酒之一。

4. 菠菜

《新唐书》卷 221 上《尼婆罗传》载：贞观二十一年"遣使入献波稜、酢菜、浑提葱"。有关酢菜和浑提葱的流传情况不明。波稜即今之菠菜，福建和浙江许多地方至今仍称菠菜为波稜，说明系从尼婆罗（今尼泊尔）传入[2]。

5. 首饰工艺造型

近年镇江唐墓出土一件银簪，上刻有人物和缠枝忍冬花纹，所刻的人物具有波斯的萨珊朝风格，而忍冬花纹是我国的传统题材，显然这是一件中外合璧的工艺品[3]。

6. 金银器工艺

我国古代早期的金银器皿制造不发达，目前发现的唐代以前的仅有数十件，其中不少是输入品。到唐代开始，考古发现的金银器皿数量大增，已发表的出土和收藏器皿已近千件，其中既有输入品，也有中国的仿制品，以及将外来形式和本国特色融为一体的产品。西安西郊出土的忍冬纹八瓣银碗具有西亚风格，敖汉旗出土的银执壶和西安何家村出土的八棱鎏金银杯体现了波斯萨珊王朝的式样[4]。此外，1970 年在西安何家村发现的窖藏中，有一种刻花高足银杯，器形是波斯萨珊式，但花纹是唐代中国式的狩猎纹，底是鱼子纹，可能就是中国匠人模仿波斯产品制造[5]。

7. 瓷器工艺造型

初唐时流行的凤头壶，形制独特，特别是其壶盖塑造成一个高冠、大眼、尖嘴的凤头，为唐以前所未见。这是唐代吸收了波斯萨珊朝金银器的造型，而又融合了中国本土的风格制造出来的。另一种双龙耳瓶的器形，则是在鸡头壶的基础上，吸收了外来胡瓶的特点。唐代乐

---

1 李肇：《唐国史补》，上海古籍出版社点校本，第 60 页。
2 参见杨文琪：《中国饮食文化和食品工业发展简史》第八章第二节。
3 刘建国：《江苏镇江唐墓》，《考古》1985 年第 2 期。
4 参见秦浩：《隋唐考古》，南京大学出版社 1996 年版，第 290—294 页。
5 夏鼐：《近年中国出土的萨珊朝文物》，《考古》1978 年第 2 期。

器的拍鼓原是西域乐器,唐人不仅吸收入唐乐,而且用花瓷烧制鼓腔。此外,还烧制出具有印度风格的宗教器物,唐三彩中的胡瓶、胡人尊、狮形杯等,都吸收了西域或外国的造型特色[1]。

8. 丝织品图案

近年出土的唐代丝织品,除了有唐代金银器和石刻上常见的花鸟云树等纹饰以外,还有波斯风格的联珠、对禽、对兽等。有的丝织品,既织有波斯常见的联珠纹,又有汉字和中国传统的龙凤纹。此外,有些带中国式花纹的织锦都采用了波斯萨珊式纬线起花的斜纹重组织的织法[2]。

9. 奚车

《后唐书》卷45《舆服志》载:"奚车,契丹塞外用之,开元、天宝中渐至京城。"

有关从域外传入的作物、生产技术和工艺造型,显然还有很多,以上所举只是其中一部分。例如,椰枣树、刺桐、茉莉花、押不芦(作为麻醉用的曼陀罗花)、莙达菜(根刀菜)等多种植物,很可能是唐代从阿拉伯国家引入的[3]。唐代胡食盛行,胡服流行很久,胡食和胡服的制作技术自然也从域外传入。某些建筑方式也受到域外的影响。例如,一种盛夏时用机器从屋檐上往下冲水,室内又用水力转动的风车吹风的凉殿,可能就是学习拂林(指东罗马帝国)人的方法制造的[4]。诸如此类,数量不少。

一般说来,域外作物、生产技术和工艺造型的传入主要有四个途径:一是外国进献,如上举尼婆罗人献菠菜、酢菜和浑提葱;二是中国派人去学习或移入,如熬糖法和种葡萄、酿葡萄酒法的传入;三是内迁的周边民族移民传入;四是中原手工业工人对自周边输入的产品进行仿造。尽管文献中很少记载手工业生产者的名字和原籍,难以得知

---

1 参见中国硅酸盐学会编:《中国陶瓷史》第五章第六节,文物出版社1982年版。
2 参见管士光:《唐人大有胡气》第二章第三节,农村读物出版社1992年版。
3 参见张广达:《海舶来天方,丝路通大食》,载《西域史地丛稿初编》,上海古籍出版社1995年版。
4 参见向达:《唐代长安与西域文明》,第41—42页。

哪些作物和手工业技术系由外国移民传入,但文献中仍留下此方面的痕迹。《旧唐书》卷8《玄宗纪》载,开元二年(714年),安南市舶使周庆立"与波斯僧广造奇巧,将以进内",估计就是造金银器皿一类生活用品。此外,上举四种途径,除第三种来自移民,第二种和第四种也与移民有关。周边民族移民提供的信息,是中原王朝统治者的信息来源之一,正是这种信息使得统治者派人去域外学习或移入有关作物与生产技术。移民对家乡生活用品的需要以及艺术造型的怀恋,是域外产品在中国销售扩大的一个重要原因,自然助长了唐人学习仿造之风,还会促使政府派人去学习或移入有关作物或技术。因此,周边民族移民源源不断迁入中原,是隋唐时代域外作物和生产技术、工艺造型传入的主要原因之一。

四　移民与商业

周边民族移民对隋唐五代时期的商业产生重要影响。

中原的北部地区是周边民族移民的主要分布地,畜牧业在经济中占重要地位,其主要输出产品必然是畜产品。"惟产羊、马,贸易百货悉仰中国"不仅反映夏州的状况[1],也反映其他一些府州的状况。因此,边区与内地农业区的贸易一直相当兴盛。唐后期,分布在陕北的党项部落畜牧业发达,"部落繁富",远近商贾纷纷"齎缯货入贸羊马",朝廷特设安抚党项使以管理贸易[2],便是一例。

北部地区城市商业的兴衰,往往与周边民族移民(主要是善于经商的西域商胡即粟特商人)有关。安史乱后,凉州城的九姓商胡安门物率众协助河西兵马使盖庭伦叛乱[3],商胡在城市商业乃至政治中的重要性可想而知。唐朝在开元五年(717年)后在营州(治今辽宁朝阳市)采取的做法,为此提供了另一个例子。当时,刚从契丹手中收复营州,除迁回部分居民,"招辑商胡,为立店肆"也是恢复城市面貌的重要

---

1 《资治通鉴》卷292,后周世宗显德二年正月,第9523页。
2 《旧唐书》卷198《党项羌传》,第5293页。
3 《资治通鉴》卷219,肃宗至德二载正月,第7015页。

措施[1]。营州、凉州分别位于周边民族移民分布区的东、西两头,相隔万里,商胡在城市商业的重要性却大体相似。据此推测,移民在这一区域的其他城市商业中均应占重要地位。

不仅周边民族移民为主的北部城市如此,甚至某些中原腹地的城市,例如首都长安,也同样如此。

长安是隋唐时最大的城市和商业中心,商胡特别多。早在隋末李渊军队进军关中时,西域商胡何潘仁曾在司竹园集聚数万人以响应李渊[2]。据《大唐新语》卷9,长安的胡商不仅有分布各坊市的"京城坊市诸胡",还有集中居住在大型商业市场西市的"西市胡"[3]。自初唐以来,长安即为周边民族上层移民的主要迁入地,他们的迁入不仅大大增加了城市人口,而且以较高的购买力刺激了城市商业的发展。此外,随之迁入的周边民族商人也很多。最多的可能是中唐时期,"回纥留京师者常千人,商胡伪服而杂居者又倍之,县官日给饔饩,殖货产,开第舍、市肆"。胡商和回纥商人人多势众,垄断市场,甚至"日纵贪横,吏不敢问"[4]。

唐中叶以后,海上贸易日益发达,定居在沿海城市,特别是广州的各国商人很多。广州的胡商和华人错居,互为婚姻,并多占土地修造房舍,引起当地人的不满[5]。在王锷任节度使时,向海商收来的商税几乎与两税相等[6],可见海商在广州经济中的重要性。

除了首都长安和广州等港市,以及凉州、营州等边地城市以外,还有很多城市,例如洛阳(河南今市)、魏郡(在今河北大名县境)、梁州(在今陕西汉中市)、洪州建昌(在今江西永修县)、襄阳、睢阳(今河南商丘市)等内地城市,也有出身周边民族的商人的活动[7]。1949年以

---

1 《旧唐书》卷185下《宋庆礼传》,第4814页。
2 《资治通鉴》卷184,隋恭帝义宁元年九月,第5757页。
3 刘肃:《大唐新语》卷9,中华书局点校本,第138页。
4 《资治通鉴》卷225,代宗大历十四年七月,第7265页。
5 《新唐书》卷182《卢钧传》,第5367页。
6 《旧唐书》卷151《王锷传》,第4060页。
7 洛阳和梁州分别见李昉等的《太平广记》卷285"河南妖主"和"梁州妖主"条,魏郡见卷28"郗鉴"条,睢阳和洪州见卷402"李勉"条和"李灌"条,上海古籍出版社影印文渊阁四库全书本。襄阳见杨巨源:《胡姬词》,载《全唐诗》卷333。

来,在陕西、河南、山西、河北、青海、内蒙古、新疆和广东等地先后发现数量较多的波斯萨珊王朝时代的银币,从银币发现地域之广可以想见当时波斯商人在中国活动的地域范围,有的学者认为新疆出土的一部分波斯银币曾作为流通货币使用过[1]。

据《朝野佥载》卷3载,唐代定州(今属河北省)著名的富户何明远"主官中三驿,每于驿边起店停商,专于袭胡为业",得以致富。又《刘宾客嘉话录》载:李约在长江上遇见因病将二女相托与他的商胡,并得到一粒大珍珠[2]。此外,扶风、陈留等地也都有路过的胡商[3]。据此估计,重要水陆交通线上都有周边民族商人的足迹。

周边民族移民商业活动的内容极为庞杂,规模相当大。特别是粟特商人,不仅从事国际贸易,也参与国内贸易;除了经营奢侈品,也从事奴婢和牲畜贸易。唐代各地的胡姬大多来自西域,牲畜主要来自漠北游牧民族。他们往往组成商队长途贩运,此外还有许多坐商[4]。波斯商人的活动也相当著名,他们不少人从事珠宝业,因此"凡唐人记载所云胡商号能识宝货者,疑皆波斯等国之人"[5]。

西域商胡中,除了腰缠万贯的巨商,还有高利贷经营者,开旅馆的邸店主,卖酒为生的酒家胡[6],甚至还有靠卖饼、卖蒸(即蒸熟的食品)为生的鬻饼胡和卖蒸胡[7]。

虽然商胡中不乏贫穷潦倒的下层人民,但其中一部分商人仍集中了大量财富,成为全国最有钱的巨富。唐代笔记小说和宋初的《太平广记》等书有许多关于唐代胡人巨商的记载。张星烺先生认为,这些记载,"骤视之,似近于怪诞不经……详考之,此亦当时社会实情,无足怪也。唐时,中国人视波斯、大食商胡,多是拥有厚资之商贾,以贩卖珍宝为职业"[8]。僖宗广明元年(880年)二月,朝廷经费缺乏,"度支

---

1 秦浩:《隋唐考古》,第375、551页。
2 丛书集成初编本据阳山顾氏文房本。
3 《太平广记》卷402"径寸珠"条,"宝珠"条。
4 参见程越:《入华粟特人在唐代的商业与政治活动》,《西北民族研究》1994年第1期。
5 瞿宣颖:《中国社会史料丛钞》甲集上册第372页按语,上海书店影印本。
6 参见向达:《唐代西域与长安文明》三《西市胡店与胡姬》。
7 《太平广记》卷402"鬻饼胡"条,韦绚《刘宾客嘉话录》。
8 张星烺:《中西交通史料汇编》第二册第六章附《唐宋之海外贸易与大食、波斯商人考》,第286页。

以用度不足,奏借富户及胡商货财;敕借其半"。但此举遭到盐铁转运使高骈的反对,他说:"天下盗贼蜂起,皆出于饥寒,独富户、胡商未耳。"[1] 可见全国财富的相当部分集聚在胡商手中。

第二节

移民与政治

陈寅恪先生曾于其名著《唐代政治史述论稿》中纵论周边民族对唐代约 300 年的政治,特别是安史之乱和唐后期藩镇割据的影响。依据周边民族迁入中原的史实和陈先生的论述,笔者认为,周边民族对隋唐五代政治的影响,主要通过三个途径:第一是魏晋南北朝因周边民族内迁而产生的胡化遗风,第二为隋唐时代周边民族向中原的扩张,第三即是这一时代周边民族向中原的大举移民。探讨移民与中原政治的关系,对于理解隋唐五代的政治发展显然不无意义。

分析在此期间的移民过程,不难看出,从中原政权的角度观察,周边民族的移民,大体分为许可性迁移与非许可性迁移两种。所谓许可性迁移,是指移民在中央政府的同意下迁入中原地区,或事前虽未告知中央政府,但迁入后得到认可。这种迁移,往往是在移民所在部落战败被俘,或避难内迁情况下发生的。非许可性迁移,是指周边民族在未经中原政权许可的情况下,在向中原扩张过程中实现的移民,吐蕃向陇右和关中地区的迁移即属于此种,这种移民又可称为扩张性迁移。迁移形式的不同,必然导致对政治影响的不同。

此外,移民安置形式的不同对政治的影响也很不一样。如果移民仍以部落的形式集中聚居,对政治的作用力必然很大,六州胡、党项羌和沙陀之所以能在唐五代政治舞台上显赫一时,自然离不开这种原

---

[1] 《资治通鉴》卷 253,第 8221 页。

因。反之,如果部落被打散,以个人或家庭的形式与汉族杂居,除了具有杰出才能的人在某种条件下有机会表现自己之外,一般说来这个内迁民族的政治影响力要小得多。百济、高丽两族移民在唐代政治舞台上的作用无法与突厥、吐蕃、党项等民族移民相比,原因可能在此。总的说来,隋唐政权对游牧民族基本上都采用按部落聚居这种形式,而游牧民族是内迁民族的主体,这是移民对政治能够产生较大影响的一个原因。

一 扩张性迁移与中原政治

游牧民族以车马为家,逐水草而居,素无安土重迁等农耕民族的习俗。并且,突厥、铁勒等分布在大漠南北的游牧民族,一般都有不同季节分别在漠南和漠北游牧的生产习惯。如果漠南在他们的控制下,或政治局势允许,他们一般都会有这种季节性的迁移,并可自漠南出发,骚扰中原边境。虽然这种活动对中原政治往往也产生重大影响,但由于并非以定居为目的,不能算移民。隋唐之际的东突厥,唐初的薛延陀,中唐以后的回鹘,他们在漠南的活动都属于此类。

但吐蕃向青海高原和关陇地区的迁移情况就大不一样了,吐蕃人迁入新区之后往往长期生活下来。因此,本节所说的扩张性移民,主要指吐蕃。吐蕃本生活在今西藏高原一带,自贞观年间(627—649年)开始,不断向今青海高原和川西高原进行非许可性移民,不仅将长期生活在这一带的吐谷浑和党项羌逼入陇右和关内道,并与唐朝发生严重冲突。

为了阻止吐蕃的扩张,唐不得不在今青海的东北部、甘肃的南部、新疆和四川西部山区屯驻重兵。"岁调山东丁男为戍卒,缯帛为军资,有屯田以资糗粮,牧使以娩羊马。大军万人,小军千人,烽戍逻卒,万里相继,以却于强敌。"并广设节度使以辖之,"陇右鄯州(治今青海海东市乐都区)为节度,河西凉州(治今甘肃武威市)为节度,安西、北庭亦置节度(分别治今新疆库车县和吉木萨尔县境),关内则于灵州置朔方节度(治今宁夏灵武市境),又有受降城(在今内蒙古中部)、单于都护庭(应为府之误,治今内蒙古和林格尔县境)为之藩卫"[1]。天宝年间,安西、北庭、河西、朔方、陇右五节度使所辖兵力达 251 700 人,占天下节镇兵额总数 49 万人的一半还多。此外,拥兵 3.9 万人的剑南节度的任务之一,也是"西抗吐蕃"[2]。

关中是首都长安所在地,唐朝的腹心地区,而青海距关中不甚遥远。因感受到吐蕃的威胁,到高宗和武则天时期朝廷开始调整对外关系的重点,将用兵的方向由东北方改为西方。唐军攻克高丽,但不久便放弃,虽有天时地势之艰阻,而"吐蕃之强盛使唐无余力顾及东北,为最大原因"[3]。从此,唐在东北方面采取了维持现状的消极战略。为了隔断吐蕃与另一大国大食的联系,唐极力经略西域,并联络南诏以图从东南方向牵制吐蕃。

安史之乱爆发以后,镇守河西、陇右和西域地区的唐军悉数东调,吐蕃乘虚而入,"尽取河西、陇右之地"。接着,频频进兵关中,"自凤翔(陕西今县)以西,邠州(治今彬县)以北,皆为左衽矣"。不久,又占领属于剑南道的今青藏高原东部边缘山地[4]。吐蕃用兵的目的并不仅仅是财富和人民,而是要灭亡唐朝。吐蕃数次乘唐国力衰弱,勾结唐的叛兵叛将,深入长安附近,使得长安一再戒严。宝应二年(763 年)甚至攻陷长安,迫使代宗外逃陕州。唐后期内忧外患接连不断,内忧是藩镇割据,外患主要来自吐蕃。直到吐蕃内部分裂国力衰弱之后,对唐朝长达 200 年的军事威胁始告消弭。

《旧唐书·吐蕃传》评论道:"彼吐蕃者,西陲开国,积有岁年,蚕食邻蕃,以恢土宇。高宗朝,地方万里,与我抗衡,近代以来,莫之与盛。至如式遏边境,命制出师,一彼一此,或胜或负,可谓劳矣。迨至幽陵盗起,乘舆播迁,戍卒咸归,河、湟失守,此又天假之也。自兹密迩京邑,时纵寇掠,虽每遣行人,来修旧好,玉帛才至于上国,烽燧已及于近郊,背惠食言,不顾礼义,即可知也。"可以设想,如果吐蕃不是采取逐

---

[1] 《旧唐书》卷 196 上《吐蕃传》,第 5236 页。
[2] 《旧唐书》卷 38《地理志》。
[3] 陈寅恪:《唐代政治史述论稿》,上海古籍出版社 1982 年版,第 133 页。
[4] 《资治通鉴》卷 223,代宗广德元年七月,第 7146—7147 页。

步移民的手法,人民都生活在西藏境内,军事补给均靠长途运输,便不可能对关陇地区构成持久性的军事威胁。因此,在吐蕃的扩张过程中,军事进攻和逐步移民是相辅相成的两种基本手段。

吐蕃对关陇地区的长期进攻,影响十分深远。安史之乱以后,江淮地区成为唐朝财政和漕粮的主要来源地,标志着我国经济重心开始南移。在北方诸经济区域中,关中是衰退最早的地区。杜佑评价说:"昔秦以区区关中灭六强国,今万方财力上奉京师,外有犬戎凭陵,城陷数百,内有兵革未宁,年将三纪。"[1] 杜佑的后一句话表明,吐蕃长年累月的战争行为和破坏是导致关中衰落的重要原因,而关中的衰落则加速了我国经济重心的南移。

唐初在军制上继承隋制,实行兵农合一的府兵制,府兵大多集中在关中。由于与吐蕃战争旷日持久,"非从事农业之更番卫士所得胜任",不得不改府兵为长久驻戍的"长征健儿",促使府兵制让位于募兵制。陈寅恪先生认为,府兵制的废弛,"此吐蕃之强盛所给予唐代中国内政上最大之影响也"[2]。导致府兵制度瓦解的原因很多,因对吐蕃长期作战产生的军事需要是原因之一。

二 边族内迁与唐代的羁縻州制度

周边民族移民对政治制度的影响是多方面的,府兵制只是其中之一,唐代影响深远的羁縻府州制度也是一个方面。

关于羁縻府州,《新唐书·地理志》说:

> 唐兴,初未暇于四夷,自太宗平突厥,西北诸蕃及蛮夷稍稍内属,即其部落列置州县。其大者为都督府,以其首领为都督、刺史,皆得世袭。虽贡赋版籍,多不上户部,然声教所暨,皆边州都督、都护所领,著于令式。

谭其骧先生于《唐代羁縻州述论》一文中对此段话做了深入的阐

---

1 《通典》卷174。
2 陈寅恪:《唐代政治史述论稿》,第152页。

述和补充[1]。他认为,唐代羁縻州实际共有都护府、都督府、州、县四级,始创自高祖武德年间。羁縻州又分为两种,一种设置于边外各国、各族原居地,一种设置于边外各族迁入内地后的侨居地。本节所说的羁縻州,概属后一种。自后一种羁縻州建立之后,唐代便在主要用于管理汉族人民的州、县政区制度之外,另外建立起管理内迁周边民族移民的羁縻州制度。

最早提出羁縻制度的,可能是李大亮。贞观四年(630年),朝廷平定东突厥,准备经略西域,派李大亮为西北道经略大使以绥集伊吾的内属部落。李上疏说:"中国百姓,天下本根;四夷之人,犹于枝叶。扰于根本,以厚枝附,而求久安,未之有也。……伊吾虽已臣附,远在蕃碛,人非中夏,地多沙卤。其自竖立称藩附庸者,请羁縻受之,使居塞外,必畏威怀德,永为藩臣,盖行虚惠,而收实福矣。"[2]中书令温彦博也建议仿照东汉置匈奴于五原塞下的做法。这些建议均为太宗采纳,于是在北部沿边设顺、祐、化、长四州都督府和定襄、云中二都督府,以统辖内迁的东突厥部众[3]。

唐代以前,历朝对内迁的周边民族移民,往往采取两种安置措施:或迁其部落于沿边,封其首领为王,只要不反对朝廷便任其所为;或在安置地设立郡县,采取汉族的统治制度,朝廷直接管理其内部事务。唐代羁縻州介于两种形式之间,较前者紧,较后者松,属于朝廷控制、管理下的内部自治形式,既有利于稳定边疆民族,又有利于加强中央与地方的关系。这种羁縻州制度,自唐代确定之后,经久不衰,为宋、明王朝所沿袭,成为我国封建社会后期管理边疆非汉民族的主要政治制度。

三 唐代的蕃兵蕃将

古代中原政权的外患,主要来自北面和西面的游牧民族。这些民

---

[1] 载《长水集续编》,人民出版社1994年版。
[2] 《旧唐书》卷62《李大亮传》,第2388—2389页。
[3] 《资治通鉴》卷193,太宗贞观四年四月,第6078页。

族逐水草而居,以射猎为业,善武勇悍,过着军政合一、兵民合一的部落生活,具有很强的战斗力。有鉴于此,"胡服骑射"(即"胡化"军队)、"以蕃制蕃"(即利用各周边民族矛盾)和利用归化的周边民族军人、将领,成为中原王朝加强军队建设保卫边疆的主要政策[1]。有唐一代,将此政策特别是第三个方面推到登峰造极的地步。

贞观四年,太宗采纳中书令温彦博建议,"全其部落,顺其土俗,以实空虚之地,使为中国扞蔽"[2],表明朝廷安置周边民族移民于塞下的主要目的是让其为唐朝守边,以防御其他周边民族的内侵。唐代并将内迁移民组织为军队,以其部落首领或杰出者为将,让他们率领军队戍守边疆,并参加唐朝在各地的军事行动。这些将领,被后人称为蕃将,部落兵则被称为蕃兵。唐初实行府兵制,但是府兵的战斗力远远不如蕃兵蕃将,不得不以蕃兵蕃将作为其武力的主要部分。加之唐代承北朝胡化的遗风,君主和大臣身上都有不少蕃人的血统和文化影响,对蕃兵蕃将往往比较信任。因此,有唐约300年,自唐初的史大奈到唐末的李克用,数以千计的蕃将,无不受到朝廷的重用,封王者有之,专大将之任者有之,拜天下兵马大元帅者有之,兼将相之任者有之;削平群雄,开疆拓土,平息内乱,莫不有蕃将蕃兵参加。以人数计,蕃兵在帝国的总兵力中甚至可能处于优势。

基于蕃将的地位,《新唐书》专辟有《诸夷蕃将传》一卷,介绍著名蕃将21人,此外还为其他数十个知名蕃将另外立传或附于他传。

蕃将分入朝蕃将和在蕃蕃将两种。入朝蕃将指那些已离开本蕃并在内地(朝中或地方)任职,直接听命于朝廷调遣的蕃将,其职守同于汉将,肩负着内卫京师、外备征御的任务。因此,他们在京多任禁军将领,出朝或为行军将军或为封疆大吏及边镇高级军职。在蕃蕃将指那些一般不脱离本蕃,并受边州都督、都护或节度使押领的羁縻州都督或刺史、军府官员等,他们也要担任为国捍边、征讨等任务。

早在李渊太原起兵反隋时,迁居楼烦郡的突厥人史大奈即率部

---

[1] 参见马驰:《唐代蕃将》,三秦出版社1990年版。本节有关蕃兵蕃将的内容主要依据此书。香港章群先生著有《唐代蕃将研究》,惜借阅不便,无法参用。
[2] 《资治通鉴》卷193,太宗贞观四年四月,第6078页。

落兵随同作战,立下战功。胡人安兴贵也擒捉凉州首领李轨,举全州归唐。贞观四年东突厥平定以后,唐朝的武力基本上以蕃将蕃兵为主,此后直至安史乱前,在青海、高昌、薛延陀、高丽、西域、大漠南北的军事行动中,都主要依靠蕃将蕃兵。执失思力(突厥人)、阿史那社尔(突厥人)、契苾何力(铁勒人)、李思摩(突厥人)、阿史那弥射(突厥人)、黑齿常之(百济人)、李楷固(契丹人)、论弓仁(吐蕃人)、高仙芝(高丽人)、王思礼(高丽人)、哥舒翰(突骑施人)等人都是著名的战将,以战功卓著而载于唐史。此外,阿史那斛瑟罗(西突厥人)、安金藏(胡人)、李多祚(靺鞨人)、王毛仲(高丽人)、高力士(越人)等人,都在武则天和李隆基的夺权斗争中发挥了重要作用。

唐初镇守边疆的边帅多用汉族大将,蕃将如阿史那社尔、契苾何力并不专大将之任,朝廷往往派大臣为使以制约之。到开元年间,权相李林甫为杜绝边将入相之路,建议用出身贫寒的胡人为边将,得到玄宗同意。此后,拥重兵镇守边疆的各道节度使"尽用胡人",安禄山、安思顺、哥舒翰、高仙芝等出身周边民族的人都担任了节度使[1],唐朝军队日益为蕃将所掌握。

安史之乱发生之后,高仙芝、哥舒翰次第拜为副元帅,镇守潼关。《安禄山事迹》载哥舒翰事:"领河、陇诸蕃部落奴剌、颉、跌、朱邪、契苾、浑、蹛林、奚结、沙陀、蓬子、处蜜、吐谷浑、思结等十三部落,督蕃、汉兵二十一万八千人,镇于潼关。"[2]李光弼(契丹人)、仆固怀恩(铁勒人)、白孝德(胡人)等众多蕃将,率领所部在平定叛乱中立下战功。李光弼战功尤为显赫,被推为"中兴第一功臣"。郭子仪虽然是汉族出身的统帅,但部下也多是蕃将蕃兵。此后,在平定仆固怀恩叛乱、朱泚叛乱,击退吐蕃对关陇地区的长期进攻,征讨割据藩镇等一系列战争中,蕃将蕃兵都起了重要作用,成为支撑唐帝国大厦的重要柱石。唐末黄巢起义以后,李克用率领的沙陀兵受朝廷招附,逼黄巢于穷途末路,天子不得不对之加以倚赖。

蕃将的崇高地位,从一个方面折射出周边民族移民的政治地位。

---

1 《资治通鉴》卷216,玄宗天宝六载十二月,第6888—6889页。
2 《资治通鉴》卷217,玄宗天宝十四载十二月,胡注,第6943页。

唐初，少数胡人因突出的艺术才能被封侯，还受到朝臣的激烈抨击，以为这种做法"非创业垂统贻厥子孙之道也"[1]。但到唐中叶，几支昭武九姓胡却已跻身望族的行列了。敦煌文书《新集天下姓望氏族谱》较为完整地记录了8世纪中期中国的氏族状况，泾州安定郡和凉州武威郡的安姓，陇西高平郡和雍州京兆郡的米姓，越州会稽郡的康姓，以及凉州武威郡的石、曹两姓，可能都是粟特移民的后裔。其中的武威安氏还列入《新唐书》的《宰相世系表》[2]。

综上所述，可以说蕃将蕃兵在唐朝的政治中占有十分重要的地位。可以说："大唐从开国到寿终正寝，几乎每一项重大的军事和政治活动，都与蕃将息息相关……无不有蕃将充当其中重要的乃至首要的角色；有唐三百年，其盛衰、安危、荣禄莫不系于蕃将。"[3]

四 移民与唐后期、五代的政治

天宝十四载（755年），安禄山和史思明在范阳（今北京市）发动安史之乱，战火弥漫到大河上下，唐帝国迅速从顶峰跌落下来。此后，天下四分五裂，经历了200年左右的藩镇割据和五代纷争。

安禄山和史思明何许人？他们都是内迁的周边民族移民。安禄山是开元前后自漠北迁入营州柳城的胡人。史思明与安禄山同乡，为营州宁夷州的突厥杂种胡人。

安史叛军的主要将领何许人？在载入两《唐书·逆臣传》的安史叛军主要将领中，安庆绪是禄山之子；高尚雍奴（今河北廊坊市东）人；孙孝哲契丹人；史朝义为史思明之子；诸人中只有高尚出身汉族。在安禄山看来，只有蕃将才是可以依赖的人。安禄山属下原有较多的汉族将领，安史之乱前夕经朝廷批准以蕃将32人更换汉将，安禄山才达到全面掌握军权的目的。当安禄山向朝廷上奏要求更换将领时，对他

---

1 《旧唐书》卷62《李纲传》，第2376页。
2 参见程越：《入华粟特人在唐代的商业与政治活动》，《西北民族研究》1994年第1期。
3 马驰：《唐代蕃将·前言》。

有所警惕的韦见素和杨国忠一眼便看穿其动机。他们说:"禄山久有异志,今又有此请,其反明矣。"[1]

安史叛军的军人都是何许人?《资治通鉴》卷217载:天宝十四载十一月甲子,"禄山发所部兵及同罗、奚、契丹、室韦凡十五万众,号二十万,反于范阳"。显然,同罗、奚、契丹、室韦等边族移民及后裔是其重要组成部分。虽然不知此15万人中汉人和边族的比例,但有关史料屡屡把安史叛军称为"羯胡""柘羯"[2],岂不是因为叛军中边族人员占大部分?至德二载(757年)正月,叛军大将尹子奇"以归、檀及同罗、奚兵十三万,趋睢阳"[3]。按归州治今湖北秭归县,此"归州"应为"妫州"之讹。天宝时妫、檀二州人口不过4万余[4],如按3人抽1丁计,最多只有1万余兵力,其余便都是同罗、奚等边族。此条史料也可证明叛军的大部分都来自边族移民及后裔。

至于叛军中的精锐部队,则几乎都由蕃兵蕃将所组成。安禄山的亲随部队称为"曳落河"(即"壮士"),共有8 000余人,均来自同罗、奚和契丹等边族[5]。精锐部队军人主要来自原朔方节度使阿布思辖下的九姓部众,为天宝十二载(753年)安禄山所诱降,《资治通鉴》对此评论道:"由是禄山精兵,天下莫及。"[6]

由于安史叛军和讨伐叛军的唐政府军队多由蕃兵蕃将所组成,这场战争从一定角度上可以说是周边民族移民及其后裔,在反唐和保唐两种政治目的的驱使下,在中原大地展开的角逐。

经八年苦战,唐军平定安史之乱。但是,安史之乱的结束不过是朝廷与叛军打成平手,安史部将仍保持固有的势力,以节度使的身份与中央政府相对抗。此外,参与战争的各派军人,不仅来自汉族,也来自周边民族移民或其后裔。这种局面维持150余年之久,直至唐朝灭亡。可以说,安史之乱奠定了唐后期政治的基础。

---

1 《资治通鉴》卷217,玄宗天宝十四载二月辛亥,第6929—6930页。
2 参见陈寅恪:《唐代政治史述论稿》,第29页。
3 《资治通鉴》卷219,第7016页。
4 《旧唐书》卷39《地理志》。
5 《资治通鉴》卷216,玄宗天宝十载二月,第6905页。
6 《资治通鉴》卷216,玄宗天宝十二载五月,第6918页;《新唐书》卷225上《安禄山传》,第6415页。

唐代著名诗人杜牧赋《感怀诗一首》,深刻说明安史之乱与周边民族内迁和藩镇割据的关系:

> 旄头骑箕尾,风尘蓟门起。
> 胡兵杀汉兵,尸满咸阳市。
> 宣皇(肃宗也)走豪杰,谈笑开中否。
> 蟠联两河间,烬萌终不殚。
> 号为精兵处,齐蔡燕赵魏。
> 合环千里疆,争为一家事。
> 逆子嫁虏孙,西邻聘东里。
> 急热同手足,唱和如宫徵。
> 法制自作为,礼文争僭拟。[1]

诗中所说的"胡兵",指安史叛军,"汉兵"指唐军。据杜牧看来,安史叛军是由胡人组成的胡兵,藩镇割据是安史叛军未能消灭而产生的,是安史之乱的继续和发展。

陈寅恪先生分析河北藩镇的民族出身:"一为其人之氏族本是胡类,而非汉族;一为其人之氏族虽为汉族,而久居河朔,渐染胡化,与胡人不异。前者属于种族,后者属于文化,质言之,唐代安史乱后之世局,凡河朔及其他藩镇与中央政府之问题,其核心实属种族文化之关系也。"[2] 他认为这种局面完全是周边民族移民迁入所造成的。同时,他指出在河北地区由于边族内迁和藩镇割据等原因,"其民间社会亦未深受汉族文化之影响,即不以长安、洛阳之周孔名教及科举仕进为其安身立命之归宿"[3]。

陈先生主要提到安史乱后河北社会的胡化影响问题,对乱前尚未论述。冰冻三尺,非一日之寒,安史乱后的胡化实肇始于乱前100余年的唐初。

自唐初以来,由于周边移民内迁,畜牧业在河北经济中的地位日

---

[1] 载《全唐诗》卷520,第5937页。
[2] 陈寅恪:《唐代政治史述论稿》,第28页。
[3] 同上书,第25—26页。

益上升,由农业区发展为农牧并重的区域。同时,周边民族的社会风气也开始影响河北。如果将隋代和安史乱前的社会风俗加以对比,便可以看出在某些州已发生了惊人的变化。隋代,恒山郡(唐改名恒州,治今河北正定县)"人性多敦厚,务在农桑,好尚儒学,而伤于迟重";"俗重气侠,好结朋党,其相赴死生,亦出于仁义"[1]。但唐人说贞观二年(628年)时的恒州:"城邻代野,塞□胡郊。俗□雄边,人多侠气",已只字不及人性敦厚和好尚儒学[2]。唐人说安史乱前的上谷郡(治今河北易县):"朔调之地,北近林胡,俗皆止戈,人多弃笔。"[3] 虽然史料不载隋代上谷郡的文教状况,但却说其北的涿郡(治今北京市)"自前代已来,皆多文雅之士。故虽曰边郡,然风教不为比也";其南的博陵(治今河北定州市)和恒山郡"好尚儒学"[4]。因此,上谷郡在隋代不可能是"俗皆止戈,人多弃笔"。

安史乱后,由于河北各藩镇的割据称雄主要倚赖武力,文治不兴,儒学不讲,社会风俗的胡化进一步加剧。杜牧说秀才卢生:"(祖先)自天宝后,三代或仕燕,或仕赵,两地皆多良田,畜马。生年二十,未知古有人曰周公、孔夫子者。击毬饮酒,策马射走兔,语言习尚无非攻守战斗之事。"[5] 但在隋代,赵郡和涿郡(即燕)却是"人性多敦厚,务在农桑,好尚儒学";"多文雅之士"[6]。隋和唐后期赵、燕两地的社会风俗确有霄壤之别。唐后期河北文治不兴,文化水平高的人较少。甚至敬宗时来自河北的京兆尹刘栖楚,也被人讥为"出河北,大率不读书史,乖于闻识"[7]。

周边民族内迁中原以后,受先进经济文化的影响,必然要走与汉族相融合的道路。但这个过程的实现,并不是一蹴而就的,速度的快慢往往取决于多方面的因素。上述事实说明,至少在唐中叶前后一个相当长的时期内,河北地区的周边民族移民仍保有明显的本民族文

---

1 《隋书》卷30《地理志》,第860页。
2 《唐代墓志汇编》,第1093页,碑名阙。
3 王寰:《张府君墓志铭并序》,载《唐代墓志汇编》,第1574页。
4 《隋书》卷30《地理志》,第859页。
5 《唐故范阳卢秀才墓志》,《全唐文》卷755,第3467页。
6 《隋书》卷30《地理志》,第859—860页。
7 《唐会要》卷34《杂录》,第736页。

化特点,并且使一部分汉人受到胡化的影响。在民族关系不平等,统治者处置方式失当的情况下,民族文化和意识的强烈存在往往会成为国内民族和政治斗争加剧,甚至导致分裂的温床。因此,有的学者认为:"藩镇割据深厚的社会基础,存在于内附少数民族的特殊的社会结构和风俗习惯之中。虽然唐政府对割据地区频繁用兵,也曾取得一些胜利,但这些胜利转瞬即逝,割据局面依然故我。其根本原因,就是因为少数民族固有的特点不会在短时期里消失,而必然对民族融合的进程发生顽固抵制的作用。"只有随着民族融合的深入进行,各内附部落与汉族融为一体,藩镇割据失去社会基础,才会销声匿迹[1]。

自玄宗时起,宦官干政现象开始出现,唐后期日益严重。"政柄及君权渐转入阉寺之手,终至皇位之继承权归其决定,而内朝之禁军、外廷之宰相,俱供其指挥,由之进退,更无论矣。"[2]杨思勖、高力士、鱼朝恩、田令孜等著名宦官,大多出自今四川、广东、福建等省,在当时皆属边徼蛮夷区域,"故唐代阉寺中疑多是蛮族或蛮夷化之汉人也"[3]。因此,唐后期地方上的藩镇割据,朝廷中的宦官干政,可以说主角都是周边民族移民或其后裔。

唐朝之后,进入五代十国时期。就五代统治者而言,除后梁朱氏和后周郭氏为汉族外,后唐李氏、后晋石氏、后汉刘氏都是沙陀族。十国中,立国北方的北汉国开国君主刘崇是后汉高祖的从弟,自然也是沙陀人。参与五代战争的,不仅有汉族军队,也有相当数量的周边民族军人。例如,后梁贞明五年(919年),李存勖在魏郡大阅兵,参加检阅的不仅有河东、魏博等诸镇军队,而且有奚、契丹、室韦、吐浑之众[4]。就此而言,五代的政治格局仍体现出唐代周边民族内迁的影响。

---

[1] 刘运承、周殿杰:《民族融合和唐代藩镇》,《学术月刊》1983年第6期。
[2] 陈寅恪:《唐代政治史述论稿》,第23页。
[3] 同上书,第25页。
[4] 《旧五代史》卷28《唐书·庄宗纪》,第391—392页。

第六章

周边民族的内迁：移民影响（下）

移民是文化的载体。在北朝胡化和隋唐中原与周边地区经济文化交流扩大的基础上，随着周边民族移民的源源迁入，带有异域色彩的文化现象，如音乐、歌舞、宗教、服饰、语言、习俗，大量涌入中原。外来文化的传入和吸收，成为塑造光辉灿烂绚丽多姿的隋唐五代文化的重要因素。

第一节

音 乐 舞 蹈

隋唐五代是我国历史上周边民族音乐舞蹈广泛流行中原的时代。来自西域、北方、东方、南方各地各国的乐舞，同中原的传统乐舞一同在中原流传，受到人们的欢迎，从而把我国古代的音乐舞蹈艺术推向高峰。

一　朝野盛行胡部乐舞

隋开皇年间，朝廷开始搜集南北音乐，制定七部雅乐。到大业中，改为清乐、西凉、龟兹、天竺、康国、疏勒、安国、高丽、礼毕等九部。九部中，惟清乐和礼毕是中原旧曲，其余都是在十六国北朝时自域外传来。活跃在隋代宫廷内外的著名艺术家苏祗婆、万宝常、曹士立、裴文通、唐罗汉、常宝金等人，都是前朝旧人[1]。但是，隋代仍有域外音乐家迁入中原。炀帝时平林邑国（在今越南中南部），得到扶南国（在今柬埔寨一带）乐工及其乐器匏琴，隋以天竺乐转写其声[2]，即是例子之一。

唐初沿用隋朝旧乐，朝廷雅乐用九部之乐，其后又有发展，《旧唐书》卷29《音乐志》介绍了11部雅乐。其中，百济乐、扶南乐、骠国乐、高昌乐、北狄乐均不载于《隋书·音乐志》。北狄乐为汉以来的北方旧乐，扶南乐的部分内容系隋炀帝从域外传入，百济乐传入的时间待考，高昌乐是太宗平高昌时所得，骠国乐为贞元时自骠国传入（详下）。除上述诸乐，"又有新声河西至者，号胡音声，与龟兹乐、散乐俱为时重，诸乐咸为之少寝"。估计是安史乱前自河西传入的西域音乐。

关于雅乐的乐章，唐前期用宫、商、角、徵、羽燕乐五调歌词各一卷，均是时人杂诗。但自玄宗开元年间（713—741年）以来，原流行于民间的"胡夷里巷之曲"开始进入宫廷，并得到广泛使用，以至于朝廷乐工对宫廷旧有的燕乐歌词"多不能通"[3]。

与雅乐相对的是主要流行于民间的俗乐。北周和隋代有管弦杂曲数百首，均是西凉乐，鼓舞曲均是龟兹乐，只有琴工仍传中原的楚、汉旧声及清调等。唐初，朝廷的俗乐诸曲均出于一时之作。玄宗时开始有较多的制作，并"置内教坊于蓬莱宫侧，居新声、散乐、倡优之伎"。

1　《隋书》卷14、卷15《音乐志》。
2　《旧唐书》卷29《音乐志》，第1069页。
3　《旧唐书》卷30《音乐志》，第1089页。

同时，河西节度使杨敬忠献《霓裳羽衣曲》[1]，西凉府都督郭知运献《凉州宫调曲》[2]，康国和史国也派专门表演舞蹈的胡旋女来唐[3]，这些艺术不久均在宫廷内外流行。玄宗喜好来自周边地区的羯鼓，常称"羯鼓，八音之领袖，诸乐不可方也"。至开元二十四年（736年），又在宫廷大殿中表演来自边族的胡部音乐，此后有关乐曲都以进献音乐的边疆州名命名，如凉州、伊州、甘州之类。此外，每年的千秋节，宫中都在勤政楼前举行盛大的歌舞表演。表演时，"太常卿引雅乐，每部数十人，间以胡夷之技"[4]。

唐人分析安史之乱发生原因，常提到乱前宫廷旧有的燕乐汉族音乐"法曲"和进入中原不久的域外音乐"胡部新声"的"合作"一事，认为"夷声邪乱华声和"，二者齐奏是"以乱干和"，故导致动乱。天宝十三载（754年）以前，玄宗虽然爱好"胡部新声"，但此种曲仍和汉族音乐分别演奏。此年，玄宗下诏"胡部新声"与道调（唐高宗以为李氏系道教始祖老子之后，命乐工制之）、法曲"合作"，一齐演奏[5]。

除了乐曲，西域乐器也为中原人民所接受。唐代乐器有300种左右，其中如琵琶、五弦、箜篌、筚篥、笛、胡笳、羯鼓等都是来自西域的乐器。与中原固有的乐器相比，西域乐器大多具有形体小、携带方便和声音响亮等特点。因此，一经传入，便为中原人民所喜爱。上述乐器，有的很早就在中原流传，到了唐代，由于中原与周边文化交流扩大，边疆移民大量迁入中原等原因，得到更广泛的流传[6]。

类似今天魔术的散乐，早在汉代已从西域传入中原。唐代仍有表演散乐的艺人进入中原，由于表演自断手足、刳剔肠胃等残酷节目，高宗下令把守好西域关卡，不许其进入中原。但其后仍有这种艺人进入，例如，睿宗时婆罗门（在今印度境）人来唐献乐，便有在刀尖上表演

---

1 以上据《新唐书》卷22《礼乐志》。
2 《凉州歌第一》按语，载《全唐诗》卷27，第380页。
3 《唐会要》卷99《康国》《史国》。
4 以上据《新唐书》卷22《礼乐志》。
5 《新唐书》卷22《礼乐志》。
6 参见管士光：《唐人大有胡气》，第104页。

的节目[1]。

据上所述,隋和唐朝前期流行于宫廷的雅乐和俗乐,大多是较早传入中原的周边民族的音乐舞蹈。同时,又有一些新的周边民族的音乐舞蹈进入宫中。到了中宗、睿宗和玄宗时期,新传入的边族音乐在宫中的影响扩大,已居重要地位。

中唐时期,边族乐舞不仅为皇帝和朝中文武百官所喜好,也广泛流行于民间。吕元泰指出:"比见都邑坊市相率为浑脱队、骏马胡服,名为苏莫遮。旗鼓相当,军阵之势也;腾逐喧噪,战争之象也;锦绣夸竞,害女工也;征敛贫弱,伤政体也。胡服相欢,非雅乐也;浑脱为号,非美名也。"他针对这种情况批评道:"安可以礼义之朝,法胡虏之俗;以军阵之势,列庭阙之下。"[2]

天宝末年,康居国献舞蹈演员胡旋女。这种舞蹈"弦歌一声双袖举,回雪飘飖转蓬舞。左旋右转不知疲,千匝万周无已时",传入以后很快即以其矫健的舞姿而得到流行。一时间,"臣妾人人学圜转",玄宗的宠妃杨贵妃和后来反叛的范阳节度使安禄山均以善舞而闻名[3]。

毫无疑问,异域乐舞主要来自西域,也以西域乐舞影响最大,但这不等于说其他周边地区的音乐不值得一提。唐后期,来自南诏(今云南一带)和骠国(今缅甸伊洛瓦底江流域)的乐舞也进入中原。贞元十八年(802年)正月,骠国国王派人来献本国音乐共22曲,派乐工35人随同来朝;在此前二年南诏国王异牟寻作《奉圣乐舞》来献[4],估计有乐工一同入唐。南诏和骠国音乐的传入,为中原音乐注入若干热带南国音乐的成分。此外,在山东沿海的某些地方,还有来自新罗的音乐。文登县(今山东威海市文登区)的新罗人在过本国传统节日八月十五日节时,都要表演新罗乐舞,"歌舞管弦以昼续夜",连续进行三天[5]。自吐蕃侵入以后,凉州一带"毡裘牧马胡雏小,日夜蕃歌三两声"[6],吐

---

1 《旧唐书》卷29《音乐志》,第1073页。
2 吕元泰:《陈时政疏》,《全唐文》卷269;参见《唐会要》卷34《论乐》。
3 白居易:《胡旋女,戒近习也》,《全唐诗》卷426,第4693页。
4 以上见《旧唐书》卷28《音乐志》,第1053页;《唐会要》卷100《骠国》。
5 [日]圆仁:《入唐求法巡礼行记》卷2,第67页。
6 耿玮:《凉州词》,载《全唐诗》卷269,第3003页。

蕃的乐舞也在这一带流行。

二　流播过程

隋唐时期传入中原的域外音乐舞蹈,大多来自西域地区。位于西域进入中原孔道的河西走廊诸州首当其冲,成为边族乐舞最为流行的地区。岑参《酒泉太守席上醉后作》一诗,为人们揭示了酒泉太守宴会上"琵琶长笛曲相和,羌儿胡雏齐唱歌"的歌舞景象[1]。凉州作为河西走廊的最大城市,边族乐舞的盛况超过各州,在唐诗中留下许多记载。"南山截竹为觱篥,此乐本自龟兹出。流传汉地曲转奇,凉州胡人为我吹。傍邻闻者多叹息,远客思乡皆泪垂"[2],说出了一位汉人听胡人吹觱篥的感受。"弯弯月出挂城头,城头月出照凉州。凉州七里十万家,胡人半解弹琵琶"[3],反映了当地边族移民热爱艺术的景况。节度使府邸的乐舞更是盛况空前:

> 哥舒开府设高宴,八珍九酝当前头。
> 前头百戏竞撩乱,丸剑跳踯霜雪浮。
> 狮子摇光毛彩竖,胡腾醉舞筋骨柔。
> 大宛来献赤汗马,赞普亦奉翠茸裘。[4]

唐代流行于长安的一些乐舞,例如著名的《凉州宫调曲》《霓裳羽衣曲》,都是凉州的官员进献的。中唐时泛滥宫中,"诸乐咸为之少寝"的胡音声,显然也由河西进入长安(均见上)。可以说,河西走廊是隋唐时西域乐舞传入中原的中转站。不过,西域乐舞传入河西走廊的过程,也是其与汉族乐舞汇聚、融合的过程,因而有些经此再流传中原的乐舞,已不是原来面貌。例如,"魏世共隋咸重之"的西凉乐,"其乐具有钟磬,盖凉人所传中国旧乐,而杂以羌胡之声也"[5]。

---

1 《全唐诗》卷199,第2055页。
2 李颀:《听安万善吹觱篥歌》,《全唐诗》卷133,第1354页。
3 岑参:《凉州馆中与诸判官夜集》,《全唐诗》卷199,第2055页。
4 元稹:《西凉伎》,《全唐诗》卷419,第4616页。
5 《旧唐书》卷29《音乐志》,第1068页。

安史之乱以后,河西走廊和长安一带的艺术家,包括出身周边民族的艺术家,因战乱在中原各地流徙。

玄宗时,隶朝廷太常和鼓吹署的乐人、音声人、太常杂户子弟达数万人。安史乱后,两京陷落,乐人四散,长安宫廷乐舞的"余声遗曲"开始在各地流传[1]。例如,太常乐人刘玠流落到潞州(今山西长治市)[2]。以善拨琵琶而著名的段善才的弟子,流落在洛阳[3]。在流落各地的原宫廷乐人中,相当一部分人都是表演域外乐舞的艺术家。还有一些西域籍艺术家自河西走廊东迁,"胡腾身是凉州儿,肌肤如玉鼻如锥。……胡腾儿,胡腾儿,故乡路断知不知?"[4]便是一位诗人在洛阳看凉州籍胡人表演胡腾舞后的感想。在成德节度使宅表演胡腾舞的石国胡儿[5],五代南唐宫廷的乐工曹生[6],可能都是安史乱后内迁的西域音乐家后裔。

安史之乱以前,西域乐舞主要流行于河西走廊和首都长安,其他地区较少。安史乱后,周边民族艺术家流落到中原各地有利于域外歌舞的流传,加之其间大量的周边民族移民因作战进入中原,西域乐舞在各地传播开来。元稹以沉痛的笔触描写洛阳的变化:

自从胡骑起烟尘,毛毳腥膻满咸洛。
女为胡妇学胡妆,伎进胡音务胡乐。
火凤声沈多咽绝,春莺啭罢长萧索。
胡音胡骑与胡妆,五十年来竞纷泊。[7]

另一位诗人王建说安史乱后的洛阳:"城头山鸡鸣角角,洛阳家家学胡乐。"[8]沈亚之在一次郑卫节度使(治今河南郑州市)的宴会上,看见盛大的柘枝舞表演,并听人说"今自有土之乐舞堂上者,惟胡部与

---

1 《新唐书》卷22《礼乐志》,第477页。
2 《唐会要》卷33《诸乐》,第721页。
3 元稹:《琵琶歌》,《全唐诗》卷421,第4629页。
4 李端:《胡腾儿》,《全唐诗》卷284,第3238页。
5 刘言史:《王中丞宅夜观舞胡腾》,《全唐诗》卷468,第5324页。
6 吴任臣:《十国春秋》卷18《南唐四·后主昭惠国后周氏传》,中华书局点校本,第264页。
7 元稹:《法曲》,《全唐诗》卷419,第4617页。
8 王建:《凉州行》,载《全唐诗》卷298,第3374页。

焉"[1]。刘言史于成德节度使（治恒州，今河北正定县）王武俊宅看见："石国胡儿人见少，蹲舞尊前急如鸟。"[2]都是西域乐舞在中原流传的例子。

不仅北方，在原来很少看到西域乐舞的南方也能看到这种表演。一些地方，例如鄂州（治今湖北武汉市武昌区）、江陵府（治今湖北荆州市荆州区）、杭州、常州、潭州（治今湖南长沙市），都能欣赏到西域乐舞[3]。

到五代时期，西域乐舞虽然已经流传了100余年，但仍在南方演出，长盛不衰。南唐即是西域乐舞较为流行的地区。升元二年（938年），高丽国派使节前来贡方物，南唐国王派学士孙晟宴请使节，席间演奏龟兹乐，并表演番戏[4]。盛唐时名噪天下的《霓裳羽衣曲》唐后期流失，残谱流到南唐。南唐后主善于乐舞的国后周氏用琵琶将其重新奏出，"于是开元、天宝之遗音复传于世"[5]。到宋代，文献中已很少提到西域乐舞，表明这种艺术形式已同中原固有的艺术形式融为一体，或因被广泛接受不再需要将之与"胡乐""胡舞"相区别。

西域乐舞对我国的音乐舞蹈发展作出重要贡献。在这方面，乐律、工尺谱和大曲的形成就是典型例子。隋代以前，中国的乐律，无论是雅乐或俗乐，都是以七音来配合十二律，成为八十四调。其实，这八十四调并不能完全使用。自龟兹乐输入中原，便只用宫、商、角、羽四调来配合七音，合成二十八调[6]。并且，以前因没有正规的乐谱，乐师与徒工们一直采用言传身教的方式传授技艺。西域龟兹乐谱传入中原以后，为乐师们所采用，大大促进了乐理的发展。经过一个时期的加工和改进，到宋朝终于形成了"工尺谱"，此后一直沿用到清朝末年。由此可见，我国的古乐谱渊源于龟兹乐谱，唐朝是其形

---

1 沈亚之：《柘枝舞赋》，《全唐文》卷734。
2 刘言史：《王中丞宅夜观舞胡腾》，《全唐诗》卷468，第5324页。
3 鄂州见刘长卿：《鄂渚听杜别驾弹胡琴》，荆南见杜甫：《荆南兵马使太常卿赵公大食刀歌》，杭州见张祜：《观杭州柘枝》，常州见白居易：《看常州柘枝赠贾使君》，分别载《全唐诗》卷148、卷222、卷511和卷446；潭州见王谠：《唐语林》卷4，上海古籍出版社点校本，第123页。
4 《十国春秋》卷15《南唐一·烈祖纪》，第190页。
5 《十国春秋》卷18《南唐四·后主昭惠国后周氏传》，第264页。
6 参见周贻白：《中国戏曲发展史纲要》，上海古籍出版社1979年版，第24页。

成的重要阶段[1]。文学史家一般都认为,唐末五代开始形成、宋代盛极一时的重要文学形式词,其产生也与异域乐谱的大量输入有关。元曲出于诸宫调,诸宫调导源于大曲,大曲则唐已有之,均为舞曲,隶属胡部,是在唐代民歌、曲子的基础上,继承汉魏以来清乐大曲的传统而发展起来的一种大型歌舞形式。音乐史学者认为,各族音乐的交融为唐代大曲的发展提供了最方便的条件,其表演形式便体现了中原和域外艺术的合流。例如,在敦煌第 220 窟北壁初唐"东方药师净土变"中,伴奏乐队从乐器看似为清乐(南方音乐)、西凉和龟兹的混合乐队;乐队共 28 人,既有汉人,也有西域乐人;表演的舞蹈可能是《柘枝》一类来自西域的大曲[2]。

三　移民和胡部乐舞的流传

隋唐五代周边民族乐舞在中原流行的原因是多方面的。南北朝时期深刻的胡化为其提供了深厚的社会基础,隋唐政府对待异域文化容纳百川的博大胸怀为其创造了良好条件。此外,也与周边民族移民的大规模迁入分不开。移民对边族乐舞在中原流行的作用,不仅体现在带入新的域外艺术形式,使其不断获得补充,保持活力;也体现在移民迁入使居住中原的周边民族成员增多,扩大了乐舞流传的基础。此外,因周边民族艺人的迁入,中原地区表演民族乐舞的艺人增多,也便于乐舞的流传。

来自异国他乡的艺人为数不少,但除了其中的特别著名者,一般都不能在文献中留下记载。隋唐五代的艺术表演形式众多,也很难确切指出哪些于此时来自周边地区。不过,在文献中仍留下一些痕迹。除了上面提到的高昌乐和骠国乐,以下诸乐舞也是唐代的周边民族移民带入中原的:

高句骊曲。据说是高宗时大将李勣破高丽所进,后改称夷宾

---

[1] 钱伯泉:《一千多年前的龟兹乐谱》,《文史知识》1994 年第 10 期。
[2] 吴钊、刘东升:《中国音乐史略》,人民音乐出版社 1993 年版,第 98—101 页。

引者[1]。

羯鼓曲《耶婆瑟难》。开元中流行,来自安西境内的前践山,为佛教徒根据寺院旁的滴水声而制作的[2]。

凉州歌。宫调曲,开元中西凉府都督郭知运所进[3]。

伊州歌。商调曲,开元中西凉节度使盖嘉运所进[4]。

婆罗门。商调曲,开元中河西节度使杨敬述所进,天宝十三载改为霓裳羽衣[5]。

北铤舞。一种类似胡旋的舞蹈,由居住北同城(在今内蒙古额济纳旗境)的胡人传入[6]。

西凉伎。白居易诗:"西凉伎,假面胡人假狮子……应似凉州未陷日,安西都护进来时。须臾云得新消息,安西路绝归不得。"[7]

还有一些乐舞,在隋唐之前就已传入中原。隋唐以后,由于周边民族迁入和中外文化交流的扩大,迅速扩大流行范围。在这方面,可举乞寒胡戏和合生为例。

乞寒胡戏,又称苏幕摩,原流行于西域,是一种在十一月上街跳舞,并以水交泼为乐的舞蹈,至少在北周宣帝时就已见于记载[8]。唐代乞寒胡戏更为流行,中宗便曾几度在长安和洛阳看表演[9]。开元元年七月,在朝臣的反对下,玄宗下令禁止上演泼寒胡戏,理由是"腊月乞寒,外蕃所出,渐浸成俗,因循已久";要求"自今已后,无问蕃汉,即宜禁断"[10]。

合生为一种两人对面歌舞科白的歌舞戏,出于胡乐。中宗时,在两仪殿和承庆殿大宴群臣,由胡人袜子、何懿等人表演合生作乐。不

---

1 《全唐诗》卷26《高句丽》按语,第373页。
2 《宋高僧传》卷3《唐丘慈国莲华寺莲花精进传》,第46页。
3 《全唐诗》卷27《凉州歌》按语,第380页。
4 《全唐诗》卷27《伊州歌》按语,第382页。
5 《全唐诗》卷27《婆罗门》按语,第388页。
6 岑参《田使君美人舞如莲花北铤歌》说:"此曲胡人传入汉,诸客见之惊且叹。"载《全唐诗》卷199,第2057页。
7 白居易:《西凉伎》,《全唐诗》卷427,第4701页。
8 《北周书》卷7《宣帝纪》载静帝大象元年十二月,"又纵胡人乞寒,用水浇沃以戏乐"。
9 《旧唐书》卷7《中宗纪》。
10 《唐会要》卷34《论乐》。

久,博得王公贵族的喜好,并传到民间,以至"妖伎、胡人、街童市子"也"咏歌蹈舞"[1]。

第二节

服饰和食物

战国赵武灵王胡服骑射的故事表明,在日常生活方面向周边民族学习是中原人民很早即有的一种传统。隋唐承南北朝胡化的流风,加之当时大批周边民族移民迁入,汉族人民在服饰和食物等方面的胡化达到了新的高峰,并且往往随其间迁入移民的习俗的不同而屡有变化。

一 服装

隋代帝王贵臣多穿黄纹绫袍,戴乌纱帽,着九环带、乌皮六合靴。但此后,"乌纱帽渐废,贵贱通用折上巾以代冠,用靴以代履。折上巾,戎冠也;靴,胡履也;咸便于军旅"[2]。"贵贱通用"一语表明这种折上巾和靴,不仅流行于上层,也为下层人民所喜好。

贞观初,由于数千家突厥移民迁入,胡服胡帽开始在长安流行。太子承乾及其随从喜欢穿胡服,《新唐书》卷80《太宗诸子传》载:承乾"使户奴数十百人习音声,学胡人椎髻,剪彩为舞衣……又好突厥言及所服,选貌类胡者,被以羊裘、辫发"。当时,司法参军尹伊说长安市民"亦有胡着汉帽,汉着胡帽"[3],表明汉族和周边民族移民互戴对方的帽子已成为风气。

---
1 《新唐书》卷119《武平一传》,第4295页。
2 刘肃:《大唐新语》卷10《厘革第二十二》,第148页。
3 《大唐新语》卷9《从善第二十》,第138页。

此后，胡服和胡帽在长安与中原的其他一些地区流行开来，且越演越烈。《旧唐书》卷45《舆服志》叙唐代服饰发展大势：

> 武德、贞观之时，宫人骑马者，依齐、隋旧制，多著幂䍦。虽发自戎夷，而全身障蔽，不欲途路窥之。王公之家，亦同此制。永徽之后，皆用帷帽，拖裙到颈，渐为浅露。寻下敕禁断，初虽暂息，旋又仍旧。咸亨二年又下敕曰："百官家口，咸预士流，至于衢路之间，岂可全无障蔽。比来多著帷帽，遂弃幂䍦，曾不乘车，只坐檐子。递相效仿，浸成风俗，过为轻率，深失礼容。……此并乖于仪式，理须禁断，自今已后，勿使更然。"则天之后，帷帽大行，幂䍦渐息。中宗即位，宫禁宽弛，公私妇人，无复幂䍦之制。
>
> 开元初，从驾宫人骑马者，皆著胡帽，靓妆露面，无复障蔽。士庶之家，又相仿效，帷帽之制，绝不行用。俄又露髻驰骋，或有着丈夫衣服靴衫，而尊卑内外，斯一贯矣。

所谓幂䍦，为一种可以遮蔽全身的方巾，其形制仿自西域妇女所用的大衫和大帽皈。帷帽，又叫围帽，为四周垂以丝网的帽子，取法于吐谷浑的"长裙缯帽"和吐火罗的"长裙帽"[1]。显然，幂䍦和帷帽均来自异域，"胡帽"冠以"胡"字更是来自异域无疑。据此看来，隋和唐前期所流行的帽子和服装，差不多都来自异域。除幂䍦沿袭北朝旧制，其余都是在该时期开始流行起来的。

隋代和唐初胡服胡帽已开始流行，到盛唐的开元、天宝年间穿戴的人已相当多。《安禄山事迹》卷下载："天宝初，贵游子弟好衣胡服为豹幅，妇人则簪步摇。衣服之制度，襟袖窄小，识者窃怪之，知其戎也。"《新唐书》卷45《舆服志》甚至说："士女皆竞胡服。"一时间，胡服胡帽流行，不分官庶、贵贱，多穿戴胡服胡帽，直到中唐以后这股风才渐渐湮息。今发现的唐代陶俑中，都有大量穿戴胡服胡帽的形象。胡服包括西域地区少数民族服饰和印度、波斯等外国服饰，具有衣长及膝、衣袖瘦窄的特点[2]，便于骑马，多为武士、役人所穿，官宦中也有人

---

[1] 参见向达：《唐代长安和西域文明》，第45—47页。
[2] 据赵文润主编：《隋唐文化史》，陕西师范大学出版社1992年版，第二章第一节。

以穿胡服为时髦。在胡服、胡帽流行的同时,胡靴也在中原流行一时。在唐代的苏君墓、阿史那忠墓和李贞墓等墓中的壁画上,都有足穿长筒乌靴的男女人物[1]。唐代法服中有六合靴,也是胡靴,为当时文武百僚所穿[2]。

还有一些中原的传统服装,虽仍在流行,但也受到胡服的影响。隋唐时男子袍衫的式样是:圆领、右衽、窄袖、领及袖下摆处没缘边,衣长及膝或及足。这种袍衫受胡服影响较大,首先在官宦,继之在士庶中流行,盛唐以后才日渐减少[3]。

盛唐以后,胡服流行之势开始减弱,但并不等于没有汉人穿胡服,有时还会因新的周边民族移民的迁入而流行某种服装。回鹘人的服装便曾在长安的一些人中流行,"明朝腊日官家出,随驾先须点内人。回鹘衣装回鹘马,就中偏称小腰身"[4],即是对此的写照。

二 妇女化妆样式

妇女化妆样式,例如发型、首饰、化妆方法,往往与服装样式同步发展,也受到周边民族的影响,唐代流行的首饰簪步摇即来自波斯妇女所佩戴的耳环[5]。安史乱后,由于周边民族移民纷纷进入中原腹地,边地妇女的化妆方法开始在河南一带流行,"女为胡妇学胡妆"成为时尚[6]。

元和时,中原妇女又开始流行一种"腮不施朱面无粉"的时世妆。据白居易《时世妆》诗[7],它以"乌膏涂唇唇似泥,双眉画作八字低。妍媸黑白失本色,妆成尽似含悲啼。圆鬟无鬓堆髻样,斜红不晕赭面状"的化妆方法,与其他方法大相径庭。关于此事,《新唐书》卷34《五行

---

1 参见《文物》1963年第9期《陕西咸阳唐苏君墓发掘简报》,《考古》1977年第2期《唐阿史那忠墓发掘简报》,《考古与文物》1982年第1期《唐代胡俑、骆驼及丝绸之路》。
2 向达:《唐代长安与西域文明》,第47页。
3 赵文润主编:《隋唐文化史》第二章,第53页。
4 花蕊夫人:《宫词》,《全唐诗》卷798,第8978页。
5 参见管士光:《唐人大有胡气》第二章第二节。
6 元稹:《法曲》,《全唐诗》卷419,第4617页。
7 载《全唐诗》卷427,第4705页。

志》记载:"元和末,妇人为圆鬟椎髻,不设鬓饰,不施朱粉,惟以乌膏注唇,状似悲啼者。……唐末,京都妇人梳发以两鬓抱面,状如椎髻,时谓之'抛家髻'。"据此看来,无论是圆鬟椎发还是抛家髻,都以状如椎髻为特点,而椎髻即白居易所说的"堆髻"。

白居易在诗中认为,这种"髻堆而赭"的化妆方法来自周边民族,并非"华风"。按"赭"指赭面,即把脸色涂抹成赤褐色。《旧唐书·吐蕃传》载:贞观十五年,太宗将文成公主嫁与吐蕃赞普松赞干布,"公主恶其人赭面,弄赞令国中权且罢之",可见赭面风俗本出自吐蕃。虽然松赞干布下令权且罢之,但此风并未止歇,而且逐渐传入中原,盛极一时。至于堆髻,向达先生说:"堆髻在敦煌壁画及西域亦常见之,此种时妆或亦经由西域以至长安也。"[1]

秦汉以来,开始流行高髻,以至汉时有"城中好高髻,四方高一尺"的民谣。隋唐之际,这一习俗益加流传,时人更以妇女体态丰腴、发髻高大为美。唐高祖禁不住要问:"比者,丈夫冠,妇人髻竞为高大,何也?"[2]一种意见认为,唐代统治者原为北方胡人的后裔,性格豪爽奔放,体形丰腴,配之以高大的发髻,显得和谐富贵[3]。唐代出土的女俑和传世画中的仕女,个个体态丰腴,脸如满月,高大的发髻和这种体态、脸型和谐统一,确实给人留下深刻的印象。唐代多体态高大的塞北和西域移民,他们对这种高髻的流行显然起了推波助澜的作用。

就面部化妆方法而言,除上述赭面和乌膏涂唇,周边民族的影响还有诸多表现。唐代妇女多喜欢在面颊酒窝处点一红点,所用的颜料原先是产自西域的"黄蓝"。后受波斯影响,改用金箔、翠羽粘贴,形如钱币,这种化妆方式亦称"钱点"或"杏靥"。进入中原的胡姬很早就采用在脸上涂抹胭脂这种化妆方式,唐代长安妇女普遍使用胭脂。用胭脂加朱砂制成的唇脂点口红,是一种源于印度的化妆术,在唐末妇女中也相当流行。此外,眉目间贴花钿,鬓畔画斜红,施用天蓝色、深蓝

---

[1] 《唐代长安与西域文明》,第47页。
[2] 《旧唐书》卷73《令狐德棻传》。
[3] 汪维玲、王定祥:《中国古代妇女化妆》,陕西人民出版社1991年版,第109页。

色眼睑膏,这些化妆方式可能也都受到西域文化的影响[1]。唐代迁入长安、洛阳等地,身穿异装奇服,一副域外打扮的胡姬,以自己特有的异域风采和青春活力吸引了无数的人们,无疑是导致胡服和域外化妆方式迅速流传的重要原因之一。

五代时期,契丹占领燕云十六州,雄踞北方,并几次派兵南下中原。一时间,"中华兆人,浮薄不依汉礼,却慕胡风",在鞍辔、器械、服装等方面均以"契丹样装饰以为美好";后晋和后汉均曾下令禁止穿契丹服装和使用契丹样式的鞍辔及首饰[2]。禁令屡下恰恰说明许多人已受到契丹社会风俗和生活方式的影响。

三 食物

自汉魏以来,源于周边民族的食物胡食即已进入中原,"至唐而转盛"[3]。有的胡食原先中原即有,隋唐时由于内迁移民众多,食用者剧增,流传范围扩大。据唐僧慧琳《一切经音义》卷37,饆饠(音部罗)、烧饼、胡饼、搭纳等均是胡食,"中国效之,微有改变"而已。胡饼又称蒸饼、麻饼,一种是笼蒸的,叫作蒸胡饼;一种是炉焙的,称为炉饼,中间加了馅便成了馅饼。烧饼和今之烧饼不同,显著区别在于不放芝麻。饆饠即中亚伊斯兰教人民爱吃的抓饭[4]。

开元、天宝中胡食已相当流行,不仅是下层人民的日常食品[5],也为皇帝和贵族家庭所喜好[6]。安史乱后,虽然胡服的流行趋势有所下降,但胡食仍方兴未艾。会昌元年(841年)正月六日是立春节,皇帝将胡饼、寺粥赐来访的日本高僧圆仁。圆仁记载此事,特意提道:"时

---

1 参见黄新亚:《丝绸之路·沙漠卷》,浙江人民出版社1995年版,第129—130页。
2 见卢擢:《请禁断契丹样装服奏》,《全唐文》卷854;《新五代史》卷10《汉本纪·隐帝》;陆心源:《唐文拾遗》卷10,汉高祖:《禁断契丹装服敕》。
3 向达:《唐代长安与西域文明》,第48页。
4 同上书,第48—50页。
5 据《资治通鉴》卷218,安史乱后唐玄宗向西逃窜,到咸阳时杨国忠到百姓家觅食,购胡饼给玄宗充饥。
6 《旧唐书》卷45《舆服志》载:开元以来,"贵人御馔,尽供胡食"。

行胡饼,俗家皆然。"[1]甚至连僻在川东的忠州(今重庆市忠县)也能吃到胡麻饼。忠州的胡麻饼外形和制造方法都仿造首都长安,而且"面脆油香",博得白居易的赞叹[2]。

除了主食,周边民族的菜肴制法也渗入内地。景龙三年(709年)尚书左丞韦巨源向中宗进献一顿烧尾宴,开列58种菜肴,多用羊肉、羊油和羊乳做菜。其中,玉露团即奶酥雕花,乳酿鱼即羊奶酿烧鱼,遍地锦装鳖用羊油、鸭蛋脂烹鳖,天花饆饠、水晶龙凤饼、八方寒食饼、双拌方破饼均是胡食演变而来,巨胜奴的外形即是一个胡饼,贵妃红是石榴、葡萄等西域水果[3]。

在饮料方面,由于酿造技术的传入和许多胡人来中原开酒店,葡萄酒、三勒酒等源自西域的酒类开始为长安等地的贵族家庭所享用(详上)。此外,用石榴酿制的石榴酒也是当时的名酒。乔知之《倡女行》诗说:"石榴酒,葡萄浆,兰桂芳,茱萸香。愿君驻金鞍,暂此共年芳。愿君解罗襦,一醉同匡床。"[4]葡萄酒和石榴酒均属于果酒,从而开始改变中原人民以往只饮用粮食酒的习惯。

第三节

宗 教

自印度的佛教传入我国以后,来自异方殊域的僧侣便对佛教在我国的传播、扩大和发展作出重要的贡献。唐代是我国历史上佛教十分繁荣的时期,新佛教和密教从印度传来;同时,已在南北朝奠定基础

---

1 [日]圆仁:《入唐求法巡礼行记》卷3,第146页。
2 白居易:《寄胡饼与杨万州》,《全唐诗》卷441,第4918页。
3 参见黄新亚:《丝路文化·沙漠卷》,第126—127页。
4 载《全唐诗》卷81,第876页。

的中国佛教在唐代涌现一些杰出的僧侣,形成各个宗派[1]。上述诸方面的发展,都离不开自域外移居中原的僧侣的努力。

宋人赞宁著《宋高僧传》,详载唐五代的著名高僧及其事迹。译经篇所载正传传主共32人,其中25人来自域外,占总数的78%;义解篇载正传传主共71人,6人来自域外,占总数的17%;其他各篇也都有若干名来自域外的高僧。

域外高僧对中国佛教最主要的贡献,是在佛教典籍的翻译和撰述方面。玄奘、不空、善无畏和金刚智被誉为唐代四大翻译家,玄奘是中国人,其余三人分别来自北天竺、中印度和南印度。此外,地婆诃罗(中印度人)、提云般若(于阗人)、实叉难陀(于阗人)、菩提流志(南天竺人)、般若(北印度人)等高僧也翻译了很多佛教典籍。

唐代的新佛教是玄奘、义净等人传入的,在译经过程中得到许多域外高僧的帮助。例如,义净于睿宗时在大荐福寺翻译《浴像功德经》《唯识宝生》等20部典籍,得到来自吐火罗、中印度、罽宾、迦湿弥罗国的高僧和居士的帮助,为其校对梵义或梵本[2]。

唐代是法相宗、华严宗、律宗、禅宗、净土教、密教等我国佛教主要宗派形成的时期,一些宗派的形成和传播往往和域外高僧有关。法相宗是玄奘从印度传到中国,后由基创立的,基(一作窥基)、神昉、嘉尚、普光是玄奘的四位高足,神昉为新罗人。华严宗是吸收盛行于北方的地论宗和摄论宗的学说,并在玄奘所传的唯识佛教的刺激下形成的,其学系的相承者有慧光、道凭、智俨等人,智俨的高徒中有法藏(祖籍康居)、义湘(新罗人)等域外人士。密教的传播更主要归功于域外高僧。早在东晋时,真言密咒等已传入中原,但系统的密教是唐代由善无畏、金刚智和不空等三位印度高僧传入的[3]。不空被玄宗、肃宗和代宗尊为帝师。他在长安和洛阳广为宣传密教,还将它弘布到广州、武威、太原、五台山等地。

---

1 参见[日]镰田茂雄著,郑彭年译:《简明中国佛教史》第十章,上海译文出版社1986年版。本节有关佛教的内容除叙述金乔觉一段外,主要依据此书第十一章,如不引用原文不再出注。
2 《宋高僧传》卷1《义净传》,第2页。
3 阙名:《西山广化寺三藏无畏不空法师塔记》,载《唐代墓志汇编》,第1470页。

在我国佛教的四大名山中,唯有九华山(在今安徽青阳县境)的菩萨地藏菩萨,相传是由人成道为菩萨。据载,地藏菩萨本新罗国王支属金乔觉,出家后于唐玄宗时来华入九华山,在此苦修数十年,圆寂后肉身不坏。此说出自佛教传说,但九华山佛教开始兴盛确与金乔觉有关,山上较早的寺庙化成寺据说为他而建,此外还吸引大批新罗人渡海来此学法[1]。

域外移民除了对佛教的流播作出重要贡献,还将祆教、景教、伊斯兰教和摩尼教传入中原或扩大其影响范围。

祆教,又称火祆教、拜火教、波斯教,相传在公元前6世纪由伊兰人所创立,在隋唐时为波斯和一些中亚国家的人民所信奉。北魏时,开始传入中原,受到保护。唐代波斯和西域各国人民不断来到中原,促进祆教的流播[2]。

从目前的资料来看,中原的祆教徒似以内迁的西域移民及其后裔为主,中原人极少。主要分布在河西的凉州(治今甘肃武威市)和沙州(治今甘肃敦煌市)、关中的长安、河东的太原以及河南洛阳等地,此外新疆也有。祆教首领称为萨宝,唐设萨宝府以管理祆教[3]。

景教又称为波斯经教、秦教等,是我国唐代对基督教聂斯脱里派的称呼。5世纪由担任君士坦丁堡大主教的叙利亚人聂斯脱里创立,此后逐渐向东发展,进入波斯和中亚。自7世纪起,派出传教士在从美索不达尼亚直到中国沿海的广大地域内活动。

贞观九年(635年),景教高僧阿罗本携带经义进入长安见唐太宗,受到礼遇,开始在此翻译经文。十二年,获准在长安传教,并由政府资助在义宁坊建造景教寺(称大秦寺、景寺或波斯寺)。到高宗时,都城之外的一些州也都建立景寺,据说"而于诸州,各置景寺……法流十道……寺满百城"[4]。天宝四载(745年),玄宗下令长安、洛阳两地

---

1 参见《宋高僧传》卷20《唐池州九华山化城寺地藏传》。
2 最近发表的马里千的论文《祆祠与波斯寺》(载《中国历史地理论丛》1993年第1期)称,祆教并非火祆教,而是至迟在北魏神龟以前已经来华的印度婆罗门教。
3 据龚垣:《火祆教入中国考》,载《陈垣史学论著选》,上海人民出版社1981年版;刘迎胜:《丝路文化·草原卷》,浙江人民出版社1995年版,第194—195页。
4 《大秦景教流行中国碑》,载张星烺:《中西交通史料汇编》第一册第三章。

的波斯寺改称大秦寺,"天下诸府郡置者,亦准此"[1]。据此可知唐代不少府州都有景教寺。德宗建中二年(781年)立于长安的《大秦景教流行中国碑》中列出70余位僧人的名字,说明长安等地的景教徒有一定的人数。

伊斯兰教,一称回回教,为阿拉伯人穆罕默德创立,唐代流行于大食等国。唐代,不少大食商人来华。另据波斯人努尔丁的记载,7世纪中倭马亚王朝初期,什叶派遭到迫害,很多什叶派穆斯林逃到中国[2];安史乱后又有大食兵前来作战,其中一些人定居在中国(详上)。在这种背景下,伊斯兰教随之在一些地方流行,长安、扬州、广州、泉州等地都建有清真寺。其中,广州的怀圣寺塔相传建于唐代,是我国最早的伊斯兰教建筑之一[3]。

摩尼教,在中国又称为明教,为波斯人摩尼在公元3世纪创立,流行于西域地区。摩尼教传入中国较早,但得到官方承认的公开传教始于武周延载元年(694年)。这一年,波斯人指多诞携摩尼经《二宗经》来到中国[4]。开元七年,一名摩尼教士从吐火罗国来华,在长安、洛阳等地建立摩尼教寺院。十余年后,朝廷下诏禁止汉人信奉,但西域人仍可信奉。安史乱后,回鹘改信摩尼教,摩尼教在回鹘广泛传播。此后,摩尼教借回鹘势力大举进入中原。大历三年(768年)朝廷同意在长安建大云光明寺,六年荆(治今湖北荆州市荆州区)、扬、洪(治今江西南昌市)、越(治今浙江绍兴市)等州也都建立大云光明寺[5]。元和二年(807年),河南府(治今河南洛阳市)、太原府(治今山西太原市)建立起几所寺院[6]。中原各地信仰摩尼教的人民,主要为内迁或在中原经营商业的回鹘人和粟特人。摩尼教建寺的顺序之所以由南而北,"正是由于其建寺的目的不仅仅在于传教,更在于作为商业活动的落

---

[1] 《唐会要》卷50《大秦寺》,第1012页。
[2] 参见管士光:《唐人大有胡气》,第163页。
[3] 关于伊斯兰教进入中国的时间,向有隋开皇、隋大业、唐武德、唐贞观和唐永徽诸说。据刘迎胜先生的看法,这些说法均有不完备之处。不过,从伊斯兰教本身发展的角度来看,除隋代,其他各说都已在可能的范围之内。详见《丝路文化·海上卷》,第122页。
[4] 《佛祖统纪》卷39。
[5] 《佛祖统纪》卷41。
[6] 《册府元龟》卷999。

脚点"[1]。会昌三年(843年),回鹘国亡,摩尼教也受到打击,诸州寺院均被关闭[2]。

虽然我国古籍中没有明确提到唐代犹太教徒定居中国的记载,但当时中西交通空前繁荣,景教和摩尼教先后传入中原,犹太教完全有可能传入中国。据阿拉伯人阿布赛德哈散记载,唐末黄巢起义军攻陷广州时,杀死的蕃客中便有犹太人[3],留居广州的犹太人可能是从海路入华的。此外,1901年斯坦因在今新疆和田发现用希伯来字母拼写的新波斯语信件,1908年在甘肃敦煌又发现希伯来文祷词残片,均为唐代遗物,可见也有犹太人沿陆路来华[4]。

摩尼教遭到沉重打击以后,不到二年,唐武宗实行灭佛政策,祆教、景教等宗教也遭到禁绝,三教的教徒2 000多人被迫还俗[5]。但这些宗教并未彻底退出中原,祆教和摩尼教在宋代仍有人信奉,景教可能在黄巢攻入广州之后始绝迹,伊斯兰教则始终为来自西亚和中亚的移民所信奉[6]。

唐后期舒元舆比较各种宗教信奉者人数说:

> 十族之乡,百家之间,必有浮图为其粉黛。国朝沿近古而有加焉,亦容杂夷而来者,有摩尼焉、大秦焉、祆神焉,合天下三夷寺,不足当吾释寺一小邑之数也。[7]

永兴县不过有数万之家,依"百家之间,必有浮图为其粉黛"推算,全县佛教僧侣最多约有几千人。合唐朝全国的摩尼、大秦和祆三教的教徒数,不足以当永兴一小县和尚之数,舒元舆的比较未必确切,但与上举唐武宗诏令还俗的数字2 000余人相合,据此可见新宗教信仰者人数仍相当有限。但这些宗教作为外来思想文化的一部分,其影响超出人数在宗教徒中所占的比例。唐末、五代和宋以后的农民起义,每

---

1 林悟殊:《回鹘奉摩尼教的社会历史根源》,载《摩尼教及其东渐》,中华书局1987年版。
2 《佛祖统纪》卷42。
3 《阿布赛德哈散之纪录》,载张星烺:《中西交通史料汇编》第二册,第207—208页。
4 参见刘迎胜:《丝路文化·草原卷》,第215页。
5 唐武宗:《拆寺制》,载宋敏求:《唐大诏令集》卷113,学林出版社点校本,第543页。
6 参见管士光:《唐人大有胡气》第四章第一节。
7 《唐鄂州永兴县重岩寺碑铭》,载《全唐文》卷727,第3323页。

每利用摩尼教光明和黑暗相斗的说法,用来号召群众[1],便是其中的事例。

第四节

语言、科技、医药、绘画和社会风尚

非汉民族迁入中原,虽然生活在汉人的海洋中,但其母国或原区域语言文字的消失仍需要一段不短的时间。天宝十五载(756年),数千名来唐的西域各国使者因归路为吐蕃所遮断,被迫滞留长安。但此后100年左右,仍有一些人的后裔懂得祖先母国的语言。例如神策军散兵苏谅虽然已是移民的第三代,仍会波斯的巴列维文字,其妻子马氏的墓志便是用汉文和巴列维文两种文字写成[2]。周边民族移民的语言和文字,必然要对汉族人民产生影响。唐朝有些汉人懂得突厥语,中原地区还有一部供学者使用的突厥—汉语辞典,叫作《突厥语》。此书以后传入日本,一直保存到9世纪末年或更晚[3]。

一些虔诚的佛教徒学习印度的梵文,梵文对当时的语言文字产生了影响。唐代沙门守温在南北朝的"四声"、隋代的"切韵"等重大研究成果的基础上,根据梵语字母排列秩序,制订了总数为30个的汉语字母表。以后经过宋代增订,成为36个字母[4]。

由于大量的周边民族成员迁入中原,人民生活受到胡化的影响。社会上发生的这种变化,必然引起那些眼光敏锐、思维敏捷的文人的注意。唐代文人思想解放,对来自异域的移民和风气充满好奇心,他们不仅极力要去了解、认识这种现象,而且要通过自己的笔来反映。

---

1 参见林悟殊:《吃菜食魔与摩尼教》,载《摩尼教及其东渐》。
2 参见作铭:《唐苏谅妻马氏墓志跋》,载《考古》1964年第9期。
3 [美]谢弗著,吴玉贵译:《唐代的外来文明》,第48页及第一章第181条注释。
4 李开物:《中国同南亚各国的传统友好关系》,载《中国与亚非国家关系史论丛》,江西人民出版社1984年版。

在唐代的诗歌、散文、笔记、传奇和戏剧中，都有许多关于胡人、胡气的描写。这些描写，不仅大大扩大了唐代文学的题材，而且使这些作品具有独特的魅力和情韵。李白、杜甫、白居易等著名的文学家，都给后人留下很多具有类似内容的美文妙歌[1]。

周边文化对中原的文学形式也产生过重要影响，在此方面变文是很好的例子。变文是唐代一种能够讲、唱的重要民间文学形式，讲的部分用散文，唱的部分用韵文。这种文学形式，来源于印度的韵文散文合组的文体，通过僧侣讲经的途径传入中国，唐代正式形成。变文美丽动人的韵语，夸奢斗艳的文辞（即使是汉代的赋也不足与其比肩），都给人留下深刻的印象。五代以后，变文不再流传，但这种韵文散文合组的格局却深深地影响了以后的通俗文学形式，诸宫调、鼓词、弹词、说经、讲史、小说和说唱都留下变文的痕迹[2]。

随着移民迁入导致的中外文化交流的扩大，某些域外的科学技术也传入中国，促进科学技术的发展。

早在隋代之前，印度天文学的理论已传入中国。隋代的《大智度论》《大集经》等著名经典中，都有关于天文和历算的记载。前者介绍了各种月份的计算，后者谈到了印度天文学家"驴唇大仙"的学说。唐代的司天台延请某些擅长天文和历算的印度学者任职，他们中主要有迦叶孝威、拘摩罗和瞿昙悉达。瞿昙悉达著《开元占经》，还把印度的《九执历》译成中文[3]。唐代以实测子午线闻名的大天文学家僧一行是印度僧人善无畏的学生，他在测子午线时应用了印度的天文学和数学知识。

此外，一些印度的数学著作，如《婆罗门算经》《都利韦斯经》《韦斯四门经》等，也被介绍到中国，在一定程度上丰富了中国数学研究的内容[4]。

隋唐时期，我国医学得到较大的发展，域外医学的传入是促使其

---

1 参见管士光：《唐人大有胡气》第三章第三节。
2 参见郑振铎：《中国俗文学史》第六章《变文》，商务印书馆1938年版。
3 李开物：《中国同南亚各国的传统友好关系》。
4 同上。

发展的重要因素之一。印度医学历史悠久，自成体系，隋唐时一些经过翻译的印度医药学著作，例如7世纪翻译的《千手千眼观世音菩萨治病合药经》，都进入了中原。具有特殊效用的印度眼科医学影响尤为明显。唐初著名医学家孙思邈所写的中国第一部眼科学著作，显然受到佛教医学著作的启发。孙思邈在其名著《千金要方》中，全盘重复了印度医学关于"地水火风和合成人"的四大理论，表明在医学理论上受到印度的影响，而且在其著作《千金翼方》中收有印度方剂多种，甚至还收入印度人祛除病邪时用的咒语。唐初治痢疾的悖散汤，系从大秦（东罗马）、波斯所传入，曾有人用此方治好唐太宗的痢疾而获重赏。波斯移民后裔李珣所著的《海药本草》，共6卷，收录了大量的海外药物，其中注明外国产地的便有96种，为我国古代研究和介绍外来药物的第一部专门著作，部分内容宋代以后仍有流传。唐代其他医学家的著作往往也收入来自海外的药物和方剂。不仅西域，朝鲜半岛的医药也对唐朝产生过影响。唐代的医学家甄权、陈藏器、李珣诸人所著的本草著作，都介绍了朝鲜的白附子、海松子、玄胡索、蓝藤、担罗、海藻等药。《外台秘要》中记有治脚气病的"高丽老师方"。

与此同时，大批海外药物，例如质汗、底也迦、黑豆蔻、肉豆蔻、郁金、蓬莪术、胡桐树脂、木蜜、阿魏、海藻、人参、绿盐，通过海陆两条路线进入中原。段成式《酉阳杂俎》卷18介绍了许多来自国外的药物和食物，仅来自波斯的便有龙脑香、安息香、无石子、波斯枣、偏桃、齐暾、波斯皂荚、没树等。

西域夏季气候炎热干燥，为此人们创造了许多防御沙漠炎热气候的保健措施，某些方法也在唐代传入中原。玄宗时罽宾遣使来献"天文及密方奇药"，以及内服"冰屑麻节"的方法。"冰屑麻节"即今吐鲁番等地的"麻日节"，是用冰屑和鸡蛋、冰糖制成的能生津止渴的清凉饮料。

还有一些西域移民，本人便是医生，他们在中国各地行医，不仅以其独特的医疗方法治病，也传播了域外医学。为了冀求长生不老，唐太宗和高宗都服过印度医生的药，天竺沙门卢伽阿逸多因制药有功还被封为怀化大将军。印度医生在治疗眼病方面有独特的方法。天宝七载鉴真和尚到达广东时,曾在韶州(今韶关市)请一位外国眼科医生为他治疗眼病。唐代大诗人刘禹锡长期患眼病,"三秋伤望眼,终日哭途穷。两目今先暗,中年似老翁",后请印度医生采用"金篦术"为其治疗[1]。

在雕塑方面,域外给予中国以一定的艺术影响。唐太宗陵墓昭陵前立有 14 尊被擒伏的少数民族首领的石像,高宗乾陵前也立有外族首领石像 61 尊。这种陵墓制度,可能受了突厥的影响,因为突厥战士的墓前要立石碑和石像,平时杀了多少人,就立多少。岑仲勉先生认为,这是参用北方习俗[2]。中国的雕刻历来以平雕为主,但昭陵六骏中各种奔马的神态,却使人联想起在伊朗的塔克·博斯坦,以及纳克希·洛斯塔姆发现的属于萨珊王朝时代的石刻浮雕[3]。武则天母亲陵墓顺陵前的一对做奔跑状的石狮高 3.8 米,身上的每一块肌肉都因走动而按比例自然隆起,极其生动而逼真,这是引进西方石刻手法的成果。而陵墓前的一对天禄既像鹿,又似马,头上还长角,很可能是非洲长颈鹿的变形,如果没有西方文化因素的输入便不可能出现这种带翼的瑞兽[4]。乾陵前的华表高约 8 米,顶部是太阳,基座是莲花,躯干是八棱圆柱,这些造型可能分别受到波斯、印度和今伊拉克境内的两河流域文化的影响。华表上面的卷草、忍冬花的花纹则与东罗马帝国的艺术风格相似。乾陵前的翼马高 3 米多,双翼由卷云图案所组成,有明显的希腊艺术风格。鸵鸟采用高浮雕造型,原型来自大食[5]。

在石窟、壁画等方面,域外也不同程度地给予中国以艺术影响。敦煌、云冈、龙门和麦积山等著名的佛教石窟的隋唐部分,几乎都是东西方文化交流的产物。例如,位于丝绸之路上的敦煌莫高窟所塑的各国各式人物,莫不惟妙惟肖。如第 220 窟《维摩诘经变图》,各国听法王子中,既有高鼻深目黄须的西域人,卷发棕肤的南亚人,也有皮肤白

---

[1] 《赠眼医婆罗僧》,《全唐诗》卷 354,第 3962 页。本节医学方面的内容,未注明出处者系依据傅维康主编《中国医学史》第五章(上海中医学院出版社 1990 年版)、李开物《中国同南亚各国的传统友好关系》,以及谢弗《唐代的外来文明》第十一章"药物"。
[2] 《隋唐史》上册第九节,中华书局 1982 年重印本,第 144 页。
[3] 参见叶奕良:《古代中国和伊朗的友好往来》,载《中国与亚非国家关系史论丛》。
[4] 参见黄新亚:《丝路文化·沙漠卷》,第 121 页。
[5] 以上参见黄新亚:《丝路文化·沙漠卷》,第 121—123 页。

皙的欧洲人,无不形神俱佳,能使人看出人物所在的地区和其身份乃至性格。第45窟的菩萨无疑是唐代仕女的再现,耳上所带的波斯饰品,胸前的印度式项链及其使用来自西域的化妆术,又体现出东西方文化结合的魅力[1]。在壁画方面,有许多游乐的题材反映出受到中亚的强烈影响。例如,打马球,狩猎场面中的猎豹、波斯犬,侍女手中的短颈玻璃瓶、高足玻璃杯等[2]。艺术形象如此,艺术表现方法同样如此。学者指出,敦煌、云冈、龙门和麦积山等地佛教石窟中的壁画和塑像,都是在中国传统艺术的基础上,吸收印度艺术的营养形成的[3]。

隋唐绘画的主科是人物画。隋朝人物画基本是继承南朝细密精致而臻丽的画风,但到唐初形成两种风格迥异的画风。一种是以阎立本为代表的以线为主的中国传统画法,一种是以尉迟乙僧为代表的以色彩晕染为表现手法的西域风格,两人成为初唐画家的典型代表。尉迟乙僧是于阗(今新疆和田市)人,父亲是隋代名画家尉迟跋质那,时人称其为"大尉迟",称乙僧为"小尉迟"。乙僧贞观初因于阗国王推荐入唐,起初做宿卫,后来封郡公。他画路极广,特别擅长画道释人物、风俗故事和肖像,也善画花鸟画。无论什么题材,大多是西域形象。技法丰富多彩,在设色上善于运用印度的色彩晕染之法,色彩浓郁,富于立体感。此外,初唐时西域人康萨陀也善画花鸟画,和乙僧均以擅长凹凸法而著名[4]。凹凸法是一种写实性强,生动逼真的表现方法,与中国传统画法有较大的不同,加之吸收了印度晕染法技巧,从而极大地推动了唐代绘画的发展。

中晚唐以后,周边民族的形象频繁地出现在绘画中,不少出自周边民族移民之手。例如,五代画胡人、胡马形象最为人称道的画家是契丹人(一说室韦人)胡瓌,他的作品专门描写游牧民族的生产和生活[5]。

移民的大量迁入必然要对社会风尚产生影响。安史乱后,长安城

---

1 参见黄新亚:《丝路文化·沙漠卷》,第272—273页。
2 秦浩:《隋唐考古》,第199页。
3 李开物:《中国同南亚各国的传统友好关系》。
4 参见童教英:《中国古代绘画简史》,复旦大学出版社1991年版,第五章第二节、第五节。
5 刘道醇:《五代名画补遗》,四库全书本。

中的一位老人感慨地说:"今北胡与京师杂处,娶妻生子,长安中少年有胡心矣。吾子视首饰、靴服之制,不与向同,得非物妖乎?"[1] 社会风俗的来源问题比较复杂,有的原来没有,在隋唐时代始从周边传入中原。有的原来就有,由于受移民的影响,流传范围扩大。后人常说"唐人大有胡气",不仅指音乐舞蹈等艺术形式、食物、服饰、宗教,也包括社会风尚的各个方面,胡化成为唐人的时尚。本卷第五章第二节已提到河北道的胡化状况。不仅河北道如此,河东、关中两道的北部也同样如此。北宋初成书的《太平寰宇记》卷49说河东北部:"自代北至云、朔等州,北临绝塞之地,封略之内,杂虏所居。……纵有编户,亦染戎风,比于他邦实为难理。"关内道的北部、西部诸州,因向来是周边民族移民较多的地区,胡化现象较之河东、河北有过之而无不及。《太平寰宇记》卷32说泾州(治今甘肃泾川县北):"水土杂于河西,人烟接于北地,故定安处于山谷之间,其实昆戎旧壤,迫近夷狄,修习武备。士则高尚气略,人以骑射为先,盖与邠、陇之俗同尔。"卷34说邠州:"其俗尚勇力,习战备,居戎狄处,势使之然,天水、陇西、安定颇同也。"卷35说鄜州、坊州:"俗与羌浑杂居,抚之则怀安,扰之则易动,自古然也。"上述史料,说明在靠近沿边的区域,胡化已达到相当严重的程度。

中原腹地同样受到周边民族社会风尚的影响,个别人甚至达到狂热的地步。太宗之子、太子承乾即是一个极度仰慕周边民族文化的人。承乾爱讲突厥语,喜穿突厥人的服装,住突厥人的帐篷,甚至喜欢突厥人的游牧生活。他挑外貌比较像突厥人的侍从组成部落,穿皮袄,并像突厥人那样梳起辫子,树起突厥可汗所用的上面绘有五个狼头的大旗。自己住在帐篷中,过起了"敛羊而烹之,抽佩刀割肉相啖"的游牧民族生活。承乾还对左右说:"一朝有天下,当帅数万骑猎于金城西,然后结发为突厥,悉身(突厥可汗)思摩;若当一设,不居人后矣。"[2]

社会风尚的内容极为庞杂,兹举马球和丧葬两项习俗,说明周边民族特有的社会风尚对汉族的影响。

---

[1] 《太平广记》卷485《东城老父传》。
[2] 《资治通鉴》卷196,贞观十七年三月。

马球(一称波罗球)是唐代最为风行的一项体育活动。球用质轻而有韧性的木料挖空制成,比赛时两方跑马争夺,用球杖击球,向对方进攻,以击入多者一方为胜。马球源起于吐蕃,因唐太宗在长安街上见周边移民玩球,"比亦令习"而得到广泛开展。封演《封氏闻见记》卷6记载:

> 太宗常御安福门,谓侍臣曰:闻西蕃人好为打球,比亦令习,会一度观之。昨升仙楼有群蕃街里打球,欲令朕见,此蕃疑朕爱此,聘为之。以此思量帝王举动岂宜容易,朕已焚此球以自诫。[1]

虽然唐太宗焚球以示自诫,但这不过是一个姿态而已。唐代诸帝无不喜好此项运动,有的皇帝,例如玄宗、穆宗、敬宗、宣宗、僖宗、昭宗,不仅爱好走马打球,而且技艺颇高。玄宗早在为临淄王时,就曾和其他王子、驸马等人组队,和吐蕃队进行对抗赛。上有所好,下必仿效,马球不久便风靡各地,不仅须眉男子喜欢,一些体轻纤弱的宫女也投身这项运动[2]。

唐、五代是我国汉族丧葬礼俗发生较大改变的重要时期。欧阳修于《新五代史·周本纪·恭帝纪·赞》中说:"寒食野祭而焚纸钱,居丧改元而用乐,杀马延及任圜,则礼乐刑政几何其不坏矣。至于赛雷山、传箭而扑马,则中国几何其不夷狄矣。可谓乱世欤!"[3]按《旧唐书》卷130《王玙传》,玄宗时王玙任祠祭使,"专以祀事希悻,每行祠祷,或焚纸钱,祷祈福佑,近于巫觋"。可知焚烧纸钱一俗始于唐代,与周边民族内迁无关。但赛雷山、传箭而扑马等习俗,既被作为"几何其不夷狄矣"的证明,应自周边民族传入。

此外,唐代外来宗教的传入对局部地区的丧葬习俗也产生过影响。祆教认为狗是神圣的,人死以后要先让狗吃去尸体上的肉,肉尽,再收骸骨埋葬,不用棺椁。这种风俗也随祆教传入太原等地。在这里"有僧徒以习禅为业,及死不殓,但以尸送近郊以饲鸟兽。如是积年,

---

[1] 封演:《封氏闻见记》卷6,丛书集成初编本。
[2] 参见黄伟、卢鹰:《中国古代体育习俗》五《蔚为奇观的唐代体育习俗》,陕西人民出版社1995年版。
[3] 《新五代史》卷12,第125页。

土人号其地为'黄坑',侧有饿狗千数,食死人肉,因侵害幼弱,远近患之,前后官吏不能禁"[1]。

第五节

移民的汉化

文化的影响是双向的,在周边民族文化影响汉族的同时,汉族文化也对内迁的周边民族产生深刻的影响。在服饰方面,早在唐初长安一带已出现"胡着汉帽"即胡人戴汉式帽子的现象(详上),其他时期迁入的周边民族移民也都有一些人喜欢穿汉式服装。以回鹘人为例,他们在肃宗、代宗时开始大量进入中原,到代宗大历间已有不少人穿上汉服。为了避免与回鹘政权发生不必要的纠纷,代宗不得不下诏"回鹘诸蕃住京师者,各服其国之服,不得与汉相参"[2]。

虽然移民曾对汉族的丧葬习俗有一定的影响,但绝大多数的移民却在汉族文化的汪洋大海中丧失了自己的丧葬习俗。例如,居住在洛阳、长安的祆教徒,可能迫于环境的压力,在死了以后都不再实行宗教规定的葬法[3]。唐代夫妇合葬之风甚盛,在这方面周边移民,例如粟特人,往往也不例外。有的粟特人死后夫妇还一起葬于家族坟地,并于墓前立碑,这些都是汉族而不是西域的丧葬习俗[4]。

穿戴汉族服饰和改变丧葬习俗只是移民接受汉化的表层现象,通过学习汉族典籍改变思想意识无疑导致更深刻的汉化。铁勒移民、大将浑释之之子浑瑊,虽自小随父亲东西征战,但喜好读书,读过《春秋》《汉书》等汉族典籍;他因仰慕司马迁的《自序》,还著《行纪》一

---

[1] 《旧唐书》卷112《李暠传》,第3335页。
[2] 《唐会要》卷100《杂录》,第2136页。
[3] 参见刘迎胜:《丝路文化·草原卷》,第195—196页。
[4] 参见程越:《从石刻史料看入华粟特人的汉化》,《史学月刊》1994年第1期。

篇[1],汉化程度已相当高。在此方面,胡人安兴贵的后裔李抱玉兄弟提供了另一个事例。李氏祖先世代居住河西,善于养马。但到了李抱玉一代,诸兄弟纷纷迁居都城,学习汉族典籍,并且与士人通婚,因而"稍染士风"[2]。对于绝大多数的汉族士人而言,没有极深的文化修养是难以走通科举之路的,何况是来自周边的移民。但是,大中二年(848年)大食国人李彦升却以进士及第而名扬一时。时人陈黯作《华心》一文,对李彦升表示钦佩[3]。

人是环境的产物,对移民而言,生活在很不相同的环境中,逐渐接受所居地的文化,时间一久势必要对迁出地的环境感到陌生,更不用提他们的后裔了。贞元元年(785年),应于阗国王的要求,朝廷拟派尉迟胜之子尉迟锐返国任于阗国王。尉迟胜替儿子力辞,理由之一是:"锐生长京华,不习其俗,不可往。"[4]

在接受汉文化方面,沙陀移民提供了另外的例证。五代沙陀人以勇武善战著名天下,相继建立后唐、后晋、后汉三个王朝和北汉国。不过,沙陀人只在勇武善战这一点上仍体现出本民族的特点,在其他方面均已相当汉化。李克用长子、后唐开国皇帝李存勖就是这样的一位人物。他不仅是一位"善骑射,胆勇过人"的战将,而且"稍习《春秋》,通大义,尤喜音声歌舞俳优之戏"[5]。五代的另一位将领马重绩,"其先出于北狄,而世事军中",但他却"少学数术,明太一、五纪、八象、统大历"[6]。在这方面,一般的汉族士大夫都不能望其项背。

移民迁入中原以后,虽然仍有相当多的人笃信祆教、景教等本族原先的宗教,也有不少人受中原人民影响改变宗教信仰。例如周隋间迁居凉州的安氏,本来是所在地区的祆教首领,但到了安忠敬一代可能已信仰佛教。除此之外,在现存的石刻史料中还保留了大量的粟特移民信仰佛教的史料。考虑到隋唐时期粟特人民信奉的主要是祆教,

---

1 《新唐书》卷155《浑瑊传》,第4894页。
2 《旧唐书》卷132《李抱玉传》,第3645页。
3 载《全唐文》卷767。
4 《资治通鉴》卷232,德宗贞元元年十二月,第7467页。
5 《新五代史》卷5《唐庄宗纪》,第41页。
6 《新五代史》卷57《马重绩传》,第664页。

粟特移民及其后裔信奉佛教应主要是受了汉文化的影响。带有粟特人题名的佛教石刻资料，以8—10世纪的为多，反映了安史之乱以后粟特移民与本土联系越来越少，汉化的步伐加快，改变宗教信仰的人也不断增多这一历史事实[1]。

汉族人民和移民的互相通婚是促使他们汉化的重要途径。虽然唐代曾禁止这种通婚[2]，但这只是某种特定情况下的个别情况。向达先生指出："《唐会要》所纪贞观二年（628年）六月十六日敕，有诸蕃使人所娶得汉妇女为妾之语，代宗时回纥诸胡在长安，亦往往衣华服，诱娶妻妾。天宝以后，河陇陷于吐蕃，胡客留长安不得归，亦皆娶妻生子买田宅举质取利，安居不欲归。是时中外通婚数见不鲜，并为律所不禁也。"[3] 有关唐代汉蕃通婚的记载很多。广州"蕃僚与华人错居，相婚嫁，多占田营舍"[4]，就是一个例子。

粟特人是西域移民的主要部分之一。程越对粟特移民墓志的研究表明，粟特人的婚姻可分为胡姓联姻和非胡姓联姻两种，而非胡姓联姻主要是与汉族的通婚，随着居住时间的延长这种通婚变得更加普遍[5]。这一结论无疑是正确的，不过，需要补充指出，在粟特移民或后裔中胡姓联姻者只是一小部分人，大多数人可能都是胡汉联姻。在列于表3-3的粟特移民或后裔中，有5人的墓志铭提到他们配偶的姓氏或籍贯，石国人石崇俊娶洛阳罗氏，石国人曹明照嫁左骁卫将军折氏，康国人康从远娶上蔡人翟氏，某国人鞠信娶孟氏，4人的配偶均非胡姓而主要是汉人，只有安国人安菩娶何国移民为妻才算是胡姓联姻。文献载：贞元间，"胡客留长安久者，或四十余年，皆有妻子，买田宅"[6]，在当时的情况下他们的妻子大多应是汉人。

在汉族和周边民族杂居的沿边地区，胡汉人民同样互通婚姻。吐蕃攻入关中以后，往往掠夺汉族妇女，强迫其嫁与吐蕃人。据王建《凉

---

1 参见程越：《从石刻史料看入华粟特人的汉化》，《史学月刊》1994年第1期。
2 如《册府元龟》卷999载：开成元年"又准令式中国人不合私与外国人交通、买卖、婚娶、来往"。
3 《唐代长安与西域文明》，第97页。
4 《新唐书》卷182《卢钧传》，第5367页。
5 程越：《从石刻史料看入华粟特人的汉化》，《史学月刊》1994年第1期。
6 《资治通鉴》卷232，德宗贞元三年六月，第7493页。

州行》诗"多来中国收妇女,一半生男为汉语"[1],在河陇地区胡汉通婚是一种相当普遍的现象。

胡汉通婚产生了越来越多的混血儿,无论他们是随汉姓还是随胡姓,都已不是纯粹的胡人或汉人了。时间越长,胡人后裔的汉人特征越加明显,离祖先的胡人特征越来越远。例如,唐后期的某年,迁入中原已达三代的胡人后裔宋察的妻子游氏忽生一儿,深目高鼻,宋察怀疑不是自己的后代,差一点要将他弄死[2]。

随着汉化的加深,一些移民纷纷改易汉姓。例如柳城李氏,本奚族,不知何氏,至宝臣时为汉族张姓养子,改姓张,后又蒙朝廷赐姓李。鸡田李氏,本河曲部落稽阿跌之族,至李光进时朝廷赐姓李。代北李氏,本沙陀部落,姓朱邪氏,至国昌时朝廷赐姓李。安东王氏,本阿布思之族,世隶安东都护府,到五哥之时任左武卫将军,其后裔改姓王[3]。

到北宋时期,中原文献中已无突厥、胡人、吐蕃、沙陀等周边民族成员的记载,表明经过唐后期五代的民族融合,周边民族的移民都已融合在汉文化之内,无复区别。

---

1 载《全唐诗》卷298,第3374页。
2 张鷟:《朝野佥载》卷5。
3 以上据《新唐书》卷75下《宰相世系》。

第七章

汉族人口向边疆的迁移

在周边非汉民族逐步内迁的同时,与其相反方向的移民——汉族人口往边疆地区的迁移也在进行中。虽然外迁的汉族移民的人数可能少于内迁的周边民族移民,但对边疆地区的经济文化发展仍产生重要影响,从而构成隋唐五代中原和边疆,乃至中国和外国文化交流的一个部分。

第一节

迁 移 原 因

汉族是农业民族,人民大多安土重迁,不愿轻易离开自己的家乡。边疆地理环境与中原有较大的区别,长期以来主要是非汉民族的家园,经济和文化与中原存在着较大的差异,往往被许多汉族人民视为畏途。因此,历史上汉族人民向边疆地区的迁移,大多是在某种特殊情况下,被迫进行的。隋唐时期汉族人民往边疆的迁移,主要有几种类型:被掳掠,被俘,被流放,参加屯田,躲避战乱,逃避赋役,因犯罪逃跑,等等。除了最后三类及部分屯田者是自愿前往以外,其余都属于强制性迁徙。就人数而论,被强制性迁徙的人远远多于自愿迁徙者。

隋唐之际,东突厥曾大举侵入中原地区。唐安史之乱后,吐蕃军队屡次大举进犯关中,南诏也数度长驱直入成都平原。这些民族社会发展程度较低,有的尚处于奴隶制阶段,有的虽已进入封建社会,但仍使用一定的奴隶劳动。为了补充奴隶来源,他们每进入中原,都要大肆掳掠汉族人民,带到境外。这种掳掠式的人口迁移规模甚大。

唐高祖武德三年(620年),突厥处罗可汗弟步利设率军"会并州(治今山西太原市南)三日,多掠城中妇人女子去"。武德五年,突厥颉利部抄掠汾(治今山西汾阳市)、潞(治今山西长治市)二州,"取男女五千"[1]。九年,李世民与东突厥颉利可汗盟于长安附近的便桥上,李世民要求颉利将"所掠中国户口者"全部归还[2]。贞观初唐军准备进攻漠北,大臣张公谨列举突厥可取的理由,其中之一是:"华人入北,其类实多,比闻自相啸聚,保据山险,师出塞垣,自然有应。"[3]

自太宗贞观元年(627年)开始,唐和东突厥双方的力量对比开始朝着有利于唐的方向发展。三年,120余万人自塞外迁入中原,其中小部分是自中原流落草原的汉人(详第五章第一节)。四年(630年),唐又用金币赎还没于突厥的男女8万口[4]。尽管这样,贞观二十一年仍有不少汉人流落在漠北未归。这一年平定薛延陀,太宗发布《赎取陷没蕃内人口诏》,说:"隋末丧乱,边疆多被抄掠。……如闻中国之人先陷在蕃内者,流涕南望,企踵思归,朕闻之恻,深用侧隐";并派人往漠北的燕然等州,以财物赎还汉人[5]。

在掳掠人口方面,吐蕃和南诏丝毫不比突厥逊色。吐蕃掳掠人口

---

1 《新唐书》卷215上《突厥传》。
2 《旧唐书》卷194《突厥传》,第5158页。
3 《旧唐书》卷68《张公谨传》,第2507页。
4 《资治通鉴》卷193,太宗贞观五年五月乙丑,第6069页。
5 《全唐文》卷8,第37页;参见《新唐书》卷217下《回鹘传》。

的主要地区是河西走廊和关陇地区,先后持续近100年时间。仅贞元三年(787年)一年的掳掠,便使得关陇地区的泾(治今甘肃泾川县)、陇(治今陕西陇县)、邠(治今陕西彬州市)等州几无人迹[1]。南诏曾数次长途侵入剑南道,攻到成都城下,又两陷交趾,进犯邕州(治今广西南宁市)。仅文宗大和三年(829年)北侵,"大入成都,自越嶲(今四川西昌市)以北八百里,民畜为空"[2]。战乱死亡和被掳掠是这一带"民畜为空"的主要原因。无论是吐蕃还是南诏,一般都把战俘与强行掳去的汉人充作奴隶。因此,能够返乡的为数很少。

安史乱后,回鹘应唐之邀出兵助唐作战,进入中原。回鹘在中原也有掠人之举,诗人戎昱曾作诗数首,对此进行揭露。"回鹘数年收洛阳,洛阳士女皆驱将"[3],可见在洛阳掳掠的人口数量不少。这些被掳掠的人,有的半途逃脱或死亡,有的被带到漠北。他说一位洛阳女子:"上马随匈奴,数秋黄尘里。生为名家女,死作塞垣鬼。乡国无还期,天津哭流水。"[4]诗人刘商也赋诗记一位女子被掠入漠北:"一朝虏骑入中国,苍黄处处逢胡人。忽将薄命遇锋镝,可惜红颜随虏尘。""马上将余向绝域,厌生求死死不得。……行尽天山足霜霰,风土萧条近胡国。"[5]有的人以后便留居漠北。例如,德宗时来唐的回鹘使节药罗葛灵,原姓吕,为汉人,入漠北以后被回鹘可汗收为养子,改从可汗的姓,并留在漠北[6]。

隋代曾几次远征高丽,因作战失败沦为战俘滞留不归者甚多。武德五年(622年),唐从高丽索回隋军战俘1万余人[7],还有大量的战俘因已定居高丽而未返回(详下)。唐初被东突厥俘去的战俘为数不少,不过东突厥立国较短,被灭后战俘大多还乡。天宝以后,唐军在与吐蕃、南诏作战中多次战败,不少军人沦为战俘。仅天宝年间对南诏战

---

1 《旧唐书》卷196下《吐蕃传》,第5256页。
2 《新唐书》卷215上《突厥传》,第6027页。
3 《听杜山人弹胡笳》,《全唐诗》卷270,第3011页。
4 《苦哉行五首》,《全唐诗》卷270,第3007页。
5 《胡笳十八拍》第一拍和第二拍,《全唐诗》卷23,第300页。
6 《新唐书》卷217上《回鹘传上》,第6125页。
7 《旧唐书》卷199上《高丽传》,第5321页。

争便损失25万人,多数沦为战俘[1]。

为加强边防,就地解决军队的粮食供应问题,隋唐都在沿边地区屯垦。隋代屯垦主要在今长城以北和河西走廊等沿边地区。唐代在东起今辽宁、西至今新疆、青海的沿边地区都搞过屯垦。屯垦分军屯、非军屯两种。军屯系由军队组织经营,主要以兵士耕作。唐开元以后,军事制度发生很大的变化,士兵长驻防地,允许携带家口,并出现专门从事屯田的军队,某些军屯已具有移民性质。如幽州北榆关(今河北秦皇岛市抚宁区东)的唐朝戍兵,便"常自耕食,唯衣絮岁给幽州,久之皆有田宅,养子孙,以坚守为己利"[2]。此外,中唐前后政府还规定:士兵服役将满,"有愿留者,即以所开田为永业。家人愿来者,本贯给长牒续食(即由所经的郡县提供途中吃住)而遣之"[3]。这些军人的家属自然也成为边地移民的一部分。

唐前期的非军人屯田者多来自到此服徭役的农民,因而不能算移民。贞元元年(785年)德宗下诏:"天下应荒闲田,有肥沃堪置屯田处……以诸色人及百姓情愿者使之营佃。"[4]此后,各地的民屯多招募流民浮客耕种,边疆地区同样如此[5]。

非军人屯田者还有流放的犯人。唐代流放西北边地的犯人主要从事屯田,流放年限大多以六七年为期,但根据穆宗长庆元年(821年)《改元赦文》,流放天德军的流人10年期满才可放回,"情愿往者亦任"[6]。某些边疆地区的流放者,甚至因地方官以边防要地不可放还为借口,至死不得归乡[7]。在边疆长期居住的犯人自然已成为移民。

唐代逃户问题相当严重。由于边疆远离中原,政府统治鞭长莫及,一些逃避赋税徭役的人民便向边疆迁移。庆州怀安县(今甘肃华池县西北)原本是党项部落的生活区域,不设县;由于汉族逃户迁入,

---

1 详见方国瑜:《唐宋时期洱海地区的汉族移民》,《人文科学杂志》1957年第1期。
2 《新五代史》卷72《四夷附录·契丹传》,第892页。
3 《资治通鉴》卷232,德宗贞元三年六月,第7494页。
4 陆贽:《冬至大礼大赦制》,载《全唐文》卷461,第2085页。
5 参见黄正建:《唐代后期的屯田》,载《中国社会经济史研究》1986年第4期。本节屯田劳动者部分吸收了此文的成果。
6 引自《文苑英华》卷426,中华书局影印本。
7 王播:《请放还配流人奏》,《全唐文》卷615,第2755页。

并形成一定数量的固定人口,开元十年(722年)设县[1],便是一证。开元十六年十月,唐玄宗下诏:"诸州客户有情愿属缘边州府者,至彼给良沃田安置,仍给永年优复。宜令所司即与所管客户州计会,召取情愿者,随其所乐,具数奏闻。"[2]由于政府采取鼓励措施,应该还有一些为生计所迫的汉族农民主动迁往人少地多的边区垦种。他们中,一部分人参加屯田,一部分分散在农村单独经营。

隋末中原大乱,因避乱进入东突厥和西域的中原人民数量不少。贞观初太宗指出:"自隋季道消,天下沦丧,衣冠之族,疆场之人,或寄命诸戎,或见拘寇手。"[3]

还有一些人为逃避赋役迁入边地,姚州(治今云南姚安县北)便有2 000余户因此种原因而迁入的移民[4]。唐初名将李勣的子孙在武则天时因徐敬业造反受牵连,大多人被诛杀,"偶脱祸者,皆窜迹胡越"[5],则是因犯罪而逃往边疆的汉族移民。

唐代曾有22位公主远嫁奚、契丹、吐谷浑、吐蕃、突厥、回鹘、突骑施、宁远等边疆民族的首领[6]。公主和亲往往要随带一批侍从和工匠艺人,朝廷为和亲也要满足边外政权的要求。例如,文成公主远嫁吐蕃,朝廷派造酒、制碾硙、造纸、制墨工匠入蕃,又派"中国识文之人典其表疏"[7]。

此外,姚州的事例(详下)说明,戍兵不归也是边区移民的一个部分。张乔《河湟旧卒》诗咏一位军人:"少年随将讨河湟,头白时清返故乡。十万汉军零落尽,独吹边曲向残阳。"[8]这位军人戍守河湟几十年,实际也是移民。

还有个别在边疆担任地方官的汉族官员因某种原因留居当地。瓜州长乐县(今甘肃瓜州县东南)人曹通的祖先,本是沛国谯人,"近代因官遂居于瓜州之长乐县"[9],便是一例。

---

1 据《元和郡县图志》卷3,第69页。
2 《唐会要》卷84《移户》,第1840页。
3 《对高昌诏》,《全唐文》卷6,第27页。
4 张柬之:《请罢姚州屯戍表》,《全唐文》卷175,第786页。
5 《旧唐书》卷67《李勣传》,第2492页。
6 参见邝平章:《唐代公主和亲考》,《史学年报》第2卷第2期。
7 《旧唐书》卷196上《吐蕃传》,第5222页。
8 《全唐诗》卷639,第7326页。
9 杨炯:《曹君神道碑》,《全唐文》卷194,第865页。

以下试分区域论述汉族移民的简况。

第二节

漠南地区

本区相当于今内蒙古中部阴山以南地区和陕西省北部边境。

隋开皇年间（581—600年），朔方总管赵仲卿在该地区大兴屯田，"事多克济，由是收获岁广，边戍无馈运之忧"[1]。隋末东突厥迁入漠南，隋军难以坚守，被迫撤出，并迁丰州的汉族百姓到宁（治今甘肃正宁县）、庆（治今甘肃庆阳市）二州[2]。

隋末唐初东突厥势力强盛，中原战乱，一些北方人民为避战乱逃入草原。东突厥立隋皇室杨正道为隋王，居住在定襄城（今内蒙古和林格尔县西北），并将逃入漠南草原的汉族人民悉数归其管辖，拥众1万余人，下设百官[3]。贞观四年（630年）东突厥溃败，这些汉人陆续返回中原，漠南地区又成为突厥降众和胡人的安置地，至贞观末才开始招募内地汉人前来垦种[4]。据《旧唐书·地理志》，夏（治今陕西靖边县北白城子）、胜（治今内蒙古托克托县南黄河南岸）、宥（治今鄂托克旗南）、丰（治今五原县南）、麟（治今陕西神木市北）五州，天宝年间有户25 724，口127 252，汉族人户绝大多数应是移民或移民后裔（参见图7-1）。

漠南是唐代防御漠北游牧民族南下的前线，驻兵颇多。睿宗景云二年（711年），仅朔方大总管解琬在此削减东、西、中三受降城的戍兵便达10万人[5]，可见兵力之多。为就地解决军粮问题，唐在此进行较

---

1 《隋书》卷74《赵仲卿传》，第1696页。
2 《旧唐书》卷93《唐休璟传》，第2978页。
3 《资治通鉴》卷188，武德三年二月。
4 《旧唐书》卷93《唐休璟传》，第2978页。
5 《资治通鉴》卷210，睿宗景云二年六月，第6666页。

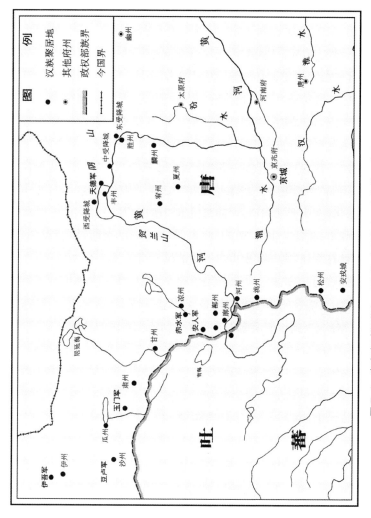

图 7-1 唐玄宗时期漠南、河西和今青藏高原东部的汉族主要聚居地

大规模的屯垦。这里是全国重要的屯田区之一,《文献通考》卷7述及唐代屯垦情况,便多次提到本区。

漠南是唐代犯人的主要流放地之一,流人甚多,成为当地汉族人口的重要来源。武则天时因越王贞谋反牵连而缘坐者六七百人,籍没者5 000口,全都流放到丰州[1]。宣宗大中四年(850年),朝廷规定:"徒流比在天德(军,今内蒙古乌拉特前旗东)者,以十年为限,既遇鸿恩,例减三载。但使循环添换,边不阙人,次第放归,人无怨苦。"[2] 流人放归能造成边地缺人,可见他们在当地汉人中所占比重之高。

德宗以后,漠南的屯田达到高峰。建中元年(780年),宰相杨炎征发关中人民到此开陵阳渠,虽然渠未能挖成,但振武军(在今内蒙古和林格尔县西北)和天德军一带"良田广袤千里",垦荒收到成效。宪宗元和(806—820年)中,韩重华又在振武军—中受降城(今包头市西南)—云州(今山西大同市)之间募民组织屯田,共15屯,每屯130人,人耕100亩,共计劳动力近2 000人,垦田3 800余顷,岁收粟20万石。如计算家属,则与此次屯田有关的汉人可达1万人左右[3]。

唐懿宗的《即位赦文》和僖宗的《南郊赦文》都提到漠南的天德等五城的流人,懿宗的赦文并说流放年限满的流官"如情愿便住者,亦听"[4]。据此,直到唐末漠南仍有很多包括流人在内的汉人。

第三节

河 西 走 廊

本区相当今甘肃乌鞘岭以西地区。

---

1 《旧唐书》卷89《狄仁杰传》,第2887页。
2 《旧唐书》卷18下《宣宗纪》,第626页。
3 均见《新唐书》卷53《食货志》,第1372—1373页。
4 分别载《全唐文》卷85和卷89。

自北魏以来,当地民族主要是游牧民族。隋代河西走廊只有3郡9县,县数较西汉减少四分之三。唐初贞观四年(630年)灭东突厥,此后直到吐蕃占领河西走廊,汉族人口都在增加。贞观十三年,河西走廊的凉、甘、肃、瓜四州著籍户口,为户14 052,口56 150;天宝十一年(752年),四州著籍户、口分别达31 553和155 836,较前一年代分别增加1.25倍和1.78倍[1]。以州而言,在此期间凉州(治今武威市)的口数和户数分别增加2.6倍和1.7倍,甘州(治今张掖市)分别增加0.9倍和1.1倍,肃州(治今酒泉市)分别增加0.2倍和0.3倍,瓜州的口数增加0.2倍。显然,唐前期汉族著籍人口主要集中在东部的凉州和甘州,人口增长以东部两州最快,西部诸州较慢,反映了人口增加主要由于中原移民迁入(参见图7-1)。

　　唐初河西走廊仍以游牧民族的畜牧经济为主,贞观以后朝廷在此组织汉人进行屯田,农业经济才开始了曲折的发展过程。武则天执政时,走廊的农业中心在甘州一带。甘州有屯田40多屯,"诸屯犬牙相见,所聚粟、麦积数十万。田因水利,种无不收",年产粮20余万石。粮食除自给外,还供应瓜、肃诸州[2]。到玄宗前后,全走廊的农业生产都有了发展,甚至连最西部的沙州,州城一带也有发达的灌溉农业。据开元年间的记载,河西走廊有屯田49万亩,其中凉州为18万亩,甘州为25万亩,肃州有3.5万亩,玉门有2.5万亩[3]。由于汉族移民的开垦,到天宝末,包括河西走廊在内的陇右道已成为"闾阎相望,桑麻翳野"的以农业为主的富庶地区[4]。

　　除了民屯,河西走廊还有一定规模的军屯。为了防备吐蕃的北上,唐在河西走廊屯驻重兵。河西节度使下辖蕃汉兵2.6万人,其中赤水军(驻凉州)1万人,玉门军(驻今玉门市北)和豆卢军(驻今敦煌市)各0.2万人,各军"公私营种,且耕且战"[5]。

---

1 《旧唐书》卷40《地理志》。另有沙州,只有贞观户数,缺天宝户数,贞观户为4 265,口为16 250。
2 陈子昂:《为乔补阙论突厥表》《上西蕃边州危事》,分别载《全唐文》卷209和卷211。
3 据赵永复:《历史时期河西走廊的农牧业变迁》,《历史地理》第4辑,上海人民出版社1986年版。本节吸取了此文的研究成果。
4 《资治通鉴》卷216,玄宗天宝十二载八月戊戌,第6919页。
5 玄宗:《命备吐蕃制》,《全唐文》卷23,第111页。

安史之乱发生以后,唐军主力东调,吐蕃趁机占领走廊及其两侧的广阔地区,"自安西以东,河、兰、伊、甘及西凉,至于会宁、天水,万三千里,凡六镇十五军,皆为西戎有"。为了迅速攻占各地,吐蕃多采取要城不要人的做法,允许唐军和城中汉人东归中原[1]。因此,在吐蕃占领的初期,河西走廊的汉人有所减少。但是,唐军仍有相当部分为吐蕃俘虏。一位"少年随父戍安西,河渭瓜沙眼看没"的唐朝军人便为吐蕃所俘,并看见其他军人"少壮为俘头被髡,老翁留居足多刖"[2]。

吐蕃攻入陇右道东部和关中,许多汉人被掠入吐蕃统治区(详下),包括河西走廊。此外,唐末又有一批汉族移民来到河西走廊。大中二年(848年)沙州人张义潮驱逐吐蕃守将,后又夺取凉州,唐因以义潮为节度使,发郓州(治今山东东平县)兵2500人前往守戍。唐亡,天下大乱,凉州为党项所隔,郓州兵无法返回,只好留居此地,故北宋人说"今凉州汉人皆其戍人子孙也"[3]。

第四节

西 域 地 区

西域与中原距离遥远,但自汉代以来,本区特别是位于葱岭以东的今新疆维吾尔自治区,即与中原保持着较多的联系,并有一些汉人因各种原因移住境内。"自葱岭(今帕米尔高原)、于阗(今新疆和田市)之东,敦煌、酒泉、张掖之间,华人来往非少,从后汉至大唐,图籍相承,注记不绝"[4],即是对此种情况的反映。

大业年间,隋朝的军事力量进入西域。将军薛世雄于大业四年

---

1 沈亚之:《西边患对》,《全唐文》卷737,第3372页。
2 元稹:《缚戎人》,《全唐诗》卷419,第4619—4620页。
3 《新五代史》卷74《四夷附录·吐蕃传》,第914页。
4 《通典》卷174。

(608年)攻破伊吾城(今新疆哈密市),在此筑城,留银青光禄大夫王威率甲卒1 000余人戍之[1]。五年,在吐谷浑故地置鄯善(治今若羌县)、且末(治今且末县南)等郡,次年又置伊吾郡(治今哈密市),将天下罪人配为戍卒,于此诸郡屯田[2]。唐代大诗人李白的祖先便是隋末因罪而徙居西域的,于唐神龙初始遁还中原[3]。

唐贞观四年(630年),唐军开始进入西域,先后设立安西四镇和安西、北庭二都护府。自高宗时起,吐蕃向西域扩张,攻占一些原为唐军控制的地区。武周长寿元年(692年),唐军克复一度废止的安西四镇,复于龟兹(今库车县)置安西都护府,并在西域屯驻重兵[4]。天宝年间,唐在西域境内驻兵4.4万人。其中,安西节度使驻龟兹城内,管戍兵2.4万人,焉耆(今县境)、于阗(今和田市)、疏勒(今喀什市)都是其驻兵地;北庭节度使驻北庭都护府(今吉木萨尔县北),管兵2万人,分别驻在北庭府城、天山军(今吐鲁番市东)和伊吾军(在今巴里坤湖西北)[5]。唐军均来自中原[6]。

由于西域距中原路途遥远不便运输,为了解决军粮供应问题,唐朝在此广开屯田。据《唐六典》卷7所载屯数,安西都护府有20屯,疏勒和焉耆皆有7屯,北庭都护府有20屯,伊吾军和天山军各1屯。按各屯"大者五十顷"计算,共有耕地2 800顷。今巴里坤、焉耆、库车、轮台等地,仍保存许多唐代屯田的遗址[7]。

安西四镇是安史乱前唐政府安置流放犯人的主要地区之一,因此,除了军人、屯田农民,流人也是汉人的组成部分[8]。

安史之乱以后,西域通往中原的主要通道河西走廊为吐蕃占领,区域东部的一些城市为吐蕃攻占。但北庭节度使李元忠、安西节度使郭昕率唐军仍在二地长期坚守孤城,至贞元六年(790年)以后二城相

---

1 《资治通鉴》卷181,第5642页。
2 《隋书》卷24《食货志》,第687页。
3 《新唐书》卷202《李白传》,第5762页。
4 《旧唐书》卷198《龟兹传》,第5304页。
5 《旧唐书》卷38《地理志》,第2385页。
6 《旧唐书》卷198《龟兹传》,第5304页。
7 参见钮仲勋:《历史时期新疆地区的农牧开发》,《中国历史地理论丛》1987年第1期。
8 玄宗:《分遣蒋钦绪等往十道疏决囚徒宣慰百姓制》,载《全唐文》卷23,第110页。

继陷落,唐军均无人返回中原[1]。文献未载西域的屯田农民和流人迁回中原,估计也只能滞留当地,成为移民。

汉族移民以西州(今吐鲁番、鄯善、托克逊等市县)境内较多(参见图7-2)。这里本是高昌国境,贞观四年东突厥国灭,一部分依附于东突厥的汉人逃入高昌,为高昌王收留。贞观十四年,唐朝攻高昌,理由便是索要这部分汉人。唐灭高昌后,原高昌国君、大臣及豪右皆徙往中原[2]。改设西州,每年调1000余名军人来此戍守[3]。太宗还下诏,凡"在京及诸州死罪囚徒,配西州为户,流人未达前所者,徙防西州"[4],西州成为全国死罪囚徒定居和流人流放的地方。

《旧唐书》卷83《郭孝恪传》叙贞观十六年事,说西州:"其地高昌旧都,士流与流配及镇兵杂处,又限以沙碛,与中国隔绝。"可见由于高昌国灭以后的人口变迁,来自中原的汉族移民已成为当地人口的主要部分。不过,不可否认在唐之前高昌已有不少汉人。据《唐代墓志汇编》收集的交河县(西州属县)的墓志,有一些死于贞观十五年到高宗永徽五年(654年)的县人,名字均是刘春秋、辛英强、王朋显、孟隆武等汉人姓名[5],显然在唐军平高昌之前当地已有很多汉人,其中有的明确称自己的祖先来自中原,为汉族移民的后裔[6]。

龙朔(661—663年)以后,流人的流放地扩大到庭州(今乌鲁木齐、玛纳斯、昌吉、奇台、木垒等市县)等地。大臣裴仙、杨德裔、李义府诸子及其女婿,都在高宗和武周时流放庭州。裴仙流放五年后在此娶胡女为妻,"以财自雄,养客数百人",至中宗复位后才得以东归[7]。《元和郡县志》卷40说庭州:"其汉户,皆龙朔已后流移人也。"此外,庭

---

1 《唐会要》卷73《安西都护府》。
2 《旧唐书》卷198《高昌传》,第5296页。
3 《新唐书》卷221上《高昌传》,第6222页。
4 《旧唐书》卷3《太宗纪》,第54页。
5 详见《唐代墓志汇编》,第56、93、106、123页。
6 如张怀寂祖先,本南阳白水人,后迁敦煌,后代再迁高昌。见阙名:《张府君墓志铭并序》,载《唐代墓志汇编》,第854页。
7 参见《新唐书》卷117《裴仙传》,第4249页;《资治通鉴》卷201,高宗龙朔三年三月,第6334—6335页。

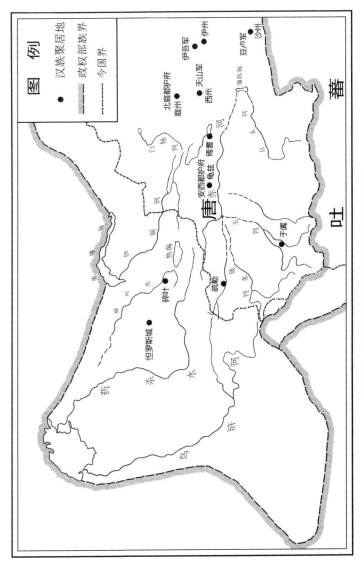

图7-2 唐玄宗时期西域地区的汉族主要聚居地

州还有一些因其他原因迁入的汉族移民。京兆府云阳县人蒋化明就是在开元年间,因在庭州为他人赶牲口,"乃即附户为金满县百姓"[1]。

龟兹是安西节度使驻地,主要屯兵地和屯田地,有较多的汉人。在龟兹附近的库木土拉石窟中,半数以上的壁画具有中原汉族的风格。这种风格以及窟室中的供养人皆穿唐式圆领的汉装,表明它的作者以及出资建窟、绘制壁画的施主都不是当地的龟兹人,而是中原来的汉人[2]。慧超于开元十五年赴印度取经途经库车,也观察到当地有两所汉族僧侣主持的寺院。其中,大云寺的寺主、都维那、上座等人都来自京城的寺院,龙兴寺寺主法海则是生于长安西的汉人[3]。由于龟兹的汉人众多,很可能已在当地形成一个汉人城。自长寿元年复置安西四镇,此后的100余年间这一带都在唐朝的控制下。即使贞元六年吐蕃占领以后,龟兹的汉人仍奉唐朝正朔,以唐的臣民自居,因而库木土拉石窟中有很多唐末年号的题记[4]。

于阗是天山南道的大镇,也有一些来自中原的汉族僧侣。慧超在此看到,于阗有一汉寺,名龙兴寺,寺主和住持都是汉僧[5]。此外,考古发掘发现了汉文"护国寺"字样,并有众多汉僧的法号,在当地发现的佛教壁画也与内地有浓厚的渊源关系。这一切说明,于阗的唐朝驻军及可能为满足其宗教需要而来的汉族僧侣,已深深影响于阗的佛国世界[6]。

贞观年间,当玄奘西天取经,路经呾逻私(又译怛罗斯,估计在今哈萨克斯坦江布尔)以南的小孤城,看到城中"三百余户,本中国人也,昔为突厥所掠,后遂鸠集同国,共保此城,于中宅居。衣裳去就,遂同突厥;言辞仪范,犹存本国"[7]。呾逻私城位于安西都护府的西界,离中原相当遥远。据此以及李白祖先隋末流放于碎叶(今吉尔吉斯斯坦

---

1 载国家文物局古文献研究室、新疆维吾尔自治区博物馆、武汉大学历史系编:《吐鲁番出土文书》第9册,文物出版社1985年版。
2 参见吴焯:《佛教东传与中国佛教艺术》第六章第五节,浙江人民出版社1991年版。
3 慧超:《往五天竺国传》,敦煌古室遗书本。
4 参见吴焯:《佛教东传与中国佛教艺术》第六章第五节。
5 慧超:《往五天竺国传》。
6 参见吴焯:《佛教东传与中国佛教艺术》第六章第四节。
7 玄奘:《大唐西域记》卷1《小孤城》,上海人民出版社点校本。

托克马克附近),估计在今哈萨克斯坦、吉尔吉斯斯坦等中亚国家唐代属于安西都护府境内的一些地方,都可能有一些因各种原因迁入的汉人。

早在两汉时期,中原的政治文化影响已进入西域。唐代长期在此屯兵,控制各国政治,保卫丝绸之路安全,政治上的影响自不必言,文化上的影响,无论是覆盖区域还是影响深度,都远远超过前代。在安西出土过《史记·仲尼弟子列传》和《汉书·张良传》的唐代写本,高昌等地多处发现《论语郑氏注》写本,表明中原书籍在此流传。一些土生土长的西域人民也喜读中原的书籍。例如,世居安西的突骑施人哥舒翰,好读《左传》及《汉书》,汉化甚深。在宗教方面,在 8 世纪末叶以前西域有不少的汉僧汉寺。就汉寺而言,除了以上所提到龟兹的大云寺和龙兴寺、于阗的龙兴寺,还有龟兹的莲花寺、碎叶及疏勒的大云寺、北庭、高昌的龙兴寺,于阗及其附近的护国寺、开元寺。艺术上,在西域各地发现的唐代宗教画和世俗画上,往往都能见到汉式的风景树木和贵妇人形象。甚至中亚民族突骑施钱币的形制,也是仿制中原的方孔圆圜钱,而远在北高加索山区的库班河上游还发现过大量的中国唐末的绢画和文书及丝织品[1]。汉族移民的迁入无疑是唐代中原文化影响扩大的主要原因之一。

西州是汉族在当地人口中占比重最大的地区,加之最靠近河西走廊的地理位置,受到中原文化的深刻影响。这一点已得到文物考古的证实。境内的高昌、交河二个故城的平面布局,均与唐代长安城有相似之处。唐墓中发现不少糕点,特别是在木碗中盛有完整的饺子,表明当地的主食已与中原差不多。墓葬出土的文书证明,唐代在此实行与中原一致的土地、人口管理制度以及城市的坊曲编户制度。甚至武则天新造的异体字,很快就在这里得到普遍使用[2]。

天宝十载(751 年),安西节度使高仙芝率 2 万人在怛罗斯与大食

---

[1] 以上参见张广达:《论隋唐时期中原与西域文化交流的几个特点》,载《西域史地丛稿初编》,上海古籍出版社 1995 年版。
[2] 据秦浩:《隋唐考古》,第 443—456 页。

(即阿拉伯帝国)军队交战,唐军大败,只剩数千人,其余均被杀被俘[1]。唐军俘虏经石国(今乌兹别克斯坦塔什干)、亚梅(今土库曼斯坦查尔周)、末禄(今土库曼斯坦马里)被押送到大食后方。一位叫杜环的俘虏在大食居留10年后搭海船归国,写了《大食国经行记》[2],介绍在西亚所见。据此文记载,他在大食都城见到来自京兆(今西安市)的画匠和来自河东的织络工匠。

据阿拉伯史料记载,战俘中还有造纸、造兵器和各种工具的人。9世纪上半期的一位阿拉伯作家留下一篇回鹘行纪,提到"穆斯林掳获甚丰,掳来的一些人的孩子们就是现在在撒麻耳干制造上好纸张、各种兵器、各种工具的人"。据国外汉学家的考证,这些俘虏的孩子们就是怛罗斯战役中唐军俘虏的子弟。今乌兹别克斯坦的撒马尔罕遂成为当时西域造纸业的中心,造纸术由此传入今叙利亚的大马士革和伊拉克的巴格达,进而传到世界各地。此后,"撒马尔罕纸"成了西方对汉式绵纸的正式称呼[3]。

除了造纸术,战俘可能还对西亚的丝织业、绘画等方面做出贡献。在唐代以前,西亚的丝织业以在今伊朗、叙利亚等国境内的穆斯林地区最为发达。怛罗斯战役之后,由于工匠进一步把中国的丝织技术带入阿拉伯世界,织造锦缎等高级丝织品的手工业迅速发展起来[4]。10世纪大食著名地理学家马素迪(Mad'udi)曾在其著作中提到,那时有一位中国人在集市中于一幅绢上作画,画一只鸟栖息在一棵草上。此画在集市上展示了很长时间,得到每一个过路人的赞叹。美术史专家认为这则故事是可靠的,说明中国画在唐末宋初已经传到西亚并为当地人民所欣赏。大食帝国分裂以后,在绘画中有一个流派称为"法蒂玛画派",深受中国画风影响[5]。这位中国画家或许是怛罗斯之战

---

1 《旧唐书》卷109《李嗣业传》,第3298页。
2 载《全唐文》卷956。
3 据张广达:《海舶来天方,丝路通大食》,载《西域史地丛稿初编》;刘迎胜:《丝路文化·草原卷》,第149页。
4 据张广达:《海舶来天方,丝路通大食》,载《西域史地丛稿初编》。
5 马丁:《波斯、印度和土耳其的工笔画和画家,8—18世纪》,转引自刘迎胜:《丝路文化·草原卷》,第347—348页。

后西迁的移民后裔。移民虽然人数不多,但在传播中国的文化和技艺方面所起的作用是不可低估的。

吐蕃占领河西走廊以后,汉人对西域的移民基本停止。

第五节

青藏高原

隋唐时期汉族对今青藏高原的移民,始于隋大业五年(609年)。该年,隋在今青海省北部置西海(治今青海湖西)、河源(治今兴海县东)二郡,并"发天下轻罪徙居之",实行屯田。约不到10年时间,吐谷浑卷土重来[1],屯田废,汉人当多返回中原。

贞观年间,唐军击败吐谷浑,开始控制青藏高原北部。不久,吐蕃向北扩张,也进入青藏高原北部。高宗上元三年(676年),吐蕃进攻鄯(治今青海海东市乐都区)、廓(治今青海化隆县西)等州,与守边的唐军发生战争。唐朝不得不在边境要地派重兵镇守,"召募关内、河东及诸州骁勇,以为猛士,不简色役",又派剑南、山南的军队和曾任过文武官员的人前往守戍,并在茂州西南筑安戎城(在今四川茂县西南)[2]。此后,唐在今青藏高原的东、北、西三面均置重兵。其中,青藏高原的北部属陇右节度使辖区,天宝年间统兵7万人,下辖10军3守捉,分别屯驻在鄯州、洮州(治今甘肃临潭县)、河州(治今甘肃临夏市)和廓州(治今青海化隆县西)一带[3]。青藏高原的东部山地也驻有重兵,其中驻在松州(治今四川松潘县)等地的唐军高宗时已接近1万人[4]。

为了防御吐蕃的扩张,不仅要"岁调山东丁男为戍卒,缯帛为军

---

1 《隋书》卷83《吐谷浑传》,第1845页。
2 《旧唐书》卷196上《吐蕃传》,第5223—5224页。
3 《旧唐书》卷38《地理志》,第1388页。
4 陈子昂:《上蜀川军事》,《全唐文》卷211,第941页。

资",而且要"有屯田以资糇粮,牧使以娩羊马"[1],青藏高原北部成为唐的重要屯田区。其中,以黑齿常之部在河源军(驻今西宁市境)的屯田规模最大,共开屯田5 000顷,岁收粟100余万斛[2]。据《唐六典》卷7载,开元年间安人军(在今湟源县西)、白水军(在今大通县西)、积石军(在今贵德县南)、绥和守捉(在今西宁市湟中区南)等地也有屯田。

从高宗时开始至安史之乱爆发,唐在青藏高原北部驻屯重兵长达七八十年。许多军人"少年随将讨河湟,头白时清返故乡"(见上),守边几十年。那些军营所在地和屯田地,长期来人烟熙熙,已形成颇具规模的村落。有的村落,在吐蕃完全占领青藏高原北部以后,仍存在了很长的时间。在吐蕃占领后40多年的贞元二十年(804年),吕温出使吐蕃,经过原河源军驻地,赋《经河源军汉村作》诗:"行行忽到旧河源,城外千家作汉村。樵采未侵征虏墓,耕耘尤就破羌屯。金汤天险长全设,伏腊华风亦暗存。暂驻单车空下泪,有心无力复何言。"[3]诗中展示的仍是城镇、村落、耕耘、樵采、伏腊等汉族地区特有的人文景观。据此可知,在唐军驻屯期间,青海汉人数量不少,已形成一些城镇和村庄(参见第193页图7-2)。

除了军人,青藏高原北部还迁入了少量的平民移民。迁入鄯州(今青海海东市乐都区)的关西男子某氏,便是一位"从沙寒之荒泽,弃田园之故乡;先为流民,近为边户"的平民移民[4]。

安史乱前,吐蕃与唐在青藏高原北部对峙,双方战争状态有之,和亲关系也有之。最早和亲吐蕃的是太宗时嫁与吐蕃赞普松赞干布的文成公主。中宗时,又将金城公主嫁与赞普弃隶蹜赞。公主远嫁,一般都有一定数量的随从。金城公主出嫁时,甚至"杂伎诸工悉从,给龟兹乐"[5]。一部龟兹乐一般要乐工22人、歌舞演员60人[6]。有关文成公主的随从情况文献阙载,但据金城公主状况可以想见其规模。和亲

---

1 《旧唐书》卷196上《吐蕃传》,第5236页。
2 《新唐书》卷110《黑齿常之传》,第4122页。
3 载《全唐诗》卷371,第4166页。
4 阙名:《对两贯判》,《全唐文》卷979,第4496页。
5 《新唐书》卷216上《吐蕃传》,第6081页。
6 《资治通鉴》卷235,德宗贞元十年六月壬寅朔,胡注,第7561页。

以后,唐朝皇帝与吐蕃赞普保持舅甥关系,吐蕃有时借此向唐朝索要士人和手工业工人。松赞干布曾向唐朝"请中国识文之人典其表疏",又请"造酒、碾、硙(水磨)、纸、墨之匠",均得到满足[1]。

虽然和亲公主与随同入吐蕃的中原人民人数不多,但他们地位高,身份特殊,通过赞普能对吐蕃人民产生巨大影响。文成公主入吐蕃时,吐蕃的经济文化仍相当落后。《旧唐书·吐蕃传》生动地描写了松赞干布见了文成公主后的所想所为:

> 既而叹大国服饰礼仪之美,俯仰有愧沮之色。及与公主归国,谓所亲曰:"我父祖未有通婚上国者,今我得尚大唐公主,为幸实多。当为公主筑一城,以夸示后代。"遂筑城邑,立栋宇以居处焉。公主恶其人赭面,弄赞令国中权且罢之,自亦释毡裘,袭纨绮,渐慕华风。仍遣酋豪子弟,请入国学以习《诗》《书》。又请中国识文之人典其表疏。

此段记载或许有夸张之处,但文成公主及其随从的士人、手工业工人对改变吐蕃落后面貌所起的重要作用,却毋庸置疑。唐人陈陶赞公主和亲事,也说:"自从贵主和亲后,一半胡风似汉家。"[2]

文成公主和金城公主入藏时,都携带大批物品。有的学者据藏史记载,认为文成公主带入了蔓菁种子、车舆、各种食物器具、丝绸绫缎等许许多多的物品,以及马、骡、骆驼等[3]。由于金城公主入藏时年龄不大,得到中宗的怜爱,赐给她"锦缯别数万"[4],其他物品一定也不少。入吐蕃以后,应金城公主要求,唐又将《毛诗》《礼记》《左传》《文选》各一部送与吐蕃[5]。这些物品,对吐蕃的农业、手工业生产和文化发展之积极意义是不言而喻的,大大促进了西藏经济和社会的发展。

吐蕃和唐军作战时,既有吐蕃军人为唐军俘获,也有唐军人沦为吐蕃俘虏。仅开元二十六年(738年)九月争夺安戎城之战,唐军大

---

1 《旧唐书》卷196上《吐蕃传上》,第5222页。
2 《陇西行四首》,《全唐诗》卷746,第8492页。
3 黄奋生:《藏族史略》第四章第二节,民族出版社1985年版。
4 《新唐书》卷216上《吐蕃传》,第6081页。
5 《旧唐书》卷196上《吐蕃传》,第5232页。

败,数万人没于吐蕃[1],幸存者均沦为俘虏[2]。长庆二年(822年),刘元鼎在龙支城(今青海海东市乐都区境)曾遇见战俘的后代1 000余人,他们的祖先都在安史乱前为吐蕃所俘[3]。此外,还有少数中原逃犯逃入吐蕃避难。武则天临朝初期,唐初名将李勣的后人因坐敬业之祸,被诛杀殆尽,"偶脱祸者,皆窜迹胡越",有人流落到吐蕃,世代居住于此[4]。

安史乱后,吐蕃占领陇右道和关内道的西部,多次进犯关中。吐蕃军队所到之处,无不掳掠人口,将大量的汉人迁入青藏高原。诗人张籍揭露吐蕃在河西走廊的强制性移民:"陇头路断人不行,胡骑夜入凉州城。汉兵处处格斗死,一朝尽没陇西地。驱我边人胡中去,散放牛羊食禾黍。去年中国养子孙,今著毡裘学胡语。"[5]据《旧唐书》卷196下《吐蕃传》和卷12《德宗纪》的不完全记载,吐蕃在关陇具一定规模的掳掠人口不下数十次,仅贞元三年(787年)便有多起。四月,袭击参加平凉会盟的唐军,俘获将士1 000余人。六月,驱盐、夏二州居民,焚其州城而去。九月,大掠汧阳、吴山、华亭等地男女1万余口,悉送至安化峡(在今甘肃张家川县境)以西。这一年,泾(治今甘肃泾川县)、陇(治今陕西陇县)、邠(治今陕西彬县)等州百姓被俘掠殆尽。

这些被俘掠来的汉人,被迫留居吐蕃境内。"其无所能者,便充所在役使,辄黥其面。粗有文艺者,则捏其臂,以候赞普之命。得华人补为吏者,则呼为舍人。"[6]到了贞元前后,一部分移民还被迫加入吐蕃军队,在关中等地作战[7]。被掠来的汉族妇女被强迫嫁与吐蕃人为妻,"多来中国收妇女,一半生男为汉语",即是对此事的揭露[8]。

被强迫迁入的汉族移民,一部分留在河西走廊,一部分则被送到青藏高原。吐蕃没有释放俘虏的习惯,青藏高原与外界交通不便,少

---

1 《旧唐书》卷196上《吐蕃传》,第5234页。
2 参见汶江:《吐蕃治下的汉人》,载《西藏研究》1982年第3期。
3 刘元鼎:《使吐蕃经见纪略》,《全唐文》卷716,第3261页。
4 《旧唐书》卷67《李勣传》,第2492页。
5 张籍:《陇头行》,《全唐诗》卷382,第4284页。
6 赵璘:《因话录》卷4《角部之次》,上海古籍出版社点校本,第96页。
7 《旧唐书》卷196下《吐蕃传》,第5256页。
8 王建:《凉州行》,载《全唐诗》卷298,第3374页。

数逃回的汉人无不经历千辛万苦[1],对绝大多数的汉人来说要返乡几乎是不可能的。因此,留在吐蕃的汉人大多在当地成家,生儿育女。白居易《缚戎人》诗便提到一位汉族男子,迁入吐蕃40年,娶吐蕃女子为妻并有了儿女[2]。

吐蕃中心地域在今西藏拉萨及其周围,被强行迁入的汉人相当部分应安置在这里,特别是那些有文化和专门技术的人。吐蕃首领就曾对部众说:"吾要蜀川为东府,凡伎巧之工皆送逻娑。"[3]吐蕃赞普在藏河(今雅鲁藏布江)之北川招待唐使刘元鼎时,席间表演歌舞的百伎便都来自中原地区[4]。

吐蕃向关陇的移民和汉族移民迁入青藏高原,以及频频在中原作战,必然促进吐蕃的汉化过程。王建诗:"蕃人旧日不耕犁,相学如今种禾黍。驱羊亦着锦为衣,为惜毡裘防斗时。养蚕缲茧成匹帛,那堪绕帐作锦旗。"[5]上述诗句紧接在"多来中国收妇女,一半生男为汉语"句后,虽未说明所述的地域范围,似应包括青藏高原的边缘地区。有关西藏的记载较少,但也留下若干趋于汉化的蛛丝马迹。刘元鼎在吐蕃赞普居住地看到吐蕃王室吃饭、喝酒时的礼仪"与华制略等",乐队演奏秦王破阵曲以及凉州胡、渭录要等来自中原和陇右的曲子[6],便是一证。

第六节

云 南 地 区

唐代汉族移民迁入今云南,大致可分为两个阶段。

---

1 参见汶江:《吐蕃统治下的汉人》,本节安史乱后迁入部分已参考其成果。
2 载《白居易集》卷3。
3 《旧唐书》卷117《崔宁传》。
4 刘元鼎:《使吐蕃经见纪略》,《全唐文》卷716。
5 《凉州行》,载《全唐诗》卷298,第3374页。
6 《使吐蕃经见纪略》,《全唐文》卷716,第3261页。

在天宝年间唐朝与南诏发生战争前,汉族移民主要分布在姚州(治今姚安县北),来自流落不归的戍兵和逃避封建赋役的汉人。

高宗麟德元年(664年),唐在昆明之弄栋川置姚州都督府,每年派兵500人前往镇守[1]。方国瑜先生认为:"从设置姚州都督府以至撤销,有八十余年,每年遣送五百人,先后有四万有余。在这庞大的数字中,镇戍期满回去的当然有,病死战死的也有,而流落在姚州的也不在少数。"[2]

因逃避赋役和犯罪而逃入姚州的汉人人数不少。武则天期间,境内便有2 000余户"剑南逋逃,中原亡命"。由于内地百姓趋之若鹜,在姚州都督府所属的57个羁縻州中,来自中原的"巨滑游客,不可胜数";大臣张柬之要求罢姚州和泸南诸镇,并在蜀地进入云南的要道上设立关卡,"百姓自非奉使入蕃,不许交通来往"[3]。天宝年间南诏起兵反唐,攻陷姚州,姚州的汉人都被迁到远方[4]。

裳人,又称汉裳蛮,为唐代云南的部落之一。樊绰《云南志》卷4载:"裳人,本汉人也。部落在铁桥(今丽江市西北)北,不知迁徙年月。初袭汉服,后稍参诸戎风俗,迄今但朝霞缠头,其余无异。贞元十年,南诏异牟寻领兵攻川,获裳人数千户,即移于云南东北诸川。"从夷化尚不深这一点来看,裳人或许是在隋或唐初迁入的汉族移民。

贞元间,唐朝使节袁滋在南诏王异牟寻的招待宴会上,看到白发苍苍的乐工和舞女在表演。异牟寻对袁滋说:"此先君归国时,皇帝赐胡部、龟兹音声二列,今丧亡略尽,唯二人故在。"[5]据此可知,在唐和南诏和平相处时,也有少数特殊人才受朝廷所派迁入南诏。

天宝九载(750年),南诏王阁罗凤起兵反唐。此后,云南境内的汉族移民主要来自唐军俘虏和被掳掠来的汉人。

---

1 《唐会要》卷73《姚州都督府》,第1576页。
2 方国瑜:《唐宋时期洱海地区的汉族移民》,《人文科学杂志》1957年第1期。方国瑜先生此文是笔者之前研究云南境内的汉族移民的最重要的论文,此外,赵鸿昌《唐代云南地区人口迁移问题》(载《云南社会科学》1987年第4期)也涉及这一问题。本节吸收了上述成果。
3 张柬之:《请罢姚州屯戍表》,《全唐文》卷175,第786页。
4 樊绰:《云南志》卷6《云南城镇》,赵吕甫校释本。
5 《新唐书》卷222上《南蛮传》,第6275页。

南诏在与唐军的作战中屡屡得胜,唐"前后发二十余万众,去无返者"[1]。方国瑜先生认为,唐军战死者不很多,大多沦为战俘,成为南诏的奴隶[2]。

安史之乱以后,南诏扩大对唐战争的规模,俘获的唐军将士和掳掠来的汉人日增。至德元载(756年),南诏攻巂州(治今四川西昌市),俘掠甚多,"子女玉帛,百里塞途"[3]。大和三年(829年),"悉众掩邛(治今四川邛崃市)、戎(治今宜宾市)、巂三州,陷之"。最后攻入成都西郛,退走时"掠子女、工技数万引而南"。被俘掠者,除1 000余人在大渡河赴水自尽,4 000余人以后被西川节度使李德裕索回,其余均留居南诏境内[4]。

唐末,南诏进一步扩大战争规模。咸通十一年(870年),攻入成都近郊;十四年,寇西川和黔南;乾符元年,劫巂州,破黎州(治今汉源县北),掠成都城下[5]。南诏的掳掠范围已达今四川盆地的西部和南部,掠走汉人不在少数。与此同时,南诏兵锋东指,于咸通元年和四年"两陷交趾(今越南北部),所杀虏且十五万人"[6]。五年,又进攻邕州(治今南宁市),"敌至,(唐军统帅康承训)不设备,五道兵八千人皆没"[7]。

南诏一般都把战俘和掠去的汉人充作奴隶,只有用很多的财物才能赎回。中原人郭仲翔在姚州作战中被俘,沦为奴隶,三次逃跑,三次被捉,最后"转鬻远酋,酋严遇之,昼役夜囚",15年后因同乡吴保安仗义营救才被赎还[8]。绝大多数的战俘和被掠去的汉人显然不可能像郭仲翔那样幸运,他们都没有返乡的机会。南诏中心区域在今洱海

---

1 白居易:《新丰折臂翁》自注,《全唐诗》卷426,第4694页。
2 方国瑜:《唐宋时期洱海地区的汉族移民》,《人文科学杂志》1957年第1期。
3 《南诏德化碑》,载孙太初:《云南古代石刻丛考》,文物出版社1983年版。
4 《新唐书》卷222中《南蛮传》,第6282页;《资治通鉴》卷244,文宗太和三年十二月己酉,第7868页;《旧唐书》卷174《李德裕传》,第4519页。关于被俘掠人数,两《南诏传》和《资治通鉴》均作数万人,唯李德裕《会昌一品集》卷12《论故循州司马杜元颖第二状》作9 000人,因无法判断姑依众说。
5 《新唐书》卷222《南蛮传》。
6 《资治通鉴》卷250,咸通四年正月庚午,第8103页。
7 《资治通鉴》卷250,懿宗咸通五年三月己亥,第8108页。
8 《新唐书》卷191《吴保安传》,第5509页。

地区,被迁入的汉人应大多安置在这一带。

由于缺少资料,无法判断有唐一代究竟有多少汉人迁入云南。仅据以上所引的史料,至少应有二三十万人迁入。汉族人口的大量迁入,中原和南诏经济文化交流的扩大,都对云南的经济和文化发展产生重要的促进作用。

南诏王室属乌蛮,但在贵族阶级中数量上占优势的是白蛮。天宝以后迁入的汉族移民,如唐西泸县令、后成为南诏清平官的郑回的后代,军人以及不少能工巧匠,都和当地白蛮通婚,后代成为白蛮。加之部分乌蛮和其他民族的成分,南诏时期以洱海为中心形成一个稳定的白蛮共同体,以后发展为现代的白族。现洱海地区仍有部分白族供奉唐朝将领李宓为"本主",这些人或许就是被同化成白蛮的李宓所部的后裔[1]。

经济上的影响主要体现在手工业上。南诏的手工业本来比较落后,例如,在纺织方面"俗不解织绫罗"[2]。南诏曾从成都一带掠去较多的手工业工人,而成都是我国当时手工业技艺较高的地方,这些工人的迁入必然大大促进南诏生产技术的提高。以纺织业为例,由于大和三年南诏在成都"虏掠巧儿及女工非少,如今悉解织绫罗也"[3]。《新唐书》卷222中《南蛮传》甚至说:"南诏自是工文织,与中国埒。"纺织业如此,其他部门也不应例外。太和城、阳苴咩城、峨岈图山城等南诏古城遗址考古表明,这些城镇的建筑方法或建筑材料,都受到中原的强烈影响,不少瓦上留着汉字。现存南诏时期著名建筑大理崇圣寺千寻塔,塔的形式和结构均与西安小雁塔相似[4]。

在汉人移民中,除了工匠,还有僧道、杂剧表演者和眼科医生等各类人物[5],这些人必然要把中原的文化和科技传入南诏。此外,移民中还有士人和官吏,其中在政治和文化上影响最大且为后人津津乐道的是相州(今河南安阳市)人郑回。郑回于天宝中举明经,任嶲州西

---

1 参见李昆声、祁庆富:《南诏史话》第八章《南诏境内的民族》,文物出版社1985年版。
2 樊绰:《云南志》卷7《云南管内物产》。
3 同上。
4 参见秦浩:《隋唐考古》,第476—480页。
5 参见《旧唐书》卷174《李德裕传》和李德裕:《会昌一品集》卷12《论故循州司马杜元颖第二状》。

泸(今四川西昌市西南)县令。嶲州陷落,郑回被掳入南诏。南诏王阁罗凤很尊重他,将他改名为蛮利,让他担任儿子凤迦异的教师。异牟寻立为南诏王以后,又命郑回教其儿子寻梦凑,并让他担任清平官(最高行政官),凡事皆问郑回。郑回在南诏秉政用事,显赫一时,其余五位清平官均唯其命是从,如有过错,甚至要遭郑回的捶打[1]。可以说,在南诏政治和文化发展史上,郑回起到举足轻重的作用。郑回死后,其子孙仍世代充当清平官,最后于902年夺取王位,另建政权。汉人的迁入必然要对中原文化的推广起到较大推动作用。南诏时期,上层社会和民间多通用汉文,保留至今的有关文物均字迹工整,文理通达,体现出较高的汉文水平。

第七节

东 北 地 区

隋代在今东北地区,仅于辽宁省西部设柳城(治今辽宁朝阳市)、燕(治今义县)和辽东(治今新民市东北)三郡,表明此三郡为汉族的主要分布地区。其余的广大地区,均是高丽、契丹、室韦、靺鞨等周边民族的区域。

大业八年(612年)三月,隋军30万人渡过辽水(今辽河),进入高丽作战。不久大败,数月后退到辽东城,只剩下2 700人[2],许多人沦为俘虏,流落在高丽国内。武德五年(622年),应唐朝的要求,高丽归还隋军战俘1万余人[3],但还有很多已在高丽成家的隋军战俘未能归国。贞观十五年(641年)职方郎中陈大德出使高丽,在各地"往往见中国人,自云家在某郡,隋大业末因平壤败遂没于此,高丽妻以游女,

---

1 《旧唐书》卷197《南诏蛮传》,第5281页。
2 《资治通鉴》卷181,炀帝大业八年七月壬寅,第5666页。
3 《新唐书》卷220《高丽传》,第6187页。

子孙盈室,与高丽错居,殆将半矣"[1]。所说"与高丽错居,殆将半矣"含义不明,可能指隋军战俘及其家属占迁入地人口的一半。据此分析,武德五年归国的1万余人只是隋军战俘的小部分,大部分人都已留居高丽。高丽境内的今鸭绿江以西、辽河以东地区属于中国领土范围,留在这一地区的隋军战俘及其后裔遂成为东北汉人的一部分。

有关唐代汉人移入东北的材料较少。开元四年(716年),营州都督府自幽州还柳城,宋庆礼于此开屯田80余所[2]。除了自外地返回的原居民,不知是否还有中原汉人迁入。由于辽宁以外的地区很少发现有关当地汉族的文献记载和考古材料,学者多认为"唐代东北汉人主要分布在今辽宁省"[3]。

据上所述,汉族移民向边疆的迁移,分向北(漠南)、向西(河西走廊、西域、青藏高原)、向南(云南)和向东北四个方向,除东北外都达到一定的规模。汉人的大批迁入促进了边区经济文化的较快发展。不过,这种迁移大多属强制性,因被掳掠而造成的。这种野蛮的掳掠人口,对于被掳掠地区是巨大的灾难,唐后期关中残破无疑与此有关,南诏的掳掠也给剑南和岭南的人民带来劫难。对被掳掠者更是残酷的戕害,大量无辜的生命因此而丧失。总之,客观上所获得的积极成果是以惨重的代价换来的。总的说来,隋唐时代迁入各边区的汉族移民数量有限,除了后来汉族人口占多数的河西走廊以外,他们最终都湮没在当地民族的汪洋大海中了。

---

1 《册府元龟》卷657《奉使部》。
2 《旧唐书》卷185下《宋庆礼传》,第4814页。
3 孙进已、冯永谦主编:《东北历史地理》第2卷,黑龙江人民出版社1989年版,第216页。

第八章

唐后期五代北方人的南迁：迁移过程

发生在唐后期和五代的北方人口的大规模南迁,是对我国南方的地区开发和经济发展产生重大影响的三次北方人口大规模南迁浪潮之一。此次移民潮,始于玄宗天宝十四载(755年)安史之乱爆发,止于五代结束,持续了近两个世纪,影响十分深远。

由于移民潮并未带动唐王朝的南渡,历来提北方人民南迁,均只说西晋永嘉之乱以后和宋代靖康之乱以后的两次。自20世纪30年代起,陆续有学者提到唐天宝以后的人口南移问题,并做了初步研究[1]。周振鹤《唐代安史之乱与北方人民的南迁》[2],是迄今为止关于这一课题的最重要的论文,主要讨论了移民的分布和影响。作者并明确提出,历史上有三次北方人口南迁浪潮,中间一次即唐安史乱后北方人口的南迁。这一观点,渐为史学界所接受。此后,费省、冻国栋、翁俊雄和笔者相继发表论著[3],

---

[1] 如易曼晖：《唐代的人口·唐天宝后人口之南移》,载《食货》半月刊第3卷第6期,1936年；林立平：《唐后期的人口南迁及其影响》,《江汉论坛》1983年第9期。
[2] 周振鹤：《唐代安史之乱与北方人民的南迁》,载《中华文史论丛》1988年第7期。
[3] 费省：《论唐代的人口迁徙》,载《中国历史地理论丛》1989年第3期；冻国栋：《唐代人口研究》第四章和第五章,武汉大学出版社1993年版；翁俊雄：《唐后期民户大迁徙与两税法》,载《历史研究》1994年第3期；拙著见《简明中国移民史》第四章第三节,该书与葛剑雄、曹树基合著,福建人民出版社1993年版。

梁洪生、许洪林也对安史乱后江西境内的北方移民做过部分研究[1]。笼罩在安史乱后北方人口南迁问题上的重重迷雾开始消散。上述论著,对于本卷的研究不无裨益,本卷吸收了这些研究成果。

不过,安史乱后人口南迁的过程、分布和影响极为复杂,许多问题仍未解决或有待于深化。特别需要指出,这一移民过程,差不多持续200余年,安史之乱只是这一过程的开始而已。此后的藩镇割据、黄巢农民战争和五代纷争,都引发了一定规模的北方人口南迁浪潮,特别是唐末黄巢起义之后的北方人口南迁,规模远过于安史之乱。后三个阶段的北方人口南迁问题,除了少数论著和若干区域性移民的论文有所提及[2],至今尚未见到全面的研究论著。因此,可以说迄今为止只是对这一移民过程的开头阶段作了一些研究。

此外,这一移民潮,是否称为"安史乱后"的北方人口南迁仍可商榷。如本章各节所述,此次移民潮可分为安史之乱、藩镇割据、唐末战争和五代十国四个阶段,各阶段人民的迁移原因并不一样,最后两个阶段与安史之乱尤无任何关系。而在西晋永嘉之乱以后和宋代靖康之乱以后两次南迁潮中,"乱"既是移民潮开始的时间标志,也是导致迁移的主要原因(都是周边民族内迁并推翻中原王朝发生的战乱)。此外,就本次南迁潮各阶段的迁移规模和移民分布范围而言,都以唐末战争阶段为最,安史之乱阶段次之,安史之乱阶段也不足以代表整个移民潮。因此,本卷采用"唐后期五代北方人民南迁"一语,代替"唐代安史之乱以后北方人民南迁"。

本卷所说的南方,指白龙江—秦岭—淮河一线以南地区,该线是自然地理上的南北分界线,南北两侧的经济文化现象有较大的区别,唐代位于南方北部的山南东、山南西、淮南三道也均以此线为北界。此线以南、长江以北、四川盆地以东的江淮地区,既接纳一定数量的北方移民,也有大量的当地人口迁往长江以南,因此江淮人民迁往长江以南也纳入本卷的研究范围。

---

[1] 前者为部分完成的稿本,后者为1991年宋史研讨会论文《唐宋人口形势与江西社会分析》,均未正式发表。
[2] 如谢元鲁:《唐五代移民入蜀考》,载《中国社会经济史研究》1987年第4期。

研究唐后期和五代移民，特别是唐后期的移民，存在着一个如何判断移民的问题。只有长期居住在南方的北方人方可称为北方移民，但唐后期不像东晋南朝和南宋。后两个阶段南北分裂，北方人民南迁以后一般不易或不愿返回，而唐后期全国仍处于唐的统治下（尽管不少地区藩镇割据），且朝廷在北方，战乱后的和平时期往往有许多人重新北返。此外，唐后期因避赋役而流亡的人口日益增加，不仅有北方人，也有南方人，其中只有北方人的向南迁移属于本课题的研究范围。因此，在分析类似资料时需要区别移民是北方人还是南方人，不能将有关某一区域人口增长或"流庸四集"的资料均视为北方移民迁入的结果。只有在移民史料证实的情况下，才能将增加的户数视为有北方移民迁入的因素。至于移民的迁出地，主要指迁移前的原居地，并非指籍贯或郡望。例如权皋天水略阳人，但迁移前因官家于蓟县[1]，故本卷以蓟县为其迁出地。

唐后期五代北方人口的南迁，若以导致移民迁移的不同的背景作为划分阶段标准的话，可分为安史之乱、藩镇割据、唐末战争和五代十国四个阶段。

第一节

安史之乱阶段北方人的南迁

一 迁移过程

天宝十四载（755年）十一月，正是唐代开元、天宝盛世的顶峰阶段，身兼范阳、卢龙二节度使的安禄山，发所部兵及同罗、奚、契丹、室

---

[1]《旧唐书》卷148《权德舆传》，第4001页。

韦等周边民族部众15万人,号称20万,反于范阳(今北京市区南);"时海内久承平,百姓累世不识兵革,猝闻范阳兵起,远近震骇"。河北州县望风瓦解,地方官或开门出迎,或弃城逃跑,或为叛军擒戮。十二月,叛军进入黄河以南,不久夺取东都洛阳,威胁长安[1]。

次年六月辛卯,叛军攻占关中大门潼关,首都长安危急。甲午,玄宗以"亲征"为名,准备向蜀地(今四川)逃跑。一时间,都城人心惶惶,"士庶恐骇,奔走于路",不少人逃往外地。乙未,玄宗率宰相杨国忠、韦见素、内侍高力士及太子、亲王等一行人,匆匆西逃。七月庚辰,到达蜀郡(治今成都市),随同到达的扈从官吏军士不过1 300人,宫女24人[2]。

太子李亨因百姓遮留,未能随玄宗南迁。同年六月,李亨在渭北便桥募得水滨居民3 000余人和一些自潼关败退的散卒,组成军队,退到西面的平凉郡(治今甘肃平凉市),并进入灵武(今宁夏灵武市南)。在此前后,西北地区的一些唐军和官员纷纷前来会合。七月,李亨在灵武即皇帝位,是为肃宗,开始依靠西北唐军和周边民族武装,反击安史叛军[3]。

安史之乱爆发以后不到一年的时间,战火便燃遍黄河中下游的主要地区,并愈演愈烈。战争给这一区域带来了惨重的破坏。黄河以北地区是首乱之区,"自禄山肇祸,瀛、博流离;思明继衅,赵、魏堙厄。枌榆井邑,靡获安居,骨肉室家,不能相保"[4]。"生人赀产扫地,壮甭负,老婴则杀之,杀人以为戏。"[5]安史叛军仅攻下魏州(治今河北大名县北)便杀死数万人[6]。关中地区惨状不次于河北,"今连岁戎旅,天下凋瘵,京师近甸,烦苦尤重,比屋流散,念之恻然。……京畿户口减耗大半"[7]。东都洛阳一带是唐军和叛军屡次争夺的地方,数百里内,"井邑榛棘,豺狼所嗥",人口不满1 000户。甚至东到徐州,北至相州

---

1 以上见《资治通鉴》卷217,玄宗天宝十四载。
2 《旧唐书》卷9《玄宗纪》。
3 以上见《旧唐书》卷10《肃宗纪》。
4 代宗:《贬田承嗣永州刺史制》,《全唐文》卷47,第225页。
5 《新唐书》卷225上《史思明传》,第6428页。
6 《新唐书》卷225上《史思明传》,第6430页。
7 《减京畿官员制》,载《唐大诏令集》卷101。

(治今河南安阳市)的广大区域,也是"人烟断绝,千里萧条"[1]。

为了躲避战争灾难,黄河流域人民纷纷向战火尚未烧到的地区迁徙,寻找保全性命的安全场所。杜甫诗"故国莽丘墟,邻里各分散","我里百余家,世乱各东西"[2],即是对这一情景的写照。避难者"不南驰吴越,则北走沙朔"[3];"或遁世山谷,或浪迹他邦"[4]。洛阳人尚夫人和她的四个儿子四散避难,长子南容避地大梁(今河南开封市),次子南宇奔陇右(指今甘肃境内),三子南察"随舅征行,生死难知",唯女儿一娘和幼子南宝留在尚夫人身边"左右扶持"[5]。类似这样的家庭很多,大江南北和北方的河东(今山西省境)及陇右都成为重要的避难处所(详第十三章第五节)。

不过,最主要的迁移方向是淮河—秦岭以南的南方地区。自肃宗至德元载(756年)起,安史叛军向江淮地区大举进攻,但在南阳(今河南邓州市)和睢阳(今河南商丘市南)等地遭到唐军的顽强抵抗。此后,叛军不仅未能进入秦岭以南和长江以南,甚至在淮河以南的活动也相当有限。广大的南方只有在江淮地区和汉水流域,因某些唐军反叛等原因发生过规模不大时间较短的局部战争。因此,当战火烧遍黄河流域的时候,南方人民却享有难得的相对和平局面,从而吸引了无数的北方人民,形成一股又一股的南迁洪流。顾况说:"天宝末,安禄山反,天子去蜀,多士奔吴为人海。"[6]李白诗:"三川北虏乱如麻,四海南奔似永嘉。"[7]《旧唐书》卷148《权德舆传》载:"两京蹂于胡骑,士君子多以家渡江东。"这些诗、文,都展示了安史之乱以后北方人民往南方大迁徙的广阔画面。

至德二载,唐朝依靠回鹘兵的帮助相继收复长安和洛阳,业已退位的玄宗也自成都北返长安,安史叛军退回河北。但这种局面为时很

---

1 《旧唐书》卷120《郭子仪传》,第3457页。
2 《逃难》《无家别》,分别载《全唐诗》卷234,第2582页;卷217,第2284页。
3 于邵:《河南于氏家谱后序》,《全唐文》卷428,第1933页。
4 阙名:《唐故郑府君墓志铭并序》,载《唐代墓志汇编》,第2346页。
5 阙名:《尚夫人墓志铭并序》,载《唐代墓志汇编》,第1826页。
6 《送宣歙李衙推八郎使东都序》,《全唐文》卷529。
7 《永王东巡歌十一首》,《全唐诗》卷167,第1725页。

短,乾元元年(758年),一度表示降唐的史思明复叛,战事又起。次年三月,史思明军在安阳大败唐军,东京洛阳失去屏障,"东京士民惊骇,散奔山谷;留守崔圆、河南尹苏震等官吏南奔襄(阳)、邓(州);诸节度各溃归本镇"[1]。由于市民外逃,史思明攻占洛阳时,洛阳已成一座空城[2]。在这种背景下,北方人民的南迁又达到新的高潮。苏州治所吴县(今江苏苏州市)是江南人口较多的望县,肃宗上元中(760—762年)人口的三分之一是来自北方的人民[3],反映了江淮地区的北方移民人数不少。紧靠中原的荆襄地区也是北方移民极多的一个区域,由于移民迁入,"荆南(指今湖北荆州市荆州区及其周围地区)井邑,十倍其初"[4]。约广德元年(763年)前,剑南西川节度使高适在成都向朝廷报告:"比日关中米贵,而衣冠士庶颇亦出城,山南、剑南道路相望,村坊市肆与蜀人杂居,其升合斗储皆求于蜀人矣。"[5]可见蜀汉地区的移民数量也不少。

由于战争规模扩大,靠近中原边缘的襄、邓等州也燃起战火,这些地区的人民卷入移民潮。因此,"尽投江、湘"的移民不仅有"两京衣冠",也有大量的"襄、邓百姓"[6]。被后人奉为"茶圣"的陆羽当时正在淮河以南的光州(今河南潢川县),也渡江避乱。他于《陆文学自传》中说自己:"至德初,秦人过江,子亦过江。"[7]陆羽的事例说明也有一些淮南北部人民向南迁移。此外,很多的淮南人民,由于自然灾害和躲避赋役而外迁。安史乱时,独孤及任舒州刺史,"属淮南旱歉,比境之人流移甚众,公悉以抚,舒独完安"[8],即是对一次灾害导致人口迁徙情况的很好说明。

至德元载以后,部分唐军自北方进入南方。当年十二月,驻守江陵的永王璘图谋占据江东,自江陵引兵数万沿长江东下,袭击吴郡(治

---

1 《资治通鉴》卷221,肃宗乾元二年三月壬申,第7069页。
2 《资治通鉴》卷221,肃宗乾元二年九月丁亥,第7083页。
3 据梁肃:《吴县令厅壁记》,《全唐文》卷519,第2335页。
4 《旧唐书》卷39《地理志》,第1552页。
5 《请罢东川节度使疏》,《全唐文》卷357,第1604—1605页。
6 《旧唐书》卷39《地理志》,第1552页。
7 载《全唐文》卷433,第1957页。
8 崔祐甫:《独孤公神道碑铭》,《全唐文》卷409,第1857页。

今江苏苏州市)和广陵郡(治今扬州市),江淮大震[1]。不久,为唐军击败,璘被擒,部众可能都分散在江南。唐朝镇压永王璘的一些军队来自北方。例如,河北招讨判官李铣下属的数千人,即来自淮河以北[2]。肃宗上元元年,宋州刺史刘展改任淮南东、江南西、浙西三道节度使,带亲属和宋州兵7 000人赴广陵[3]。不久,刘展举兵反,分兵略淮南和江南各地。唐调平卢兵马使田神功率精兵5 000人南下,在长江南北击败刘展军[4]。田神功部以后调回北方,但文献未载刘展军的下落,估计多流落在淮南和江南地区。

刘展叛军的活动一度使江淮陷入动乱之中,"安史之乱,乱兵不及江、淮,至是,其民始罹荼毒矣"[5]。受此影响,一些江南人民参加到外迁避难者的行列。原居润州(今江苏镇江市)的诗人戴叔伦便因"淮汴初丧乱,蒋山烽火起",和姐夫一起率亲族乘商船溯长江西上,迁入饶州鄱阳(今江西鄱阳县)[6]。另一位名叫杨宣的上饶人,同族人一同迁入福建浦城县避乱[7]。不过,江淮的动乱局面并未维持很久,即使浙东袁晁起义,规模和活动地域均相当有限,往往一二年左右即被扑灭,因此为躲避战乱而发生的南方籍人民的迁移规模不大。

广德元年(763年),吐蕃乘虚尽取河西、陇右之地。当年九月,攻入长安,代宗仓皇出逃,"官吏藏匿,六军逃散",散兵和人民纷纷逃入秦岭山中。在距长安最近的商州(今属陕西),避难者不仅有军人、朝官,还有很多士庶百姓[8]。有的人还顺丹江河谷,逃入荆州和襄阳[9]。张籍《废居行》说吐蕃入长安事:"胡马奔腾满阡陌,都人避乱惟空宅。……乱定几人还本土?唯有官军重作主。"[10]张籍于贞元十五年(799年)始登进士,诗中所谈当系在长安时的所闻,据诗意,乱后有部

---

[1] 《资治通鉴》卷219,肃宗至德元载十二月甲辰;李白:《永王东巡歌十一首》,《全唐诗》卷167。
[2] 《资治通鉴》卷219,肃宗至德二载二月戊戌,第7019页。
[3] 《资治通鉴》卷221,肃宗上元元年十一月壬辰,第7098页。
[4] 《资治通鉴》卷221,肃宗上元元年十二月,第7101页。
[5] 《资治通鉴》卷222,肃宗上元二年正月,第7104页。
[6] 戴叔伦:《抚州对事后送外生宋垓归饶州觐侍呈上姊夫》,《全唐诗》卷274,第3113页。
[7] 苏颋:《苏魏公集》卷51《杨公神道碑铭》,四库全书本。
[8] 《资治通鉴》卷223,代宗广德元年九月戊寅,第7152页;九月辛巳,第7154页。
[9] 《新唐书》卷216上《吐蕃传》,第6088页。
[10] 《全唐诗》卷382,第4291页。

分市民未能返回长安,除去一些人死于战乱,可能也有人定居南方。

宝应元年(762年)四月,代宗诏书说:"近日以来,百姓逃散,至于户口,十不半存。今色役殷繁,不减旧数,既无正身可送,又遭邻保祗承,转加流亡,日益艰弊。"[1]据此可见,安史之乱期间百姓流散的问题已相当严重。在当时的情况下,流散的人口大多是北方人民,从而反映了南迁的北方人口之众。不过,逃避战乱并不是北方人民迁移的唯一原因,农民处境的日益恶化也是重要原因。至德二载,肃宗诏书说:"诸州百姓,多有逃亡,或官吏侵渔,或盗贼驱迫,或赋敛不一,或征发过多。俾其怨咨,何以辑睦?"[2]诏书所说的导致逃亡的原因,除"盗贼驱迫"指安史之乱,其余都是剥削过重所致。战争中人民的大量死亡和避难人口的大批南迁使北方人口数量急剧减少,但政府基于战争的需求却又需要役使更多的人力和物力,仍留在当地的人民无法忍受,只有逃亡一途。《资治通鉴》宝应元年正月下的注文,清楚地说明安史乱后租调和民户逃亡的关系:"天宝十三载,天下未乱,租调之入为盛。十四载而禄山反,租调始有违负逋逃。自是迄于去年,大难未平,战兵不止,违负逋逃,年甚一年。"[3]上举宝应元年四月代宗的诏书,也说明躲避繁重的劳役是人口迁移的一个重要原因。

广德元年,安史叛军的主要将领田承嗣、薛嵩、李宝臣、李怀仙等人相继降唐,首领史朝义自杀,持续八年的安史之乱结束。永泰元年(765年),左拾遗独孤及上疏建议削减兵员,他说:"今天下惟朔方、陇西有吐蕃、仆固之虞,邠、泾、凤翔之兵足以当之矣。自此而往,东洎海,南至番禺(今广州市),西尽巴、蜀,无鼠窃之盗而兵不为解。倾天下之资,竭天下之谷,以给不用之军,臣不知其故。"[4]此建议虽然未被代宗采纳,但据此可以看出,黄河流域的绝大部分地区都已处于和平状态,迫使人民外迁的重要动力之一已经消除。在"兵革渐偃"的同时,北方经济开始得到恢复,"年谷丰登,封域之内,几至小康"[5]。北

---

[1] 《唐会要》卷85"逃户",第1855页。
[2] 同上。
[3] 《资治通鉴》卷222,第7119页。
[4] 《资治通鉴》卷223,代宗永泰元年三月壬辰朔,第7173页。
[5] 《太平广记》卷404"肃宗朝入宝"。

方人民的负担较前减轻,因避赋役向南迁移的规模自也较前减少。因此,在此后的10余年间,虽然某些藩镇间的局部战争也会驱使人民外迁,但这些战争都为时不长,规模有限,大部分外迁者不可能在外定居。只有大历三年(768年)平卢行军司马许杲率将卒3 000人骚扰江淮,被唐军击败,许杲被杀,部众散在江淮[1],为一次规模不大的移民。可以说,安史乱时大规模的人民外迁浪潮到广德年间已告结束。

二 迁移规模和乱后人口的北归

安史之乱期间的北方人口南迁,是一次规模不小的迁移浪潮。除了上举顾况、李白、权德舆的作品以外,唐人还有许多描写北方人民向南方迁徙的诗文,为后人勾勒了此次移民潮的规模。

崔峒为一位到婺州(治今浙江金华市)做官的朋友写诗送别:"闻君作尉向江潭,吴越风烟到自谙。……缘溪花木偏宜远,避地衣冠尽向南。"[2]

韩愈追溯道:"当是时,中国新去乱,士多避处江淮间。尝为显官得名声以老故自任者,以千百数。"[3]

刘长卿赋诗纪事:"兵锋摇海内,王命隔天涯。钟漏移长乐,衣冠接永嘉。"[4]

在李白看来,移民南迁的规模超过西晋永嘉之乱以后的迁徙。他替人上书皇帝,指出:"天下衣冠士庶避地东吴,永嘉南迁,未盛于此。"[5]

肃宗《加恩处分流贬官员诏》提道:"又缘顷经逆乱,中夏不宁,士子之流,多投江外,或扶老携幼,久寓他乡,失职无储,难归京邑。"[6]

许多北方人民在南迁时,往往携家乃至举族迁徙。例如,崔氏家

---

[1] 《资治通鉴》卷224,代宗大历三年十二月,第7206页。
[2] 崔峒:《送王侍御佐婺州》,《全唐诗》卷294,第3349页。
[3] 《考功员外卢君墓铭》,《全唐文》卷566,第2538页。
[4] 《奉送从兄罢官之淮南》,《全唐诗》149,第1546页。
[5] 李白:《为宋中丞请都金陵表》,《全唐文》卷348,第1561页。
[6] 《全唐文》卷43,第203页。

族,包括博陵安平人崔众甫,其堂兄弟崔祐甫,姐姐卢夫人崔氏,侄女窦夫人崔氏,四家均在安史乱后自北方南迁江西(详见第269页表9-3)。"内外相从,百有余口"[1],人口不可谓不少。

由于时代的局限,历史文献大多只提到官员和士大夫的迁移,很少提及普通民众,但他们却是迁徙浪潮的主体部分。因此,"自幽蓟兵兴"以后,便出现"人无土著,土者,农者迁徙不常,慕政化则来,苦苛暴则去"这种局面[2]。陆贽甚至说:"天宝季岁,羯胡乱华,海内波摇,兆庶云扰,版图坠于避地,赋法坏于奉军。"[3]杨炎在建中元年(780年)制定两税法时,也认识到:自至德以后,"天下残瘁,荡为浮人,乡居地著者百不四五,如是者殆三十年"[4]。此话虽然夸张,倒也反映了不在籍的流动人口众多的事实。

建中元年制定两税法,规定"户无主客,以见居为簿;人无丁中,以贫富为差"[5],从而将以往脱籍的人口重新登记。当年推行两税法时,朝廷派人到各地按比户口,"约都得土户一百八十余万,客户一百三十余万"[6]。在两税法制定以前,土户也叫主户,指本地的原居民,客户则指离乡背井的流民。此后,无论是土户还是客户,只要拥有资产,均成为两税户,列入现居地的正式户籍,只有部分没有资产的佃农和雇农等客户未列入国家正式户籍。因此,建中元年所按比出的130余万客户,包括迁徙来的移民和隐漏脱籍人口,移民在其中占相当部分。如估计移民占其中的50%,而分布在南方的北方移民又占其中的70%,则北方移民有45万户左右,约200多万人。考虑到建中元年是在安史之乱结束后的10余年,并考虑到可能还有一些人未列入统计这两个因素,估计在安史之乱结束时大约有250万北方移民定居在南方。

在唐代文献中,常常见到一些北方人民在安史之乱结束以后自南方重返故里的记载。即使在战乱时期,虽然"乱后谁归得?他乡胜

---

1 崔祐甫:《上宰相笺》,《全唐文》卷409,第1855页。
2 庞严:《对贤良方正能极言直谏策》,《全唐文》卷728,第3328页。
3 《均节赋税恤百姓六条》,《全唐文》卷465,第2103页。
4 《旧唐书》卷118《杨炎传》,第3421页。
5 同上。
6 《通典》卷7《食货》。

故乡"[1],但对于安土重迁的南迁者而言,故乡丘墓都在北方,迁移是不得已之举。皇帝和唐军的主要部队都在北方,意味着仍存在返乡的可能性。因此,当杜甫听说官军收复河北和河南,便兴致高昂地写下了"白日放歌须纵酒,青春作伴好还乡。即从巴峡穿巫峡,便下襄阳向洛阳"的诗句[2],表达要立刻返乡的迫切心情。虽然因种种原因,杜甫未能迁居北方,但在大历年间(766—779年)却涌现一股北方迁客返乡的潮流,很多人迁回北方。上举率全族100余口迁入江西的崔祐甫,曾授吏部员外郎,由于战争尚未停止,他以"羁孤满室,尚寓江南"为由,不愿赴京,战争平息却率先将家庭迁回洛阳[3]。除了移民北返之外,文献中还能见到一部分迁客生不能返中原,死后子女遵照其遗愿将其归葬北方的记载(详表8-2)。家人或后裔将死者归葬故土,不仅表明了死者对故乡的依恋之情,也体现了家人和后裔仍视北方为故乡的心理状态,提示我们其中也包含着其家人和后裔重返故土的可能性。事实上,一些死者就是在其家人北返故里时才得以迁葬故乡的(详表8-1)。

表8-1 北返或死后归葬北方的移民

时 期	姓 名	迁移时间	迁入地	北返或归葬
安史之乱	韩洄	安史乱初	江南	约大历北归任官
	陈皆	安史乱初	汉南	后北归
	刘晏	安史乱初	襄阳	肃宗时任官北归
	张建封	安史乱时	长沙	后北归
	马秀才	安史乱时	楚	后移家洛阳
	崔祐甫	安史乱时	吉州	大历举族北归
	崔众甫	安史乱时	洪州	后归葬洛阳
	崔夫人李金	安史乱时	洪州	建中前全家北归

1 杜甫:《得舍弟消息》,《全唐诗》卷225,第2416页。
2 杜甫:《闻官军收河南河北》,《全唐诗》卷227,第2460页。
3 邵说:《博陵崔公墓志铭并序》,载《唐代墓志汇编》,第1823页。

续 表

时　期	姓　名	迁移时间	迁入地	北 返 或 归 葬
安史之乱	韩滉	至德初	山南	后北归任官
	齐抗	安史乱时	会稽	代宗时北归任官 元和归葬洛阳
	卢纶	安史乱时	鄱阳	大历初北还
	崔翰	安史乱时	江南	贞元举家北迁
	萧颖士	安史乱时	江南	后北返
	崔孚	安史乱时	江淮	后北返
	殷怿	天宝末	苏州	后迁居长安
	窦夫人	安史乱时	洪州	大历全家北返并
	崔缊			归葬死者
	窦氏	安史乱时	洪州	大历归葬洛阳
	权皋	天宝末	洪州	元和归葬洛阳
	权皋母	天宝末	洪州	元和归葬洛阳
	卢夫人 崔严爱	安史乱初	吉州	大历归葬洛阳
	李涛	安史乱后	衢州	大历诸子北返并归葬涛
	李长	安史乱初	无锡	大历归葬洛阳
	翟氏	安史乱后	扬州	后归葬洛阳
	卢稠	安史乱后	楚州	父、妻归葬北方
	裴氏	安史乱后	江表	贞元归葬洛阳
	崔倚	安史乱时	湘潭	元和归葬洛阳
	崔偃	安史乱时	湘潭	元和归葬洛阳
	崔偶	安史乱时	浙东	元和归葬洛阳
	崔千里	安史乱后	江淮	约大历后北归
	赵氏	上元	蜀	后归葬洛阳
	王端	安史乱时	江西	元和归长安
	李继	安史乱时	无锡	元和后迁葬长安
	梁肃	上元间	吴越	贞元归长安
	王氏	安史乱时	杭州	元和迁葬洛阳
藩镇割据	卢初	大历	楚州	大和归葬洛阳
	孙起	建中后	江南	归葬洛阳

续 表

时 期	姓 名	迁移时间	迁入地	北返或归葬
藩镇割据	李渤	贞元	江州	后北返
	王振	唐后期	洪州	后归葬洛阳
	王修本	元和后	扬州	后归葬河南
	郑当	贞元	苏州	后归葬洛阳
	许龟图	唐后期	泉州	后北归
唐末战争	李琪	昭宗末	峡州	后任官北归
	李鄘	光启	淮海	后任官北归
	唐彦谦	乾符	汉南	后北归任官
	李琪	昭宗末	峡州	后北归任官
五代	李涛	后梁初	潭州	20年后北归

资料来源：据表9-1、表9-2、表9-3、表9-5、表10-1、表10-2、表10-3、表10-4。

在大历前后，究竟有多少人重返北方，仅仅是类似崔祐甫那样的上层人士，还是也有下层人民，是个颇值得探讨的重要问题。

据表8-1所示，《唐后期五代南迁的北方移民实例》各部分中[1]，有46位迁客后来北返或归葬（其中3家是既北返又归葬）。在25位北返者中，18位是安史之乱阶段南迁的迁客；在24位归葬者中，此阶段的迁客也有19位，分别占二类总数的72%和79%。此外，在安史之乱阶段南迁的133人中，北返和归葬者34人，高达26%，而其他阶段尚不到2%。据此可见，南迁者北返或归葬北方这种现象主要发生在安史之乱阶段，其他阶段较为少见。

从文献记载来看，某些地区上层移民北返者的比例比较高，迁入江西的四户姓崔或女主人姓崔的士大夫家庭便是一个例证。据表8-2，崔祐甫、崔众甫、窦夫人崔氏三家都在大历前后北返并将死亡的亲属归葬北方，仅卢夫人崔严爱家只有死者归葬而无全家北返的

---

[1] 为了能够较全面地反映移民情况，笔者从有关正史和唐、五代、宋人文集的墓志铭、神道碑中，搜集了758人的迁移资料，包括移民的迁出地、迁入地、迁移时间及其定居情况，制成《唐后期五代南迁的北方移民实例》（见第九、十章各表）。虽然这些人大多属上层移民，但在上层移民较多的地区和时段，下层移民一般也比较多。因此，各表提供的数据和文献记载相结合，有助于探讨移民的过程和分布。

记载。但是,既然她所依靠的两位兄弟都已北返,估计他们会带她的子女一同北返。

虽然下层人民大多随遇而安,定居在南方,但也有一部分人北返中原。刘长卿曾为马秀才移家洛阳写诗,说他"自从为楚客,不复扫荆扉。剑共丹诚在,书随白发归"[1],为我们描绘了一个头发苍白仍未能中举的下层文人的形象。安史之乱结束以后,北方各地的经济开始恢复,流民逐渐还乡,有关记载很多(详见第十三章第五节)。虽然文献不记载流民中究竟有多少是自南方回归的人,考虑到安史乱后北方人民主要迁往南方避难,并且乱后又有一些关于避难者返回北方的记载,可以认为回乡的流民中必有一部分是自南方北返的人。

西晋永嘉之乱、宋代靖康之乱后的北方人口南迁,与安史之乱以后的各次北方人口南迁有许多不同之处,最大的不同是北朝统一了全部的北方区域,南朝的皇帝、朝廷和军队只能留在南方,南朝一次又一次的北伐都以失败而告终,未能达到收复失地重返北方的目的,南北对抗局面长达一二百年。因此,对于南迁者而言,安全体面地重返北方的可能性是极小的,一般只能留居南方成为移民。

在安史之乱阶段,安史叛军只占领北方的部分区域,皇帝、朝廷和主要军队都留在北方,并且战争经八年便告结束,南迁者存在重返故乡的可能性。那些为名利所累的人,为了应举,为了当官,甚至战争还未结束便返回北方。此后的藩镇割据时期,诸藩镇绝大多数情况下仍拥皇帝为共主,皇帝和都城仍在北方,且战争只是局部、时起时停的,仍存在南迁者在乱后重新返乡的可能性。到了唐末,情况才发生重大变化。唐末天下大乱,战争连绵,人民生命财产受到的危害甚于安史之乱时,军阀、强盗横行,皇权架空,政治极其黑暗,不久便进入五代十国的分裂时期。五代十国时,南方各国自立,保境安民,北方移民中的上层人士大多可在区域性政权中任职,不必北上求官,而下层人民北返的困难增大,由于北方战乱不止,他们自然也绝了北返的念头。表

---

[1] 《送马秀才移家京洛便赴举》,《全唐诗》卷148,第1506页。

8-2所列各阶段的北返者的数目,不仅表现出安史之乱阶段远远多于其他阶段这一特点,也表现出越往后数目越少的特点。

第二节

藩镇割据阶段北方人的南迁

唐代平定安史之乱,是以军事进攻和招纳叛军将领的方法实现的。易帜后的将领,只要表示效忠唐朝,不仅能继续保持权力和荣华富贵,而且能继续保有辖下的大片土地和民户。大历十二年(777年),李正已据有相当于今山东省绝大部分和江苏北部的15州之地,拥兵10万,雄踞东方;田承嗣据有今河北省南部、河南北部和山东西北的7州,拥兵5万;李宝臣据有今河北中部的7州,拥兵5万;梁崇义据有今湖北西北部和河南西南部的6州,拥兵2万。这些节度使,"相与根据蟠结,虽奉事朝廷而不用其法令,官爵、甲兵、租赋、刑杀皆自专之",还在境内"筑垒、缮兵无虚日"[1],成为唐朝的国中之国。

自德宗建中元年(780年)起,发生在局部地区的藩镇之间争夺地盘和藩镇与朝廷之间的战争时有发生,有时还发生唐军将领叛变事件。如果战争持续几年,战乱地区的人民生命财产受到严重威胁,也会发生人口迁徙。南方在藩镇割据阶段长期和平,经济日益发展,遂成为移民的主要迁入地。

建中二年正月,成德节度使李宝臣死,其子李惟岳要求承袭父亲职位,遭到唐德宗的拒绝,不久成德、魏博、淄青、山南东道四节镇起兵反唐,即所谓的"四王二帝之乱"(因有四节镇称王、二节镇称帝得名)。六月,淮宁节度使李希烈反,据襄阳一带为己有。蕲州(治今湖北蕲春

---

[1] 《资治通鉴》卷225,代宗大历十二年,第7250页。

县北)刺史李良安,因李希烈对其"外示宠行,实去之也",遂领老幼2万余口,渡江迁入江西,依附于江西节度使李皋[1],为一次规模不小的移民。

四年正月,战事扩大,李希烈叛军包围郑州,游骑至洛阳近郊,"东都士民震骇,窜匿山谷"[2],许多人逃往外地。例如,洛阳李氏家族亲友逃散,李某向东避地济源(今属河南省)[3]。有的河南人还迁往南方避难,在陈州(治今河南周口市淮阳区)任职的孙起,因"淮右不庭,中原多故",奉父母逃入江南,便是一例[4]。

十月,泾原节度使姚令言率所部军人在长安叛变,拥朱泚称帝,德宗同王贵妃、韦淑妃、太子、诸王、公主等人出逃奉天(今陕西乾县),文武之臣尾随而至[5],不久进入梁州(今陕西汉中市)。

在这种情况下,镇守江东的韩滉以为德宗将要南迁江南,聚兵修石头城(今南京市),置馆第数十以待之[6]。一些北方人民南迁剑南、江南等地避难。迁居普州(治今四川安岳县)、师事著名诗人贾岛的关中人李洞,便是其中之一[7]。北方人杨衡、李渤、李涉于贞元年间(785—805年)隐居江西庐山[8],时战乱尚未结束,南迁避难是可以想到的原因之一。

宪宗元和年间(806—820年),朝廷对淮西、淄青等不服从命令的藩镇展开斗争,取得一些成效。穆宗长庆元年(821年),因河北藩镇又脱离中央控制,朝廷与藩镇间的冲突再起。此后,双方时而和平相处,时而兵戎相见,这种局面一直持续到唐亡。

由于河北、山东等不服从朝廷的藩镇牢牢控制自己统治区内的人民,不允许人民往外迁移[9];另一方面,朝廷与藩镇作战的主要战场在今河南一带,在此期间关中因灾荒和江南漕粮不继常闹饥荒,关中

---

1 阙名:《李公墓志铭并序》,载《唐代墓志汇编》,第1910页。
2 《资治通鉴》卷228,第7339页。
3 契臣:《李氏墓志铭并序》,载《唐代墓志汇编》,第1881页。
4 保衡:《孙府君墓志铭并序》,载《唐代墓志汇编》,第1989页。
5 《资治通鉴》卷228,德宗建中四年十月丙午、戊申,第7353、7355页。
6 《资治通鉴》卷231,德宗兴元元年十一月,第7447页;《新唐书》卷126《韩滉传》,第4435页。
7 王象之:《舆地纪胜》卷158。
8 《舆地纪胜》卷25。
9 参见费省:《论唐代的人口迁徙》,《中国历史地理论丛》1989年第3期。

和河南成为主要的移民迁出地。长庆元年的淮西战争便引起这些地区的一些人民向南迁移,独孤及叙其事:"岁次辛丑(即长庆元年,821年)春正月,东诸侯之师有事于淮西。是役也,以蜂蛮窃发,华夷震惊,执事者非遑启居,亦既播越。"[1]白居易族人也是播越者之一。由于"河南经乱,关内阻饥",白居易"兄弟离散,各在一处"。大兄在浮梁(今江西景德镇市),七兄在于潜(今浙江临安市西),十五兄在乌江(今安徽和县东),另有一些弟、妹在符离(今安徽宿州市)和下邽(今陕西大荔县境),白居易则受贬在江州(治今江西九江市)[2]。定居婺州(今浙江金华市)的北方人何晋,则是在会昌年间(841—846年)朝廷平定泽潞节镇时自河东避兵南迁的[3]。

开成二年(837年),有人上《请接济诸州闲散宗室奏》,说:"诸州府如有宗子寄寓,贫病不能自济者,有羁旅道途栖迟丐食者,并请所在州县切加存恤,随事接借,不得令有侵欺,致使抑屈。"[4]此报告未谈到宗子流落各地的原因。一般说来,皇室成员多居住在都城周围,流落各地的宗子可能是在关中动乱时被迫流徙各地的,较为安全的南方应是他们的迁入地之一。

与此同时,因另一种原因——躲避过重的赋役而发生的北方人民南迁,仍在进行之中,并达到一定的规模。

建中元年,基于著籍户口锐减和赋税制度的极其混乱,朝廷制定两税法,但由于人民负担过重和区域间负担不均等原因,未能遏止民户的外逃势头。德宗时陆贽指出:"(两税法)创制之首,不务齐平,但令本道本州各依旧额征税……唯以旧额为准,旧重之处,流亡益多,旧轻之乡,归附益众。"[5]"旧重之处"的长吏为了应付赋税额,只好把逃走者的负担分摊到未逃者身上,使原已重的赋役更加沉重,势必促使更多的民户出逃。"旧重之处"的民户流往"旧轻之乡",成为两税法制定以后民户迁徙的重要原因。史籍中没有提到"旧重"和"旧轻"地区

---

1 《豫章冠盖盛集记》,《全唐文》卷389,第1749页。
2 白居易:《自河南经乱……》,《全唐诗》卷436,第4839页。
3 苏伯衡:《苏平仲集》卷2《何邀山先生赞并序》,四部丛刊本。
4 阙名:《请接济诸州闲散宗室奏》,《全唐文》卷967,第4452页。
5 《均节赋税恤百姓六条》,《全唐文》卷465,第2103页。

的州名,却有不少州县因长吏治理有方而"流人自占""户口日增"的记载,这些州县主要集中在南方地力有余而赋役较轻的地区,可以说南方是逃户的主要迁入地[1]。

由于文献阙载,很难判断南方各地的移民中,哪些系避战乱而至,哪些因逃赋役而来。考虑到唐后期与藩镇有关的战争时起时断,不曾出现类似安史之乱那样连续数年大范围的残酷战乱,因战争而导致的南迁规模必然比较有限,并具有时起时断的特点。而且,当时南方人口稠密地区尚不具备对外大举移民的政治、经济条件,也无严重的自然灾害。因此,某些地区在和平年代突然出现较多的移民,可能相当部分都是为逃避赋役而来的北方逃户。藩镇割据时期,南方的一些府州,特别是汉州(治今四川广汉市)、襄州(治今湖北襄阳市)、江陵府(治今湖北荆州市荆州区)、衡州(治今湖南衡阳市)、越州(治今浙江绍兴市)等府州,因在发展经济方面取得成绩或减轻人民负担,都接纳了相当数量的外来移民[2]。有的州移民人数甚多,如衡州和汉州分别达到6 000户和9 000户。

为了躲避赋役和战争,不少官僚士大夫在南方任满之后于任官之州或其他州占田置产寄住,称为寄庄户、寄住户或衣冠户。会昌五年唐武宗的一篇赦文说他们:"或因宦游,遂轻土著,户籍既减,征徭难均。……或本州百姓、子弟才沾一官,及官满后移住邻州,兼于诸军诸使假职,便称衣冠户,广置资产,输税全轻,便免诸色差役,其本乡家业渐自典卖,以破户籍。"在寄庄户较多的江淮地区,由于"客户及逃移规避赋税等人比来皆系两税,并无差役",以致"正税百姓日减,州县色役

---

[1] 以上参见翁俊雄:《唐后期民户大迁徙与两税法》,载《历史研究》1994年第3期。
[2] 关于汉州,欧阳秬《荐前汉州刺史薛元赏状》(载《全唐文》卷760)提到,大约在开成中(836—840年)薛元赏任刺史时,"流庸自占者九千家,田业开辟者五百顷"。关于襄州,孙樵《寓汴观察判官书》(载《全唐文》卷794)说:会昌元年(841年)人们赞扬李某辅助节度使卢钧修成水利工程:"其所以佐令公,使炳炳不磨于世者,襄阳南渡之民皆能道之。"时距安史之乱已有80余年,"南渡之民"似不应在广德以前迁入襄阳。关于江陵府,《旧唐书》卷131《李皋传》载:贞元初"流人自占二千余户"。关于衡州,据吕温《简获隐户奏》(载《全唐文》卷627),元和六年(811年)全州检刮出未登记户籍的人家16 700户,如依《通典》卷7所载建中初诸道客户占总户数的比例(土户共180余万,客户共130余万,客户占总户的42%),估计浮客有6 000多户。越州可以余姚县为例,据阙名《唐故李府君墓志之铭》(载《唐代墓志汇编》,第1889页),贞元年间李汲任余姚县令,"子人济俗","户口增倍,歌谣至今"。

渐少"[1]。对于许多官僚士大夫说来,寄庄必然要导致在故乡以外的地方定居。在晚唐的江陵,"境内多有朝士庄产,子孙侨寓其间"[2],这种寄庄户实际已成为移民。

北宋王禹偁在讨论东南文化发达的原因时,追溯到唐代大批南迁的北方士大夫。他说:"有唐以武勘乱,以文化人,自宰辅公卿至方伯连帅,皆用儒者为之……于时宦游之士,率以东南为善地,每刺一郡,殿一邦,必留其宗属子孙,占籍于治所,盖以江山泉石之秀异也。至今吴越士人多唐之旧族耳。"[3]对照孙光宪所载,此处所说"每刺一郡,殿一邦,必留其宗属子孙,占籍于治所",指的也是因寄庄而定居的移民。据此可见,因寄庄而定居东南的北方士大夫实繁有徒。

第三节

唐末战争阶段北方人的南迁

唐末因黄巢农民战争和继之而来的军阀混战,再次触发了大规模的北方人民南迁高潮。特别是黄巢农民战争,纵横于黄河流域和四川以外的南方各地,此后中原陷入长期战乱之中,大量的北方人民由于避难分布到南方各地。

一 迁移背景

僖宗乾符二年(875年),王仙芝和黄巢二人分别在长垣(河南今市境)和冤句(今山东曹县西北)起义,尔后二支队伍汇合在一起,困于

---

1 《加尊号后郊天赦文》,《全唐文》卷78。
2 孙光宪:《北梦琐言》卷3,上海古籍出版社点校本。
3 《小畜集》卷30《柳府君墓碣铭》,四部丛刊本。

重敛的农民纷纷归附。三年九月丙子,王仙芝军攻陷汝州(治河南今市),"东都(今洛阳市)大震,士民挈家逃出城"[1]。不久,黄巢和王仙芝分别在黄河流域和南方作战。五年,王仙芝战死,余部归于黄巢,黄巢自号冲天大将军,建元元霸,"驱河南、山南之民十余万",进入淮南[2]。同年,渡过长江,又向东进军,由浙入闽,最后于乾符六年攻占广州。

为了扑灭黄巢军,朝廷不断自北方向南方调兵遣将。潭州(治今湖南长沙市)是黄巢北返的必经之地,朝廷派泰宁节度使(治兖州,在今山东省)李系为南面行营招讨副都统兼湖南观察使,"使将精兵五万并土团屯潭州,以塞岭北之路,拒黄巢"[3]。其他的军事要地都做了安排。这样,一批又一批的北方籍军人为征黄巢开始进入南方。

乾符六年十月,黄巢军自桂州(治今广西桂林市)沿湘江顺流而下,历衡(治今湖南衡阳市)、永(治今湖南永州市)两州,攻陷潭州,又攻入江陵。在荆门败于唐军,许多人被俘[4]。此后,黄巢东进江西,声势复振。

广明元年(880年),由于黄巢军主要在江淮作战,朝廷任命淮南节度使高骈为诸道行营都统。高骈传檄征天下兵,并广为召募,共得"土客之兵"7万人,土兵指淮南本地军人,客兵指自诸道前来的兵员[5]。高骈军数败黄巢,黄巢军退保饶州(治今江西鄱阳县),"众多疫,别部常宏以众数万降"[6]。

由于高骈按兵不动,当年七月黄巢军在采石(今安徽当涂县境)渡过长江,北上河南,"陷申州(治今河南信阳市),遂入颍(治今安徽阜阳市)、宋(治今商丘市南)、徐、兖之境,所至吏民逃溃"[7]。不久,攻克洛阳,很快攻入关中。

黄巢军至华州(治今陕西渭南市华州区),"军民皆逃入华山,城中

---

1 《资治通鉴》卷252,僖宗乾符三年九月丙子,第8185页。
2 《新唐书》卷225下《黄巢传》,第6453页。
3 《资治通鉴》卷253,僖宗乾符六年五月辛卯,第8214页。
4 《新唐书》卷225下《黄巢传》载:"巢惧,度江东走,师促之,俘什八。"
5 《资治通鉴》卷253,僖宗广明元年三月辛未,第8223页。
6 《新唐书》卷225下《黄巢传》,第6456页。
7 《资治通鉴》卷253,僖宗广明元年九月,第8233页。

索然"[1],途经各州莫不如此。太监田令孜率神策兵500人,奉僖宗自长安金光门匆忙逃往剑南,仅福、穆、泽、寿四王及妃嫔数人从行。中和元年(881年)正月,僖宗一行到达成都[2]。诸王官属也四散逃亡[3]。部分朝官于中和元年三月来到成都,其中"南北司朝者近二百人"[4]。除了皇帝、朝官,也有军队进入剑南,如晋晖、王建、韩建、张造、李师泰等五名将领便"各率一都奔行在"[5]。

中和元年(881年),黄巢军退出长安,"所署同州刺史王溥、华州刺史乔谦、商州刺史宋岩闻巢弃长安,皆率众奔邓州(治河南今市)",已降唐的原黄巢大将朱温斩王溥和乔谦,释放宋岩,使率所部重返商州[6]。此后,黄巢军作战失利。中和四年,黄巢在狼虎谷(今山东莱芜西南)自杀,历时九年余的农民战争结束。

黄巢起义虽平,但在镇压黄巢军过程中成长起来的各派军阀间的战争,反而在黄河流域和淮河流域漫延开来。秦宗权据蔡州(今河南汝南县)称帝,"命将出兵,寇掠邻道,陈彦侵淮南,秦贤侵江南,秦诰陷襄、唐、邓,孙儒陷东都、孟、陕、虢,张晊陷汝、郑,卢瑭攻汴、宋"[7]。昭宗龙纪元年(889年)秦宗权覆灭,但河东节度使李克用、汴宋节度使朱温和凤翔节度使李茂贞等军阀之间的兼并战争仍在继续进行,这种乱哄哄的局面一直延续到五代十国时期。

唐末,皇帝仍然存在,但号令所及不过河西、山南、剑南、岭南的数十州[8],且不时受到军阀的进攻和要挟。光启元年(885年)三月,在成都避乱达五年之久的僖宗返回长安,但在十二月即因李克用的进逼出逃凤翔[9],接着又因为邠宁军阀的进逼退入兴元(今陕西汉中市)[10]。乾宁二年(895年),由于崔胤、李克用、韩建派兵到长安要挟,昭宗无

---

1 《资治通鉴》卷254,僖宗广明元年十一月乙亥,第8238页。
2 《资治通鉴》卷254,僖宗广明元年十二月甲申,第8240页;中和元年正月丁丑,第8245页。
3 《旧唐书》卷200下《黄巢传》,第5393页。
4 《资治通鉴》卷254,僖宗中和元年三月辛酉,第8248页。
5 《十国春秋》卷40《前蜀六·晋晖传》,第595页。
6 《资治通鉴》卷254,僖宗中和元年四月丁亥,第8250页。
7 《资治通鉴》卷256,僖宗中和四年十二月,第8318页。
8 《资治通鉴》卷256,僖宗光启元年三月丁卯,第8320页。
9 《资治通鉴》卷256,僖宗光启元年十二月,第8328页。
10 《资治通鉴》卷256,僖宗光启二年二月癸未,第8332页。

奈出逃南山,"士民追从车驾者数十万人"[1]。皇帝几次出逃虽然时间不长,但却彻底暴露了朝廷的虚弱。此后,尽管皇位犹在,都不过是势力较大的军阀手中的玩物而已。天复元年(901年),河南军阀朱温率军进入长安。四年,在其逼迫下,昭宗及长安居民东迁洛阳。此后,朱温控制朝政并灭唐,建立了五代的第一个政权后梁。

二 迁移经过

黄巢之乱和继之而来的军阀混战持续二三十年,战火燃遍黄河、淮河、长江和珠江流域的主要地区。不过,最主要的战区仍在北方,且南方战乱时间短,北方战乱时间长,给北方人民带来的痛苦和破坏远远超过安史之乱。如黄巢军和唐军在陈州(治今河南周口市淮阳区)一带作战300余日,"于是自唐(治今河南泌阳县)、邓、许(治今许昌市)、汝(治今汝州市)、洛(治今洛阳市)、郑、汴(治今开封市)、曹(治今山东菏泽市定陶区西)、徐、兖数十州,皆罹其毒";"关东仍岁无耕稼,人饿倚墙壁间,贼俘人而食,日杀数千"[2]。秦宗权军之残暴更令人发指,"贼既乏食,啖人为储,军士四出,则盐尸而从。关东郡邑,多被攻陷";"西至关内,东至青(治今山东青州市)、齐(治今山东济南市),南出江淮,北至卫(治今河南卫辉市)、滑(治河南今县),鱼烂鸟散,人烟断绝,荆榛蔽野"[3]。

为了避乱,黄河流域的人民不得不又一次向安全地区迁徙。唐军收复关中以后,"王畿之人",仍"大半流丧"[4],便可见人口流散的严重程度。由于南方战争相对较少,大部分外迁人口都向南迁移。洛阳人许浑迁居丹阳(今属江苏)不久,其在洛阳的旧友也相继迁入,他不由得发出"全家南渡远,旧友北来频"[5]的感慨。此外,《金华子杂编》[6]作者刘崇远一家在黄巢军攻占洛阳时开始流寓江南,恒州人倪氏一家

---

[1] 《资治通鉴》卷260,昭宗乾宁二年七月,第8472页。
[2] 《旧唐书》卷220下《黄巢传》,第5397页。
[3] 《旧唐书》卷200下《秦宗权传》,第5398页。
[4] 《旧唐书》卷178《王徽传》,第4642页。
[5] 《江上喜洛中亲友继至》,《全唐诗》卷531,第6068页。
[6] 《金华子杂编》卷下,上海古籍出版社点校本,第55页。

因天下大乱被迫迁居江浙[1],五代十国时南唐的开创者李昪随母亲和伯父进入淮南避乱[2]。宋州睢阳人张延翰时在徐州,由于北方战乱,迁入淮南[3]。类似自发向南迁移避难的案例不胜枚举。即连偏在极东南安史乱时北方移民较少的福建,此时也有不少移民,仅某一天,"奔闽之僧尼士庶"便达5 000人[4]。

江淮地区因大乱也成为移民的输出区。如黄氏原居江夏,唐末遭乱,族人分别向江南和西蜀迁移[5]。此外,长江中下游的一些地方,因黄巢南下和军阀争战,发生了破坏程度不同的战争,迫使一些人向更加僻远的地区流亡。例如,宛陵(今安徽宣城市)人顾蒙在广明以后自某地流落江浙间,甲辰年(中和四年,884年)淮浙亦乱,于是避地到广州,后死于此[6]。苏州人陆氏为避唐末之乱,迁入福建侯官(今福州市)[7]。唐偘自金陵避地湖南湘阴[8],印某自建康(今南京市)南奔豫章[9],丘氏自湖州(今属浙江)迁泉州永春(今属福建)[10];黄庭坚祖先自东阳(今属浙江)迁分宁(今江西修水县)[11],都是其中的例子。

北方人民的南迁,除了以一家一户为单位的零散迁徙,还有一些是在州官和州将带领下的集体迁徙。光启元年(885年)光州(治今河南潢川县)人民的南迁是其中最著名的一次。为避开秦宗权的进攻,光州刺史王绪"悉举光、寿(州,治今安徽寿县)兵五千,驱吏民渡江",经长途跋涉进入福建[12],随其迁入的移民可能达二三万人(详第九章第四节)。兖州节度使朱瑾和前往支援的河东将领史俨、李承嗣,于乾宁四年(897年)二月率残部并"拥州民俱来",投附淮南杨行密[13],也是

---

1 倪朴:《倪石陵书》附《倪朴传》,四库全书本。
2 陆游:《南唐书》卷1《烈祖纪》,丛书集成初编本。
3 陆游:《南唐书》卷6。
4 黄滔:《福州雪峰山故真觉大师碑铭》,《全唐文》卷826,第3858页。
5 杨杰:《无为集》卷14《黄府君行状》,四库全书本。
6 王定保:《唐摭言》卷10,丛书集成初编据学津讨原本。
7 王安石:《临川集》卷92《陆广墓志铭》,四部丛刊本。
8 《十国春秋》卷73《楚七·戴偃传》。
9 徐铉:《骑省集》卷16《唐故印府君墓志》,四部丛刊本。
10 刘克庄:《后村集》卷154《丘公行状》,四部丛刊本。
11 黄庭坚:《山谷别集》卷10《跋七叔祖主簿与族侄侍御书》,四库全书本。
12 《资治通鉴》卷256,僖宗光启元年正月,第8320页。
13 《十国春秋》卷1《吴一·太祖世家》,第14页。

一次较大规模的集体迁徙。

还有许多北方人,大乱前由于任官、出使、经商、当兵、流放等原因暂住南方,乱后因避乱或道路不通决意不回。天祐元年(904年)杨承休奉命出使江南,"杨行密乱江淮,道阻不克归,遂留居杭州"[1],便是因出使而留居的例子。清河(今属河北)县人尚悫,唐末在润州(今江苏镇江市)任馆驿巡官,因北方乱留居不归[2]。京兆人樊谕,光化中为池州至德县(今安徽东至县境)县令,由于"天下已乱",因家池州(今安徽贵池市)[3]。滑县人邓密唐末谪南方,子孙因家于福建沙县,后世代为沙县人[4]。中原人裴璆,唐末驻守雷州(治今广东雷州市),因乱不能归,其子裴绍迁居吉阳(今海南三亚市东北)[5]。秦人刘昊在唐僖宗时任平泉县(今四川简阳市西南)县令,遂安家于此[6]。虽然文献对下层人民的移住较少记载,但可以想象必定会有很多人因经商、当兵、运输、从事手工业劳动等原因留居南方。

在黄巢军纵横南北的作战过程中,许多北方军人因被俘、投降、受伤、掉队等原因流落在南方。例如,唐军在荆门大败黄巢军,"俘斩其什七八"[7],被俘者当占相当比例。淮南节度使高骈下属将领郑汉章、毕师铎、秦彦、李罕之、许勍、徐约等人,都是投降唐军的黄巢军将领[8],随其留居的黄巢部众应有一定数量。此外,唐末一度控制浙东七州之地的刘汉宏也是黄巢部众[9]。鲁景仁则是南下岭南时因病留居连州(治今广东连州市)的黄巢部下[10]。黄巢失败以后,其从子黄浩率众7 000人,长期活动在长江南北,自号"浪荡军"。天复初(901年)黄浩企图占据湖南,在湘阴为人所杀[11]。所部下落不明,可能都定居在湖南

---

1 欧阳修:《欧阳修全集·文忠集》卷61《杨公墓志铭》,世界书局本。
2 徐铉:《骑省集》卷30《尚公墓志铭》。
3 徐铉:《骑省集》卷27《樊君神道碑》。
4 李纲:《梁溪集》卷170《乐全居士墓志铭》,四库全书本。
5 《舆地纪胜》卷125,昌化军"官吏"。
6 《舆地纪胜》卷145,简州"刘昊"。
7 《资治通鉴》卷253,僖宗乾符六年十一月,第8219页。
8 《资治通鉴》卷257,僖宗光启三年四月,第8349页;卷253,僖宗乾符六年正月,第8211页;卷257,僖宗光启三年四月,第8348页。
9 《新唐书》卷190《刘汉宏传》,第5488页。
10 《资治通鉴》卷261,昭宗光化元年三月,第8515页。
11 《新唐书》卷225下《黄巢传》,第6464页。

一带。

为了将黄巢军消灭在南方,唐朝曾派许多军队南下,在南方作战或驻守,不少人留在南方,成为移民。在潭州被黄巢军战败的5万名北方军人(见上),生存的人除了被黄巢军俘获以外,相当一部分人由于北方大乱可能都留在当地。此外,河北人李神福本隶上党(今山西长治市)军籍,在高骈兼诸道行营都统时从州将南下驻守淮海,后投杨行密,为其主要将领之一[1]。青州人陶英在唐末任太尉,因得罪朱温,授征南将军领兵出镇昭州(今广西平乐县境),唐亡后全家隐居于此[2]。

唐末军阀混战波及的区域极其广泛,淮南因其重要的战略地位成为各派军阀极力争夺的地区。光启三年(887年),庐州(治今安徽合肥市)刺史杨行密率军击败高骈部,占领扬州。不久,中原军阀秦宗权派秦宗衡和孙儒将兵1万人渡过淮河,与杨行密争夺扬州[3]。龙纪元年(889年),中原军阀朱温又派大将庞师古率军自颍上趋淮南,参与争夺[4]。乾宁四年(897年)九月,朱温又亲率大军进攻淮南,其中庞师古部便达7万人[5]。在与北方军阀的血战中,杨行密逐渐在淮南站稳脚跟,而众多因战败流落在淮南的北方军人,大多成为定居南方的移民(详第九章第二节)。

在淮南的争夺战中,一些将领因无法立足或出于某种目的自淮南进入江南。中和二年(882年)十二月,和州(治今安徽和县)刺史秦彦派其儿子将兵数千人,渡江袭击并占据宣州(治今安徽宣城市)[6]。光启三年(887年)四月,六合(今南京市六合区)镇遏使徐约率兵渡江,进入苏州,驱逐在此前南下的原感化军(治今江苏徐州市)牙将张雄[7]。大顺二年(891年),原占据广陵(今扬州市)的孙儒军被朱温和

---

1 《资治通鉴》卷255,僖宗中和四年,第8303页引《九国志》。
2 《十国春秋》卷75《楚九·陶英传》,第1028页。传载陶英领兵8万出镇,疑兵数有误,不可能有如此多的兵力随其出镇。
3 《资治通鉴》卷257,僖宗光启三年,第8364页;僖宗文德元年四月,第8377页。
4 《资治通鉴》卷258,昭宗龙纪元年十一月,第8390页。
5 《十国春秋》卷1《吴一·太祖世家》。
6 《资治通鉴》卷255,僖宗中和二年十二月,第8287页。
7 《资治通鉴》卷257,僖宗光启三年四月,第8348页。

杨行密部击败,"尽举淮、蔡之兵济江",退入江南。不久,又"悉焚扬州庐舍,尽驱丁壮及妇女渡江"[1]。景福元年(892年),孙儒军在江南败于杨行密军,部众多降于杨行密或钱镠。另有7 000余人在将领刘建锋和马殷的率领下,南走洪州(今江西南昌市),到江西时因有大量的南方人加入已达10余万人[2]。此后,刘建锋和马殷进入湖南。

由于唐末中原大乱,军阀跋扈,视皇帝为玩物,使一些原来忠于朝廷的士大夫彻底绝望,南迁避乱以后再也不愿返回北方。唐文宗时宰相牛僧孺的诸子本居住在洛阳,黄巢之乱时牛蔚潜逃到长安南山,后未返回;避崔胤之乱牛丛复逃于山南。此后,洛阳再无牛氏后裔[3]。文人陆希声于昭宗时登进士,"辞疾不就,出游江外,获全危难"[4]。因在各地避乱的士大夫"多不入朝",皇帝不得不"敕所在州县督遣,无得稽留"。即使这样,官员们仍不肯入朝[5]。朱温控制朝政以后,士大夫的南逃达到了新的高峰。例如,后入福建依王审知的长安文人韩偓,就是在天祐二年因"不敢入朝",挈族南迁的[6]。大臣张浚得知朱温要杀他一家,家人四散逃难,其中一子入蜀,一子走淮南[7]。士大夫多在各地依附豪强,《新唐书》卷183评论道:"懿、僖以来,王道日失厥序,腐尹塞朝,贤人遁逃,四方豪英,各附所合而奋。"在这种情况下,南迁的平民百姓显然也不会有多少人愿意北返。

据上所述和表8-1所示,唐末战争阶段北方移民的南迁规模无疑超过安史之乱阶段,移民人数自也大大超过。由于唐末至五代十国时期动乱不安的局面不利于文献资料的保存,有关唐末战争阶段移民的资料比较零散,因而要对移民数量作出估计是十分困难的。就移民的迁徙规模和空间分布而言(详第九章和第十章),唐末均较安史乱时更大、更广泛,但显然不及宋代靖康之乱以后。如果说在安史之乱结束时大约有250万名移民定居在南方,而靖康乱后的头10余年大约

---

1 《资治通鉴》卷258,昭宗大顺二年正月,第8412页;七月,第8417页。
2 《资治通鉴》卷259,昭宗景福元年六月,第8430页。
3 李复:《潏水集》卷6《游归仁园记》,关陇丛书本。
4 刘崇远:《金华子杂编》卷上。
5 《资治通鉴》卷265,昭宣帝天祐二年六月,第8644页。
6 《新唐书》卷183《韩偓传》,第5390页。
7 《新唐书》卷185《张浚传》,第5414页。

有500万人南迁[1]，则唐末估计有400万移民定居在南方或不至于离事实太远。

第四节

五代十国阶段北方人的南迁

《资治通鉴》卷282在记载后晋天福六年（941年）群臣劝南唐国主北伐时，指出："自黄巢犯长安以来，天下血战数十年，然后诸国各有分土，兵革稍息。及唐主即位，江、淮比年丰稔，兵食有余。"可见自五代十国形成以后，较大规模的战争已较唐后期减少。不过，南北情况有很大的不同。南方各国划境自守，彼此间战争较少，与北方间也很少发生大规模战争，受破坏较少，经济文化还有所发展。北方则不同，虽然唐末的大混战已不多见，但在五代十国的半个多世纪中，先后经历了后梁、后晋、后唐、后汉和后周五次改朝换代的过程，每一次改朝换代无不通过军事武力。同时，北方并未形成真正统一的局面，仍存在着许多大大小小的割据政权，后期在河东还形成北汉国。唐后期开始壮大的契丹族，于公元916年建立契丹国，947年改国号大辽，不断向中原扩张。自后周时起，北方政权开始对淮南用兵，企图统一南方。除了战争刺激北方人民向南迁移外，统治集团内部的矛盾也促使人口南迁。

为了增加国家的力量，南方各国对北方人民多采取招抚政策，诱使各色人员迁入本国。在这方面，可以割据江淮与江南的吴国、南唐和吴越为例。吴国"宽刑法，推恩信，起延宾亭以待四方之士……士有羁旅于吴者，皆齿用之"[2]。因此，"北土士人闻风至者无虚日"[3]。南

---

[1] 参见《中国移民史》第四卷第十一章第一节。
[2] 《新五代史》卷62《南唐·李昪世家》，第766页。
[3] 《十国春秋》卷15《南唐一·烈祖本纪》，第186页。

唐继承了吴国招徕四方之士的政策,不仅注意招收上层移民,也注意招纳下层移民。南唐规定:"其向风面内者,有司计口给食,愿耕植者授之土田,仍复三年租役。"[1] 在招徕北方人才方面,吴越国王同样很积极,"常使画工数十人居淞江(今吴淞江,时为吴越国界),号莺手校尉,伺北方流移来者,咸写貌以闻,择清俊福厚者用之"[2]。优惠的政策必然要吸引北方移民迁入。

由于上述原因,北方人民的南迁仍达到一定的规模[3]。

北方人民的南迁有多种类型,试举例说明如下:

一 为避战乱而南迁

后唐同光末(926年),河南诸郡多乱。蔡州军校王彦俦乘乱刺杀刺史,自领州事。不久,在唐军进攻下偕父母逃入吴国[4]。原居曲阜的孔子后裔孔桧,原居北海的文人韩熙载,均在同光年间南下避乱,分别迁居温州平阳(今属浙江)和江南地区[5]。

五代后期,契丹占领幽云十六州(相当今北京市境和河北、山西、天津三省市北部),以此为基地数次侵入中原,甚至一直进到黄河北岸和开封。契丹军在中原作战过程中,多有杀掠之举,如后汉天福十二年(947年)在相州(今河南安阳市)屠城,全城仅剩男女700人[6]。为了躲避契丹南侵引起的战乱,河北、河南的一些官吏和人民迁入南方。密州(治今山东诸城市)刺史皇甫晖,棣州(治今山东惠民县东南)刺史王建,俱率州人南奔,迁入南唐[7];后晋雄武节度使何重建以秦、阶、成

---

1 马令:《南唐书》卷1,丛书集成初编本。
2 《十国春秋》卷78《吴越二·武肃王世家》,第1115页。
3 五代时也有少数南方人民迁入北方。后唐长兴元年(930年),吴海州指挥使王传拯杀本州刺史陈宣,焚烧州城,以部众和家口5 000人北奔沂州投后唐(载《旧五代史》卷41《唐书·明宗纪》);后周广顺三年(953年),江淮大旱,南方饥民渡淮河而北者络绎不绝(载周应合《景定建康志》卷12);可能是其中两次规模最大的北迁。但总的说来,北迁的规模根本无法和南迁相比。
4 《十国春秋》卷22《南唐八·王彦俦传》,第312页。
5 见赵孟頫:《松雪斋集》卷6《阙里谱序》,四部丛刊本;徐铉:《韩公墓志铭》,《全唐文》卷886。
6 《旧五代史》卷99《汉书·高祖纪》,第1327页。
7 《十国春秋》卷24《南唐十·皇甫晖传》,第338页。

三州降后蜀,迁入蜀中[1];都是其中规模较大的集体迁移。

后周显德五年(958年),周世宗率军大举进攻南唐。旬日间,攻破海州、泰州和静海军等地。在此情况下,南唐元宗下令焚烧东都(今扬州市)的宫殿、寺庙和民居,将人民迁到长江以南地区[2]。泰州的士庶老幼也在刺史的率领下,尽室渡江南迁[3]。不久,南唐求和,上表改称"国主",割江北之地予后周,又引起淮南人民新的南迁,原居濠州(今安徽凤阳县东北)的李元清就是随同南唐溃兵一同迁入金陵的[4]。这次迁移,无疑是五代时期淮南人民最大规模的一次南迁。由于此次南迁距南唐灭亡(宋开宝八年,即975年)尚有17年,淮南移民都不可能重新北返,大多数人只能定居在江南、江西等地。

二 因不为所容而南迁

五代不仅政权更迭频繁,同一力量内部的争斗也相当激烈,一些将领在失败以后或受到排挤时,不得不率族人或亲信改换门庭,以求自保,南方是他们的迁入地之一。例如,幽州大将刘守光在夺权斗争中杀死部将潘贵,潘贵之子潘处常脱身南奔,迁入南唐[5]。后梁大将刘知俊在开平三年(909年)因朱温猜嫌,举族投奔凤翔军阀李茂贞,不久又与亲信100余人斩关投蜀[6]。后唐秘书省著作佐郎孙忌参与叛唐密谋,事败后逃入南唐[7]。后晋建立以后,原自契丹叛归的后唐安远节度使卢文进担心遭到契丹和后晋惩罚,率族人和亲信南奔吴国[8]。

南北分裂的局面为北方罪犯亡命南方提供了有利条件。山东人

---

1 《十国春秋》卷49《后蜀二·后主纪》,卷53《后蜀六·何重建传》。
2 《旧五代史》卷118《周书·世宗纪》,第1568页。
3 徐铉:《周公墓志铭》,《全唐文》卷885。
4 《十国春秋》卷29《南唐十五·李元清传》,第422页。
5 《十国春秋》卷27《南唐十三·潘佑传》,第377页。
6 《旧五代史》卷13《梁书·刘知俊传》,第180页。
7 《全唐文》卷861孙忌小传,第4002页。
8 《资治通鉴》卷280,高祖天福元年十二月,第9166页。

申屠令坚在后晋和后汉间为盗,被捉获,后逃脱南奔[1],便是其中的一例。

此外,北方反抗政府的武装势力,在无法立足时往往逃入南方,或受南方招抚而迁入。后汉末就有过一次类似的迁移:"是时,汉隐帝少,中国衰弱,淮北群盗多送款于(南唐国王李璟),(李璟)遣皇甫晖出海、泗州招纳之。"[2] 后汉的亳州蒙城镇将等人均率部归服,迁入南唐[3]。

三 改朝换代之际前朝人物被迫南迁

后梁代唐和五代其他政权的相继更迭,每次都使一批人失去官职,还有许多前朝的遗老遗少或旧军人拒绝和胜利者合作,因而迁入南方。这种迁移,以后梁初年最多。曾任尚书左仆射的长安人翁郜,唐室远裔李载仁,南阳人许儒,唐初名臣吴兢的后裔吴志野,都在后梁初因拒绝和朱温合作而迁入建阳(今属福建)、江陵、歙县(今属安徽)、庐陵(今江西吉安市)等地[4]。南阳人朱葆光和唐旧臣颜荛、李涛数人挈家南渡,侨寓潭州(治今湖南长沙市)[5],是其中人数较多的一批。

后唐取代后梁,后梁旧军人失去往日的地位,许多人在高季兴的招诱下迁入南平国。《旧五代史》卷133《高季兴传》评论道:"时梁朝旧军多为季兴所诱,(高季兴)由是兵众渐多。"

四 因战败、被掠南迁

类似的迁移主要发生在前蜀和后蜀。前蜀建立以后开始向北面

---

1 《十国春秋》卷27《南唐十三·申屠令坚传》,第393页。
2 《新五代史》卷62《南唐李景世家》。
3 陆游:《南唐书》卷2。
4 据《十国春秋》卷97《闽八·翁郜传》,卷103《荆南四·李载仁传》,卷29《南唐十五·许规传》,卷29《南唐十五·吴媛传》。
5 《宋史》卷439《朱昂传》,第13005页。

的关中和陇右发展,和以凤翔为中心的岐王李茂贞发生过多次战争。后梁开平五年(911年),前蜀军大败岐兵,俘斩1万余人[1]。贞明二年(916年)十月,又出大散关进攻李茂贞,大败岐军,俘斩万计。不久,李茂贞所属的保胜节度使李继岌因受猜疑,率众2万人自陇州(治今陕西陇县)奔于蜀军[2]。降蜀的军人及部分百姓在蜀军退回时往往都迁入蜀中。

五 因军事需要而南迁

最主要的一次发生在后唐灭前蜀时。同光三年(925年),后唐发兵攻灭前蜀,留兵3万驻守。应顺元年(934年),东、西川节度使孟知祥建立割据政权后蜀,此3万名军人皆陷于后蜀而不得返回北方[3]。

此外,五代时北方地区赋役沉重,自然灾害较多,因避赋役和自然灾害而发生的迁移均达到一定的规模。虽然文献对此种迁移多不记载,后人难以窥见其迁移方向,但既然避乱的百姓和士大夫多选择南方,此类移民中一定也有很多人选择南方为定居地。

第五节

小 结

综上所述,唐后期五代北方人口南迁可分为四个阶段。首先是安史之乱阶段,自天宝末年至广德元年(756—763年),共8年时间。其次是藩镇割据阶段,自广德二年到咸通四年(764—863年),断断续续达100年之久。再次是唐末战争阶段,自咸通五年到唐亡之年(864—

---

1 《十国春秋》卷36《前蜀二·高祖纪》,第513—514页。
2 《资治通鉴》卷269,均王贞明二年九月,第8806页。
3 《新五代史》卷24《安重海传》,第254页。

907年),共44年。最后是五代十国阶段,自后梁开平元年到南方最后一个割据政权吴越灭亡之年(907—978年),共持续72年。

各阶段的移民数量很不相同。据表8-2所示的合计数计算,列表移民中各阶段的移民数量分别占总人数的18%、9%、53%和21%,以唐末数量最多,超过其他阶段的总和。

表8-2　列表移民的区域和时代　　　　　　　　　　单位:人

时　代	江南		淮南		江西		福建		荆襄		湖南		岭南		蜀汉		合计	
	数量	%	数量	%	数量	%	数量	%	数量	%	数量	%	数量	%	数量	%	数量	%
安史之乱	47	35	16	12	25	19	2	1	10	8	12	9	3	2	18	14	133	100
藩镇割据	11	17	7	11	8	12	11	17	8	12	5	8	3	5	12	18	65	100
唐末战争	46①	11	35②	9	23	6	92	23	13	3	30	7	21	5	141	35	401	100
五代十国	34①	21	11②	7	12	8	22	14	7	4	8	5	5	3	60	38	159	100
合　计	138	18	69	9	68	9	127	17	38	5	55	7	32	4	231	30	758	100

资料来源:　同表8-1。
说　　明:　①含南唐。②含吴国。

唐末战争阶段的北方人口南迁,其规模之大,迁入人口之多,分布范围之广泛,影响之深远,无疑要超过其他任何阶段。仅据上文所提到的史实,我们便能够理解这一点。表8-2中唐末列表移民所占比例之高,更是对此最好的说明。尽管这样,表8-2本阶段移民所占百分比可能略大于实际状况,因为此表所依据的《唐后期五代南迁的北方移民实例》各部分基本只反映上层人士的迁移情况[1]。唐末大乱时南迁的官僚、士大夫、军官在列表移民中占比例较高,并且绝大多数定居南方。五代十国阶段南方九个割据政权的建立者,除吴越国钱氏、吴国杨氏、南汉刘氏是南方人外,其他都来自唐末南迁的北方移民。唐末移民在五代南方各国的政治、军事、文化诸方面都发挥了极其重要的作用,由于北宋统一时对各国上层采取优待政策,其后裔在北宋仍有一定的政治经济地位,故有关的墓志铭和神道碑较多。因此,从这一角度看,这一数字不仅反映移民数量之多,也反映了本阶段移民的

---

[1] 此表主要依据唐宋文集中的墓志铭和神道碑,而一般说来只有有地位的人死后才有墓志铭和神道碑。

重要性。

虽然安史之乱和藩镇割据两个阶段的移民数在758人中所占比例均低于五代十国阶段,但并非前两个阶段的实际移民较少,而是由于有神道碑、墓志铭的人少于五代十国阶段。五代十国的159名列表移民中,60人分布在今四川地区,占总数的38%,因为后蜀的统治者在此时迁入,故入表者特多。

安史之乱阶段卷入迁徙的移民人数不少。在苏州吴县,上元之际寓居于此的北方人占到当地编户的三分之一;关中衣冠士庶大批迁入川中,以致"山南、剑南道路相望"。藩镇割据阶段的移民规模不如安史之乱时,因避乱而产生的移民数量不是很多,但因避赋役而产生的逃户却甚多。元和十五年宪宗的一段敕文便提道:"天下百姓,自属艰难,弃于乡井,户部版籍,虚系姓名。建中元年已来,改革旧制,悉归两税,法久则弊,奸滥益生。"[1] 上引汉州、衡州等州都有数千户逃户的事例,说明因避赋役而南迁的移民仍达到一定规模。因此,就各阶段的移民人数而言,应该是唐末战争最多,安史之乱次之,藩镇割据次之,五代十国最少。

就分布区域而言,据表8-2所示和第九、第十两章的内容,江南、蜀汉是移民最多的区域,其次是江西、淮南和荆襄,福建则是唐末移民的重要迁入区[2]。此外,各阶段虽然情况有所不同,但移民较多的地域仍主要在今长江南岸地区和淮南、荆襄与四川的北部,其他地区相对要少一些。依照周振鹤先生的研究,安史之乱时期北方移民浪潮明显形成三道波痕,第一道涌得最远,达到湘南、岭南、闽南等地,第二道集中于长江沿线的苏南浙北、皖南赣北、鄂南湘西北一带,第三道则停留于淮南江北、鄂北和川中地区。三道波浪中,以中间一道的移民数量最多,第三道次之,第一道最少[3]。总的说来,尽管安史之乱以后各阶段的情况不同,但各区域与中原的距离和交通路线不可能会有变

---

1 《唐会要》卷85"定户等第",第1847页。
2 表8-2主要反映上层移民状况,因此表中的百分比只能反映大致趋势,与实际移民所占的比重未必相符。例如,前蜀和后蜀的统治者来自中原,蜀汉必然要在表中唐末和五代部分占比重较大,而吴越国统治者是南方人,江南区在有关阶段所占比重必然要降低。
3 见周振鹤:《唐代安史之乱与北方人民的南迁》,载《中华文史论丛》1988年第7期。

化，同时南北战争多在江淮地区进行，因而移民的走向和分布仍大体同于安史之乱阶段。不过，由于唐末长江流域发生过黄巢南下和军阀战争，迫使一些移民深入更加遥远的福建和岭南，因而这两个区域在唐末五代移民中所占的比重有所提高。

第九章

唐后期五代北方人的南迁：移民分布（上）

唐后期、五代的北方移民遍布南方各地。其中，江南、江西、淮南和蜀中吸收了最大量的移民，是移民的主要迁入区域，福建则是唐末移民的重要迁入区。

江南、江西、淮南位于唐帝国的东南部。其中，江南指今江苏、安徽两省的长江以南部分和上海市与浙江省，淮南指今苏、皖两省的淮河以南长江以北区域，江西大致相当于今江西省。当时，淮南和福建分别属于淮南道的东部、中部诸州和江南东道的南部诸州，江西属于江南西道的东部各州（除宣州、池州外）及江南东道信州的玉山、歙州的婺源，江南则有江南东道的北部诸州以及江南西道的宣州和池州。五代时，淮南、江西和江南的西北部（约当今皖南和苏南的西部）属于吴国和继之而立的南唐，福建在大部分的年代为闽国所据，江南的大部分则为吴越国统治。唐人往往将江南、江西和淮南三区域合称为江淮、江外、江东。有时，又称江南和江西为吴或广义上的江南。

淮南为移民南下的必经之地，其南部离黄河流域稍远，有过较多的安宁时期，因而有相当数量的移民。江南、江西和福建战争较少，比较安宁的生活便于移民的生活和生产，因此迁入的移民人数较多。

第一节

江　南

自东晋南朝以来,江南即为全国经济最发达的区域之一。安史之乱以后我国经济重心开始南移,主要是移往江南。加之长江的阻隔,发生在本区的大规模战争,不仅远比黄河流域少,也少于其北的淮河流域。这种环境颇有利于北方移民的迁入和定居。而且,江南与作为北方移民南下必经之地和移民重要迁出区的淮南仅一江之隔。因此在唐后期与五代的各阶段,都为北方移民最重要的分布区。

北方移民在江南的分布范围相当广泛,以长江南岸诸州及越州、杭州等州较为密集。

苏州长期以来是太湖流域的区域中心,影响并达到长江下游地区,唐代的江南东道治所即设于此。由于经济文化发达,向来被誉为"甲郡标天下"[1]。唐代北方移民也以其为重要聚居地,列于表9-1的个案移民中有17人分布于此,居江南各州的第一位。梁肃在安史乱时自北方迁入苏州一带,他说苏州治所吴县:"当上元之际,中夏多难,衣冠南避,寓于兹土,叁编户之一,由是人俗桀杂,号为难治。"[2]北方移民竟占到当地人口的三分之一,可见移民数量之多。天宝时苏州有人口63万余[3],按此比例估算,移民至少有二十余万。《元和郡县图志》保存的部分府州元和户数,普遍低于同书登载的开元户数和《新唐书·地理志》登载的天宝十一载户数,且北方诸州下降幅度极大,南方诸州要低得多,少数州还有所增加。鉴于元和户数较实际人口偏低,周振鹤先生认为,应将其放大了看,即户数较天宝时大量减少的州也

1　白居易:《自到郡斋仅经旬日……》,载《全唐诗》卷447。
2　《吴县令厅壁记》,载《全唐文》卷519,第2335页。
3　《新唐书》卷41《地理志》,第1058页。

许减少不多,稍有减少的恐怕并未减少,没有减少的则是有所增加,显著增加的应该是大量增加[1]。苏州是南方少数户数有一定增长的州,约增长 32%,实际增长应不止于此。据上引梁肃之言,北方移民的迁入应是苏州人口增加较快的主要原因。

唐末北方武装势力自淮南进入苏州。僖宗光启二年(886 年),感化军牙将张雄自徐州率众进入苏州,次年六合镇将、原黄巢部下徐约率部驱逐张雄,占据苏州[2]。与此同时,单独迁入的北方移民人数甚多。例如,毕师颜及其子宗逸避黄巢乱,自山东郓州迁入苏州盘门外[3];郑戬祖先于唐末自北方定居吴下,以后世代为吴县人[4]。据表 9-1,嘉兴县(今属浙江)唐末也迁入北方移民。

白居易说唐后期苏州周围的常州、润州(治今江苏镇江市)、杭州诸州经济状况:"海内时无事,江南岁有秋。生民皆乐业,地主尽贤侯。郊静销戈马,城高逼斗牛。平河七百里,沃壤二三州。"[5]这些州地理和经济状况与苏州大体相似,既然苏州在唐后期五代有较多数量的移民,这些州也不应例外。大历中,朝廷评价各地刺史治绩,润(治今江苏镇江市)、常、濠(治今安徽凤阳县东北)三州刺史均被推为第一,治绩之一是"业徕游口"[6]。大历初安史之乱已结束,有能力的北方人纷纷北归,无力北返者开始在南方定居,所谓"业徕游口"应主要指移民在南方定居。卒于贞元十一年(795 年)的京兆人杜氏,是在"□岁中原盗贼奔突时避地东土",随父母定居句容的[7]。虽然因碑文缺字年代不详,据文意和卒年推测当是安史乱时迁入。来自河北的移民张祐在长庆年间(821—824 年)迁入润州,杜牧之子杜晦辞则在唐末辞官退隐于常州阳羡(即今宜兴市)别业(详表 9-1,以下资料如无出处,均据此表)。唐末扬州大乱,人民多南迁,与之一江之隔的常州必然是移民的主要迁入地之一。例如,葛涛原居广陵,天祐以后为避乱

---

1 周振鹤:《唐代安史之乱与北方人民的南迁》,载《中华文史论丛》1988 年第 7 期。
2 《资治通鉴》卷 257,僖宗光启三年,第 8348 页。
3 朱长文:《吴郡图经续记》卷中,四库全书本。
4 胡宿:《文恭集》卷 36《郑公墓志铭》,四库全书本。
5 《想东游五十韵》,《全唐诗》卷 450,第 5074 页。
6 《新唐书》卷 101《萧定传》,第 3963 页。
7 刘巨川:《杜氏墓志铭》,《全唐文》卷 622,第 2782 页。

表9-1 唐后期五代南迁的北方移民实例（江南部分）

姓 名	迁移时间	迁出地	今 省	迁入地	今 地	资料来源	备 注
殷侔	天宝末	北方	？	苏州	江苏苏州	全唐文 624/2792	后北迁长安
陈夫人祖先	唐后期	颍川郡	河南	苏州	苏州	墓志汇编/2346	
郑岂	贞元	荥阳	河南	苏州	苏州	墓志汇编/2197	后归葬洛阳
毕师颜	唐末	鄆州	山东	苏州	苏州	吴郡图经续记中/	避黄巢乱
毕宗逸	唐末	鄆州	山东	苏州	苏州	吴郡图经续记中/	父师颜，避黄巢乱
杨遗直	安史乱后	同州	陕西	苏州	苏州	旧唐书 177/4595	留居
杨发	安史乱后	同州	陕西	苏州	苏州	全唐诗 517/5904	父遗直
杨收	安史乱后	同州	陕西	苏州	苏州	全唐诗 517/5906	父遗直
元载	肃宗时	凤翔	陕西	苏州	苏州	旧唐书 118/3409	
郑嶲祖先	唐末	北方	？	苏州吴县	苏州	文恭集 36/	定居
汤基祖先	唐后期？	范阳	北京	苏州吴县	苏州	墓志汇编/2418	
丁谓祖先	五代	冀	河北	苏州吴县	苏州	中吴纪闻 1/（1）	
柳镇	安史乱初	河东	山西	苏州吴县	苏州	新唐书 168/5132	
屠某	德宗时	河东	山西	苏州海盐	浙江海盐	全唐文 898/4158	留居
释希安祖先	安史乱后	长安	陕西	苏州海盐	海盐	宋高僧传 11/261	
谢涛	唐末	绥氏	河南	苏州嘉兴	嘉兴	畹琰集中 40/（2）	
唐希雅祖先	五代	河北	河北	苏州嘉兴	嘉兴	宋朝名画评 3/（3）	

244

续表

姓 名	迁移时间	迁出地	今 省	迁入地	今 地	资料来源	备 注
张训	五代	合肥	安徽	常州	江苏常州	鸿庆居士集 37 /	
薛戎	安史乱后	河中	山西	常州毗陵	常州	新唐书 164 / 5046	避孙杨连兵之祸南迁
葛涛	天祐	广陵	江苏	常州江阴	江阴	丹阳集 15 / (4)	任官留居
李晤	安史乱时	山东	山东	常州无锡	无锡	旧唐书 173 / 4497	父晤。元和卒, 迁葬长安
李继	安史乱时	山东	山东	常州无锡	无锡	墓志汇编 / 2015	父晤
李绅	安史乱时	山东	山东	常州无锡	无锡	旧唐书 173 / 4497	父晤
李长	安史乱初	洛阳	河南	常州无锡	无锡	全唐文 521 / 2343	大历间卒, 后归葬北方
杜晦辞	唐末	北方	?	常州义兴	宜兴	金华子杂编上 / 48	
李恋	天宝末	陇西	甘肃	润州云阳	丹阳	墓志汇编 / 1854	留居
许浑	大和前后	洛阳	河南	润州丹阳	丹阳	全唐诗 531 / 6068	
张祜	长庆后	清河	河北	润州丹阳	丹阳	全唐诗 510 / 5794	
卢氏	五代	范阳	北京	升州建康	南京	鸿庆居士集 39 / (5)	
李棱	贞元前	?	?	升州江宁	南京	太平广记 151 /	
朱元	后汉	中原	?	升州金陵	南京	(马令)南唐书 27 / 178	
李昪	唐末	徐州	江苏	升州金陵	南京	十国春秋 15 / 183	

245

续 表

姓 名	迁移时间	迁出地	今 省	迁入地	今 地	资料来源	备 注
李元清	后周南侵	濠州	安徽	升州金陵	南京	十国春秋29/422	
玄寂禅师	显德四年	淮南	江苏	升州金陵	南京	骑省集28/	
刘著	唐末	长安	陕西	升州金陵	南京	范忠宣集12/(6)	
崔造	永泰	博陵	山东	升州上元	南京	旧唐书130/3625	
韩会	永泰	北方	?	升州上元	南京	旧唐书130/3625	
卢东美	永泰	北方	?	升州上元	南京	旧唐书130/3625	
张正则	安史乱时	北方	?	升州上元	南京	旧唐书130/3625	
杜氏		京兆	陕西	升州句容	句容	全唐文622/2782	随父母迁居
印某	唐末	京兆	陕西	升州	南京	骑省集16/	一度迁豫章
卫贤	唐末	长安	陕西	升州	南京	图绘宝鉴2/(7)	
卫泾祖先	唐末	齐	山东	杭州钱塘	浙江杭州	后乐集17/(8)	
饶景	唐末	青州	山东	杭州	杭州	十国春秋85/1238	
杨承休	天祐	弘农	河南	杭州	杭州	十国春秋85/1240	
杨岩	天祐	弘农	河南	杭州	杭州	十国春秋85/1240	父承休
丁飞举	唐后期	济阳	山东	杭州钱塘	杭州	全唐诗621/7149	

续表

姓 名	迁移时间	迁出地	今 省	迁入地	今 地	资料来源	备 注
陈直祖先	唐后期?	颍川郡	河南	杭州钱塘	杭州	墓志汇编/2405	
薛居士	唐末	中原	?	杭州安吉	安吉	全唐诗818/9218	
唐熊	天宝末	北海	山东	杭州余杭	余杭	忠肃集11/	
唐介祖先	唐末	晋昌	山西	杭州余杭	余杭	琬琰集中19/	
盛度祖先	五代	应天府	河南	杭州余杭	余杭	宋史292/9759	
杨氏	安史乱时	蓟县	河北	杭州余杭	余杭	全唐文504/2270	元和迁葬洛阳
谢懿文	五代	阳夏	河南	杭州富阳	富阳	宋史295/9842	
李氏	安史乱后	赵郡	河北	越州	绍兴	墓志汇编/1742	卒此
皮日休	唐末	中原	?	越州	绍兴	会稽志7(9)	
吴筠	安史乱时	鲁中	山东	越州会稽	绍兴	全唐文507/2287	
羊抗	安史乱初	定州	河北	越州会稽	绍兴	新唐书128/4471	奉母避乱,代宗时北归
杜氏	五代	京兆	陕西	越州会稽	绍兴	庄简集18/	
李消孙	五代	北方	?	越州	绍兴	文献集8上/	
陆羽	至德	竟陵	湖北	湖州	湖州	全唐文433/1957	
僧文喜	唐末	五台山	山西	湖州	湖州	十国春秋89/1281	
李长史	唐末	长安	陕西	湖州武康	德清县	全唐诗687/7899	
杨氏	五代	河南	河南	宣州	安徽宣州	彭城集34/	
刁礼	唐末	上蔡	河南	宣州	宣州	十国春秋21/305	
刁彦能	唐末	上蔡	河南	宣州	宣州	十国春秋21/305	父礼

续 表

姓 名	迁移时间	迁出地	今 省	迁入地	今 地	资料来源	备 注
许规	唐末	高阳	河北	宣州	宣州	（马令）南唐书18/211	
李白	安史乱时	北方	?	宣州当涂	当涂	李太白集注31/（10）	
宗氏	安史乱时	北方	?	宣州当涂	当涂	李太白集注31/	夫李白
李伯禽	安史乱时	北方	?	宣州当涂	当涂	李太白集注31/	父李白
方廙	唐末	中原	?	宣州宁国	宁国	十国春秋116/1761	
许儒	后梁初	南阳	河南	歙州	歙县	十国春秋29/424	
赵思	中和	陇西	甘肃	歙州	歙县	东山存稿附赵昉行状（11）	
奚夐	唐末	易水	河北	歙州	歙县	十国春秋11/156	
奚鼎	唐末	易水	河北	歙州	歙县	十国春秋11/156	兄夐
冯谥祖先	唐末	彭城	江苏	歙州	歙县	宋史478/13867	
李氏	广明	关中	陕西	歙州黄墩	歙县	巴西集上/	
戴昭	咸通间	杜陵	陕西	歙州黄墩	歙县	九灵山房集附年谱（12）	
韩氏	唐末	南阳	河南	歙州歙县	歙县	东维子集25/（13）	
朱氏	唐末	沛县	江苏	歙州歙县	歙县	治水集11/	
孙抗祖先	唐末	扬州	江苏	歙州黟县	黟县	新安志6/	避孙儒之乱
金安节祖先	唐末	长安	陕西	歙州休宁	休宁	新安志7/	
樊知瑜	光化	长安	陕西	池州	贵池	宋史276/9393	

续 表

姓 名	迁移时间	迁出地	今 省	迁入地	今 地	资料来源	备 注
樊潜	光化	长安	陕西	池州	安徽	宋史 276/9393	父知璕
王淮祖先	五代	太原	山西	婺州	浙江金华	诚斋集 120/	
何晋	会昌中	晋城	山西	婺州	金华	苏平仲集 2/	
时德懋祖先	五代	开封	河南	婺州金华	金华	东莱集 13/（14）	
王登祖先	五代	太原	山西	婺州金华	金华	丹阳集 13/	
宗泽祖先	五代	南阳	河南	婺州义乌	义乌	宗简公集 7/（15）	
蒋勋	唐末	中原	?	婺州东阳	东阳	十国春秋 85/1241	
李涛	安史乱后	洛阳	河南	衢州	衢州	墓志汇编/1783	卒此，大历诸子北归并迁葬涛
李涛妻	安史乱后	洛阳	河南	衢州	衢州	墓志汇编/1783	
独孤氏	安史乱后	洛阳	河南	衢州	衢州	墓志汇编/1808	李涛妻，大历间卒常州
柴望	五代	卫	河南	衢州江山	江山	秋堂集 2/（16）	
王氏	天祐	琅琊	山东	明州奉化	奉化	本堂集 37/（17）	
林氏	五代	青州	山东	明州四明	宁波	攻媿集 104/（18）	
姚秘监	唐后期	中原	?	睦州	建德东	东维子集 25/	
郭太初	广明后	河东	山西	温州平阳	平阳	苏平仲集 7/	
孔桧	后唐同光	曲阜	山东	温州平阳	平阳	松雪斋集 6/	
叶蓁祖先	五代	南阳	河南	温州瑞安	瑞安	乾隆温州府志 28/	

249

续 表

姓 名	迁移时间	迁出地	今 省	迁入地	今 地	资料来源	备 注
谢希图	唐末	北方	?	处州丽水	丽水	欧阳修全集·文忠集 26／	
崔翰	安史乱时	博陵	河北	江南		全唐文 566／2538	贞元北归
杨存祖先	天祐元年	北方	?	江南		诚斋集 122／(19)	因乱不得归
韩熙载	同光末年	嵩岳	河南	江南		十国春秋 3／62	
杨于陵	安史乱后	河朔	河北	江南		旧唐书 164／4292	
张玠	安史乱后	兖州	山东	江南		全唐诗 223／594	
孙起	建中后	乐安	山东	江南		墓志汇编／1989	后归葬洛阳
韩洄	安史乱初	长安	陕西	江南		新唐书 126／4439	后北归任官
颜泏	唐末	北方	?	江南		(马令)南唐书 15／105	后北返
萧颖士	安史乱时	河南	河南	江南		全唐文 323／1446	
皇甫冉	安史乱后	北方	?	江外		唐诗纪事 26／(20)	
李希仲	天宝末	洛阳	河南	江淮		唐诗纪事 26／	举家南迁
崔千里	安史乱后	清河	河北	江淮		墓志汇编／1928	大历后北归
柳墓	安史乱时	河东	山西	江淮		墓志汇编／2202	
崔孚	安史乱时	河南	河南	江淮		全唐文 678／3070	后北归, 兴元卒于来州

续表

姓名	迁移时间	迁出地	今省	迁入地	今地	资料来源	备注
裴氏	安史乱后	洛阳	河南	江表		墓志汇编/1898	卒此，贞元时归葬洛阳
李仙裔	安史乱后	洛阳	河南	江干		墓志汇编/1746	定居不明
梁达	上元	河南	河南	吴越		全唐文523/2357	卒此
梁肃	上元	河南	河南	吴越		全唐文523/2357	父达。卒此，贞元归葬长安
吴仁璧	唐末	秦	甘肃	吴越		十国春秋88/1267	
曹果	五代	真定	河北	吴越		十国春秋87/1259	
倪朴祖先	唐末	桓州	河北	江浙		倪石陵书附倪朴传	
赵咋祖先	五代	京兆	陕西	越	浙江境	碗琰集上8/	
杨堪	唐末	中原	？	浙中	浙江境	宋史307/10130	
崔偁	安史乱时	博陵	山东	浙东	浙江境	墓志汇编/2054	后归葬洛阳
孙忌	后唐	北方	？	南唐		全唐文861/4002	
徐玠	唐末	彭城	江苏	南唐		十国春秋21/303	
马仁裕	唐末	徐州	江苏	南唐		十国春秋21/304	
申屠令坚	后汉	山东	山东	南唐		（马令）南唐书12/	
李建勋	五代？	陇西	甘肃	南唐		全唐诗739/8420	

续 表

姓 名	迁移时间	迁出地	今 省	迁入地	今 地	资料来源	备 注
李金全	后晋	吐谷浑	山西	南唐		十国春秋 24/332	
张易	天福三年	魏州	河北	南唐		十国春秋 25/345	
汤悦	五代？	陈州	河南	南唐		全唐诗 757/8616	
高越	后晋	幽州	北京	南唐		十国春秋 28/405	
高远	后晋	幽州	北京	南唐		(陆游)南唐书 9/	
潘佑	五代	幽州	北京	南唐		十国春秋 115/1758	
魏岑	五代	郓州	山东	南唐		十国春秋 26/363	

说明：

1. 移民按迁入地排列。其中，已知府州者按府州排列，并载明迁入的县名。未载明县名的一般指迁入附郭县，也有的因无确切县名姑列于此。
2. 移民注入时间有的明确，有的不明确。不明确者以可能迁入的阶段入表。
3. 迁出地指迁出前居住地，少数不明迁出地姑取其籍贯。
4. 迁入地的府州一般指长期安家之地，如曾在几个地方居住过于备注中说明。
5. 迁入地的县名一般用唐代较长期使用之名。县名依据原来文献所载，因而有少数并非唐后期五代的县名。
6. 限于篇幅，资料来源只取一种。"/"号前一数是卷数，后一数是页数，不再说明。
7. 《唐后期五代北方移民实例》的其他部分均同于江南部分。《墓志汇编》指《唐代墓志汇编》。
8. 原注五代作"南唐"的移民姑附此。(1) 龚明之著，上海古籍出版社点校本。(2) 杜大珪著，四库全书本。(3) 刘道醇著，四库全书本。(4) 葛仲胜著，四库全书本。(5) 孙觌著，四库全书本。(6) 范纯仁著，四库全书本。(7) 夏文彦著，丛书集成初编本。(8) 卫泾著，四库全书本。(9) 嘉庆十三年刻本。(10) 李白注，王琦注，四库全书本。(11) 赵防著，四库全书本。(12) 戴良著，四库全书本。(13) 杨维桢著，四库全书本。(14) 吕祖谦著，四库全书本。(15) 崇泽著，四库全书本。(16) 柴望著，四库全书本。(17) 陈著，四库全书本。(18) 楼钥著，丛书集成初编本。(19) 杨万里著，四部丛刊本。(20) 计有功著，四部丛刊本。

举族迁居江阴[1]。

　　自隋平南朝以后,六朝古都金陵(今南京市)地位一落千丈,唐初废为蒋州,继沦为润州下属的江宁县。但是,优越的地理位置决定了金陵在天下大乱时的重要地位。安史乱后,永王璘由于看到金陵的重要性才率兵东下。至德二载(757年),朝廷在此置升州,肃宗上元二年(761年)因听信童谣又废为县。建中初唐德宗受逼于关中军阀,镇守江东的韩滉以为朝廷可能将迁于此,于金陵筑石头五城,楼雉相望,"置馆第数十于石头城,穿井皆百尺"[2]。唐末光启三年(887年),由于金陵的重要性,重新自润州、宣州析置升州。

　　由于在东南地区的重要性,金陵势必成为吸引移民的中心。例如,永泰中(765—766年),博陵安平人崔造和其朋友韩会、卢东美、张正则侨居于此[3]。在藩镇割据阶段,金陵也是北方士大夫在南方的寄居地之一。贞元二年(786年)中进士第的李棱,便在此置有别业,李棱和其双亲都定居于此[4]。唐末自北方南下的感化军牙将张雄自苏州退出,转而占据升州[5]。唐末零散迁入的移民为数更多,长安人刘著便是他们的代表。

　　五代升州改为江宁府,为南唐的国都,境内的北方移民必然以此为首选迁入地。南唐后期因后周南侵而大举南迁的淮南人民,也多定居在金陵一带[6]。列表移民中升州有14人,在江南地区仅次于苏州,此外南唐(因不知迁入地故列此)的12位移民中,大部分可能都定居在都城江宁府,因此移民实际数量应大大多于唐末的其他州。

　　永泰元年(765年)李华撰《杭州刺史厅壁记》[7],说:"杭州东南名郡……咽喉吴越,势雄江海。国家阜成,兆人户口日益增。……方隅有事以来,承制权假以相国元公,旬朔之间,生人受赐,由是望甲余州,

---

1　蔡襄:《端明集》卷38《葛君墓志铭》,四库全书本。
2　《新唐书》卷126《韩滉传》,第4435页。
3　《旧唐书》卷130《崔造传》,第3625页。
4　《太平广记》卷151《李棱》。
5　《资治通鉴》卷257,僖宗光启三年,第8356页。
6　例如,濠州人李元清在后周侵淮南时聚集乡人抵抗,兵败后迁入金陵(载《十国春秋》卷29《南唐十五·李元清传》),估计随其迁入的乡人为数不少。
7　载《全唐文》卷316,第1417页。

名士良将递临此部。"虽然安史乱后来此的"名士良将"未必都是移民，但其中有一些人是移民却是不容怀疑的。原任蓟县（今北京市）县尉的权皋于安史乱后奉母亲杨氏南迁，其母卒于杭州富阳县境，权皋后封御史、著作郎[1]，自然是一位上层移民。另一位来自北海（今山东青州市）的移民唐熊，天宝末也因避地迁居余杭[2]。元和间白居易兄弟避乱离散，其中一人流落于此[3]。

唐末钱镠割据浙江，后建立吴越国，以杭州为都城。吴越国厚待北方上层移民，这些人大多应居住在杭州。弘农（在今河南灵宝市境）人杨承休、杨岩父子在天祐时出使江南，道阻不得归，留居杭州[4]。此外，吴越国的军队中，颇多来自北方和淮南的军人。仅乾宁四年（897年）和后梁开平三年（909年）的两次战争，便俘虏淮南将士约6 000余人[5]。为了保卫都城的需要，屯聚在杭州周围的北方籍军人人数应多于其他地方。在表9-1中杭州有13人，人数仅次于苏州和升州，表明杭州是移民的重要迁入区。

越州（治今浙江绍兴市）位于钱塘江以南，长期以来是浙东平原的中心。中原兵兴之后，北方人民特别是士大夫迁入甚多，"自中原多故，贤士大夫以三江五湖为家，登会稽者如鳞介之集渊薮"[6]。河北人齐抗、李某和鲁中儒士吴筠，便是东游会稽的北方人士，李某和吴筠均死在越州。安史乱后薛兼训统领越州，为了提高当地的丝织水平，派没有成家的军人携款到北方娶善于纺织的女子为妻，带到越州，"岁得数百人"[7]。这些军人和妇女大多应定居越州。

贞元年间（785—805年）李汲任越州余姚县令，"子人济俗"，"户口增倍，歌谣至今"[8]。贞元中自会稽析置上虞县[9]，表明全州的人口

1　权德舆：《杨氏附葬墓志铭》，《全唐文》卷504，第2270页。
2　刘挚：《忠肃集》卷11《唐质肃神道碑》，四库全书本。
3　《全唐诗》卷436《自河南离乱……》，第4839页。
4　《十国春秋》卷85《吴越九·杨岩传》，第1240页。
5　《资治通鉴》卷261，昭宗乾宁四年四月癸亥，第8503页；《十国春秋》卷78《吴越二·武肃王世家》，第1082页。
6　穆员：《鲍防碑》，《全唐文》卷783，第3630页。
7　李肇：《唐国史补》卷下，第65页。
8　阙名：《李府君墓志铭并序》，载《唐代墓志汇编》，第1889页。
9　《新唐书》卷41《地理志》，第1061页。

都有了一定的增长。贞元十二年,越州刺史皇甫政在一份关于向中央进献绫縠的报告中,提到"请新来客户续补前数",德宗以为"彼客户者,咸以遭罹苛暴,变成疮痍之人,岂可重伤哉!"[1]在当时的情况下,客户多是未著籍的流民,据此贞元时迁入越州的移民人数甚多,故导致当地人口的较快增长。这批移民迁入的原因文献阙载,但当时江南似乎未发生足以产生较大规模移民的事件,而北方因李希烈和朱泚反叛发生战乱,导致一定数量的移民南下(详见第八章第二节)。德宗说他们"咸以遭罹苛暴,变成疮痍之人",表明他们是自北方南下的避乱难民。

唐末五代仍有人迁入越州。唐宗室李洧孙唐末避居上虞、嵊、会稽三县交界山区[2]。杜氏的祖先五代时"南渡至会稽,乐其风土,因居焉"[3]。襄阳人皮日休和其子光业也在此期间迁入越州[4]。

唐末,僧人文喜迁入湖州,长安宫廷乐工李长史流落到武康县。以后被人尊为"茶圣"的陆羽,至德时渡江,后迁居湖州。但因资料较少,无从得知境内的移民规模。

皖南的宣州(治今宣城市)、歙州(治今歙县)、池州(治今市贵池区)位居或靠近长江南岸,当移民渡江南下大道。其中,池州建于永泰元年(765年),以前分别属于宣州及饶州。

安史之乱阶段宣州有相当多的北方移民。李白一家流落江南,曾在秋浦(今贵池区)居住数年,最后定居在宣州当涂[5]。溧阳县(今江苏溧阳市,唐末改属升州)在柳均任县令时人口增加很多。"时乾元中(758—760年)大盗初平……公之宰溧阳,奸豪屏气,茕嫠苏息,流民复,旷土辟。"[6]乾元中,发生在江南的永王璘之乱已平,刘展之乱尚未开始,文中的"大盗初平"应指唐军收复两京和史思明一度表示降唐,据此迁居溧阳的流民主要是北方移民。

---

1 《唐会要》卷85《逃户》,第1856页。
2 黄缙:《文献集》卷8上《李先生铭》,四库全书本。
3 李光:《庄简集》卷18《杜府君墓志铭》,四库全书本。
4 《舆地纪胜》卷10。
5 见李白:《南陵别儿童入京》和《秋浦寄内》,分别载《全唐诗》卷174和卷184。
6 李师稷:《柳府君灵表》,载《唐代墓志汇编》,第1922页。

永泰元年（765年），宣、歙两州曾发生方清之乱。"苏州豪士方清因岁凶诱流殍为盗，积数万，依黟、歙间，阻山自防，东南为苦。"[1]方清一度攻陷歙州，并设立昌门县，宣州的秋浦等县也是其活动地域。平定以后，唐朝在二州地置旌德、绩溪、石埭等县，又析置池州[2]。县的设置一般都是人口增加的结果，否则设立以后不久也要撤销。虽然宣州在元和间的著籍户数较天宝减少，但所辖乡的数目却由开元的167个上升为195个，旌德在设县后才40年便升为上县[3]，乡数增加和州县级别提高一般情况下都是人口增加的结果。这些流民来自何方，因文献阙载已无法得知。时值安史之乱刚刚结束，朝廷尚无力安置大批南迁的北方移民，移民可能因饥荒被迫集结为盗，南宋初年北方流民武装横行江南即是一个证明[4]。盗平后接连设县的事实说明，两州动乱的产生是地方行政滞后于人口增长所致。因此，流入两州的大量人口中，应有相当部分是来自北方的移民。

宣州是唐末大江南北各派军队激烈争夺的地方，境内的北方军人特别多。窦韦任刺史时，秦宗权部将秦彦攻入，不久又有北兵渡江前来。此外，"是岁南徐（即镇江）刘颢作乱，扬州继丧师，二境流离，人不堪命"，大批移民迁入宣州。此后又有北方军队进入。大顺元年（890年）前后，宣州刺史击败仍留在境内的北方军队和刚渡江前来的孙儒军，两军"其众尽溃"[5]。由于战争规模不小，进入宣州的北方武装都有相当数量。例如，秦彦部袭击宣州时便有兵数千人[6]。一些北方武装成员被击溃后可能会留居于此。此外，长期驻扎宣州的北方军人也有一部分人定居当地。方氏父子就是因此而留居的移民。《十国春秋》卷116载："方虔为杨行密守将，总兵戍宁国，以备两浙。虔后为吴越所擒，其子从训代守宁国，故子孙至今为宁国人。"

宣州境内的下层移民可以河南人杨某为代表，杨某避乱迁入宣

---

1 《新唐书》卷146《李栖筠传》，第4736页。
2 见《新唐书》卷41《地理志》、《元和郡县图志》卷28。
3 《元和郡县图志》卷28。不过，据同卷载，歙州乡数由72减为50，和增县的事实不符，殊不可理解，疑有讹。
4 参见吴松弟：《北方移民与南宋社会变迁》第六章第一节，台湾文津出版社1993年版。
5 沈颜：《宣州重建小厅记》，《全唐文》卷868，第4029页。
6 《资治通鉴》卷255，僖宗中和二年，第8287页。

州,在此"市田宅,筑室种树,春耕秋收"[1],世代定居于此。

唐末,因多次战争,宣州土著人口死亡很多。仅裴庆余任刺史时的一次战争,州城人民得以保全,但城外农村人口损失惨重,"无子遗矣"[2]。因此,外来移民应在当地的人口中占一定比重。

皖南有两个地方因唐末五代时北方移民集中而得以闻名。一个是池州建德(治今东至县北)的桃源。虽然"山溪源远,人迹罕到",但是,在"五代之际,衣冠士族避难于此,皆获免焉",故被称为"桃源"[3]。另一个是歙县西南的黄墩,"黄巢之乱,中原衣冠避地者有相与保于此,及事定留居新安(指歙州),或稍散之旁郡"[4]。原居沛县(今属江苏)的朱氏,唐宗室成员李氏,都是唐末因避地而留居黄墩的北方移民[5]。

据明代程尚宽《新安名族志》,歙州有明确迁入时间、地点的56姓中,28姓系唐后期五代迁入,其中唐末迁入的又占三分之二以上。歙州列表移民11人,在江南仅次于苏、升、杭三州。

有关婺州(治今浙江金华市)的列表移民多集中在唐末五代,但在其西面的衢州(治浙江今市)却有在安史乱时迁入的李涛一户。安史之乱阶段衢州的人口有较多的增长,乾元元年(758年)玉山县自衢州改隶新成立的信州,但在两年后的上元元年有人却说衢州人口未见减少,而且"去岁江湖不登,兹境稍穰,故浙右流离多就遗秉,凡增万余室而不为众"[6]。在当时的情况下,涌入衢州的万余户"浙右流离"应有南方籍和北方籍两部分人。婺州在开元至元和间乡数由189个增加到200个[7],表明人口有一定的增长。既然衢州有不少的北方移民,位于其东更靠近江南的婺州不应例外。

婺州和衢州均位于江东进入江西乃至福建的交通要道,唐末经

---

1 刘敞:《彭城集》卷34《为杨殿丞作五世祖系事状》,四库全书本。
2 沈颜:《宣州重建小厅记》,《全唐文》卷868,第4029页。
3 《舆地纪胜》卷22。
4 罗愿:《新安志》卷3,嘉庆本。
5 见程琰:《洺水集》卷11《朱惠州行状》,四库全书本;邓文原:《巴西集》卷上《李君墓志铭》,四库全书本。
6 李华:《衢州刺史厅壁记》,《全唐文》卷316,第1417页。
7 《元和郡县图志》卷26。

此进出的北方人甚多,难免有人在流徙的过程中定居于此。诗人韦庄的几位兄弟便迁入婺州,韦庄为此赋诗:"回头烟树各天涯,婺女星边远寄家。"[1] 宋人王淮、宗泽、王登、时德懋和柴望等人的祖先,都在唐末五代迁居婺州的金华、义乌、东阳与衢州的江山等县。

衢州、婺州和越州一线以南的浙南、浙东诸州以及浙西山区的睦州(治今建德市东),移民主要在唐末五代迁入。表9-1中有7人迁入诸州,除一位姚秘监可能在唐后期迁入睦州外,其他7人均在唐末五代迁入。这些移民分布在温州的平阳、瑞安,明州的鄞县(今宁波市)、奉化,处州的丽水等县。

第二节

淮　南

在我国南北两大地域中,位于秦岭—淮河以南,长江和大巴山一线以北的淮南、荆襄和陕南(即今陕西的汉水流域)等三个区域,是两大地域的连接地带和南北战争的主要战场。该区域在历史上北方人口南迁浪潮中的移民状况与其他区域不同,不仅在相对安宁时接纳大量的北方人民,战争时又有大批当地人民迁往长江以南,而且相当一部分北方移民迁入若干年以后本人或子孙复迁往长江以北。在唐后期五代的北方移民南迁潮中,陕南比较和平,这种特点不明显,但在淮南和荆襄却相当突出。由于这种波浪式的迁移,到唐后期当地人口中北方籍人民可能已占很高的比例。

安史之乱爆发以后,由于张巡、许远死守睢阳(今河南商丘市南),叛军主力未能进入淮南,淮南出现了数年和平局面。在这种情况下,一些移民在南迁过程中,滞留在淮南一带。韩愈说"士多避处江淮

---

[1] 韦庄:《夏口行寄婺州诸弟》,《全唐诗》卷698,第8036页。

间"[1];姚汝能说"衣冠士庶……家口亦多避地于江淮"[2];此"江淮"就包括淮南。除了北方平民,还有流落在此的叛军军人。

在藩镇割据阶段,就近迁入淮南以躲避局部战争和赋役的北方人民为数不少。大历间(766—779年),淮南的一些州在安置流民方面取得很大的成绩。濠州刺史张镒在大历初被评为政绩第一,政绩之一是"业徕游口"[3]。和州在穆宁任刺史期间,"人户增倍"[4]。大历五年(770年)左右滁州刺史李幼卿在安抚流民、发展经济方面也取得成绩,"滁人之饥者粒,流者占"[5]。这些"游口"、流民,只能是来自外地的移民。

和州因移民迁入,"人户增倍",说明某些州的移民极多。不过,上述资料多是文字描述,无法得知移民的数量,只有对舒州或能做点估计。大历五年到八年,"据系簿数,(舒州)百姓并浮寄户共有三万三千,比来应差科者唯有三千五百,其余二万九千五百户蚕而衣,耕而食,不持一钱以助王赋"[6]。依照衡州(治今湖南衡阳市)的户口状况,有差科者与无差科者之比大约是1∶1.23[7]。此2.9万余户中,扣除无差科户,并依《通典》卷7所载建中初诸道户数中客户占总户数的比例(见上),客户约1万户。

大历前期安史之乱已经结束,有能力的北方人纷纷北归,无力北返者开始在南方定居。同时,北方还有大量为避赋役而外逃的人口,他们多逃到赋税较轻的地区。大历年间涌入淮南的流民当多来自北方,其中既有避战乱的难民,也有避赋役的逃户。

唐末淮南是全国战事最多的地区之一。黄巢军数次进出淮南,诸道行营都统高骈奉命征天下兵到淮南以拦阻黄巢军北归。黄巢之乱平定以后,淮南又成为各派军阀反复争夺的地区,最后以杨行密的胜

---

1 《考功员外卢君墓铭》,《全唐文》卷566,第2538页。
2 姚汝能:《安禄山事迹》卷下,学海类编本。
3 《新唐书》卷101《肖定传》,第3963页。
4 《旧唐书》卷155《穆宁传》,第4115页。
5 独孤及:《琅邪溪述》,《全唐文》卷390,第1753页。
6 独孤及:《答杨贡处士书》,《全唐文》卷386,第1738页。
7 据《唐会要》卷85"定户等第"引吕温奏文,衡州旧额户18 407,差科户8 257,无差科户应为10 150。

利而告终。战争中,散落在淮南的北方军人和黄巢军的残兵败卒为数甚多。除了在江南投降的孙儒部众,还有不少人在其他地方降于杨行密。例如,杨行密破秦彦所率的秦宗权军队,"卤获无算"[1]。秦宗权部将安仁义也在淮南降杨行密,后成为杨的第一员战将,统领淮南骑兵[2]。杨行密军中的北方人特别多。其中,由孙儒部特别勇健者5 000人组成的"黑云都",作战时在前面冲锋陷战,"四邻畏之"[3]。

唐末战争阶段自发迁入的北方人民不在少数,京兆万年人杜氏即在广明以后避地淮南,长期定居于此[4]。还有某些北方军阀和地方官,因各种原因率部下和民众投奔杨行密。乾宁元年(894年)十一月,泗州(治今江苏盱眙县北)刺史张谏举州来降[5]。四年,兖州(治今山东济宁市兖州区)节度使朱瑾和应援的河东将领史俨、李承嗣败于朱温军,率残部并"拥州民俱来",投附淮南[6]。随朱瑾南迁的人数阙载,《资治通鉴》评论道:"淮南旧善水战,不知骑射,及得河东、兖、郓兵,军声大振"[7],显然人数不会很少。在此期间,原占据蕲州(今湖北蕲春县北)的上蔡人贾公铎及其部下也投附杨行密[8]。光化二年(899年),蔡州州将崔景思因与朱温摩擦,"悉驱兵民渡淮奔杨行密",大约近2 000人到达广陵[9]。同年七月,海州守将牛从毅拥郡人投淮南,杨行密此后占领海州[10]。

天复二年(902年),杨行密受唐封为吴王,开始建立区域性政权。杨行密在淮南多方诱引人才,"多士之归也,如百川赴海;群材之用也,若众腋成裘"[11]。《资治通鉴》评论杨行密在淮南的政策:"淮南被兵六年,士民转徙几尽",后经"招抚流散,轻徭薄敛","未及数年,公私富

---

1 《十国春秋》卷6《吴六·李涛传》,第103页。
2 《资治通鉴》卷257,僖宗光启三年十月,第8365页。
3 《资治通鉴》卷259,昭宗景福元年八月,第8434页。
4 刘克庄:《后村集》卷150《杜郎中墓志铭》。
5 《十国春秋》卷1《吴一·太祖世家》,第11页。
6 《十国春秋》卷1《吴一·太祖世家》,第14页;《旧五代史》卷13《梁书·朱瑾传》,第170页。
7 《资治通鉴》卷261,昭宗乾宁四年二月丙申,第8501页。
8 《十国春秋》卷6《吴六·贾公铎传》,第102页。
9 《资治通鉴》卷261,昭宗光化二年正月,第8522页。
10 《旧唐书》卷20上《昭宗传》,第766页。
11 殷文圭:《后唐张崇修庐州外罗城记》,载《全唐文》卷868,第4031页。

庶，几复承平之旧"[1]。据此看来，唐末战争中淮南土著人口数量严重减少，"招抚流散"是战后人口恢复的主要原因。考虑到战争持续时间较长，迁往江南的人民可能多已定居当地，所招抚流散的大部分只能是北方移民。因此，估计在吴国统治时期，北方移民及其后裔已在淮南人口中占了较大比重。

南唐李氏继承了吴国招抚流移、保境安民的政策，因此又有一些北方人民迁入。契丹侵入中原时密州、棣州两州刺史率州人南迁[2]，后汉末南唐派兵到淮北招纳群盗[3]，是规模较大的两次。在五代末年以前，淮南仍是北方移民的重要迁入地。

扬州位于长江和运河的交汇处，具有优越的交通位置，一向是淮南的区域中心，吴国设为都城，移民较多，在表9-2中列表移民24人，远远高过淮南的其他州。此外，另有迁入淮南（因州不明，姑以淮南为迁入地）的4位移民，迁入五代吴国的30位移民，可能相当一部分人也居住在扬州。

无论是安史之乱阶段还是藩镇割据阶段，扬州都有数位列表移民，主要分布在城内外所属的广陵县和江都县。兴元间，由于为数众多的侨寄衣冠及工商业者在城内侵街造房，导致街道狭窄，"行旅拥弊"[4]。据表9-2，移民还分布在扬州北部的高邮县，提示我们其他各属县也可能有移民。

唐末扬州经历了几次重建再重建的过程，人口的迁进迁出规模极大，既有大批当地人民或为躲避战乱或为武力驱迫离乡背井，又有大批的北方人迁入城内外。列表移民中，8人即是在唐末五代迁入。此外，为了充实城市人口，杨行密还将淮南人民迁入扬州。光启三年（887年），杨行密担心孙儒乘胜夺取海陵（即今江苏泰州市），将海陵人民数万户尽数迁入扬州[5]，可能是一次规模很大的移民迁入。

---

1 《资治通鉴》卷259，昭宗景福元年八月，第8434—8435页。
2 《十国春秋》卷24《南唐十·皇甫晖传》，第338页。
3 《新五代史》卷62《南唐李景世家》。
4 《旧唐书》卷146《杜亚传》，第3963页。
5 《资治通鉴》卷257，僖宗光启三年十月，第8366页。

表 9-2 唐后期五代南迁的北方移民实例（淮南部分）

姓 名	迁移时间	迁出地	今 省	迁入地	今 地	资料来源	备 注
王恕	安史乱后	太原	山西	扬州	江苏扬州	旧唐书164/4275	因官留居
王播	安史乱后	太原	山西	扬州	扬州	全唐诗296/604	父恕
瞿氏	安史乱后	洛阳	河南	扬州	扬州	墓志汇编/1896	后归葬洛阳
李幼迁	安史乱后	魏郡	河北	扬州	扬州	墓志汇编/1815	举家定居
张南史	安史乱后	幽州	北京	扬州	扬州	全唐诗296/604	
赵旭	安史乱后	天水	甘肃	扬州	扬州	太平广记65/	
李颀	乾元初	中原	?	扬州	扬州	墓志汇编/1932	举家迁居，不久死于扬州
张氏	乾元初	中原	?	扬州	扬州	墓志汇编/1932	夫李颀
李潘	元和前	赵州	河北	扬州	扬州	旧唐书148/3997	举家迁此
李戴	后梁初	中原	?	扬州广陵	扬州	十国春秋9/131	
徐温	唐末	海州	江苏	扬州广陵	扬州	十国春秋13/170	
窦常	大历	扶风	陕西	扬州广陵	扬州	旧唐书155/4122	
李神福	唐末	洛州	河北	扬州广陵	扬州	十国春秋5/87	
严实	唐末	同州	陕西	扬州江都	扬州	十国春秋9/136	
严可求	唐末	同州	陕西	扬州江都	扬州	十国春秋9/136	父实
裴氏	贞元前后	洛阳	河南	扬州江阳	扬州	墓志汇编/1934	原居洪州
彭氏	安史乱后	开封	河南	扬州江阳	扬州	墓志汇编/1979	全家迁居
王修本	元和后	长安	陕西	扬州扬子	扬州	墓志汇编/2175	归葬河南

续 表

姓 名	迁移时间	迁出地	今 省	迁入地	今 地	资料来源	备 注
卢岘	安史乱时	范阳	北京	扬州高邮	高邮	全唐文503/2269	留居
张汜	唐后期?	少室山	河南	扬州高邮	高邮	墓志汇编/2182	
陈氏	五代	颍川	河南	扬州海陵	泰兴	墙东类稿13/(1)	
崔放生	五代	中原	?	扬州海陵	南通	舆地纪胜41/	
赵匡凝	唐末	黎州	河南	扬州海陵	泰州	十国春秋8/124	
李俨	唐末	中原	?	扬州海陵	泰州	十国春秋8/123	
萧复	唐后期	?	?	楚州	淮安	太平广记170/	
李华	安史乱初	赵州	河北	楚州山阳	淮安	新唐书203/5776	卒此
卢初	大历十年	洛阳	河南	楚州山阳	淮安	墓志汇编/2112	大和归葬北方
李珏	安史乱后	赵郡	河北	楚州淮阴	淮阴	新唐书182/5359	
苗晋卿后裔	唐末	河东	山西	楚州盱眙	盱眙	骑省集16/	
卢稠	安史乱后	郑州	河南	楚州	淮阴	墓志汇编/2052	举家迁,父、妻后归葬郑州
真如	安史乱后	巩县	河南	楚州安宜	宝应	太平广记404/	尼姑
高氏	五代	蓟门	北京	濠州	安徽凤阳	攻媿集103/	后迁亳州
王栖霞	天祐	齐	山东	寿州寿春	寿县	骑省集12/	
谢观曾祖	安史乱后	陈郡	河南	寿州寿春	寿县	墓志汇编/2428	后世代居此
吕龟祥	五代	莱州	山东	寿州	寿县	宋史311/10206	
刘威	唐末	慎县	安徽	吴国		十国春秋5/91	

263

续表

姓 名	迁移时间	迁出地	今 省	迁入地	今 地	资料来源	备 注
刘仁赡	唐末	彭城	江苏	吴国		（马令）南唐书16/108	
御厨	昭宗	长安	陕西	吴国		十国春秋32/459	
卢文进	天福二年	燕	北京	吴国		新五代史8/80	叛降
张颢	唐末	蔡州	河南	吴国		十国春秋13/169	
安仁义	唐末	沙陀	山西	吴国		十国春秋13/165	
冯宏铎	唐末	泗州	江苏	吴国		十国春秋8/118	
潘处常	唐末	幽州	北京	吴国		十国春秋27/377	
李厚	唐末	蔡州	河南	吴国		十国春秋6/100	
李简	唐末	上蔡	河南	吴国		十国春秋5/94	
朱瑾	唐末	宋州	河南	吴国		十国春秋8/118	
李平	唐末	中原	?	吴国		十国春秋24/341	
李贻业	唐末	吴	?	吴国		（陆游）南唐书15/	
陈绍	唐末	宛丘	河南	吴国		十国春秋8/128	
孙晟	唐末	高密	山东	吴国		十国春秋27/381	
李涛	唐末	赵州	河北	吴国		十国春秋6/102	
公乘镒	五代	相州	河南	吴国		十国春秋23/329	
常梦锡	后唐	扶风	陕西	吴国		十国春秋23/325	
袁禛	唐末	陈州	河南	吴国		十国春秋6/104	

续 表

姓 名	迁移时间	迁出地	今 省	迁入地	今 地	资料来源	备 注
王彦俦	同光末	蔡州	河南	吴国		十国春秋22/312	
王仲连	唐末	北方	?	吴国		十国春秋23/330	
柴再用	唐末	汝阳	河南	吴国		十国春秋6/97	
刘信	唐末	兖州	山东	吴国		十国春秋7/105	
刘彦英	唐末	兖州	山东	吴国		十国春秋7/106	父信
刘彦贞	唐末	兖州	山东	吴国		十国春秋7/106	父信
皇甫晖	后晋	魏州	河北	吴国		十国春秋24/338	
李承嗣	唐末	雁门	山西	吴国		十国春秋8/121	
贾云铎	唐末	上蔡	河南	吴国		十国春秋6/102	
张崇	唐末	慎县	安徽	吴国		十国春秋9/130	
张延翰	唐末	宋州	河南	吴国		十国春秋21/309	
朱某祖先	五代	彭城	江苏	淮南		曾巩集46/625（2）	
李鄘	光启	长安	陕西	淮海		旧唐书157/4148	后任官北归
杜氏	广明	京兆	陕西	淮南		后村集150/	
卢迈	安史乱后	洛阳	河南	淮南		旧唐书136/3753	举家迁

说明：原迁入地作吴国、淮南、淮海的移民，姑附于此。（1）陆文圭著，四库全书本。（2）曾巩著，中华书局点校本。

五代人齐己说吴国"衣冠尽汉庭"[1],即多迁自北方的长安等地。在南唐迁都江宁府以前,这些上层移民应大多居住在扬州。

楚州(治今江苏淮阴市)在安史之乱时期也是北方移民较多的地方。北方士大夫李华寓居江表,晚年居住在楚州山阳县。此外,河南人卢稠、河北人李珏也定居在楚州。苗晋卿的后裔于唐末自河东迁入盱眙(均详表9-2),表明唐末当地也有一些北方移民。

大历间和州、舒州、滁州、濠州在安抚流民方面取得成绩,说明这些州在唐后期涌入较多的北方移民。虽然有关安史之乱和唐末五代的资料较少,但濠、寿两州仍有列表移民,提示其他州在这些阶段也应当有一些北方移民。

第三节

江　西

安史之乱爆发以后,江西不曾受到战争的影响,除了至德元载(756年)永王璘残部逃入曾有时间较短的小规模战争,大体保持着和平局面,全境的经济文化仍在继续发展。于邵说:"洪州之为连率也,旧矣。自幽蓟外奸,加之以师旅,十年之间为巨防焉。当闽越奥区,扼江闽重阻,既完且富,行者如归。"[2]洪州(治今南昌市)是江西观察使的治所,洪州的情况无疑是江西全境的一个缩影。

由于位于长江中游,不少南下避乱的北方移民经荆襄和淮南两地迁入江西。第八章第一节所提到百余口南迁的崔氏家族,便于安史乱后迁入江西。永王璘残部在江南失败以后逃入江西,在赣南大庾岭一带被擒杀[3],可能会有人留居江西。上元二年(761年)以后淮南和

---

1 齐己:《送徐才游吴国》,《全唐诗》卷841,第9500页。
2 《送王司仪季友赴洪州序》,《全唐文》卷427,第1927页。
3 《新唐书》卷82《永王璘传》,第3612页。

江南发生刘展之乱,江西比较安宁,也有一些江南人民迁入避难,迁入饶州鄱阳的润州人戴叔伦和其姐夫一家即是他们的代表。

据表8-2(见本卷第238页),安史之乱阶段迁入南方的133位移民中,25人分布在江西,占全部人数的19%,仅次于江南地区(35%),显然江西是该阶段移民的重要迁入区。不过,移民在江西的分布很不均衡,25位移民分布在洪、饶(治今鄱阳县)、信(治今上饶市)、吉(治今吉安市)、江(治今九江市)等五州,赣江上游的虔州(治今赣州市)、抚河流域的抚州(治今市临川区)和袁水流域的袁州(治今宜春市)都没有移民定居。梁洪生也发现:"凡是安史之乱后流入江西的上层人士,或留得下文字者,主要集中在赣北和赣东北地区,越往南走实例越少,而赣南几乎形成空白";因此,有把握认为"安史之乱后移民上层进入江西地区的南部极限就在吉州地区,赣南则只有部分下层民众迁入"。虽然没有个案移民资料不等于没有移民,但移民数量特别是上层移民人数较少却是毋庸置疑的。移民显然主要自北部溯赣江干流南下,到吉州以后人数就比较少了,抚州和袁州因位于支流上人数也不多。

安史之乱阶段江西境内的北方移民还有一个特点,那就是动乱结束之后(主要在大历间)许多人北返中原。在25位个案移民中,李金、窦夫人崔氏、卢纶、崔众甫、崔祐甫等5人北返,权皋、权皋母、窦叔华、王端、卢夫人崔氏等5人归葬,共10人,占了40%,而在此期间整个南方区域的北方移民中北返和归葬者只占26%。江西境内北方人北返比例高,反映了该区域唐代经济文化不够发达,故相当一部分上层移民不愿在此定居。

在藩镇割据阶段,由于战争主要在河南和淮西一带进行,距战场较近的江西成为移民的重要迁入地,建中二年(781年)蕲州(治今湖北蕲春县北)刺史李良安领老幼2万余口迁入,是其中较大的一次[1]。

唐末除了因黄巢等北方武装力量经过发生的战争,江西全境相对安宁。在归属淮南杨行密之前,境内的大部分地区受钟传的统治。

---

[1] 杜黄裳:《李公墓志铭并序》,载《唐代墓志汇编》,第1910页。

钟传重视文化建设,优待士人,"广明后,州县不乡贡,惟传岁存士,行乡饮酒礼,率官属临观,资以装赍,故士不远千里走传府"[1]。这种环境也会吸引移民迁入。五代时江西是吴和南唐的大后方,战争很少,经济有了较快的发展,一些北方人愿意选择江西为定居地。后周显德五年(958年),后周占领淮南地区,江西成为南唐最主要的区域,一些淮南人民因之迁入江西,广陵(今扬州市)人彭利用就是此时迁入吉州的[2]。

显德七年,北宋取代后周,不久占领长江以北的广大地区,与南唐都城金陵隔江相望。为避开军事威胁,建隆二年(961年)南唐将都城迁到洪州,但因"南都迫隘,上下不能容",又迁回金陵[3]。迁都时,"其臣有甘从矩者,以丹阳兵从。开宝中,子祯遂以列侯居丰城"[4]。此一记载虽出于元代人,但在国势危急之际,一些人滞留江西并非没有可能。

在列表移民中,有35位移民于唐末五代迁入江西,他们不仅人数多于安史之乱时期,而且分布更加广泛,遍及江西各州。

据表9-3,移民主要分布在洪州、江州和东北部的饶州、信州以及中部的吉州。

安史乱时,洪州集聚了一定数量的北方移民。当时,北方人权皋家洪州,时"两京蹂于胡骑,士君子多以家渡江东,知名之士如李华、柳识兄弟者,皆仰皋之德而友善之"[5]。此外,崔夫人李金、窦夫人崔氏、崔众甫等人均举家迁入洪州。这些人均属于上层移民,并且在大历前后多北返中原。但是,上层移民多的地方,一般也有较多的下层移民,而且他们大多应定居在当地。裴氏和王振两家在贞元前后迁入洪州的事例,说明在藩镇割据阶段有一些北方人迁入。唐末五代洪州仍有相当数量的北方移民迁入,除随南唐迁都定居的甘从矩父子以外,王夫人、王氏和姚岩杰等几家均在此期间迁入。

江州向为江西的北部门户,移民渡长江入江西的主要登陆地,在

---

1 《新唐书》卷190《钟传传》,第5487页。
2 见表9-3,以下凡未注明的资料均据此表。
3 《十国春秋》卷16《南唐二·元宗本纪》。
4 揭傒斯:《揭傒斯全集》文集卷8《甘公士廉墓志铭》,上海古籍出版社点校本,第406页。
5 《旧唐书》卷148《权德舆传》,第4001—4002页。

表9-3 唐后期五代南迁的北方移民实例(江西部分)

姓 名	迁移时间	迁出地	今 省	迁入地	今 地	资料来源	备 注
权皋	天宝末	蓟县	北京	洪州	江西南昌	旧唐书148/4001	元和归葬洛阳
权皋妻	天宝末	蓟县	北京	洪州	南昌	旧唐书148/4001	夫权皋。元和归葬洛阳
崔众甫	安史乱时	河北	河北	洪州丰城	丰城	墓志汇编/1798	卒此,后归葬洛阳
李金	安史乱时	济源	河南	洪州丰城	丰城	墓志汇编/1881	夫众甫。建中前全家北归
柳识	安史乱初	北方	?	洪州	南昌	旧唐书148/4002	
裴氏	贞元前后	洛阳	河南	洪州丰城	丰城	墓志汇编/1934	子孙迁扬州
窦叔华	安史乱后	北方	?	洪州	南昌	墓志汇编/1769	大历归葬洛阳
崔缊	安史乱时	北方	?	洪州丰城	丰城	墓志汇编/1769	夫窦氏,叔父崔祐甫。大历四年举并返葬死者
王氏	后晋	契丹	河北	洪州丰城	丰城	雪坡集36/(1)	
甘从矩	五代末	丹阳	江苏	洪州丰城	丰城	揭傒斯全集文集8/	随南唐而迁
甘桢	五代末	丹阳	江苏	洪州丰城	丰城	揭傒斯全集文集8/	父从矩,随南唐而迁
王振	唐后期	洛阳	河南	洪州南昌	南昌	墓志汇编/2150	举家迁,卒后归葬洛阳
王夫人	唐末	太原	山西	洪州豫章	南昌	骑省集17/	
姚岩杰	乾符	北方	?	洪州豫章	南昌	唐摭言10/92	又活动在饶州等地
卢振	安史乱初	北方	?	江州	九江	全唐文316/1419	定居
刘某	安史乱后	叶县	河南	江州	九江	全唐诗853/9651	定居
郑某	安史乱后	北方	?	江州	九江	全唐诗853/9651	定居

续 表

姓 名	迁移时间	迁出地	今 省	迁入地	今 地	资料来源	备 注
苟某	安史乱初	北方	?	江州	九江	全唐诗 853／9651	定居
李二十四	安史乱后	北方	?	江州	九江	全唐诗 147／1498	举家迁
侯高	贞元前	上谷	北京	江州庐山	九江	全唐文 639／2860	居此
狗儿	贞元前	上谷	北京	江州庐山	九江	全唐文 639／2860	父侯高
郑元素	唐末	中原	?	江州庐山	九江	舆地纪胜 25／	
史虚白	五代	北海	山东	江州庐山	九江	舆地纪胜 25／	后北返
李渤	贞元	中原	?	江州庐山	九江	舆地纪胜 25／	后北返
李涉	贞元	中原	?	江州庐山	九江	舆地纪胜 25／	留居
杨衡	贞元初	中原	?	江州庐山	九江	舆地纪胜 25／	留居
周氏	唐末	蔡州	河南	江州星子	星子	临川集 97／	
崔祐甫	安史乱时	寿安	河南	吉州	吉安	墓志汇编 1823／	大历举族北归
卢夫人崔严爱	安史乱初	洛阳	河南	吉州	吉安	墓志汇编／1769	弟祐甫。大历归葬洛阳
王诮	五代	中原	?	吉州	吉安	舆地纪胜 31／	
李某	安史乱时	北方	?	吉州庐陵	吉安	全唐文 427／1926	
王氏	五代	东平	山东	吉州庐陵	吉安	卢溪集 42／(2)	
彭利用	显德四年	广陵	江苏	吉州庐陵	吉安	十国春秋 32／462	
王诙	唐末	大原	山西	吉州庐陵	吉安	雪楼集 20／(3)	
张翊父文表	唐末	京兆	陕西	吉州庐陵	吉安	十国春秋 11／154	

续 表

姓 名	迁移时间	迁出地	今 省	迁入地	今 地	资料来源	备 注
张翊	唐末	京兆	陕西	吉州庐陵	吉安	十国春秋 11/155	后迁广陵
王叔雅祖先	唐末	大原	山西	吉州庐陵	吉安	诚斋集 127/	
吴志野	后梁初	浚仪	河南	吉州庐陵	吉安	十国春秋 29/425	
杨邦乂祖先	五代	中原	？	吉州庐陵	吉水	诚斋集 118/	
刘章祖先	唐末	洛阳	河南	吉州安福	安福	龙云集附墓志铭（4）	
张镇祖先	唐末	青州	山东	吉州永新	永新	道园学古录 18/（5）	
千越尼子	安史乱后	秦	陕西	饶州鄱阳	鄱阳	全唐诗 151/1580	奉亲避地，大历初北还
卢纶	安史乱时	蒲州	山西	饶州鄱阳	鄱阳	旧唐书 163/4268	举家定居
宋祾	安史乱初	北方	？	饶州鄱阳	鄱阳	全唐诗 274/3113	后可能北返
刘长卿	安史乱初	北方	？	饶州七阳	七阳	全唐诗 148/1518	
白居易大兄	元和	关中	陕西	饶州浮梁	景德镇	全唐诗 436/4839	
程维	乾符	中原	？	饶州乐平	乐平	晦庵集 90/（6）	
王氏	唐末	中原	？	饶州乐平	乐平	晦庵集 92/	
李忠祖先	唐末	陇西	甘肃	饶州乐平	乐平	相山集 29/（7）	
马氏	唐末	北方	？	饶州浮梁	景德镇	武溪集 20/（8）	
金氏	广明乱后	京兆	陕西	信州	上饶	曾巩集 44/601	
韦宗仁	安史乱初	北方	？	信州上饶	上饶	全唐诗 280/3183	
权颖	安史乱初	北方	？	信州上饶	上饶	全唐文 492/2225	定居

续 表

姓 名	迁移时间	迁出地	今 省	迁入地	今 地	资料来源	备 注
王端	安史乱时	太原	山西	信州玉山	江西玉山	全唐文506/2280	元和归葬长安
王元素	安史乱初	太原	山西	信州玉山	玉山	全唐文506/2280	父端
王元质	安史乱初	太原	山西	信州玉山	玉山	全唐文506/2280	父端
王元弼	安史乱初	太原	山西	信州玉山	玉山	全唐文506/2280	父端
杨翁	唐末	中原	？	虔州	赣州	吴文正集16/(9)	
唐穆	五代	邹县	山东	虔州会昌	会昌	南丰文范65/(10)	
孙岊	唐末	中原	？	虔州虔化	宁都	申斋集9/(11)	
刘度	唐末	京兆	陕西	筠州	高安	琬琰集中38/	
晏氏	咸通	？	？	筠州	高安	欧阳修全集文忠集22/	
乐氏	唐末	京兆	陕西	抚州临川	临川	临川集99/	
陆德迁	五代末	中原	？	抚州金溪	金溪	宋史434/12877	
李游	唐末	北方	？	袁州宜春	宜春	麟原集前集3/(12)	
夏侯氏	五代	寿春	安徽	袁州宜春	宜春	诚斋集129/	
王遂	唐末	太原	山西	袁州新喻	新余	文庄集28/(13)	
王珪	唐末	太原	山西	袁州新喻	新余	文庄集28/	父遂

说明：（1）姚勉著，四库全书本。（2）王庭珪著，四库全书本。（3）程钜夫著，四库全书本。（4）刘辰著，四库全书本。（5）虞集著，四库丛刊本。（6）朱熹著，四部丛刊本。（7）王之道著，四库全书本。（8）余靖著，四库全书本。（9）吴澄著，四库全书本。（10）庄仲方编，光绪戊子江南书局本。（11）刘岳申著，四库全书本。（12）王礼著，四库全书本。（13）夏竦著，四库全书本。

历次北方人民南下时都是移民的主要分布地之一,唐后期五代也不例外。安史乱时生活在南方的北方籍道士吴筠,作《酬叶县刘明府避地庐山,言怀诒郑录事昆季、苟尊师兼见赠之》诗,说上述诸人在"河洛初沸腾"时南迁,"驱车适南土,忠孝两不睹";又说他们在江州:"隐令旧闾里,而今复成跨。郑公解簪绂,华萼耀松溪。贤哉苟征君,灭迹为圃畦。"[1] 据此,刘、郑、苟等人都是乱后举家迁居江州的北方移民。广德二年(764 年)北方人卢振仍定居在九江南郭,由于其威信,被"寻阳侨旧推仁人焉,推智者焉"[2]。这些"寻阳侨旧"估计多是北方移民。在此后的几个阶段,江州都有一定数量的北方移民。建中二年(781年)蕲州人大批渡江迁入江西,与之隔江相望的江州应是移民最主要的定居地。在此后几年的贞元年间,杨衡、李渤、李涉等北方士人隐居在江西庐山,来自下层的上谷人侯高及其子也定居于此;郑元素、周氏和史虚白则是唐末与五代迁入的移民代表。

吉州是江西南部比较富裕的大州,且通往岭南的南北交通大道经过此地,许多移民进入江西以后溯赣江而上,迁入吉州。崔祐甫、其姐卢夫人崔氏,以及曾任校书的李某三家,便是安史之乱阶段的移民代表。大约在元和初刺史张某得到当地人民的称赞,政绩之一是安抚流亡[3]。这一时间适当贞元以后,既然有一些移民迁入洪州、江州等地,张某安抚的流亡者中可能有部分是北方移民。

唐末五代吉州是移民较多的地方,在此期间江西境内的列表移民共 35 人,吉州达 11 人,占总数的 31%。此 11 人又占唐后期五代吉州全部个案移民数 14 人的 79%,说明这一时期移民的重要性。而且,此时不仅位于赣江干流河谷的庐陵和吉水县有个案移民,即连较为偏僻的山区县安福和永新也有。另据新编《永新县志》(稿本),龙氏、尹氏、张氏、文氏均在唐末五代自北方或淮南迁入永新,现子孙繁衍,人口众多。因此,许怀林先生认为,唐末五代这个时期的人口迁徙

---

[1] 《全唐诗》卷 853,第 9651 页。
[2] 李华:《卢郎中斋居记》,《全唐文》卷 316,第 1419 页。
[3] 皇甫湜:《吉州刺史厅壁记》,《全唐文》卷 686,第 3114 页。

对永新的发展关系重大[1]。

唐末吉州移民较多和彭玕的仁政有关。当时,彭玕据吉州自保,注意发展经济文化,尤其重视经学。彭玕"通左氏春秋,尝募求西京石经,厚赐以金,扬州人至相传曰:'十金易一笔,百金偿一篇,况得士乎?'故士人多往依之"[2]。

饶州地居鄱阳湖东面,是北方移民过江后迁入江西或从江南转入的必经之地。至德元载永王璘东下江淮失败,南奔时就曾攻入饶州[3]。安史乱时,宋垓、卢纶、刘长卿等人均自北方全家迁入饶州。另据梁洪生的考证,大历十才子之一的吉中孚也因避乱自楚州寓居鄱阳。除了上层移民,还有一定数量的下层移民,一位年仅15岁的北方籍尼姑便居住在鄱阳[4]。此后的几次北方人口南迁潮中,都有移民迁入饶州。元和时白居易大兄流寓浮梁,唐末程维、李忠祖先、王氏、马氏迁入乐平,京兆人金氏因官留居浮梁,都是其中的例子。广明元年黄巢别部常宏数万人因疫病在此投降,可能很多人留居饶州[5]。

信州扼江南、江西的交通要道,一些移民在迁移过程中选择此为定居地。安史乱时的移民以工部郎中王端及其三个儿子、权德舆从兄权颖以及另一位北方人韦宗仁为代表。王端死于此,至元和十年始返葬北方;韦宗仁是否定居文献阙载,但权颖在贞元年间仍未北返。

天宝至元和期间,全国只有11个州的著籍户数有所增加。其中3个州在江西,即洪、吉、饶三州,增幅分别达到64%、9%和13%(见表9-4)。同时,安史乱后增设上饶、新丰(后废)、贵溪、分宁等县,并设立信州。由于在此期间全国各地的著籍户数普遍下降,三州的增长显得十分突出。唐后期各地户口隐漏现象相当严重,成为导致著籍人口严重下降的一个原因。在同样存在严重隐漏的状况下,此三州户数的增长应有移民迁入的因素。唐代江西经济开发的主要方向是平原周围的丘陵山区,特别是饶、信、洪三州山区。据梁洪生研究,早在安

---

1 许怀林:《唐宋人口形势与江西社会分析》,1991年国际宋史研讨会论文(北京)。
2 《新唐书》卷190《钟传传》,第5487页。
3 《新唐书》卷82《永王璘传》,第3612页。
4 刘长卿:《戏赠干越尼子歌》,《全唐诗》卷151,第1580页。
5 《新唐书》卷225下《黄巢传》。

史乱之前三州即有相当数量的南方移民迁入,安史乱后这种移民仍可能在继续进行。并且,三州既然有一定数量的北方上层人士迁入,北方下层移民必然也会选择此为定居地。例如,贞元初孙成为信州刺史时,"再期增户五千,诏书褒美"[1]。是年属于藩镇战争时期,有一些北方人民迁入江西,信州土地较多又靠近长江,完全可能涌入移民。根据信州的事例,可以推测来自南方和北方的移民迁入是导致三州著籍户数增加的重要因素。

表9-4　唐天宝至元和间户数有增长之州

州　名	天宝户	元和户	增　长
苏州	76 421	100 808	32%
饶州	40 899	46 116	13%
洪州	55 530	91 129	64%
吉州	37 752	41 025	9%
泉州	23 806	35 571	49%
鄂州	19 190	38 618	101%
襄州	47 780	107 107	124%
广州	42 235	74 099	75%
安南	24 230	27 135	12%
隰州	19 455	23 349	20%

资料来源:《元和郡县图志》《新唐书·地理志》。

除了上述诸州,袁州、抚州、筠州(治今高安市)和虔州也有移民。

袁州、抚州、筠州和虔州的个案家庭都在唐末五代迁入,反映了北方移民主要在此期间迁入上述诸州。唐末五代移民在各州分布相当广泛,甚至连最为偏僻的虔州虔化县(今宁都县)和会昌县也不例外。虔州除了因避乱南迁的移民,还有一些流放于此的官员,所谓"版籍多迁客,封疆接洞田"即是对此夸张性的描述[2],或有极少数北方籍的人士定居于此。

1　《新唐书》卷202《孙成传》,第5761页;年代据《册府元龟》卷820。
2　贾岛:《送南康姚明府》,《全唐诗》卷572,第6644页。

第四节

福　建

福建偏在东南沿海山区,是我国南方开发较晚的地区,唐时其经济文化相当落后,由于气候炎热,其他地区的人民一般也不很容易适应其环境。大中十一年(857年)寓居福建的明州人汤某在连江病死,时人解释死因,认为是"土风有殊,瘴疠所染"[1]。明州即今浙江宁波市,据此唐末长江以南的人仍感到福建环境难以适应,更不用提远在淮河以北的北方人民了。

不过,在表9-5中仍有数人于安史之乱和藩镇割据两阶段迁入福建。廖氏本居河东晋阳(今山西太原市南),安史乱后以其族避地闽中,家于延平(今南平市)山谷间。宋人徐务的祖先也在天宝末避乱入闽,居住泉州莆田(今市)。此外,宋代修建莆田木兰陂的李宏的祖先,于天宝末入闽。贞元十三年(797年),泉州刺史于东湖亭举行宴会,为到长安赴考的八名秀士送行,席间作客的有天水(今属甘肃省)姜阅、河东(指今山西境)裴参和、颍川(今河南许昌市)陈谒和邑人济阳(今山东邹平县境)蔡沼[2]。此四人可能都是迁居福建的北方人或其后裔,其中蔡沼已定居泉州,故称邑人。此外,贞元间福建最为出名的才子林藻、林蕴兄弟,据冻国栋分析,可能也是北方移民[3]。据上所述,安史之乱和藩镇割据阶段的移民以泉州最多,或许与这一带的沿海交通日趋发达有关。

唐末黄巢起义以后,江淮平原地区由于黄巢军的活动和军阀争战,已缺少安全感,迫使一部分移民进一步向偏远的福建山区迁移,仅

---

[1] 林琰:《汤府君墓志铭》,《全唐文》卷791,第3672页。
[2] 欧阳詹:《泉州刺史席公宴邑中赴举秀才于东湖亭序》,《全唐文》卷596,第2670页。
[3] 冻国栋:《唐代人口问题研究》第五章第四节。

某一天,迁入福建的"僧尼士庶"便达5 000多人[1]。福州感德场人黄岳对无所衣食的移民给予帮助,因而"从之者如市"[2]。感德场即今宁德县,并不居外地进入福建的要道,居然也有"从之者如市"的移民,从一个侧面反映了移民人数不少。

还有一些原在福建任官的北方人,唐末留居当地。宋人陈长方、叶隅、邓密的祖先本北方人,黄巢起义前在福建任官,乱后定居于此(见表9-5)。清河人崔亿原任建州建阳县令,荥阳人潘季荀任官福州,乱后都定居在福建[3]。

光州人民的迁入是在此期间人数最多最重要的一次北方移民入闽。僖宗入蜀以后,江淮大乱。寿春(今安徽寿县)人王绪率众占领寿州,有众万余。不久夺取光州(治今河南潢川县),固始人王潮自主一县军政事,依附于王绪。光启元年(885年)正月,为避开河南军阀秦宗权的危害,王绪、王潮率所部南迁,经江州入江西,并溯赣江而上,当月进入福建的汀州(治今长汀县)和漳州。当年八月,王潮兄弟发动兵变,囚王绪自立。次年攻占泉州,景福二年(893年)占领福州,控制福建全境。此后,王潮及其弟审知先后得到唐朝的承认和册封,王审知的儿子建国称王,即五代史上的闽国,以福州为都城[4]。

初唐时曾有一定数量的光州固始移民随陈元光迁入漳州(详下)。据研究,陈元光死后,其儿子、孙子、曾孙相继任漳州刺史。陈谟之子陈泳离闽到河南老家当光州司马,并在此立陈政、陈元光庙宇。再过若干年,便发生了王绪、王潮率光州人民南下入闽事件。唐末光州人民之所以选择福建为避乱的去处,并首先进入漳州,可能和陈政、陈元光的影响有关[5]。据此看来,这次移民可能是按照事先选定的路线进行的长途迁移。

陆游说:"唐广明之乱,光人相保聚,南徙闽中,今多为大家"[6],此

---

1 黄滔:《福州雪峰山故真觉大师碑铭》,《全唐文》卷826,第3858页。
2 《十国春秋》卷97《闽八·黄岳传》,第1392页。
3 见徐铉:《骑省集》卷30《崔君墓志铭》;张耒:《柯山集》卷50《潘奉议墓志铭》,四库全书本。
4 以上据《新唐书》卷190《王潮传》;《资治通鉴》卷72、卷75。
5 汤漳平、林瑞峰:《论陈元光的历史地位和影响》,载《福建论坛》1983年第4期。
6 陆游:《渭南文集》卷33《傅正义墓志铭》,四部丛刊本。

表 9-5 唐后期五代南迁的北方移民实例（福建部分）

姓 名	迁移时间	迁出地	今 省	迁入地	今 地	资料来源	备 注
黄振龙祖先	唐末？	固始	河南	福州	福建福州	勉斋集 37/（1）	
潘植祖先	唐末	光州	河南	福州	福州	勉斋集 37/	
孙氏	唐末	光州	河南	福州	福州	鹤山集 80/（2）	
潘季荀	僖宗时	荥阳	河南	福州	福州	柯山集 50/	
郑氏	五代末	光州	河南	福州闽县	福州	絜斋集 16/（3）	
周仁仲祖先	唐末	光州	河南	福州闽县	福州	拙斋文集 18/（4）	从王氏入
朱倬祖先	唐末	北方	？	福州闽县	福州	宋史 372/11533	
李相	唐末	寿州	安徽	福州闽县	福州	十国春秋 97/1398	
王建齐	唐末	光州	河南	福州闽县	福州	十国春秋 97/1398	
吴英	光启	光州	河南	福州侯官	福州	闻过斋集 1/（5）	从王氏入
李和伯祖先	唐末	光州	河南	福州侯官	福州	拙斋文集 18/	
王深父祖父	唐末	固始	河南	福州侯官	福州	临川集 92/	
王护	唐末	汴州	河南	福州侯官	福州	十国春秋 95/1381	
王平祖先	唐末	中原	？	福州侯官	福州	文恭集 37/	父护
王伸	唐末	开封	河南	福州侯官	福州	十国春秋 95/1381	
王同祖先	唐末	光州	河南	福州侯官	福州	曾巩集 42/578	
陈长方祖先	僖宗时	光州	河南	福州侯官	福州	唯室集 5/（6）	
郑丙祖先	五代	安陆	湖北	福州长乐	长乐	文忠集 65/（7）	
郭期思	唐末	光州	河南	福州长乐	长乐	雪楼集 17/	

续表

姓 名	迁移时间	迁出地	今 省	迁入地	今 地	资料来源	备 注
陈氏	唐末	固始	河南	福州连江	罗源	苏魏公集62／	
李澄	后梁	中原	?	福州连江	连江	柯山集50／	
陈橄	唐末	固始	河南	福州福清	福清	古灵集25／(8)	
郑侠祖先	唐末	固始	河南	福州福清	福清	西塘集附录／(9)	
魏氏	唐末	光州	河南	福州福清	福清	闻过斋集1／	
林诞祖先	唐末	固始	河南	福州福清	福清	后村集148／	
刘陶	唐末?	光州	河南	福州福清	福清	南涧甲乙稿20／(10)	
陈贵祖先	唐末	固始	河南	福州长溪	霞浦	鹤山集87／	
郑氏	唐末	高密	山东	福州长溪	霞浦	不系舟渔集13／(11)	
郑载伯祖先	唐末	固始	河南	福州长溪	霞浦	后村集169／	
陈谦祖先	唐后期?	颍川	河南	福州尤溪	尤溪	苏平仲集10／	
林氏	唐末	?	?	泉州	泉州	演山集33／(12)	
姜阅	贞元	天水	甘肃	泉州	泉州	全唐文596／2670	
裴参和	贞元	河东	山西	泉州	泉州	全唐文596／2670	
陈翊	贞元	颍州	河南	泉州	泉州	全唐文596／2670	
蔡沼	贞元	济阳	山东	泉州	泉州	全唐文596／2670	
李洵	唐末	?	?	泉州	泉州	全唐文825／3855	
王溪	唐末	中原	?	泉州	泉州	全唐文825／3855	
王标	唐末	中原	?	泉州	泉州	全唐文825／3855	

续表

姓 名	迁移时间	迁出地	今 省	迁入地	今 地	资 料 来 源	备 注
夏侯淑	唐末	中原	?	泉州	泉州	全唐文 825／3855	
王拯	唐末	中原	?	泉州	泉州	全唐文 825／3855	
王审邦	光化	光州	河南	泉州	泉州	后村集 155／	
王彦复	唐末	光州	河南	泉州	泉州	十国春秋 94／1365	
黄氏	唐末	固始	河南	泉州	泉州	后村集 149／	
叶隅祖先	唐末	中原	?	泉州	泉州	诚斋集 119／	同书 150／作五代居仙游
陈士杰祖先	唐末	光州	河南	泉州晋江	泉州	漫山集 33／	
曾公亮祖先	广明	光州	河南	泉州晋江	泉州	碗琰集中 53／	
曾氏	唐末	江淮间	?	泉州晋江	泉州	南涧甲乙稿 20／	
和氏	五代	固始	河南	泉州晋江	泉州	跨省集 30／	
傅氏	唐末	光州	河南	泉州晋江	泉州	渭南文集 33／	
韩偓	唐末	中原	?	泉州南安	南安	舆地纪胜 130／	
韩黄	唐末	中原	?	泉州南安	南安	十国春秋 95／1371	
杨晖祖先	唐末	?	?	泉州惠安	惠安	端明集 37／	
陈蔚	大中	颍川	河南	泉州莆田	莆田	全唐文 825／3826	
黄楷	大中	江夏	湖北	泉州莆田	莆田	全唐文 825／3826	
许龟图	唐后期	高阳	河北	泉州莆田	莆田	全唐文 826／3858	后北返
黄彦修	唐后期	江夏	湖北	泉州莆田	莆田	全唐文 826／3858	
方氏	唐末	固始	河南	泉州莆田	莆田	叶适集·水心文集 19／（13）	

续 表

姓 名	迁移时间	迁出地	今 省	迁入地	今 地	资料来源	备 注
方崧卿祖先	唐末	光州	河南	泉州莆田	莆田	文忠集71/	
李洞安祖先	五季	关中	陕西	泉州莆田	莆田	勉斋集37/	
陈司直	五代	光州	河南	泉州莆田	莆田	攻媿集89/	
丁元有祖先	唐末	固始	河南	泉州莆田	莆田	后村集149/	
徐努祖先	天宝末	中原	？	泉州莆田	莆田	后村集111/	
孔仲良	贞元以后	曲阜	山东	泉州莆田	莆田	晦庵集84/	任官留家
方信儒祖先	唐末	固始	河南	泉州莆田	莆田	后村集166/	
傅氏	广明	北方	？	泉州仙游	仙游	鸿庆居士集34/	
詹敦仁	五代	光州	河南	泉州仙游	仙游	十国春秋97/1394	
叶隅祖先	五代	固始	河南	泉州仙游	仙游	艾轩集8/(14)	
翁郜	后梁初	长安	陕西	建州建阳	建阳	十国春秋97/1392	
熊氏	唐末	中原	？	建州建阳	建阳	勿轩集6/(15)	
刘翱	唐末	光州	河南	建州建阳	建阳	文忠集75/	
刘渒祖先	五代	光州	河南	建州建阳	建阳	西山文集41/(16)	
黄清臣祖先	唐末	光州	河南	建州建阳	建阳	晦庵集93/	
刘庸	五季	京兆	陕西	建州建阳	建阳	屏山集9/(17)	
刘幽	五季	光州	河南	建州建阳	建阳	云庄集20/	
黄子棱	唐末	洛阳	河南	建州建阳	建阳	十国春秋95/1382	

续 表

姓 名	迁移时间	迁出地	今 省	迁入地	今 地	资料来源	备 注
江为	五代	宋州	河南	建州建阳	建阳	十国春秋97/1396	
詹体仁祖先	唐末	光州	河南	建州建阳	建阳	西山文集47/	
吕氏	乾符	河东	山西	建州建阳	建阳	晦庵集91/	
崔亿	唐末	清河	山东	建州建安	建瓯	骑省集30/	
李盈	唐末	光州	河南	建州建安	建瓯	宋史300/9973	
李氏	唐末	光山	河南	建州建安	建瓯	临川集88/	
魏挺之祖先	五季	开封	河南	建州瓯宁	建瓯	斐然集26/(18)	
刘拱祖先	唐末	长安	陕西	建州建安	建瓯	琬琰集下22/	
刘子羽祖先	五代	京兆	陕西	建州建安	建瓯	琬琰集下23/	
柳氏	五代	？	？	建州建安	建瓯	小畜集30/	
黄氏	唐末	江夏	湖北	建州浦城	浦城	忠肃集14/	
曹氏	五代	寿阳	山西	建州沙县	沙县	斐然集26/	
陈世卿祖先	唐末	长葛	河南	建州沙县	沙县	曾巩集47/642	
邓密祖先	唐末	滑县	河南	建州沙县	沙县	梁溪集170/	
朱蒙正祖先	唐末	亳州	安徽	建州邵武	邵武	梁溪集167/	
吴点祖先	唐末	光州	河南	建州邵武	邵武	浮溪集26/(19)	
黄伯思祖先	唐末	固始	河南	建州邵武	邵武	梁溪集168/	
黄膺	唐末	光州	河南	建州邵武	邵武	晦庵集17/	

续 表

姓 名	迁移时间	迁出地	今 省	迁入地	今 地	资料来源	备 注
李汉捷	五代	颍川	河南	建州松溪	松溪	南涧甲乙稿 19／	
邹尧叟祖先	唐末	邹县	山东	建州泰宁	泰宁	龟山集 6／(20)	
邹勇夫	唐末	光州	河南	建州归化	泰宁	十国春秋 95／1382	
李崇礼	后唐	河东	山西	建州延平	南平	十国春秋 97／1393	
廖氏	安史乱后	太原	山西	建州延平	南平	默堂集 21／(21)	
黄峻	五代	固始	河南	闽		说学斋稿 2／(22)	子孙分布闽赣
普闻禅师	唐末	中原	？	闽		十国春秋 115／1748	
李宏祖先	天宝末	长安	陕西	闽		弘治兴化府志 48／	
崔氏	唐末	博陵	山东	闽		十国春秋 94／1359	
邹馨	唐末	光州	河南	闽		十国春秋 95／1380	
傅楫祖先	广明后	光州	河南	闽		浮溪集 26／	
李仁达	唐末	光州	河南	闽		十国春秋 98／1409	
苏益	唐末	固始	河南	闽		琬琰集中 30／	
王潮	唐末	光州	河南	闽		十国春秋 90／1299	率兵入闽
王淡	唐末	中原	？	闽		新五代史 68／846	
王审知	唐末	光州	河南	闽		十国春秋 90／1301	率兵入闽，后为闽国王
王氏	唐末	光州	河南	闽		苏平仲集 2／	
王彦想	唐末	光州	河南	闽		十国春秋 94／1365	
连重遇	唐末？	光州	河南	闽		十国春秋 98／1408	

续表

姓 名	迁移时间	迁出地	今 省	迁入地	今 地	资料来源	备 注
刘安仁	唐后期?	上蔡	河南	闽		新五代史 65/809	
刘琼	唐末	光州	河南	闽		十国春秋 95/1388	
刘山甫	五代	彭城	江苏	闽		全唐诗 763/8664	
杨沂	唐末	中原	?	闽		新五代史 68/846	
蔡氏	唐末	固始	河南	闽		不系舟渔集 14/	
詹君泽	五代	光州	河南	闽		舆地纪胜 130/	
湛温	唐末	光州	河南	闽		十国春秋 95/1387	
崔道融	唐末	荆州	湖北	闽		十国春秋 95/1372	
张睦	唐末	光州	河南	闽		十国春秋 95/1377	
杨承休	唐末	北方	?	闽		新唐书 190/5493	
郑璘	唐末	北方	?	闽		新唐书 190/5493	
归传懿	唐末	北方	?	闽		新唐书 190/5493	
杨赞图	唐末	北方	?	闽		新唐书 190/5493	
郑戬	唐末	北方	?	闽		新唐书 190/5493	
徐寅	唐末			闽		新五代史 68/846	

说明：(1) 黄滔著，四库全书本。(2) 魏了翁著，四部丛刊本。(3) 袁燮著，丛书集成初编本。(4) 林之奇著，四库全书本。(5) 吴海著，四库全书本。(6) 陈长方著，四库全书本。(7) 周必大著，四库全书本。(8) 陈襄著，四库全书本。(9) 郑侠著，四库全书本。(10) 韩元吉著，丛书集成初编本。(11) 陈高著，敬乡楼丛书本。(12) 黄裳著，四库全书本。(13) 叶适著，中华书局点校本。(14) 林光朝著，四库全书本。(15) 熊禾著，四部丛刊本。(16) 真德秀著，四库全书本。(17) 刘子翚著，四库全书本。(18) 胡寅著，四库全书本。(19) 汪藻著，四部丛刊本。(20) 杨时著，四库全书本。(21) 陈渊著，四库全书本。(22) 危素著，四部丛刊本。

次移民规模显然不小。关于移民人数,《资治通鉴》[1]载南迁之始,"悉举光、寿兵五千人,驱吏民渡江"。《新五代史》卷68《闽王审知世家》载:此部"自南康入临汀,陷漳浦,有众数万"。此次迁移不过一二十天便到达福建境内,显然进军比较顺利,估计在河南随同迁移的人绝大多数都到达福建,到漳浦后的数万部众中相当部分都是北方人,估计迁入的移民数量在二三万人左右当不至离事实太远。

王氏入闽以后,在此采取保境安民的做法,发展福建经济文化,"作四门义学,还流亡,定赋敛,遣吏劝农,人皆安之"。王审知兄王审邽时任泉州刺史,也有仁政,"喜儒术,通《书》《春秋》。善吏治,流民还者假牛犁,兴完庐舍"。当时"中原乱,公卿多来依之",王氏兄弟均予接纳,"振赋以财",并作招贤院以礼之。因此,杨承休、郑璘、韩偓、归传懿、杨赞图、郑戬等北方籍士大夫皆入闽避祸[2]。此外,唐宰相王溥之子王淡,宰相杨涉的从弟杨沂,知名进士徐寅,右省常侍李洵,中书舍人王涤,右补阙崔道融,大司农王标,吏部郎中夏侯淑,司勋员外郎王拯等人,也都入闽依王审知仕宦[3]。这些人认为唐末天下大乱,"安莫安于闽越,诚莫诚于我公(即王审邽)",遂"东浮荆襄,南游吴楚",迁入福建[4]。

福建偏僻多山,不仅是躲避战乱的好去处,也为出于各类原因避世隐居的移民提供了方便。例如,曾任河西节度使的长安人翁郜,后梁初"耻事二姓,以父、祖官闽,知其地偏僻可避乱,遂携家来建阳居焉"[5]。后唐庄宗的弟弟李崇礼因郭从谦之乱,匿名避难,迁入延平镇(今南平市)山区,死前出诰命示人,"人始知其出处"[6]。

唐末五代进入福建的北方移民人数甚多。表8-2中福建此两个阶段的列表移民共114人,仅次于蜀汉而占第二位。虽然这是因统治者来自北方故列表移民特多,实际移民数量未必能超过江南和淮南,

---

1 《资治通鉴》卷256,僖宗光启三年正月,第8320页。
2 以上均据《新唐书》卷190《王潮传》《王审邽传》。
3 《新五代史》卷68《闽王审知世家》,第846页;《十国春秋》卷94《闽五·王审邽传》,第1363页。
4 黄滔:《丈六金身碑》,《全唐文》卷825,第3855页。
5 《十国春秋》卷97《闽八·翁郜传》,第1392页。
6 《十国春秋》卷97《闽八·李崇礼传》,第1392页。

但福建仍是唐末五代南方重要的北方移民迁入区之一。在此以前从来没有如此多北方人民迁入福建,因而对区域开发产生了重要影响。

在宋代乃至以后的福建家谱中提到祖宗的迁移时,常可见到"自光州固始随王审知入闽"一类话。甚至连称西晋永嘉之乱以后便迁入福建的家庭,也说迁自光州固始。宋代福建的一些学者,例如福建文人、《铁庵集》作者《通志》方大琮,便以为福建家谱中关于祖先唐末自光州迁入的记载大多不可靠,他说:

> 且闽之有长材秀民旧矣,借曰衣冠避地远来,岂必一处,而必曰固始哉?况(西晋)永嘉距(唐)光启相望五百四十余年,而来自固始前后吻合,诚窃疑之。

当方大琮读到另一位福建人、著名史学家郑樵的文章时,开始明白福建家谱的相关记载并不可靠,他说:

> 及观《郑夹漈先生集》,谓王绪举光、寿二州以附秦宗权,王潮兄弟以固始之众从之。后绪拔二州之众,南走入闽,王审知因其众以定闽中,以桑梓故,独优固始人。故闽人至今言氏族者皆云固始,以当审知之时贵固始人,其实非也。然后释然,知凡闽人所以牵合固始之由。[1]

方大琮认为,造成"闽人祖先皆来自固始"这一错误认识的原因,在于"王氏初建国,武夫悍卒,气焰逼人。闽人战栗自危,谩称乡人,冀其怜悯,或犹冀其拔用。后世承袭其说,世祀邈绵,遂与其初而忘之尔。此闽人谱牒,所以多称固始也"[2]。简言之,宋代福建的许多家谱关于祖先唐末自光州迁入的记载多不可靠。

此外,宋代许多福建人的墓志铭和神道碑,凡提到祖先在唐末五代自光州迁入者,均有"举族迁入""全家迁入"之语。但据《新唐书》卷190《王潮传》记载,为了便于长途行军,王绪出发时即下令"以老孺从军者斩"。王潮兄弟奉母迁移,在漳州遭到王绪的责备,由于王氏三兄

---

[1] 《铁庵集》卷32《跋叙长官迁莆事始》,四库全书本。
[2] 同上。

弟抗争王母方幸免于难。又王潮劝说前锋将发动兵变,"吾属弃坟墓、妻子而为盗者,为绪所胁耳,岂其本心哉!"[1]据此看来,绝大多数的人都不可能携带家属进行迁移。

唐末五代的北方移民主要分布在福州、泉州和建州,列表移民分别为 31 人、36 人和 31 人。在这三个州,移民的分布地极为广泛,可以说遍及唐宋的绝大多数的县份,甚至连偏僻的山区县,例如建州的沙县和松溪(宋代建县),也都有北方移民。

漳州位于福建南部,这里的北方居民主要不是在唐末五代,而是在唐前期迁入。高宗总章二年(669 年),漳州地区"蛮僚"起兵反唐,光州固始人陈政奉命率将士 113 员,府兵 3 600 名进入闽南。由于初战失利,陈政退守九龙山,并请示朝廷派兵增援。唐朝命令其兄弟率领 58 姓军校前来支援。平叛后,陈氏子弟及其部下皆定居在漳州一带[2],成为今漳、潮一部分居民的来源。

汀州位于福建的西南部,地势最为偏僻,开元二十一年(733 年)在此搜寻到诸州躲避赋役的百姓 3 000 余人,因而置州。人口稀少,元和年间不过 2 618 户[3]。但到北宋太平兴国年间(976—984 年)已达到 24 011 户[4],为元和时的 9 倍。清光绪年间长汀人杨蓉江撰《临汀汇考》,述汀州的发展历程:"长汀为光龙峒,宁化为黄连峒,峒者苗人散处之乡。大历后始郡县其巢窟(按:指州治由水源乡移白石乡),招集流亡,辟土殖谷而纳贡赋。……于是负耒耜者皆望九龙山而来。"不知杨蓉江据何资料,但对照汀州在唐末五代的人口发展状况,有很多移民迁入应无问题,只是不知是否有北方移民。

由于唐末五代移民较多,福建人口迅速增长,北宋太平兴国时户数较唐开元增加三倍多。以唐天宝福建各州辖境为单位,统计自唐开元至北宋初太平兴国年间的各州户数增长百分比,可以发现以西部

---

1 《新五代史》卷 68《闽王审知世家》,第 845 页。
2 据漳州《颍川开漳族谱》和《重纂福建通志》卷 121《陈元光传》。参见罗香林:《族谱所见唐岭南行军总管陈元光与漳潮开发等关系》,载《中国族谱研究》,香港中国书社 1971 年版。
3 《元和郡县图志》卷 29。
4 《太平寰宇记》卷 102。

建州最高,达837‰;依次向汀州、福州、泉州递减[1]。除了原先的人口基础以外,移民的多寡或许也是一个原因。可能唐末五代福建的外来移民主要是自江西、浙江西部入福建,然后经闽江流域向东,向南、北两侧扩展。

---

[1] 参见吴松弟:《宋代东南沿海丘陵地区的经济开发》,《历史地理》第7辑,上海人民出版社1990年版。

第十章

唐后期五代北方人的南迁：移民分布（下）

荆襄、湖南、岭南和蜀汉分别位于唐代的中部、南部和西南部。荆襄指今湖北省长江以北地区（江陵府有数县在江南）及河南省的南阳盆地以及淮河以南诸县，唐代属山南东道的大部和淮南道的西部诸州。湖南指今湖南全省和湖北省的长江以南地区，唐代属江南西道的西部诸州及山南东道、黔中道的相邻数州。岭南指今广东、广西、海南三省，唐代属于岭南道及江南西道的连州。蜀汉指今四川盆地（可称为蜀中）和陕西省秦岭以南的汉水上游地区，唐代属剑南道、山南西道及山南东道、黔中道的相邻数州。五代时，蜀汉主要属于前蜀国和代之而立的后蜀国，湖南、岭南属于楚国和南汉国，荆襄的一隅之地则为南平国所割据。

第一节

荆　襄

荆襄距关中和河南较近,黄河流域稍有风吹草动,便有北方人民向此迁移,因此,是北方移民涌入最早,人数较多的地区。不过,中原的战争常常波及荆襄,当战火烧到时,往往迫使境内的北方移民重新向南迁移,一部分土著居民也随之迁往长江以南。加之战争中人口死亡较多,本区的人口数量呈现出大起大落的特点。因缺乏长期定居并且立有墓志铭或神道碑的人物,故表10-1中的列表移民数量不多。

天宝十四载(755年)安史乱起,北方人民开始向南迁移,荆襄地区因靠近中原成为南方最早接纳移民的地区。是年,鲁山(河南今县)人、进士元结招集乡邻200余户,奔往襄阳[1]。由于地理和交通位置的关系,在安史之乱的初期襄阳是河南等地南迁人民的集中地,元结所率的迁移人群不过是其中的一支。

至德元载(756年),唐将鲁炅在颍川(今河南许昌市)为叛军击败,携百姓数千人奔往南阳(即南阳郡城,今河南邓州市)[2]。次年,南阳失守,鲁炅复率余兵数千人奔往襄阳[3]。此后,唐军开始反击,双方互有胜负,关中和河南成为主要战场,促使大批人迁入本区。乾元二年(759年)三月,东京士民奔往邻近山区和襄、邓诸州[4];广德元年(763年),因吐蕃占领长安,长安"衣冠皆南奔荆、襄,或逋栖山谷"[5];是其中规模较大的两次。

---

1 颜真卿:《元君表墓志铭》,《全唐文》卷344,第1545页。原文将鲁山误为鲁县。另《唐国史补》卷上载保全者千余家。
2 《资治通鉴》卷218,肃宗至德元载五月丁巳,第6962页。
3 《资治通鉴》卷219,肃宗至德二载五月壬戌,第7025页。
4 《资治通鉴》卷221,肃宗乾元二年三月壬申,第7069页。
5 《新唐书》卷216上《吐蕃传》,第6088页。

《旧唐书·地理志》载:"自至德后,中原多故,襄、邓百姓,两京衣冠,尽投江、湘,故荆南井邑,十倍其初。""荆南井邑,十倍其初"一语可能有夸张,但移民规模之大却不容怀疑。显然,由于战争进入襄阳和邓州一带,襄、邓人民和原来迁入两地的北方人民,至德以后多迁入荆州(后改江陵府,治今荆州市荆州区)等长江北岸地区,有的并渡过长江进入江西和湖南。荆州继襄阳之后,成为北方移民新的集中地。

唐后期与藩镇有关的主要战争大多发生在河南一带,因之而迁以及为避赋役南迁的一部分人迁入荆襄。在"四王二帝之乱"期间,荆南节度使李皋在江陵修复汉代水利工程,"得其下良田五千顷。规江南废洲为庐舍,构二桥跨江,而流人自占者二千余家"[1]。王某在乱后任邓州刺史,恢复遭到战争破坏的经济,"首年而富,中年而教,季年而政成。其籍版自四千户至于万三千户,其藏屯粟自三千斛至数万斛"[2]。在当时的情况下,流入江陵的流人估计是北方移民,而邓州三年间增加了两倍的人口也不可能都是返乡的原籍人民。由于"京师艰食,终不能衣食嫠幼",家居长安的郑鲁也在元和前后将自己、母亲和两位嫂子等四户人家从两京迁到江陵[3]。

唐末荆襄为唐军和农民军激烈作战的地区之一。乾符三年(876年)王仙芝进入荆襄,七月攻陷江陵。五年,唐将曾元裕在黄梅大破王仙芝军,王仙芝死,余众败散[4]。六年十月,黄巢军自桂州(治今广西桂林市)沿湘江顺流而下,在荆门败于唐军,许多人成为俘虏[5]。王仙芝和黄巢部进入荆襄时往往有数十万之众[6],败后流散在荆襄的部众至少应有数万人,其中一部分可能定居在当地。此外,为消灭黄巢军而进入荆襄的北方军队人数也很多。其中,驻扎在荆南的主要是来自忠武军(驻今河南许昌市)和泰宁军(驻今山东济宁市兖州区)的军队[7]。

---

1 《新唐书》卷80《李皋传》,第3582页。
2 符载:《邓州刺史厅壁记》,《全唐文》卷689,第3126页。
3 卢弘宣:《郑府君墓志铭》,载《唐代墓志汇编》,第2558页。此残志未载年代,但作者《新唐书》有传,主要活动在元和时,郑鲁的主要事迹时间应在此前后。
4 《资治通鉴》卷253,乾符五年二月,第8199页。
5 《新唐书》卷225下《黄巢传》载:"巢惧,度江东走,师促之,俘什八。"
6 例如,王仙芝部陷江陵前,有众号三十万。见《资治通鉴》卷253,僖宗乾符五年二月下胡注,第8200页。
7 《资治通鉴》卷253,僖宗广明元年四月,第8224页。

唐末军阀争战，荆襄是主要战场之一。光启三年（887年）十二月，河南秦宗权所署山南东道留后赵德諲的军队攻陷荆南，来自河南上蔡的冯敬章攻陷蕲州[1]。蔡州军校、青州人成汭也奉秦宗权之命率本郡兵进入荆襄。此后，成汭以归州（治今秭归县）为基地，占领荆南，逐渐控制荆襄的大部分地区[2]。天祐二年，朱温的军队夺取荆南。次年，以颍州（治今安徽阜阳市）防御使高季兴为荆南留后，并增派5 000人前来驻戍[3]。此后，高季兴以江陵为基地，实行割据。

唐末中原大乱的程度超过安史乱后，因避难自发迁入荆襄的北方人民为数甚多。朱氏原家长安万年县，乱起后看见"关中旧族多散荆、湖南"[4]，便是一证。荆襄地区宋代名人不多，因而个案移民人数较少，只有13人，但却是唐末北方移民最多的地区之一。江陵城在战乱之余，只有17家，在成汭的抚辑下，到天复三年（903年）因流民迁入恢复到近万户[5]。在北方大乱的情况下，自占的近万户流民多数只能来自北方。江陵的事例无疑是荆襄地区移民状况的一个缩影，由于原有人口严重减少和北方移民的大量迁入，唐末北方移民可能已在一些州的人口中占了优势。

自秦汉以来，江陵府即是荆襄的主要区域中心，由中原通往湖南、岭南的南北交通大道由此通过，唐代仍然如此。因此，江陵府是唐后期五代北方移民在荆襄地区的集聚中心。据上引《旧唐书·地理志》，至德以后，由于移民迁入，"荆南井邑，十倍其初"，至德二载即以此为中心设荆南节度使，上元元年又升为南都，以长吏为府尹，观察使和制置使等职官均按照长安、洛阳等两京的标准设置。移民中相当一部分来自两京被时人戏称"措大"的士大夫和文人，因此"江陵在唐世，号衣冠薮泽。人言琵琶多于饭甑，措大多于鲫鱼"[6]。唐后期，江陵也是寄庄户较多的地方。"境内多有朝士庄产，子孙侨寓其间"，由于为非作

---

1 《资治通鉴》卷257，第8372页。
2 《新唐书》卷190《成汭传》，《旧五代史》卷17《梁书·成汭传》。
3 《资治通鉴》卷265，昭宣帝天祐二年八月丁卯，第8646页；天祐三年十月，第8663页。
4 王珪：《华阳集》卷55《朱氏墓志铭》，丛书集成初编本。
5 《资治通鉴》卷157，僖宗文德元年，第8378页；《新唐书》卷190《成汭传》，第5484页。
6 孙光宪：《北梦琐言》逸文卷3，第159页。

夕者不少,"闾巷苦之"[1]。

关于唐后期江陵府的人口,因《元和郡县图志》脱漏,已无从得知。《资治通鉴》载乾符五年(878年)王仙芝军队大掠江陵时,提到"江陵城下旧三十万户,至是死者十三四"[2]。此"三十万户"可能过于夸张,恐怕将往来于此的各种临时人口都算在内。有的学者以为,《太平寰宇记》卷146所载的江陵府开元户86 800与新、旧《唐书·地理志》所载的户数相差过大,因而并非开元户,而应该是今本《元和郡县图志》已逸的元和户或中唐以后其他年代的户数[3]。安史乱前的天宝十一载全府有户30 192[4],如以86 800户为唐后期某一年代的户数,则人口增加了近两倍,扣除土著人口的自然增长数,移民人数大约是当地人口的一倍以上。

五代时,高氏南平国以江陵府为基地,拥有江陵府、归州和峡州一隅之地。由于人口数量关系到国家的强弱,高季兴及其后代都采取一些安抚流亡的措施。高季兴不仅"招茸离散,流民归复",又引诱后梁军人迁入,"由是兵众渐多"[5]。原郢州刺史刘去非(后改名王保义),即是此时投附高季兴的后梁将领(见表10-1)。五代末孙光宪在江陵著《北梦琐言》,于序言中说他在此逢唐凤翔少尹杨比,多和他话秦中旧事;又见长安人元澄及其旧族子弟。这些人应当都是居住在江陵的关中移民。

襄州和邓州靠近中原,每逢乱起首先成为接纳移民的地方,当战乱波及这里时本地居民和暂居的北方人民复再向南迁移。尽管这样,在唐后期相对安定的时间里,仍有一些北方移民定居于此。上举王某在建中间任邓州刺史,三年间人口增加两倍,即是证明。会昌元年(841年),山南东道节度使卢钧在李从事的辅助下在襄阳修成水利工程。时人赞扬李某,"其所以佐卢公,使炳炳不磨于世者,襄阳南渡之

---

[1] 孙光宪:《北梦琐言》卷3,第16页。
[2] 《资治通鉴》卷253,僖宗乾符五年正月,第8195页。
[3] 牟发松:《唐代长江中游的经济与社会》,武汉大学出版社1989年版,第五章第一节。
[4] 《旧唐书》卷39《地理志》,第1552页。
[5] 《旧五代史》卷133《高季兴传》,第1752页。

表 10-1 唐后期五代南迁的北方移民实例（荆襄部分）

姓 名	迁移时间	迁出地	今 省	迁入地	今 地	资料来源	备 注
李彬	昭宗末	中原	?	江陵府	荆州地区	北梦琐言 6/50	父琪
卢潘	唐末	北方	?	江陵府	荆州地区	北梦琐言 12/92	
杨贻德	乾宁	长安	陕西	江陵府	荆州地区	北梦琐言 12/96	
僧文英	五代	洛阳	河南	江陵府	荆州地区	北梦琐言逸文 3/164	
杨玭	唐末	凤翔	陕西	江陵府	荆州地区	北梦琐言序	
崔珏	唐后期	北方	?	江陵府	荆州地区	北梦琐言 3/16	
段文昌	唐后期	临淄	山东	江陵府	荆州地区	旧唐书 167/4368	父文昌
段成式	唐后期	临淄	山东	江陵府	荆州地区	旧唐书 167/4369	一名季昌
高季兴	天祐三年	陕州	河南	江陵府	荆州地区	资治通鉴 265/8663	
高从诲	天祐三年	陕州	河南	江陵府	荆州地区	旧五代史 133/1753	父季兴
张氏	天祐三年	北方	?	江陵府	荆州地区	十国春秋 101/1455	夫从诲
李载仁	开平初	关中	陕西	江陵府	荆州地区	十国春秋 103/1465	
梁延嗣	后唐	京兆	陕西	江陵府	荆州地区	十国春秋 103/1469	
张氏	天祐三年	北方	?	江陵府	荆州地区	十国春秋 102/1455	夫季兴
郑鲁	唐后期	长安	陕西	江陵府	荆州地区	墓志汇编/2558	举家迁
郑鲁母亲	唐后期	洛阳	河南	江陵府	荆州地区	墓志汇编/2558	举家迁
郑鲁嫂	唐后期	洛阳	河南	江陵府	荆州地区	墓志汇编/2558	举家迁
杜观	安史乱时	蓝田	陕西	江陵府	荆州地区	全唐诗 231/2540	
时谨	安史乱后	北方	?	江陵府	荆州地区	全唐诗 237/2634	

续 表

姓 名	迁移时间	迁出地	今 省	迁入地	今 地	资料来源	备 注
孙光宪	后唐天成	?	?	江陵府	荆州区	全唐文 900/4163	
成汭	唐末	青州	山东	江陵府	荆州区	新唐书 190/5483	
倪可福	天祐三年	北方	?	江陵府	荆州区	资治通鉴 265/8663	
王保义	后唐庄宗	幽州	北京	江陵府	荆州区	旧五代史 133/1753	
梁震	开平	河南	河南	江陵府	石首	十国春秋 100/1429	
李逊先人	安史乱时	赵郡	河北	江陵府	石首	旧唐书 155/4243	
李逊	安史乱后	北方	?	江陵府	石首	旧唐书 155/4123	世居
司空薰	唐末	临淮	安徽	江陵府	监利	十国春秋 102/1460	
杜氏	安史乱时	中原	?	襄州襄阳	襄阳	墓志汇编/2132	举家迁居
刘晏	安史乱时	曹州	山东	襄州襄阳	襄阳	新唐书 149/4793	肃宗时北返
张惟	安史乱后	大梁	河南	襄州襄阳	襄阳	墓志汇编/1939	全家迁居
元结	安史乱初	鲁县	河南	襄州襄阳	襄阳	全唐文 344/1545	后迁家武昌
韦氏	后梁初	长安	陕西	峡州宜都	合城	乐全集 39/	定居
李琪	昭宗末	中原	?	汉南		北梦琐言 6/50	后任官北归
陈皆	安史乱初	颍川	河南	汉南		墓志汇编/1933	后北归
唐彦谦	乾符	并州	山西	汉上	江北	新唐书 89/3762	后北归任官
杜铨	元和?	长安	陕西	汉江	江北	全唐文 756/3473	全家归 20 余人
赵璞	唐后期?	洛阳	湖北	江汉		墓志汇编/2394	

民皆能道之"[1]。据此,"南渡之民"已是唐后期襄阳人口的主体部分。甚至比较偏僻的襄州谷城县,也有一定数量的移民。长安杜陵人韦氏就是在后梁灭唐时"感朝代之变",移居谷城县青石川的[2]。

除了江陵和襄州两个大州,其他州也有一定数量的移民。长安人杜铨大约在元和年间自鄂州江夏县令解职后,卜居于汉水以北(大约在沔州境),督促家人垦荒,建有房产,儿孙20余人[3]。唐末昭宗东迁以后,北方士大夫李琪、杨玢均藏迹于荆、楚间,杨玢后来自此溯江入蜀,而李琪迁入峡州宜都县。后梁时李琪北上求官,其子彬仍羁留江陵[4]。此外,元和间李惠登任隋州刺史,为政清静,后连任20年,"田亩辟,户口日增,人歌舞之",隋州因人口增加升为上州[5]。北方移民的进入应是导致人口增加的因素之一。有关唐、郢、复、归、房、均等州的移民资料阙载,既然江陵、襄、邓、峡诸府州都有移民,上述州也不应例外。

第二节

湖　南

唐代湖南经济和文化相当落后,和平时期进入的北方人并不多。依照柳宗元的说法,"过洞庭上湘江,非有罪左迁者罕至"[6]。虽然如此,由于扼中原通往岭南的交通要道,且靠近移民进出较多的荆襄,在安史之乱阶段仍有一定数量的移民迁入。例如,王虎臣祖先原籍山东,安史乱后避乱南迁,定居湘乡(见表10-2,以下资料如无出处,皆

---

1 孙樵:《寓汴观察判官书》,《全唐文》卷794,第3689页。
2 张方平:《乐全集》卷39《韦襄墓志铭》,四库珍本本。
3 杜牧:《杜君墓志铭》,《全唐文》卷756,第3473页。
4 孙光宪:《北梦琐言》卷6,第50页。
5 《新唐书》卷197《李惠登传》,第5628页。
6 《送李渭赴京师序》,《全唐文》卷578,第2587页。

表 10-2 唐后期五代南迁的北方移民实例（湖南部分）

姓 名	迁移时间	迁出地	今 省	迁入地	今 地	资料来源	备 注
李正卿祖先	唐后期	赵郡	河北	鄂州武昌	湖北鄂州	墓志汇编/2240	
裴延龄	乾元	河东	山西	鄂州江夏	武昌	旧唐书135/3720	
崔氏	安史乱时	济源	河南	澧州	湖南澧县	墓志汇编/1881	死于此
柳及	贞元以后	河南	河南	潭州澧阳	澧县	太平广记149/	定居
柳拱具	五代	青州	山东	朗州青陵	常德	舆地纪胜68/	
卢延让	唐末	范阳	北京	朗州朗陵	常德	全唐诗715/	后入蜀
朱葆光	后梁初	南阳	河南	潭州	长沙	宋史439/13005	后迁衡山
李梁	后梁初	中原	?	潭州	长沙	宋史439/13005	后北归
颜尧	后梁初	中原	?	潭州	长沙	宋史439/13005	
高郁	唐末	扬州	江苏	潭州长沙	长沙	十国春秋72/998	
马殷	中和	许州	河南	潭州长沙	长沙	十国春秋67/931	
马希振	中和	许州	河南	潭州长沙	长沙	十国春秋71/988	父马殷
马希声	中和	许州	河南	潭州长沙	长沙	十国春秋68/949	父马殷
马希范	中和	许州	河南	潭州长沙	长沙	十国春秋68/950	父马殷
马赉	中和	许州	河南	潭州长沙	长沙	十国春秋71/986	兄马殷
徐仲雅	唐末	秦中	陕西	潭州长沙	长沙	十国春秋73/1009	
杨伦	唐末	中原	?	潭州长沙	长沙	诚斋集128/	
张建封	安史乱时	兖州	山东	潭州长沙	长沙	全唐诗223/594	后北归
李龟年	安史乱时	长安	陕西	潭州长沙	长沙	云溪友议上/(1)	后外迁江西

续表

姓名	迁移时间	迁出地	今省	迁入地	今地	资料来源	备注
张图	五代	华阴	陕西	潭州长沙	长沙	苏魏公集 56／	
韦氏	唐后期	北方	?	潭州长沙	长沙	唐语林 4／123	
刘建锋	唐末	北方	?	潭州长沙	长沙	资治通鉴 259／8454	
萧俛	唐末?	北方	?	潭州长沙	长沙	诚斋集 128／	
狄氏	五代	河东	山西	潭州长沙	长沙	华阳集 57／	
严广远	唐末	秦	陕西	潭州长沙	长沙	十国春秋 70／978	
崔简	安史乱时	博陵	山东	潭州湘潭	湘潭	墓志汇编／2054	卒此，元和归葬洛阳
崔偓	安史乱时	博陵	山东	潭州湘潭	湘潭	墓志汇编／2055	卒此，元和归葬洛阳
李涛父亲	天祐	长安	陕西	潭州湘潭	湘潭	苏魏公集 55／	
李涛	天祐	长安	陕西	潭州醴陵	醴陵	苏魏公集 55／	父某
杨祥	唐末	中原	?	潭州湘乡	湘乡	宋史 423／12644	定居
王虎臣祖先	安史乱后	山东	山东	潭州湘乡	湘乡	斐然集 26／	
刘湾	安史乱后	中原	?	衡州衡阳	衡阳	全唐诗 196／2011	
赵霍	唐末	临淄	山东	衡州	衡阳	道园学古录 13／	
杜甫	安史乱后	长安	陕西	衡州耒阳	耒阳	全唐诗 216／592	
朱氏	唐末	长安	陕西	衡州衡山	衡山	华阳集 55／	举家迁
周氏	唐末	颍州	安徽	道州	道县	彭城集 38／	
周来昌	永泰	青州	山东	道州宁远	宁远	鹤山集 48／	
路深	唐末	中原	?	永州祁阳	祁阳	宋史 441／13060	

续 表

姓 名	迁移时间	迁出地	今 省	迁入地	今 地	资料来源	备 注
路洵美	唐末	中原	?	永州祁阳	祁阳	宋史 441/13060	父深
倪少通祖先	唐末	千乘	山东	岳州巴陵	岳阳	骑省集 27/	
张佶	唐末	长安	陕西	湖南	湖南境	十国春秋 72/993	同马殷入
黄守忠	唐末	江夏	湖北	湖南		(马令)南唐书 6/	同马殷入
秦彦晖	唐末	中原	?	湖南		十国春秋 72/997	同马殷入
李琼	唐末	中原	?	湖南		十国春秋 72/996	同马殷入
朱遵度	后唐	青州	山东	湖南		十国春秋 75/1031	
姚彦章	唐末	汝南	河南	湖南		十国春秋 72/994	同马殷入
刘昌鲁	唐末	邺	河北	湖南		十国春秋 73/1007	
许德勋	唐末	蔡州	河南	湖南		十国春秋 72/995	同马殷入
严逢	唐末	秦	陕西	湖南		十国春秋 90/978	
杨赀	唐末	关中	陕西	湖南		旧唐书 176/4560	全家避地
苑玫	唐末	蔡州	河南	湖南		十国春秋 72/1002	同马殷入
周威	唐末	长安	陕西	湖南		圭斋文集 7/	
吕师周	开平元年	淮南	江苏	湖南		十国春秋 67/936	原淮南将
李斑	昭宗末	中原	?	荆楚		旧五代史 58/783	后北归任官
马秀才	安史乱时	洛阳	河南	楚		全唐诗 148/1506	后移家洛阳

说明：(1) 范摅著，四库全书本。

据此表)。青州人周荣昌原在岭南任职,永泰间去职,迁居道州宁远县大阳村,为北宋理学家周敦颐的祖先[1]。大诗人杜甫在"五载客蜀郡,一年居梓州"之后,"转作潇湘游"进入湖南,最后死在耒阳县[2]。李白叙安史乱时武昌县(今鄂州市)县宰政绩:"此邦宴如,禠负云集。居未二载,户口三倍。"[3] 如果没有移民的大量迁入,便不可能在两年间户口增加两倍。不过,无论就史料所载,还是个案移民人数而言,湖南都不是安史乱后移民的主要迁入地区。藩镇割据阶段虽有移民迁入,人数也比较有限。

唐末天下大乱,北方移民迁入湖南的规模远远超过以前。不仅来自河南、山东等地的许多移民迁入湖南,而且"关中旧族多散荆、湖南"(见上)。韦庄在湖南中部看见移民南迁的情景,不由得赋诗:"楚地不知秦地乱,南人空怪北人多。"[4] 个案移民的资料也比较多,达到30人。迁居醴陵的天平节度使杨汉的后裔杨祥,因北方乱不能归而避地衡州的抚州刺史赵霍,率家迁入衡山的长安人朱氏,都是他们的代表。

迁入的北方军人也有相当数量。黄巢南下以后,朝廷派泰宁军节度使李系率精兵5万南下湖南,以拦截黄巢北归,后为黄巢军击败,李系逃入朗州(治今常德市)[5]。淮西将领黄皓受秦宗权派遣,率部参与争夺湖南,光启二年(886年)兵败被杀[6]。此外,黄巢失败以后,其从子黄浩率众7000人长期活动在长江南北,后在湘阴为人所杀[7]。以上三支军队的残部在统帅死后去向如何,史无明载,在北方大乱的情况下,可能会有相当一部分人定居在湖南一带。

景福元年(892年),正当湖南各派军阀互相残杀的时候,刘建锋和马殷率自北方南下的孙儒部的残部7000余人自江南向洪州(今江西南昌市)退却,到江西时已达10余万人,乾宁元年(894年)夺取潭

---

1 魏了翁:《鹤山集》卷70《杨庆崇墓志铭》。
2 杜甫:《去蜀》,《全唐诗》卷234,第2588页。
3 李白:《武昌宰韩君去思颂碑》,《全唐文》卷350,第1569页。
4 《湘中作》,《全唐诗》卷698,第8043页。
5 《资治通鉴》卷253,僖宗乾符六年五月,第8214页;十月,第8217页。
6 《资治通鉴》卷256,僖宗光启二年六月,第8338页。
7 《新唐书》卷225下《黄巢传》,第6464页。

州(治今长沙市)[1]。不久,刘建锋为人所杀,马殷继任统帅,统一湖南的大部分地区,建立楚国。

建国以后,马殷采取保境安民、轻徭薄赋的措施,并且"招纳贤者,故中州名家士多归之"[2]。后梁统治初期,南阳人朱葆光和唐朝旧臣颜尧、李涛数人挈家南渡,侨寓潭州,以后除李涛北归,其他人都定居于此。在此之前,杨嗣复之子杨㚟也举家迁入湖南。一直到五代,仍有一些官员、军人和士人自北方迁入。青州人朱遵度携带家小,河东人狄氏、淮南将吕师周,便是他们的代表。一般说来,同时迁入的下层移民人数要比上层移民多得多。

湖南的移民主要分布在长江南岸地带。由于长江的阻隔,黄河流域的战火往往能够烧到荆襄却不能烧到江南,江南成为江北移民的迁入地,位于长江南岸的鄂州(治今湖北武汉市武昌)、澧州(治今湖南澧县)为湖南境内移民最多的州。

鄂州位于长江和汉水交汇处,安史乱后东南贡赋大抵在此集中,再转汉江西运。凡汴河(即大运河)运输阻塞,货物便在鄂州经长江入汉水西上。不少北方人民顺此路前来避难,人口增长迅速,上举"居未二载,户口三倍"的武昌县便属于鄂州。开元年间,鄂州著籍户数为19 190,元和间增加到38 618,乡数也由33个增加到37个[3]。

澧州位于洞庭湖西岸,当移民南下的大道。有关安史乱时的移民状况,不仅有个案资料,在文献中也有所反映。当时,崔瑾任澧州刺史,"不为烦苛,人便为之,流亡还归,居二岁,增户数万"[4]。时值北方移民"尽投江、湘","荆南井邑,十倍其初",澧州与荆南节度使驻地江陵一江之隔,所增的数万户估计多是北方移民。此外,唐后期有朝官寄寓于此[5],贞元以后河南人柳及也定居在澧阳县。

朗州(治今常德市)位于澧州的南面,并且在《新唐书·地理志》中

---

1 《资治通鉴》卷259,昭宗景福元年六月,第8430页;乾宁元年五月,第8454页。
2 欧阳玄:《圭斋文集》卷7《白石周氏族谱序》,四库全书本。
3 《元和郡县图志》卷27,第643页。
4 《新唐书》卷141《崔瑾传》,第4656页。传载崔先任澧州刺史,以后始于大历中湖南观察使,则任澧州刺史在安史乱时。
5 孙光宪:《北梦琐言》卷6,第42页。

有很多唐后期兴修水利的记载,足以使人推测这与发展农业、安顿移民有关,但文献中却很难见到安史之乱和藩镇割据两个阶段北方移民的记载,只有唐末五代移民在此留下痕迹。朗州是唐朝流放犯人的地方,元和间刘禹锡诗"邻里皆迁客,儿童习左言"即是这种情景的写照[1]。刘禹锡在流放朗州时,还发现当地"阳雁不到,华言罕闻"[2],即讲北方语言的人不多。

潭州(治今长沙市)是湖南的区域中心,楚国都城,唐末随马殷迁入湖南的上层移民大多居住于此,五代的移民不少人选此为定居地。因此,列表移民25人,远远高于其他州。由于迁入地不明而列入"湖南"和"荆楚""楚"的14位移民中,无疑也有若干人定居此。此外,在安史之乱和藩镇割据两阶段也有一些移民。

自潭州南行,便进入衡州(治今衡阳市)。安史乱后侍御史刘湾自中原迁居衡阳,杜甫出蜀后在耒阳县停留并死于此,说明在安史之乱阶段有一些北方移民迁入。元和六年,刺史吕温在州中检刮出未登记户籍的人家共16 700户[3],如估计浮客占总户数的42%(参见第八章第二节注释),约有6 000多户。当时江西尚未对湖南大规模输出人口,相当一部分浮客应来自北方移民。上举韦庄《湘中作》诗反映了唐末衡州一带的北方移民数量不少,只是不知所说的"湘中"是否还包括邵州等湖南中部之州。

道州(治今道县西)在天宝年间不过2.2万户,广德元年(763年)已有4万户[4],为天宝户数的177%。广德距天宝不过10余年时间,不可能是自然增殖的结果,应有移民,包括北方移民迁入的因素。不过,本州唐末以前唯一的一位列表移民周荣昌却是在岭南卸职后于永泰间迁入的,并非自北方直接迁入。唐末,还有一位周氏移民自颍州迁入。

除了上述诸州,永州(治今零陵市)、岳州(治今岳阳市)也留下唐

---

[1] 刘禹锡:《武陵书怀五十韵》,《全唐诗》卷362,第4087页。
[2] 祝穆:《方舆胜览》卷30"形胜"引刘禹锡诗,上海古籍出版社据宋本影印。
[3] 吕温:《简获隐户奏》,《全唐文》卷627,第2802页。
[4] 元结:《元次山集》卷3《春陵行并序》,中华书局点校本。

末移民的足迹。

第三节

岭　南

岭南在唐时的经济文化十分落后,被中原人认为是"炎蒸结作虫虺毒"[1],不甚适宜居住的瘴疠之地。柳宗元在论说湖南境内的北方人甚少,只有流放的官员才至其地之后,又说:"况越临源领(岭)、下漓水、出荔浦,名不在刑部而来吏者其加少也。"[2]即到岭南的北方人比起湖南又要少得多。宪宗时人李涉更一针见血地指出:"岭外行人少,天涯北客稀。"[3]即使这样,在安史乱时仍有个别移民因某种原因迁入岭南。例如,沛县(今属江苏)人刘轲天宝末流寓岭南,家于曲江(今广东韶关市)[4];善吹笛子的北方人许云封天宝乱离后"漂流南海近四十载"[5]。在藩镇割据时期,也有个别移民定居岭南,贞元间因官留居的南海从事崔向及其子崔炜便是他们的代表(详表10-3,以下资料如无出处,均据此表)。此外,元和十年(815年)刘禹锡被贬到连州(治今广东连州市),于《插田歌》中提到当地有一位"自言上计吏,年幼离帝乡"的人[6],此人也应该在此时迁入。

总的说来,在安史之乱和藩镇割据这两个阶段,迁入岭南的北方移民人数很少,在当地的影响极其有限。到了唐末,具有一定规模的移民潮始冲击到岭南。

在移民潮来到之前,已有大批北方军人为防御南诏进入岭南。咸

---

1 李绅:《逾岭峤止荒陬抵高要》,《全唐诗》卷480,第5463页。
2 《送李渭赴京师序》,《全唐文》卷578,第2587页。
3 《鹧鸪词二首》,《全唐诗》卷477,第5424页。
4 《刘希仁文集》附《刘轲传》,载《岭南遗书》第二集,粤雅堂校刊本。
5 《太平广记》卷204《许云封》。
6 《全唐诗》卷354,第3962页。

表10-3 唐后期五代南迁的北方移民实例（岭南部分）

姓名	迁移时间	迁出地	今省	迁入地	今地	资料来源	备注
刘轲	天宝末	沛县	江苏	韶州曲江	广东韶关	刘希仁文集	元和迁庐山
马氏	唐末	中原	?	广州	广州	十国春秋62/878	
赵光裔	后梁	洛阳	河南	广州	广州	十国春秋62/887	
周杰	天复	中原	?	广州	广州	宋史461/13504	携家南迁
周茂元	天复	中原	?	广州	广州	宋史461/13504	父杰
冯元祖先	唐末	始平	甘肃	广州	广州	景文集55/	因黄巢乱不敢归而留居
李殷衡	后梁	开封	河南	广州	广州	十国春秋62/889	因出使被留
韦氏	唐末	北方	?	广州	广州	十国春秋61/877	
刘崇龟	唐末	滑州	河南	广州	广州	十国春秋62/890	任节度使留居
刘浚	唐末	滑州	河南	广州	广州	十国春秋62/890	随父崇龟留居
王定保	唐末	北方	?	广州	广州	旧五代史65/810	
倪曙	唐末	北方	?	广州	广州	旧五代史65/810	
梁旻	唐末		陕西	广州东莞	东莞	武溪集20/	
梁观国	五代	陇右	甘肃	广州番禺	广州	斐然集26/	
许云封	天宝末	长安	陕西	广州南海	广州	太平广记204/	
崔向	贞元	?	?	广州南海	广州	太平广记34/	因官留居

续 表

姓 名	迁移时间	迁出地	今 省	迁入地	今 地	资料来源	备 注
崔炜	贞元	?	?	广州南海	广州	太平广记 34/	父向,定居
唐承裕	唐末	中原	?	桂州德昌	广西兴安	十国春秋 65/918	避地定居
家晟	乾宁二年	安州	湖北	桂州	桂林	资治通鉴 260/8482	
刘士政	乾宁二年	安州	湖北	桂州	桂林	资治通鉴 260/8482	
陈可璠	乾宁二年	安州	湖北	桂州	桂林	资治通鉴 260/8482	
某上计吏	元和前	长安	陕西	连州	连县	全唐诗 354/3962	定居
孟宾于	唐末	河东	山西	连州	广东连州市	小畜集 20/	
鲁景仁	唐末	北方	?	连州	连县	资治通鉴 261/8515	
邵岳	唐末	京兆	陕西	连州桂阳	连县	宋史 426/11695	定居
刘瞻祖先	安史乱后	彭城	江苏	连州桂阳	连县	全唐文 747/3431	定居
裴谐	五代初	北方	?	贺州桂岭	广西贺州	十国春秋 75/1030	
陶英	后梁初	青州	山东	昭州	平乐	十国春秋 75/1028	
裴某	唐末	?	?	雷州	广东雷州	舆地纪胜 125/	
裴绍	唐末	中原	?	吉阳军	海南三亚	舆地纪胜 125/	父某
周鼎	唐末	中原	?	岭表		宋史 461/13504	兄杰
萧益	唐末	中原	?	广东	广东	十国春秋 63/898	

通四年(863年)四月,新任岭南西道(治邕州,今广西南宁市)节度使康承训率荆、襄、洪、鄂四道兵1万人赴镇[1]。七月,复置安南都护府于行交州(约在今越南北部,确地不详),发山东兵1万人戍之,各道援兵源源不断进入岭南[2]。驻扎在岭南西道的兵力,最多时达到近4万人[3]。这些军人在此驻屯时间很长,咸通九年发生的规模颇大的庞勋起义便是部分屯军因得不到及时轮换而发生的。虽然文献没有记载这些军人是否留居当地,但北宋驻守南宁的襄汉军人因长期驻守而成为当地居民[4],使人想到唐末驻守岭南西道的军人可能也有部分人留居。五代时被南汉刘隐辟为幕府的北方人王定保,就是在唐末"属南蛮骚动,诸道征兵"时前往岭南西道任邕管巡官,因北方乱留居岭南的[5]。

唐末,当北方大乱、长江流域也不太平的时候,远离中原的岭南仍比较宁静,只在黄巢军南下时有过一定的骚乱,成为北方人避乱的好地方。例如,司农卿周杰以为岭南可避乱,于是派其弟周鼎申请担任封州(治今广东封开县境)录事参军,周杰于天复中也弃官携家前往岭南[6]。北宋冯元的四世祖本始平(治今陕西兴平市)人,官广州,因黄巢乱不得归,定居当地[7]。最大的一次迁移可能是安州(治今湖北安陆市)军人的南迁。昭宗乾宁二年(895年)十二月,安州防御使家晟因与朱温亲信不和,害怕得祸,与指挥使刘士政、兵马监押陈可蟠率兵3 000人长途袭占桂州,家晟不久被部下杀死,刘士政被朝廷任命为经略使[8]。以后,马楚的军队占领桂州,不知安州将士的去向如何。此外,黄巢军自岭南北撤以后,仍有一些人流落在岭南,光化年间占据连州的鲁景仁即是因病留居的黄巢部下[9]。

岭南在唐末也发生了军阀之间的争夺战。上蔡人刘谦原在封州

---

1 《资治通鉴》卷250,懿宗咸通四年三月,第8104页。
2 《资治通鉴》卷250,懿宗咸通四年七月,第8105页。
3 僖宗:《南郊敕文》,《全唐文》卷89,第406页。
4 《大明一统志》卷85引《元志》,陕西古籍出版社影印本。
5 《新五代史》65《南汉刘隐世家》;《唐摭言》卷3《散序》,第21页。
6 《宋史》卷461《周克明传》,第13504页。
7 宋祁:《景文集》卷62《冯待讲行状》,丛书集成初编本。
8 《资治通鉴》卷260,第8482页。
9 《资治通鉴》卷261,昭宗光化元年三月,第8515页。

任刺史,乾宁元年(894年)刘谦死,子刘隐继任刺史。三年,袭破广州,天祐元年(904年)任节度使,实行割据,以后其子建立南汉国[1]。

刘隐在岭南保境安民,礼贤好士,吸引许多北方士人。"是时,天下已乱,中朝士人以岭外最远,可以避地,多游焉。"唐代在岭南的流官的后代,在此任职的北方籍官员,以及特意前往避难的人士,如容管巡官王定保、太学博士倪曙、大臣刘崇望之子刘浚、已故大臣李德裕之孙李衡(一作李殷衡),以及周杰、赵光裔等人,刘隐"皆招礼之……皆辟置幕府,待以宾客"[2]。刘隐的后代大多继承这一做法,例如其子刘岩"多延中国士人置于幕府,出为刺史"[3]。

由于上述原因,五代时仍有一定数量的北方人民迁入岭南。五代人齐己《送错公、栖公南游》诗说:"北京丧乱离丹凤,南国烟花入鹧鸪。明月团圆临桂水,白云重叠起苍梧。威仪本是朝天士,暂向辽荒住得无?"[4]从诗文来看,错公、栖公是原居住都城的士人,南迁桂林一带避乱。又周去非《岭外代答》卷3"五民"载,钦州有民五种,"二曰北人,语言平易而杂以南音,本西北流民,自五代之乱,占籍于钦者也"。钦州的情况无疑是岭南的缩影,据此看来唐末五代也有一定数量的下层移民迁入岭南。

岭南是唐代流放罪犯和谪官的主要地区,他们往往携家前往。流放者大多生还岭北,但也有一部分人死在岭南,家属因无力北归只好定居当地。这样的移民数量并不很少。宪宗时孔戣任岭南节度使,时"士之斥南不能北归与有罪之后百余族",孔氏对这些人"才可用用之,廪无告者女子为嫁遣之"[5]。此后卢钧任岭南节度使,又行此仁政,使贞元元年到开成元年(785—836年)的半个世纪中,"衣冠得罪流放岭表者,因而物故,子孙贫悴,虽遇赦不能自还"的几百家,在医药、殡殓、婚嫁等方面都得到政府帮助[6]。可见谪官和流犯人数不少,已构成岭

---

1 《资治通鉴》卷260,昭宗乾宁三年十二月,第8496页;《旧五代史》卷65《刘隐世家》。后者说刘隐祖安仁迁入福建,后因商贾南海遂家岭南。
2 《新五代史》卷65《南汉刘隐世家》,第810页。
3 《资治通鉴》卷268,后梁太祖乾化元年五月,第8742页。
4 《全唐诗》卷846,第9574页。
5 《新唐书》卷163《孔戣传》,第5009页。
6 《旧唐书》卷177《卢钧传》,第4592页。

南北方移民的一个重要部分。五代连州人孟宾于就是唐末谪官的后代,他赋诗说:"吾祖并州隔万山,吾家多难谪彬连。"[1]

北方移民最多的州,是韶州(治今广东韶关市)和广州、桂州、连州。

自唐开元四年(716年)大庾岭道得到修整以后,经大庾岭入赣江谷地便成为岭南东部北上最重要的交通路线,位居此道要冲的韶州为岭南吸收北方移民最多的州。表10-3中安史乱时迁入岭南的个案移民只有3人,便有1人定居在韶州。大约在穆宗长庆(821—824年)时,徐申任韶州刺史,采取一些招募移民、发展经济的措施,当地人口迅速增长。"其始来也,韶之户仅七千",过六年离任时,户口"倍其初之数,又盈四千户焉"[2]。大量增加的著籍户口是否都来自移民尚需考证,但其中应有移民(包括北方移民)迁入的因素。

《元和郡县图志》所载元和户口多于天宝的全国10州,有2个在岭南道,即广州和位于今越南北部的安南府(见表9-4)。广州元和户比天宝增加75%(3万多户),增加的人口是否与移民迁入有关,因缺少文献材料,仍有待于证实。不过,既然韶州有北方移民,离韶州不远的广州或许也有移民迁入。在唐末五代,广州是岭南北方上层移民最集中的地方,这一时期的列表移民绝大多数集中在广州,下层移民必然也很多。

桂州和连州分别控扼着另外两条中原进入岭南的主要通道,因此也有一定数量的北方移民。自中原迁入的唐承裕是桂州唐末北方移民的代表,乾宁二年3 000名安州将士的迁入则给此地带来为数不少的军人移民。连州在安史之乱、藩镇割据和唐末三阶段都有列表移民。黄巢部将鲁景仁定居于此,并在光化年间占领州城。这不免使人想到,鲁景仁是单独还是和一批黄巢的部下一起留在连州?很难想象一个因病留在南方的北方人,能够单枪匹马发展武装势力,进而占据州城。

此外,下述州也有一定数量的北方移民。

---

1 王禹偁:《小畜集》卷20《孟水部诗序》。
2 李翱:《徐公行状》,《全唐文》卷639,第2861页。

潮州（今属广东）。南宋《三阳志》说潮州郡城以东的两个地方，一名瓷窑，一名水南，虽然离城不到五六里，但语言却和州城不同，"仍外操一语，俗称环老。……市井间六七十载以前，犹有操是音者，今不闻矣"。作者认为这种语言是在韩愈任州刺史时，"以正音为郡人诲，一失其真，遂不复变"[1]。韩愈任潮州刺史只有几年时间，这么短的时间内不可能教育出连续400多年均操北方语言的大批人群。"环"与"河"谐音，"环老"即"河老"（又称福佬），即迁入福建的河南人。历史上潮州的移民大多经福建辗转迁来，这些人可能就是唐末自福建南部辗转而入潮州的。

昭州（治今广西平乐县）。据载，唐末太尉、青州人陶英授征南将军，率兵出镇昭州，唐亡后全家隐居州内的诞山。同时还有李太尉住在附近，与陶英联姻，因而时人名其山为"陶李峒"[2]。

钦州（今属广西）的移民已见上述。还有一些移民渡过琼州海峡，进入海南岛。北宋苏轼说海南文化面貌变化的原因："自汉末至五代，中原避乱之人多家于此，今衣冠礼乐盖斑斑矣。"[3] 苏东坡曾流放海南，上述话应该有所本。裴氏父子便是唐末五代雷州和今海南岛的移民代表之一。裴某唐末守雷州，因中原乱不得归，定居于此，子绍任官吉阳，遂为吉阳人[4]。

第四节

蜀　汉

蜀汉是唐时经济文化比较发达的地区，并且靠近建都之地关中

---

1 《永乐大典》卷5343"潮"。
2 《十国春秋》卷75《楚九·陶英传》，第1028页。
3 《苏东坡全集》后集卷16《伏波将军庙碑》，世界书局影印本。
4 《舆地纪胜》卷125。

和另一个人口密集经济发达的区域河南。当安史之乱和唐末、五代中原战争不息,江淮地区也有局部战争时,由于山岭的重重阻挡,蜀汉特别是蜀中的人民却享有难得的安宁和繁荣,只是在唐末因军阀争夺发生过时间不长的战争。因此,本区被关中和河南人民选作避难的好地方。而且,唐玄宗、僖宗都曾带领文武百官进入蜀中避难,德宗也曾入汉水上游地区暂避,皇帝的率先进入必然促进大量的北方人民向此迁移。因此,每个阶段都有较多的移民迁入。

天宝十四载(755年)安史之乱爆发,次年六月攻入关中,玄宗逃入蜀郡(治今成都市)。虽然随同到达的官吏军士不过1 300多人[1],但不少北方人受此影响迁入蜀中。著名诗人杜甫原迁陇右,后经同谷县(今甘肃成县)赴蜀中[2]。唐宗室、曹王李皋奉母逃匿民间,经小路入蜀进谒玄宗[3]。此两人以后外迁,但许多平民定居下来。张氏在天宝末随玄宗西迁,占籍荣州,后为当地大姓[4],即是一证。

此后,关中地区的每一次局势动荡,往往都有大批移民迁入蜀汉。例如,广德元年(763年)关中严重缺粮,人民纷纷向蜀汉迁移,"衣冠士庶颇亦出城,山南、剑南道路相望,村坊市肆与蜀人杂居"[5],人数之多于此可见。是年九月,吐蕃军攻入长安,代宗仓皇出逃,散兵和人民纷纷逃入秦岭山中的商洛县(治今陕西商洛市商州区)等地[6]。据表8-2,安史之乱阶段迁入蜀汉的列表移民18人,居各区域第三。

在藩镇割据阶段,关中地区有时因节度使的反叛陷入动乱,在这种情况下往往有一定数量的移民迁入。此外,可能还有一定数量的避赋役的人民迁入。

建中四年(783年)十月,泾原节度使姚令言率所部叛变,拥朱泚称帝,德宗同皇室成员与文武官员先逃奉天(今陕西乾县),不久进入梁州(治今陕西汉中市)。受此影响,一些北方人民南迁剑南。关中人

---

[1] 《旧唐书》卷9《玄宗纪》。
[2] 杜甫:《发同谷县》,《全唐诗》218,第2299页。
[3] 《新唐书》卷80《李皋传》,第3580页。
[4] 吕陶:《净德集》卷28《张府君墓志铭》,四库全书本。
[5] 高适:《请罢东川节度使疏》,《全唐文》卷357,第1605页。
[6] 《资治通鉴》卷223,代宗广德元年九月戊寅、辛巳,第7152—7154页。

李洞就是在此背景下迁入普州(今四川安岳县)的(见表10-4,以下资料如不注出处,均据此表)。曾为羽林将军的石藏用,在朱泚乱时以为"天下将有变,惟蜀稍安",携家西迁,定居在眉州(今四川眉山市)[1]。当时,韩洄任蜀州刺史,"三岁在郡,四封恬然,辟田之污莱三千余顷,复人之庸亡二千余户,教之树艺,俾之生殖"[2]。在有一定数量的移民南迁的情况下,此2 000余户"庸亡"可能大多是北方移民。此外,大约在开成中薛元赏任汉州(治今广汉市)刺史,"流庸自占者过九千家,田业开辟者逾五百顷"[3],自发占田的流庸应有一部分人是新迁入的北方移民。据表8-2,藩镇割据阶段蜀汉有列表移民12人,居各区域首位。

唐末黄巢起义以后天下大乱,惟蜀汉最安全。中和元年(881年)正月,僖宗一行南迁避难,到达成都[4]。部分朝官和军队不久也进入蜀中,其中晋晖、王建、韩建、张造、李师泰等五名将领各率众数千人[5]。

僖宗南迁蜀中诱发了北方人民向蜀汉的迁移高潮。郑谷一家十口人也进入蜀中东部避难,他作诗记在川东所见:"乱来奔走巴江滨,愁客多于江徼人",并于小序中说明:"时僖宗省方南梁。"[6] 此"愁客"自然是包括郑谷在内的北方避乱者。长安人王鄩和其弟王鄂也在乱离之后沿嘉陵江迁入蜀中[7]。京兆人李远,太监严遵美,河北信都人冯氏,都在此背景下迁居蜀汉。御史刘再思随僖宗入蜀,以后虽然自己返回长安任官,但因担心中原局势仍留其子孟温居住成都[8]。

还有一些人,原来因某种原因进入蜀中,北方大乱后留居当地。僖宗时任平泉县令的秦人刘昊,任青城县令的长安人唐球,均留居不归。宋代四川大族青阳氏的祖先本洛阳人,是在唐末任官蜀中因乱而

---

1 吕陶:《净德集》卷22《石公墓志铭》。
2 权德舆:《韩公行状》,《全唐文》卷507,第2284页。
3 欧阳粘:《荐前汉州刺史薛元赏状》,《全唐文》卷760,第3500页。
4 《资治通鉴》卷254,僖宗广明元年十二月,第8240页;中和元年正月丁丑,第8245页。
5 《资治通鉴》卷256,僖宗中和四年十一月,第8314页。
6 郑谷:《巴江》,《全唐诗》卷676,第7752页。
7 《十国春秋》卷42《前蜀八·王鄂传》,第626页。
8 《十国春秋》卷53《后蜀六·刘玘传》,第785页。

表 10-4 唐后期五代南迁的北方移民实例（蜀汉部分）

姓 名	迁移时间	迁出地	今 省	迁入地	今 地	资料来源	备 注
卢楞伽	安史乱后	长安	陕西	成都府	成都	宣和画谱 1/(1)	
范琼	唐末	?	?	成都府	成都	宣和画谱 2/	
张南本	唐末	?	?	成都府	成都	宣和画谱 2/	
辛澄	唐末	?	?	成都府	成都	宣和画谱 2/	
范隆	广明	北方	?	成都府	成都	成都氏族谱	从僖宗
宋纪	广明	长安	陕西	成都府	成都	成都氏族谱	从僖宗
张九皋后裔	唐末	长安	陕西	成都府	成都	晦庵集 95 上 /	从僖宗
张窈窕	唐末	中原	?	成都府	成都	全唐诗 802/6029	
毛文锡	唐末	高阳	河北	成都府	成都	十国春秋 41/609	
林蔡祖先	唐末	晋	山西	成都府	成都	宋史 295/9855	
薛涛	唐末	长安	陕西	成都府	成都	全唐诗 803/9035	
刘知俊	唐末	徐州	江苏	成都府	成都	十国春秋 42/615	
何重建	后晋	北方	?	成都府	成都	十国春秋 53/787	
石奉颙	后晋	河东	山西	成都府	成都	十国春秋 53/788	
李仁表	唐末	许州	河南	成都府	成都	十国春秋 42/623	
王方宏	天复	关中	陕西	成都府	成都	十国春秋 42/613	
王仁裕	后梁	天水	甘肃	成都府	成都	十国春秋 44/643	
孟知祥	同光三年	邢州	河北	成都府	成都	旧五代史 136/1822	后蜀国王

续表

姓 名	迁移时间	迁出地	今 省	迁入地	今 地	资料来源	备 注
李皇后	后唐	中原	?	成都府	成都	十国春秋50/745	夫孟知祥
李皇后	后唐	太原	山西	成都府	成都	十国春秋50/746	夫孟知祥
孟昶	后唐	邢州	河北	成都府	成都	十国春秋49/705	父孟知祥
孟仁赟	后唐	河北	河北	成都府	成都	十国春秋50/749	父孟知祥
孟仁裕	后唐	河北	河北	成都府	成都	十国春秋50/749	父孟知祥
孟仁操	后唐	河北	河北	成都府	成都	十国春秋50/749	父孟知祥
姜春	唐末	许田	河南	成都府	成都	北梦琐言20/136	父春
姜志	唐末	许田	河南	成都府	成都	十国春秋42/624	
刘孟温	唐末	长安	陕西	成都府	成都	十国春秋53/785	从僖宗
杜光庭	唐末	长安	陕西	成都府	成都	旧五代史136/1822	应僖宗召
宇文氏	大和	中原	?	成都府	成都	嵩山集53/(2)	因官留居
房氏	广明	中原	?	成都府	成都	攻媿集109/	从僖宗
王贲	唐末	京兆	陕西	成都府	成都	宋史296/9872	
张璘	唐末	长安	陕西	成都府	成都	琬琰集中55/	从僖宗
伍赞	后唐	北方	?	成都府	成都	净德集25/	
宇文氏	唐末	河南	河南	成都府	成都	攻媿集109/	
赵公佑	宝历中	长安	陕西	成都府	成都	益州名画录上/(3)	
蒲氏	僖宗时	河中	山西	成都府	成都	山合集24/	从僖宗入

313

续 表

姓 名	迁移时间	迁出地	今 省	迁入地	今 地	资料来源	备 注
王建	唐末	许州	河南	成都府	成都	十国春秋37/482	前蜀国王
顺德皇后	唐末	许州	河南	成都府	成都	十国春秋38/559	夫王建
王宗仁	唐末	许州	河南	成都府	成都	十国春秋38/563	父王建
周皇后	唐末	许州	河南	成都府	成都	十国春秋38/559	夫王建
王氏	僖宗时	太原	山西	成都府华阳	成都	净德集23/	从僖宗
李虞	安史乱后	中原	?	成都府华阳	成都	全唐诗507/5763	
李远	广明	京兆	陕西	成都府晋原	崇州	净德集25/	从僖宗入
宋琪后裔	唐末?	中原	?	成都府双流	双流	鹤山集72/	
郭及	广明	太原	山西	成都府广都	双流	鹤山集83/	
郭甫	广明	太原	山西	成都府广都	双流	成都郭氏族谱	
勾惟立	广明	长安	陕西	成都府新繁	新都	成都郭氏族谱	
王彦	广明	太原	山西	成都府郫县	郫县	成都郭氏族谱	从僖宗
沈穆子	广明	长安	陕西	成都府新都	新都	鹤山集70/	从僖宗
杨庆崇祖先	唐末	雍	陕西	蜀州唐安	崇州	鹤山集70/	从僖宗
杨隐祖先	唐末	关西	陕西	蜀州唐安	崇州	缙云文集4/	从僖宗
吴祥	唐后期	京兆	陕西	蜀州唐安	崇州	净德集26/	
常氏	唐末	长安	陕西	蜀州江源	崇州	净德集22/	
伍柔	后唐	北方	?	蜀州青城	都江堰	净德集25/	父赟

314

续 表

姓 名	迁移时间	迁出地	今 省	迁入地	今 地	资料来源	备 注
唐球	乾符	长安	陕西	蜀州青城	都江堰	舆地纪胜 151／	任官留居
严遵美	广明	长安	陕西	蜀州青城	都江堰	十国春秋 46／666	从僖宗入
施友谅	广明	北方	？	蜀州岷山下	都江堰	成都氏族谱	从僖宗
颜栩	唐末	代州	山西	彭州导江	都江堰	宋史 458／13442	
代渊祖先	唐末	代州	山西	彭州导江	都江堰	宋史 458／13442	
李氏	安史乱初	关中	陕西	汉州什邡	什邡	晦庵集 94／	世代居此
杨膳	广明	中原	？	汉州绵竹	绵竹	范大史集 39／(4)	从僖宗
刘昊	僖宗时	秦	甘肃	简州平泉	简阳	舆地纪胜 145／	任官留居
柳坤	唐末	北方	？	简州	简阳	北梦琐言 12／95	
程琦	广明	武昌	湖北	眉州	眉山	嵩山集 52／	
石藏用	建中	陕西	长安	眉州	眉山	净德集 22／	避湫未乱
杨膳从子	唐末	雍州	陕西	眉州	眉山	道园学古录 43／	从僖宗
石扬休祖先	大历	京兆	陕西	眉州	眉山	琬琰集中 16／	
史伊	唐末	中原	？	眉州	眉山	全蜀艺文志 51／	从僖宗
苏佑	唐末	赵郡	河北	眉州	眉山	曾巩集 43／587	
孙朴	唐末	长安	陕西	眉州	眉山	苏魏公集 55／	
史颢	宣宗时	太原	山西	眉州丹棱	丹棱	鹤山集 71／	
李焘祖先	唐后期？	长安	陕西	眉州丹棱	丹棱	宋史 388／11914	

315

续 表

姓名	迁移时间	迁出地	今省	迁入地	今地	资料来源	备注
徐氏	唐末	京兆	陕西	眉州丹棱	丹棱	眉山集5/（5）	
宋日	唐末	关中	陕西	眉州彭山	彭山	晦庵集93/	
章练	广明	北方	?	眉州彭山	彭山	净德集28/	
宋氏	广明	荆州	湖北	眉州青神	青神	申斋集9/	从僖宗
陈琼	唐末	京兆	陕西	眉州青神	青神	松雪斋集9/	避黄巢乱
杜宗文之子	安史乱后	中原	?	眉州青神	青神	斑琰集中54/	
陈希亮祖先	广明中	长安	陕西	眉州青神	青神	斑琰集中31/	
虞氏	中和	雍	陕西	陵州仁寿	仁寿	道园学古录43/	从僖宗
青阳氏	唐末	洛阳	河南	陵州井研	井研	山谷集别集9/	因官留居
钟大夫	唐末	北方	?	陵州	仁寿	北梦琐言10/85	
张氏	唐末	南阳	?	邛州临邛	邛崃	净德集26/	
宋氏	僖宗时	京兆	陕西	绵州	绵阳	澹庵集17/（6）	
冯氏	唐末	秦	陕西	绵州	绵阳	汉滨集15/（7）	
宗某	唐末	长安	陕西	资州	资中	北梦琐言11/89	
赵荣	五代	秦	陕西	资州	资中	海陵集23/（8）	
赵逵	五代?	秦	陕西	资州	资中	宋史381/11761	
黄舒艺	唐末	长安	陕西	资州内江	内江	东山存稿7/	
黄师明	唐末	长安	陕西	资州内江	内江	东山存稿7/	父舒艺

续表

姓 名	迁移时间	迁出地	今 省	迁入地	今 地	资料来源	备 注
禄宗宪	唐末	凤翔	陕西	梓州	三台	鹤山集 84／	
塞元盛	唐末	中原	？	梓州盐亭	盐亭	鹤山集 75／	从僖宗
吴肇	广明	中原	？	梓州中江	中江	鹤山集 72／	从僖宗
冯氏	唐末	秦	陕西	普州	安岳	汉滨集 15／	
张氏	唐末	长安	陕西	普州	安岳	缙云文集 4／	后迁今綦江
李洞	建中	雍州	陕西	普州	安岳	舆地纪胜 158／	
冯巽甫祖先	唐末	长安	陕西	普州	安岳	后村集 157／	
贾岛	安史乱后	范阳	北京	普州	安岳	舆地纪胜 158／	因官留居
彭敬先	广明	长安	陕西	普州	安岳	成都彭氏族谱	从僖宗
师政	唐末	中原	？	嘉州武阳	犍为	嵩山集 51／	
宋斑	僖宗时	京兆	陕西	嘉州武阳	犍为	净德集 26／	
孙樵	唐末？	关东	河南	遂州	遂宁	舆地纪胜 155／	
李琼	后唐	太原	山西	遂州	遂宁	鹤山集 75／	
冯氏	唐末	秦	陕西	遂州	遂宁	汉滨集 15／	
冯群玉	天佑	信都	河北	遂州	遂宁	舆地纪胜 155／	
张氏	天宝末	北方	？	荣州	荣县	净德集 28／	随玄宗入
崔途	唐末	中原	？	渠州	渠县	全唐文 819／3826	
彭氏	唐末？	长安	陕西	渠州	渠县	竹隐畸士集 18／（9）	

续 表

姓 名	迁移时间	迁出地	今 省	迁入地	今 地	资料来源	备 注
王某	唐末	京兆	陕西	渠州广安	广安	鹤山集 75／	
张氏	五代	武金	?	渝州	重庆	绮云文集 4／	
陈氏	广明	北方	?	阆州	阆中	跨鳌集 29／(10)	从僖宗
杨庭辉	唐后期?	华阴	陕西	阆州	阆中	鹤山集 74／	
陈翔	唐末	博州	河北	阆州西水	阆中	十国春秋 42／618	
李岿	天宝末	北方	?	夔州云阳	云阳	墓志汇编／1854	
临颖舞女	安史乱时	临颖	河南	夔州白帝	奉节	墓志汇编 222／2356	
田英祖先	安史乱时	雁门	山西	黔州	彭水	墓志汇编／2177	世代居此
康旻	天宝末	北方	?	忠州	忠县	全唐诗 441／4916	
牛希济	唐末	北方	?	巴南	川南	太平广记 158／	
祝忠言	唐末	长安	陕西	蜀	蜀	稿简赘笔(11)	
黄延矩父棠	唐末	长安	陕西	蜀	蜀	茅亭客话 10／(12)	
常粲	咸通	长安	陕西	蜀	蜀	益州名画录上／	
常重胤	咸通	长安	陕西	蜀	蜀	益州名画录上／	
王简	广明	北方	?	蜀	蜀	成都氏族谱	从僖宗
王宗儒	唐末	彭城	江苏	蜀	蜀	十国春秋 39／580	从王建入
赵崇韬	后唐	井州	山西	蜀	蜀	宋史 479／13887	
赵季良	后唐	济阴	山东	蜀	蜀	十国春秋 51／757	

续表

姓 名	迁移时间	迁出地	今 省	迁入地	今 地	资料来源	备 注
赵僧躬	唐末	秦州	甘肃	蜀		旧五代史 131/1729	
李祠	后梁	京兆	陕西	蜀		宋史 441/13055	
马处谦	唐末	扶风	陕西	蜀		十国春秋 45/653	随孟知祥入
赵廷隐	后唐	井州	太原	蜀		宋史 479/13886	
张公铎	后唐	太原	山西	蜀		十国春秋 51/762	灭前蜀入
武漳	后唐	文水	山西	蜀		十国春秋 51/763	
张蜒	唐末	清河	河北	蜀		全唐诗 702/8068	
王宗寿	唐末	许州	河南	蜀		新五代史 63/794	从王建入
卢延让	唐末	范阳	北京	蜀		全唐诗 715/8212	
李汉韶	后唐	中原	?	蜀		新五代史 36/394	
李如实	后梁	后梁	?	蜀		十国春秋 53/780	
李龟桢	唐末	京兆	陕西	蜀		十国春秋 44/638	
僧润甫祖先	五代	河东	山西	蜀		缙云文集 4/	从孟建入
周德宏	唐末	许州	河南	蜀		十国春秋 40/598	从王建入
桑志宏	贞明二年	黎阳	河南	蜀		十国春秋 42/616	
沙延祚	后唐	太原	山西	蜀		十国春秋 51/763	
石潾	唐末	长安	陕西	蜀		十国春秋 45/657	
潘仁嗣	后唐	浮阳	河北	蜀		十国春秋 51/764	

续 表

姓 名	迁移时间	迁出地	今 省	迁入地	今 地	资料来源	备 注
薛映	唐末	中原	?	蜀		宋史 305/10089	
潘炕	唐末	河西	甘肃	蜀		十国春秋 41/610	
晋晖	唐末	许州	河南	蜀		十国春秋 40/595	从僖宗入
苏安世祖先	五代	武功	陕西	蜀		琬琰集中 31/	
李仁罕	后唐	陈留	河南	蜀		十国春秋 51/758	随孟知祥入
高彦俦	后唐	并州	山西	蜀		宋史 479/13887	随孟知祥入
孙汉韶	后唐	振武	内蒙古	蜀		十国春秋 53/786	
孙钦	后唐	幽州	北京	蜀		十国春秋 54/798	
韦皞	五代	北方	?	蜀		十国春秋 53/784	
田锡祖先	唐末	京兆	陕西	蜀		琬琰集中 2/	
张道古	景福	临淄	山东	蜀		舆地纪胜 151/	
王郡	唐末	长安	陕西	蜀		十国春秋 42/626	
王鄂	唐末	长安	陕西	蜀		十国春秋 42/626	
王环	后唐	镇州	河北	蜀		十国春秋 54/798	
庞福诚	后唐	太谷	山西	蜀		十国春秋 51/763	
范仁恕	后唐	太原	山西	蜀		琬琰集上 26/	从孟知祥入
张山甫	唐末	长安	陕西	蜀		琬琰集中 9/	从僖宗入
斜斯融	安史乱后	中原	?	蜀		全唐诗 228/	举家迁

续 表

姓 名	迁移时间	迁出地	今 省	迁入地	今 地	资料来源	备 注
王宗裕	唐末	许州	河南	蜀		十国春秋38/568	
王宗涤	唐末	颍川	河南	蜀		十国春秋39/573	从王建入
王宗矩	唐末	易州	河北	蜀		十国春秋39/583	从王建入
郑谷	唐末	北方	?	蜀		全唐诗676/7752	从僖宗
王宗渥	唐末	京兆	陕西	蜀		十国春秋39/581	从王建入
张道安	唐末	长安	陕西	蜀		琬琰集中41/	从僖宗入
胡秀林	唐末	中原	?	蜀		十国春秋45/652	
王锴	天复	中原	?	蜀		十国春秋41/605	
王宗翰	唐末	许州	河南	蜀		十国春秋39/574	从王建入
安重霸	后梁	云州	山西	蜀		旧五代史61/818	
温凯	唐末	中原	?	蜀		十国春秋42/625	
何光远	五代	东海	江苏	蜀		十国春秋56/816	
张琳	唐末	许州	河南	蜀		十国春秋40/597	
毋昭裔	后唐	河中	山西	蜀		十国春秋51/768	
张格	唐末	河东	山东	蜀		新唐书185/5414	
侯益	后唐	平遥	山西	蜀		十国春秋53/788	
韦庄	昭宗时	杜陵	陕西	蜀		十国春秋40/592	
侯宏实	后唐	千乘	山东	蜀		十国春秋51/762	灭前蜀时入

321

续 表

姓 名	迁移时间	迁出地	今 省	迁入地	今 地	资料来源	备 注
刘保义	五代	青州	山东	蜀		十国春秋 53/784	
赵元德	天复	长安	陕西	蜀		十国春秋 56/822	
杜觊龟祖先	安史乱后	秦	陕西	蜀		十国春秋 44/652	
王处回	后唐	彭城	江苏	蜀		十国春秋 51/767	
岑参	代宗时	南阳	河南	蜀		全唐诗 198/2023	因官留居
徐瑶	唐末	长鬲	河南	蜀		十国春秋 46/660	从王建入
刁光胤	天复	长安	陕西	蜀		益州名画录中/	
张业	后唐	北方	？	蜀		十国春秋 51/759	随孟知祥入
李肇	后唐	汝阴	河南	蜀		十国春秋 51/760	
韩昭运	后唐	潞州	山西	蜀		十国春秋 55/803	从孟知祥入
韩保贞	后唐	潞州	山西	蜀		十国春秋 55/803	父昭运
韩保正	后唐	潞州	山西	蜀		宋史 479/13886	父昭运
韩昭	唐末	长安	陕西	蜀		十国春秋 46/660	
李廷珪	后唐	井州	山西	蜀		宋史 479/13889	从孟知祥入
杨玢	五代	长安	陕西	蜀		全唐诗 760/8633	
赵玭	后唐	澶州	河南	蜀		十国春秋 55/807	
赵匡赞	后唐	幽州	河北	蜀		十国春秋 53/789	
伊延环	后唐	井州	山西	蜀		宋史 479/13884	从孟知祥入

续表

姓 名	迁移时间	迁出地	今 省	迁入地	今 地	资料来源	备 注
伊审征	后唐	井州	山西	蜀		宋史 479/13884	父延环
范镇祖先	唐后期?	长安	陕西	蜀		碗琰集中 18/	
孙位	僖宗时	长安	陕西	蜀		益州名画录上/	
杨伽	天宝末	京兆	陕西	蜀		益州名画录上/	
赵德玄	唐后期	雒	陕西	蜀		益州名画录中/	父德玄
赵忠义	唐后期	雒	陕西	蜀		益州名画录中/	随僖宗
吕嵩	僖宗时	长安	陕西	蜀		益州名画录中/	随僖宗
滕昌佑	僖宗	长安	陕西	蜀		益州名画录下/	随僖宗
张询	中和	长安	陕西	蜀		益州名画录下/	
桑弘志	后梁	陇州	陕西	蜀		资治通鉴 269/8800	率军迁入
郑氏	唐末	荥阳	河南	蜀		苏学士集 14/	
冯氏	唐末	信都	河北	蜀		跨鳌集 29/	
胡沼	五代	长安	陕西	蜀		端明集 37/	
苏长素	广明	长安	陕西	蜀		端明集 39/	
薛莵	唐末	汾阳	山西	蜀		端明集 57/	
黄氏	唐末	江夏	湖北	蜀		无为集 14/	
何建	开运三年	秦州	甘肃	蜀		旧五代史 94/1246	
薛元超	唐末	北方	?	蜀		宋史 305/10089	

续表

姓 名	迁移时间	迁出地	今 省	迁入地	今 地	资料来源	备 注
王宗浩	唐末	北方	？	蜀		十国春秋 39/580	从王建入
赵氏	上元	洛阳	河南	蜀		墓志汇编/1998	归葬洛阳
牛峤	五代	陇西	甘肃	蜀		花间集 3/51（13）	
牛蔚	广明	长安	陕西	梁州	陕西汉中	旧唐书 172/4474	死此
牛徽	广明	长安	陕西	梁州	汉中	旧唐书 172/4474	父蔚
牛某	广明	长安	陕西	梁州	汉中	旧唐书 172/4475	祖蔚
于邺	唐末	北方	？	梁州褒中		全唐诗 725/	
刘讯	上元	长安？	陕西	金州安康	安康	新唐书 132/4525	死此
杨孝直	长庆	燕	北京	金州汉阴	安康	墓志汇编/2160	因官迁居
张浚	广明	河间	河北	商州	商州	旧唐书 179/4656	举族避乱
夏侯长官	广明	长安	陕西	凤州	凤县	北梦琐言 11/87	
李权父亲	天宝末	陕州	河南	终南山	陕南	全唐文 371/1668	死此
某隐士	天宝末	长安	陕西	终南山	陕南	太平广记 37/	定居深山
令狐旦	安史乱时	关中	陕西	南山	陕南	全唐诗 253/2857	隐居此
韩滉	至德初	京兆	陕西	山南	陕南	新唐书 126/4434	后北归

说明：（1）佚名著，四库全书本。（2）晁公遡著，四库全书本。（3）黄休复著，四库全书本。（4）范祖禹著，四库全书本。（5）唐庚著，四部丛刊本。（6）李流谦著，四库全书本。（7）王之望著，四库全书本。（8）周麟之著，四库全书本。（9）赵鼎臣著，四库全书本。（10）李新著，四库全书本。（11）章渊著，《说郛》卷 44（商务印书馆本）。（12）黄休复著，四库全书本。（13）赵崇祚辑，贵州人民出版社点校本。

留居井研的[1]。天复时奉命出使西川的王锴也因中原大乱借机留蜀[2]。

光启元年(885年),在成都避难五年之久的僖宗返回长安,但不久又因为邠宁军阀的进逼而退入兴元(今陕西汉中市)[3]。乾宁二年(895年),昭宗因军阀的要挟,被迫出逃终南山,"士民追从车驾者数十万人"[4]。有的避难者定居在汉水流域,再也没有返回北方。

唐末,来自南方和北方的军阀为争夺蜀中展开战争。光启三年(887年),随僖宗入蜀的利州刺史王建率部占领阆州(治今阆中市),开始在川东发展自己的实力[5]。景福元年(892年),凤翔军阀李茂贞攻入兴元府,乾宁元年(894年)又攻入阆州一带[6]。二年,为王建战败,李茂贞在通州(治今达州市达川区)的将领李彦昭率部2 000人降于王建[7]。四年,凤翔将李继溥及其部下2 000人又降于王建[8]。

与此同时,一些北方军队开始从东面进入蜀中。文德元年(888年),原占据荆南(今湖北荆州市荆州区)的王建肇被归州刺史郭禹(即成汭)击败,建肇率部奔黔州。同年,秦宗权别将常厚占据夔州,但不久即为郭禹所击败[9]。文献不载常厚部去向,在当时情况下可能会有一些人流落在蜀中东部。天祐二年(905年),荆南节度使赵匡明率众2万弃城奔成都[10]。在自东面进入的移民中,有一部分人是原荆襄地区的居民,如江夏黄氏的一部分人便在唐末大乱时迁入蜀汉避难[11]。

自中唐以来,吐蕃和南诏屡次进犯剑南道边缘地区,迫使唐朝不得不在此驻屯重兵,以为防御。杜甫《东西两川说》指出:"闻西山汉兵

---

1 黄庭坚:《山谷集》别集卷9《青阳简墓志铭》,四库全书本。
2 《十国春秋》卷41《前蜀七·王锴传》,第605页。
3 《资治通鉴》卷256,僖宗光启二年二月,第8332页。
4 《资治通鉴》卷260,昭宗乾宁二年七月,第8472页。
5 《资治通鉴》卷256,僖宗光启三年三月,第8346页。
6 《资治通鉴》卷259,昭宗景福元年八月,第8435页;昭宗乾宁元年七月,第8457页。
7 《资治通鉴》卷260,昭宗乾宁二年十二月,第8480页。
8 《十国春秋》卷35《前蜀一·高祖纪》,第493页。
9 《资治通鉴》卷257,僖宗文德元年四月,第8378页。
10 《资治通鉴》卷265,昭宣帝天祐二年十月,第8646页。
11 杨杰:《无为集》卷14《黄府君行状》。

食粮者四千人,皆关辅、山东劲卒。"[1]大历十四年击退南诏进攻的唐军主力,就是李晟率领的禁兵4 000人和曲环率领的邠、陇、范阳兵5 000人[2]。此后,北方军队在蜀中时进时出。吐蕃衰落以后蜀中的北方军队人数减少,但到文宗大和四年(830年)以前仍有河中、陈许两节镇的3 000人[3]。僖宗乾符初年(874年),因南诏扩大对唐战争的规模,朝廷征发河东、山南西道的军队前往西川应援[4]。不久,入蜀的军队达数万之众[5]。六年,西川节度使崔安派人到陈、许募壮士,又征募到3 000人[6]。这些军队的成员是否有人留居蜀中,史无明文。由于不久中原大乱,僖宗退入成都,北方移民大批迁入,在此背景下难免有人会定居于此。

唐末蜀汉地区的军阀混战,最后以王建取得全蜀和汉水流域而告终。天复三年(903年),唐封王建为蜀王。后梁开平元年(907年),王建称帝,建立前蜀国。此后,开始向北面的关中和陇右发展,和以凤翔为中心的岐王李茂贞发生过多次战争,双方互有胜败,互有掳掠和叛降,一些北方人民因之迁入蜀汉。后梁开平五年(911年),前蜀大败岐兵,俘斩1万余人[7]。贞明元年(915年),前蜀攻入陇东,秦州(治今甘肃天水市)守降[8]。次年十月,蜀兵又出大散关进攻李茂贞,大败岐军,俘斩以万计。不久,保胜节度使李继岌害怕岐王猜疑,率众2万人自陇州(治今陕西陇县)奔蜀[9]。降蜀的军人及部分百姓在蜀军退回时往往都迁入蜀中,例如守兴元府的岐将李继密和秦州守将刘知俊的家小均被迁入成都等地[10]。

前蜀的国君为了壮大自己的国力,对北方移民多采取优抚招纳

---

1 《全唐文》卷360,第1617页。
2 《资治通鉴》卷244,代宗大历十四年十月,第7271页。
3 《资治通鉴》卷244,第7872页。
4 《资治通鉴》卷252,僖宗乾符元年十二月,第8173页。
5 《资治通鉴》卷252,僖宗乾符二年二月,第8177页。
6 《资治通鉴》卷253,僖宗乾符六年四月,第8213页。
7 《十国春秋》卷36《前蜀二·高祖纪》,第513—514页。
8 《资治通鉴》卷269,均王贞明元年十一月,第8798页。
9 《资治通鉴》卷269,均王贞明二年十月丙寅,第8807页。
10 《十国春秋》卷42《前蜀八·王万宏传》,第613页;《资治通鉴》卷269,均王贞明元年十一月,第8798页。

的办法,"是时唐衣冠之族多避乱在蜀,蜀主礼而用之"[1]。因此,在前蜀时还有不少北方军人、官员和百姓迁入蜀中。例如,后梁大将刘知俊在开平三年(909年)因朱温猜嫌,举族投奔凤翔军阀李茂贞,不久又因人离间率亲信100余人斩关投蜀[2]。开平四年,梁太祖的一份诏令说:"今海内未同,而缓法弛禁,非所以息奸诈、止奔亡也。应在京诸司,不得擅给公验。……公私行李,复不得带挟家口向西。"[3]据此,后梁人民很多流徙到境外,主要是向包括前蜀在内的西面迁徙。

同光三年(925年),后唐攻灭前蜀。后唐庄宗命孟知祥为西川节度使,次年进入成都。孟知祥在巩固了在西川的统治之后开始实行割据。长兴三年(932年),又取得东川地。两年后,孟知祥称帝,建立后蜀政权。在孟知祥割据前,后唐有3万名军人驻戍蜀中,割据以后都不能北返[4]。

后蜀时期,中原几次陷入动乱,因而仍有一些军人或百姓迁入蜀中。后唐清泰元年(934年),阶州(治今甘肃陇南市武都区境)刺史赵澄降蜀[5]。后晋天福九年(944年),阶州义军指挥使王君怀率部降蜀[6]。后汉天福十二年(947年)正月,原后晋雄武节度使何重建以秦、阶、成三州来降。四月,凤州守将也来降。不久,何重建和其他降将均迁入蜀中[7]。

据上所述,唐后期、五代蜀汉地区的北方移民人数极多,无论是哪一阶段,均具有相当的规模。表8-2提供的数据表明,蜀汉的列表移民总人数居各区域第一,特别是唐末、五代列表移民数远远超过其他区域。由于前蜀和后蜀的统治者都来自中原地区,蜀汉列表移民人数必然大大增加,但若将表中数据和文献记载加以印证,仍然可以得出

---

1 《资治通鉴》卷266,后梁太祖开平元年九月,第8685页。
2 《旧五代史》卷13《梁书·刘知俊传》,第180页。
3 《旧五代史》卷6《梁书·太祖纪》,第92页。
4 《新五代史》卷24《安重诲传》,第254页。
5 《十国春秋》卷48《后蜀一·高祖纪》,第703页。
6 《十国春秋》卷49《后蜀二·后主纪》,第713页。
7 《十国春秋》卷49《后蜀二·后主纪》,第714—716页;卷53孙汉韶、何重建、石奉頵、侯益等传。

唐末、五代蜀汉的移民数量可能次于江南,居南方各区域第二这样的印象。

蜀汉各阶段的移民,几乎都和皇帝自长安向蜀中或向汉水流域迁徙有关,往往是皇帝迁徙在先,大规模的移民在后。因此,在提到蜀汉移民的文献中,常常可以见到"随玄宗入""随僖宗入"这样的记载。由于王建、孟知祥等所率的军队建立前蜀、后蜀政权,又常常可以见到"从王建入""从孟知祥入"。表10-4虽然只注出一小部分,即已达五六十人。其中,从僖宗入的记载特别多,反映了此次移民对蜀中的巨大影响。

西晋永嘉之乱和北宋靖康之乱的历史表明,皇帝的南迁往往触发大规模的人口迁移。如果移民迁徙的时间与皇帝南迁差不多同时,并且迁入地区大体相同,往往被后人视为随同皇帝迁移。实际上,历史上随同皇帝一同迁移的人数并不很多,随玄宗一同入蜀者不过1 000余人,随僖宗一同迁入者恐怕也只有1万余人。因此,所谓的"随玄宗入""随僖宗入"等,大多要做如是看。

此外,还应指出,有的家谱乃至墓志铭、神道碑,把一些并非唐后期五代迁入的人也当作移民看待。由于有关这方面的记载过滥,以至撰《成都氏族谱》的元人费著不由得问道:"近世言其先者,必自唐扈三宗西幸或游至蜀居焉,何古之蜀独无人也?"[1]综上所述,虽然至今已无法得知谱牒中有关移民记载的真实性,但唐后期五代移民迁入蜀汉的规模却不容怀疑。不过,由于蜀汉地域广大,除汉水流域外其余地区很少受到战争破坏,西部又是唐代人口密集的区域,估计移民在实际人口中所占的比例不会很高,甚至没有类似苏州那样移民在当地人口中占比例达三分之一的府州。

成都平原历来是蜀汉的区域中心,玄宗、僖宗南逃均以成都为目的地,前蜀、后蜀两个由移民建立的政权都以此为都城。由于这些原因,迁此的北方移民人数特别多。费著《成都氏族谱》共记载唐宋成都

---

[1] 载周复俊辑:《全蜀艺文志》卷54,四库全书本。一说《成都氏族谱》是南宋庆元年间由四川制置使袁说友主持下编写。

及其附近县份氏族45姓,其中成都的吴、杜、宇文、郭(北郭)、李、范、郭、张、宋、勾、常、刘(北刘)、施,新繁的彭,温江的蹇,新都的沈以及郫县的两个王姓,共18姓,都在唐、五代迁入,占总族数的40%[1]。其中,在安史乱时和藩镇割据时迁入2姓,唐末五代迁入13姓,唐代其他时期或只注明唐代的3姓。据表10-4,蜀汉的列表移民共231人,其中成都府49人,居首位。另因未载居住地而列"蜀"一栏的101名移民,相当一部分应居住在成都府。

成都府西面的蜀州(治今崇州市),北面的彭州(治今彭州市),东北面的汉州(治今广汉市),东面的简州(治今简阳市),南面的眉州(治今眉山市)、陵州(治今仁寿县)和邛州(治今邛崃市),均有列表移民。其中,眉州16人,蜀州8人,皆居蜀汉各州前列。眉州的移民分布在州治通义县和丹棱、彭山、青神三县,已占辖县的四分之三。蜀州的移民分布在唐安(今崇州市东)、青城(今都江堰市东南),占辖县的二分之一。此外,虽然多在唐末五代迁入,但也有在安史之乱时和藩镇割据时的代表,说明在各个阶段都有移民迁入。

据此表,蜀中的绵州(治今绵阳市)、资州(治今资中县)、梓州(治今三台县)、普州(治今安岳县)、嘉州(治今乐山市)、遂州(治今遂宁市)、荣州(治今荣县)、渠州(治今渠县)、渝州(治今重庆市渝中区)、夔州(治今奉节县)等州也有若干名列表移民,遂州、普州并且还有四五名。白居易元和十四年于忠州(治今重庆市忠县)作《赠康叟》诗:"八十秦翁老不归,南宾太守乞寒衣。再三怜汝非他意,天宝遗民见渐稀。"[2] 显然康叟是一位居住在忠州的北方移民。天宝时著名的舞蹈艺术家公孙大娘的徒弟自北方流寓夔州[3],北方人李峦也在天宝末迁入云阳。二地均位于蜀中的极东部,濒临长江,这里移民可能主要是经长江而入。

值得注意的是,雁门人田英居住黔州(治今重庆市彭水县)达20

---

[1] 唐五代迁入的家族占比例过高,疑有些家族迁入时间有误,在没有新的材料前姑依之。
[2] 《全唐诗》卷441,第4916页。
[3] 杜甫:《观公孙大娘弟子舞剑器行》,《全唐诗》卷222,第2356页。

多年。其墓碑说田氏:"其先祖枌榆京镐,侨寄黔中,冠冕联绵,朱紫不绝。"[1] 田英卒于开成二年(837年),其先人或许是安史乱后迁到黔州。此外,长安人张氏唐末迁居普州,后又迁入今綦江县境(宋代怀化军)[2]。两地都是蜀中最为偏僻的地方,据此可见北方移民在蜀中的分布极其广泛。

位于陕西南部的汉水上游地区,由于紧靠长安,战乱时不仅有皇帝和公卿百官向此逃难,也是关中和河南移民的避难地,或进一步向南迁移的中转站。天宝末载,安史叛军进攻河南,在陕州任司马的李权奉父母亲逃入终南山中,其父亲并死于此。当时,"值潼关失守,朝野震惊,扶老携幼,潜避山谷"的人为数极多[3]。另一位大臣苗晋卿则是在长安失守之后,"潜遁山谷,南投金州"的[4]。黄巢军入长安时,朝廷百官和民众不少人逃入汉水流域。牛僧孺之子牛蔚就是此时在儿子、孙子的陪同下避地山南,后死于梁州[5]。唐末人于邺在汉中作《褒中即事》诗:"远钟当半夜,明月入千家。不作故乡梦,始知京洛赊。"[6] 于邺显然也是自北方迁入汉中的移民。

百官和文人进入汉水上游地区多是途经与临时避难,真正定居于此的只是很少的一部分人,下层人民应是移民的主体。虽然较少这方面的记载,但仍能看到一些痕迹。代宗时岑参写诗说梁州所见:"浮客相与来,群盗不敢窥。"[7] 在当时北方移民纷纷南迁的背景下,梁州的"浮客"只能来自北方移民。由于在此以前梁州一带经历过战争,"人烟绝墟落,鬼火依城池。巴汉空水流,褒斜惟鸟飞"[8],新迁入的移民可能在当地人口中占有一定比重。凤州(治今陕西凤县北)也有北方移民,一位姓夏侯的官僚就是在唐末避乱举家迁入的[9]。

---

1 《田公志铭并序》,载《唐代墓志汇编》,第2177页。
2 冯时行:《缙云文集》卷4《张吉甫墓志铭》,四库全书本。
3 李鄘:《李君神道碑》,《全唐文》卷371,第1668页。
4 《旧唐书》卷113《苗晋卿传》,第3351页。
5 《旧唐书》卷122《牛蔚传》。
6 《全唐诗》卷725,第8313页。
7 岑参:《过梁州奉赠张尚书大夫公》,《全唐诗》卷198,第2024页。
8 同上。
9 孙光宪:《北梦琐言》卷11,第87页。

第五节

移民分布总结和迁移路线

综合第九章和第十章所述,唐后期五代北方移民在南方的分布比较广泛,淮河流域、长江流域和东南沿海地区的许多州县都有数量不等的移民。

不过,由于距移民迁出地远近、经济文化发展程度差异和战争影响等方面的原因,各地域的移民数量存在较大差别。简言之,江南、蜀汉最多,其次是江西、淮南和荆襄,福建则是唐后期移民的重要迁入区。如以移民分布的稀密状况和在当地人口中所占比重来划分,移民的空间分布可分为三个层次(参见图10-1)。

(一)密集型,即移民在大部分府州成了人口的主体部分。今秦岭淮河以南,大巴山和直到入海口的长江干流以北,都属于移民的密集分布区。以地区分,包括今陕西省的秦岭以南地区,河南省的汉水流域和淮河以南,湖北省的长江以北地区,安徽与江苏二省的淮河以南长江以北部分。

(二)点状型,即同一区域中一些府州有较多的移民,一些府州则移民较少,因而未能密集成片而呈点状分布。在大巴山和长江干流以南,云贵高原和南岭山脉以北,包括今四川盆地部分、湖北、安徽和江苏三省的长江以南地区,以及沪、浙、赣、湘、闽五省市。在少数府州,移民在人口中占了一定的比重。

(三)稀疏型,即全区域移民总数不多,除了极个别地方移民都未能对当地人口构成产生影响。此区域在点状型分布区之南。

据上述两章的论述,可以看出唐后期北方移民的南迁路线,主要有东、中、西三线(参见图10-2)。

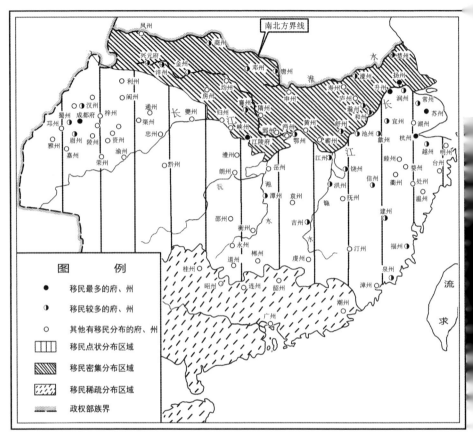

图 10-1 唐后期五代南迁的北方移民分布图

东线自华北平原进入淮南、江南,尔后进入江西。再分两支,一支溯赣江翻越大庾岭进入岭南,一支翻越武夷山进入福建。

东线北部的道路以当时全国交通大动脉大运河为主干,兼用汴河、泗水等河流,构成一条宽阔的西北—东南走向的水运交通网,将华北平原和淮南、江南连接起来,并向南延伸到江西、福建等地。大批难民涌向淮南、江南、江西,不依赖运河是难以想象的。此外,在北部还有若干条陆路交通线。其中,最重要的一条是自洛阳趋蔡州(今河南汝南县),经寿春(今安徽寿县)、庐州(今合肥市)直指长江北岸。此路在开元以后日趋繁忙,被称为中路。大历间由于淮西藩镇作梗,道路

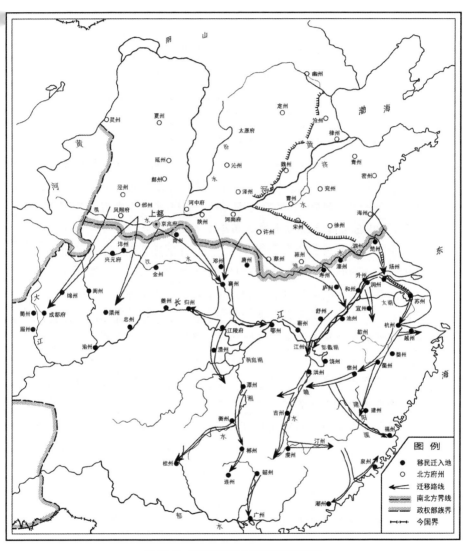

图 10-2 唐后期五代北方移民南迁路线

一度不通。但在元和之后,因运河上收税过多,"衣冠商旅率直蔡、会洛",即走中路[1]。在这种背景下,北方移民显然会选此作为南下的重要路线。

渡过长江以后,大致经两条道路进入江西。一自润州(今镇江市)到杭州,经浙西金衢盆地的婺州(今金华市)、衢州入江西信州(今上饶市),其中一段可在杭州乘船入富春江到睦州(今建德市东)。一自润州、上元(今南京市)溯长江西上,在九江入鄱阳湖,进入江西[2]。

到了江西境内,溯赣江而上,在虔州以南翻越大庾岭,便进入浈昌(今广东南雄市),经韶州(今韶关市)南行入广州[3]。如果在虔州以东折入章水河谷,即可进入福建汀州(今长汀县),王潮率光州人民入闽即走此线。此外,在鄱阳湖东溯余水(今信江)而上,也可进入福建。唐天宝至北宋初福建人口增长呈现自建州(今建瓯市)向东递减的趋势,即反映了外来移民主要经此路入闽。另外,自衢州南行,越过重重山峦,便可进入浦城,据说此路是黄巢军入闽时所开。

中线北端起自关中和华北平原西部,分别连接首都长安和东都洛阳,汇于邓州(今河南邓州市)和襄州(今湖北襄阳市)一带,即可分水陆两路南下。陆路经过荆门和江陵,渡过长江,从洞庭湖西岸进入湖南,到达岭南[4]。水路经汉水、长江运道。自安史乱后,由于河南境内的汴河漕运经常不通畅,一度改由自长江转入汉水,再经洋州(今陕西洋县)、梁州(今陕西汉中市)转陆运[5]。江汉运道的繁忙,导致扼水运入口的鄂州移民剧增,地位上升。溯长江而上,便进入蜀中,部分北方移民就是由此入蜀的。

自湖南入岭南,需要溯湘江诸支流而上,又可分为数支。其中一支系在衡山附近进入湘江支流,在郴州翻越南岭,到达连州(今广东连州市)[6]。另一支溯湘江上源,"越临源岭(即今湖南、广西间的越城

---

1 陈鸿:《庐州同食馆记》,《全唐文》卷612,第2738页。
2 据李翱:《来南录》。
3 以上据李翱:《来南录》,《全唐文》卷638,第2854页。
4 参见韩愈:《燕喜亭记》,《全唐文》卷557,第2495页。
5 《资治通鉴》卷223,代宗广德二年四月,第7164页。
6 据韩愈:《燕喜亭记》。

岭)、下漓水、出荔浦",再东入岭南道的东部[1]。

西线自关中越秦岭进入汉中地区和四川盆地,需经褒斜道、子午道等栈道。这些道路崎岖难行,但因与长安近在咫尺,一旦都城危急,统治者仍不得不率领文武百官、平民百姓踏上艰难的旅程。此外,由于肃宗在灵武(今宁夏灵武市境)登基,一些避难人民迁入西北,后又经陇东南转入蜀中。杜甫就是由此入蜀的,他说自己:"忆昔避贼初,北走经险艰。夜深彭衙(指彭原郡,在今甘肃镇原县)道,月照白水(即甘肃南部的白龙江)山。"[2]

---

[1] 柳宗元:《送李渭赴京师序》,《全唐文》卷578,第2587页。
[2] 《彭衙行》,《全唐诗》卷217,第2274页。

第十一章

唐后期五代北方人的南迁：移民影响（上）

北方移民的大量迁入，必然要对南方社会的政治、经济和文化产生一定的影响。比较重要的影响，主要体现在以下诸方面。

第一节

移民与南方人口

唐后期五代的北人南迁，是我国历史上的第二次北方人民南迁，其规模之大、人数之多、迁入地区之广，均远远超过第一次即西晋永嘉丧乱以后。大规模的人口南迁，对迁出区北方而言意味着大量的人口流失，其中不仅有数以百万计的普通劳动者，还有大量的政治家、军事家、文化人才和生产技术高手，对已经残破的北方经济来说无疑是雪上加霜，也给其战后的恢复增添了巨大的困难。对迁入区南方来说，则意味着区域人口数量的迅速增加，人口密度的提高，具有优秀素质的各类人才的空前增多,从而大大促进经济的发展。

在安史之乱以前,黄河流域向来是我国的人口密集区,全国人口分布的重心所在。据表11-1可见,西汉以来南方在全国著籍人口中所占的比重屡有变化。西汉元始二年南方只占全国人口总数的19%,东汉永和五年上升到33.6%,三国结束后的西晋太康元年高达45.7%;南朝末因南方动乱和北方经济的恢复发展而下降到28.4%;隋末北方因战争人口损失严重,南方人口在唐初贞观年间所占比重上升到54.6%,但天宝时由于北方人口恢复和发展又下降到45.2%。据此可见,西汉以后南方人口占全国比重虽呈上升趋势,但并非直线上升,和平时因北方的发展,所占比重往往下降,到唐天宝年间仍未达全国人口的一半。经历唐后期五代,到北宋初太平兴国年间南方人口数量已经超过北方。此后,南方占全国人口的比重稳步上升,到元代达到极点,明清时期有所下降,但仍占全国四分之三上下。据此可见,安史之乱是我国历史人口分布的一个分水岭,在此以前北方人口占全国的半数以上,此后南方占半数以上,并且稳步上升。

表11-1 西汉至清南方占全国著籍户口数比重变化

朝 代	单位	全国总数	南方数量	南方占比重(%)
西汉元始二年(2年)	万人	5 767	1 098	19
东汉永和五年(140年)	万人	4 789.2	1 609.8	33.6
西晋太康元年(280年)	万户	247	113	45.7
隋大业五年(609年)	万户	890	253	28.4
唐贞观十三年(639年)	万户	306.1	167.1	54.6
唐天宝元年(742年)	万户	897	405	45.2
宋太平兴国(976—984年)	万户	662	421	63.6
宋元丰三年(1080年)	万户	1 657	1 159	69.9
宋崇宁元年(1102年)	万户	2 067	1 478	71.5
元至元二十七年(1290年)	万户	1 319.6	1 184.8	89.8
明洪武二十六年(1393年)	万户	1 065	836	78.5
清嘉庆二十五年(1820年)	万人	34 716	25 221	72.6

资料来源:《汉书·地理志》,《续汉书·郡国志》,《晋书·地理志》,《隋书·地理志》,《旧唐书·地理志》,《太平寰宇记》,《元丰九域志》,《宋史·地理志》,《元文类》卷40《经世大典·序录》,《图书编》卷90,《嘉庆一统志》。

南北人口数量的变迁,必然要影响到各区域的人口密度。林立平对各道每县平均户数进行了研究[1],发现隋初以河南、河北最多,江南道居第九位;天宝年间江南道上升到第三位,元和间已居第一,表明各道人口密度增大的速度以江南道最快。费省的研究证明,唐初贞观时期全国有四个较大的人口密集分布区,即四川盆地及其边缘地区、汾渭平原、华北平原和江南地区,其中两个(华北平原和汾渭平原)在北方。到天宝时期,四大人口稠密区的格局没有明显的改变,但华北平原人口密度有大幅度的提高,因而在全国人口分布中占举足轻重的地位。在安史乱后的元和年间,大面积的人口密集区只有南方的淮河以南和江南这一地区,人口密度为25人/平方千米,拥有全国三分之一以上的人口。至于华北平原,虽然中央政府掌握的户口并不完全,但就现有资料看人口密度只有4—5人/平方千米,汾渭平原的人口密集区也大大缩小。因此,元和时期人口分布格局已发生重大的改变,即南方人口远远超过北方[2]。

冻国栋还对较次一级的人口单位即府、州、军的人口状况和政区设置进行了研究。北宋初年户数较高的州府多分布在南方。而且,不仅那些自唐开元、天宝以来户口较为稠密的州府大多继续保持较高的户数,不少原本人户稀疏的州郡户数也大为增加。就政区而言,唐开元至北宋初全国共新设县120个,其中属北方的只有20个县,而在南方的却达100个县之多,这些新县的建立往往都与移民聚集有关。此外,南方若干州郡的辖县虽无变化,但辖乡数却大大增加,从而也反映了人口数量的增加和人口密度的提高[3]。

导致全国人口分布重心由北向南转移的原因颇多。北方因战乱人口数量剧减,并且生态环境朝着不利的方向发展,南方长期以来比较安宁,经济发展较快,有利于人口繁衍,无疑都是重要的原因。因此,即使没有北方人口的南迁,经过一段时间的发展,南方人口必然也要超过北方。但是,唐后期五代北方人口的南迁,却大大促进了改变

---

[1] 林立平:《唐后期的人口南迁及其影响》,《江汉论坛》1983年第9期。
[2] 费省:《论唐代的人口分布》,载《中国历史地理论丛》1988年第2期。
[3] 冻国栋:《唐代人口问题研究》第四章第二节,第五章第四节。

南北人口分布格局的进程。

移民不仅改变了南北人口分布的格局,由于南方各区域移民数量和原先人口基础的不同,也在一定程度上改变了南方各区域人口分布的格局。

表11-2揭示了南方各区域自唐天宝至北宋初人口数量及所占比重的变化。最显著的特点,莫过于江南道人口数量的迅速增长,人口所占比重也由唐天宝的42.9%上升到北宋初的52.5%,由此导致其他道所占比重的下降。而江南道人口的增长又以江西和福建最为显著,人口所占比重分别由2.3%和6.2%上升到11.8%和17.3%。据此可以得出两个结论,第一个结论是周振鹤先生所说"南方人口的分布趋向均衡"[1],即原来人口较少的地区也有了一定数量的人口;第二个结论是南方人口分布的重心更加倾向江南道,即由江南、江西和福建所组成的东南地区。可以说,我国人口分布的重心,至少自北宋初以来已移到东南地区。唐末五代的移民大量涌入东南无疑促进了新的人口分布格局的形成。

表11-2 唐天宝—北宋初南方各区域户数及在南方总人口中所占比重

区域名	天宝	占比重(%)	北宋初	占比重(%)
山南道	598 627	14.8	467 660	11.8
淮南道	390 583	9.6	355 513	9
江南道	1 736 137	42.9	2 074 639	52.5
福建	91 186	2.3	467 878	11.8
江西	250 287	6.2	682 408	17.3
湖南	215 550	5.3	198 865	5
剑南道	937 124	23.1	896 867	22.7
岭南道	388 980	9.6	158 643	4
各道合计	4 051 451	100	3 953 322	100

资料来源:《新唐书·地理志》、乐史《太平寰宇记》。下列府州北宋初户数原误和原缺,系据邻州资料作了修正(见《中国移民史》辽宋夏金元卷附表1): 婺州、辰州、茂州、邛州、维州、泸州、荣州、凤州、施州、广州、惠州、高州、郁林州、廉州、琼州、儋州。寿州和泗州地跨南北,取其淮河以南部分。

---

[1] 周振鹤:《唐代安史之乱与北方人民的南迁》,《中华文史论丛》1988年第7期。

第二节

移民与南方的生产技术

移民的南迁,不仅给南方带来了可观的劳动力,也将北方比较先进的生产工具和生产技术带入南方。文献中至今仍可发现某些手工业部门,特别是在制墨、丝织和榨糖业,移民传入了北方先进技术的痕迹。

自五代北宋时起,产自歙州(治今安徽歙县)的歙墨质量居全国之最。歙墨的生产技术是北方移民传入的。易水(今河北易县)人奚鼐和其弟奚鼎善于制墨,有名于时。唐末两人避乱迁居歙州,并将这一技术传奚鼐之子奚超。奚超在南唐以造墨闻名江南,因之被南唐国王赐姓李,此后其子孙世世代代以制墨为业。到北宋时,仍有人在朝廷任墨务官[1]。

越州(治今浙江绍兴市)人民原不善于丝织。安史乱后薛兼训统领越州,为了提高纺织技术,"募军中未有室者,厚给货币,密令北地娶织妇以归,岁得数百人"。这些北方织妇不仅自己织出较好的产品,而且带动了当地人技术的提高,"由是越俗大化,竞添花样,绫纱妙称江左矣"[2]。开元时,越州主要上贡柑橘、甘蔗、葛根、石蜜等农副产品,纺织品仅交梭、白绫两种。贞元以后由于丝织品质量和数量的提高,在这些贡品之外,"别进异文吴绫,及花鼓歇单丝吴绫、吴朱纱等纤丽之物,凡数十品"[3]。据此可见,虽然安史之乱至贞元不过才二三十年,越州丝织业已取得巨大的进步。

翻检《元和郡县图志》所载南方各州安史之乱前后两个时期(开元

---

[1] 蔡襄:《端明集》卷34《文房四说》;苏易简:《文房四谱》,丛书集成初编本。
[2] 李肇:《唐国史补》卷下,第65页。
[3] 《元和郡县图志》卷26,第618页。

和元和)的贡品,可以发现不少的州开元时的贡品多以比较原始的农副产品为主,到元和时丝织品、纸张等手工业产品逐渐增多,反映了这些州手工业生产的进步。其中一些州生产的进步可能和北方移民南迁有关。例如,北宋时潮州(今属广东)城东有著名的瓷窑潮州窑,当地居民被人称为"环老",语言类似北方话,估计是唐末经福建迁入的河南移民的后裔(详第十章第三节)。潮州北宋时仍相当落后,又不是主要的对外贸易港口,瓷业的兴盛或许和河南移民传入技术有关。此外,唐末礼部铸印官祝思言随僖宗入蜀,子孙定居于此,"世习缪篆",雕刻技艺精巧[1],为蜀中的雕版印刷业做出贡献。

据《元和郡县图志》卷29所载湖南各州贡品,可知开元时当地土贡的纺织品中几乎没有丝织品,元和以后才有一些。有的学者推测,元和以后湖南丝织业的开始发展,是在长江下游及两浙地区蚕桑业迅速发展的影响下,以及北方人口南迁,带来了有关蚕桑养殖、缫丝织帛的技术,湖南的丝织业才开始发展起来的[2]。唐末五代马殷接受扬州籍移民高郁"命民输税者用帛代钱"的建议,刺激了丝织业的发展,"机杼遂繁于吴越"。《十国春秋·高郁传》在记载此事时,说"湖南民素不习蚕桑事"。虽然此话并不符合事实,不过仍反映了湖南的桑蚕业和丝织业原来水平并不高这一事实,唐末五代生产水平的大提高可能也与外来影响有关。

在农业生产技术和工具的南传方面,文献缺载,但既然移民能将北方先进的手工业生产技术传入南方,必然也能将先进的农业生产技术和工具传入南方。例如,骟马这一技术流传南方据说便与南平王高季兴有关。高季兴喜好良马,懂得好马需先骟过,才能听任用马者左旋右抽。由于他的提倡,"自是江南、蜀马,往往学骟,其便乘跨"[3]。

面食向来是北方人民的主食,由于喜食面食、善种小麦的北方移民的南迁,南方地区的小麦种植范围得到扩大,在粮食中所占的比重有所上升。据华林甫的研究,唐代文献中有2条史料和35首诗歌提

---

1 章渊:《槁简赘笔》,顺治年间刻本。
2 唐启淮:《唐五代时期湖南地区社会经济的发展》,载《中国社会经济史研究》1985年第4期。
3 孙光宪:《北梦琐言》卷10,第81页。

到长江中下游的麦子生产，其中 2 条史料均记载唐后期的状况，而 30 首诗写于安史乱后，占 85.7%。唐后期长江中下游的麦子种植区，主要集中在太湖流域、从南阳到江陵的汉水流域、成都平原以及洞庭湖、鄱阳湖地区。由于麦子的广泛种植，形成江淮荆湖稻、麦产区和巴蜀稻、粟、麦产区。水稻和麦子生产的发展，导致了唐代粮食作物生产重心的南移[1]。

第三节

移民与南方各区域的经济开发

唐后期五代是南方各地区经济开发取得较大进展的重要时期，但各地区由于原先开发基础和移民数量的差异，经济开发状况不尽相同。

自六朝以来，江南是南方经济发展程度较高的区域。安史乱后，一些州的户口曾有所下降。据说常州因遭刘展之乱，"地荒人亡，十里一室"[2]；苏州因乱以及此后的饥饿、疫病，"死者暴露，亡者惰游，编版之户三耗其二，归耕之人百无其一"[3]。这些话虽然都有较大的夸张，但也反映人口有较大的下降。此后江南诸州户口很快得到恢复和发展[4]。上元间移民占苏州编户的三分之一这一事实告诉我们，北方移民的大量迁入是唐后期江南人口数量迅速得到恢复的重要原因。

唐后期江南长期和平，各州的户数和经济继续增长。白居易咏苏州："甲郡标天下，环封极海滨。版籍十万户，兵籍五千人。"[5] 杨乘说

---

[1] 华林甫：《唐代主粮生产布局的初步研究》，复旦大学硕士学位论文，1989 年油印本。
[2] 李华：《常州刺史厅壁记》，《全唐文》卷 316，第 1418 页。
[3] 李翰：《苏州嘉兴屯田纪绩颂并序》，《全唐文》卷 430，第 1937 页。
[4] 参见冻国栋：《唐代人口问题研究》，第 210—211 页。
[5] 《自到郡斋仅经旬日……》，载《全唐诗》卷 447，第 5020 页。

苏州:"十万人家天堑东,管弦台榭满春风。"[1]此"十万户"估计是城市人口,各县的人口也应有较大的增长。在越州、衢州等几个钱塘江以南的府州,北方移民的数量虽然不如江南北部诸州,也有一定数量,由此导致当地人口的增加。例如,衢州虽然将玉山县划归信州,但由于肃宗上元二年(761年)包括北方移民在内的近万户流民涌入,人口数量却未见减少[2]。

在使用简单生产工具的状况下,劳动人口数量的多寡往往是影响地区开发进展的决定性力量。六朝时期江南的开发还处于草创阶段,许多地方仍未得到开发。到了唐后期,随着人口密度的增大,农业生产开始向广度和深度进军。一方面通过开发围田、湖田、山田等方式,扩大耕地面积,另一方面通过兴修水利等方式提高粮食亩产量[3]。江南是北方工匠迁入最多的地区,上举歙州制墨技艺和越州丝织水平的提高,都是北方工匠迁入有助于提高手工业水平的具体体现。因此,唐后期有关江南、江淮为朝廷财赋之区、国命所在的论述屡屡可见[4],反映了在全国经济中的重要性。

五代时江南处于相对和平的局面,加之各国政府的重视,经济继续向前发展。据说吴国境内达到"野无闲田,桑无隙地"的地步,吴越国也是"境内无弃田"[5]。这些记载也反映当地人口密度有了较大的提高。由于人口众多,五代时又自苏州析置秀州(治今浙江嘉兴市)。北宋人苏轼评论吴越的经济成就,说:"吴越地方千里,带甲十万,铸山煮海,象犀珠玉之富,甲于天下。"[6]显然经济水平高于全国的其他地区。

五代也是今南京、杭州等江南著名城市得到迅速发展的重要时期。南京城自隋初平为废墟,长期以来只是一个县治。五代吴天祐十四年(917年),升州刺史徐知诰开始在城内兴建大量的建筑物。太和

---

1 《吴中书事》,《全唐诗》卷517,第5908页。
2 李华:《衢州刺史厅壁记》,《全唐文》卷316,第1417页。
3 参见傅筑夫:《中国封建社会经济史》第五章第一、第二节,人民出版社1986年版。
4 如大和年间,杜牧说:"今天下以江淮为国命。"见《全唐文》卷753《上宰相求杭州启》。
5 《十国春秋》卷3《吴三·睿帝纪》,第59页;卷81《吴越五·忠懿王世家》,第1150页。
6 苏轼:《苏东坡全集·东坡续集》卷12《表忠观碑》。

四年(932年)八月,金陵城扩建,周围达20里。南唐定都于此,并对之进行大规模扩建,成为江南最重要的城市之一[1]。杭州在安史乱后不久城市周长大约20里[2],唐末两次扩建,城墙周长达到70余里[3]。吴越天宝三年(910年),不仅在城东沿海修筑捍海石塘,而且再次扩建杭州城,大修台馆,城市得到飞速发展,"钱塘富庶由是盛于东南"[4]。

淮南在安史乱时人口有一定的减耗,例如,濠州"经积年寇盗,疮痍之后,百姓流瘼,十不一存"[5]。但到元和年间濠州著籍户达20 702户,已接近于天宝的21 864户[6]。依据周振鹤先生关于元和户口应放大了看的看法,元和年间濠州的户数实际没有比天宝间减少。考虑到濠州刺史张镒在大历初因"业徕游口"等原因被评为政绩第一,移民迁入应是濠州人口恢复的重要因素。濠州是淮南北部诸州的缩影,说明在这一地区北方移民是唐后期经济恢复的主力军之一。

唐后期移民在淮南南部诸州人口中的比重可能不及北部,但也有一定数量。兴元间为数众多的侨寄衣冠及工商业者多侵街造房,导致街道狭窄,"行旅拥弊"[7],表明移民对扬州城市的影响。扬州是唐后期全国工商业最发达的城市之一,徐凝诗"天下三分明月夜,二分无赖是扬州"[8],就是对这种状况的写照。

唐末淮南战乱频仍,"被兵六年,士民转徙几尽"。因此,经济极其困难,"行密初至,赐与将吏,帛不过数尺,钱不过数百"。在杨行密的努力下,通过"招抚流散,轻徭薄敛,未及数年,公私富庶,几复承平之旧"[9]。据此看来,"招抚流散"即移民迁入是战后淮南人口和经济"几复承平之旧"的主要原因。吴和南唐时期,淮南经济又有了新的发展。

---

1 据《十国春秋》卷2《吴二·高祖世家》,第48页;卷3《吴三·睿帝纪》,第70页;卷115《拾遗》,第1700页。
2 李华:《杭州刺史厅壁记》(载《全唐文》卷316)说杭州"骈樯二十里,开肆三万室"。
3 《十国春秋》卷77《吴越一·武肃王世家》,第1051页,第1053页。
4 《十国春秋》卷78《吴越二·武肃王世家》,第1085页,第1087页。
5 独孤及:《谢舒州刺史兼加朝散大夫表》,《全唐文》卷385。
6 据《元和郡县图志》卷9和《新唐书·地理志》。
7 《旧唐书》卷146《杜亚传》,第3962页。
8 《忆扬州》,《全唐诗》卷474。
9 《资治通鉴》卷259,昭宗景福元年八月,第8434—8435页。

上文所提到的"野无闲田,桑无隙地",自然包括淮南的部分地区。为了发展农业,南唐保大十一年(953年)政府又组织人力修建楚州白水塘,以灌溉田地[1]。

蜀汉的地域相当广大,东部山区向来较为落后,而西部特别是成都平原所在地区自汉代以来即是我国南方经济比较发达的地区。唐后期蜀汉不曾受到战争影响,加之移民迁入等原因,经济在原有基础上进一步发展。大中九年(855年),卢求撰《成都记》,说:"大凡今之推名镇为天下第一者,曰扬、益(即成都)。以扬为首,盖声势也。人物繁盛,悉皆土著,江山之秀,罗锦之丽,管弦歌舞之多,伎巧百工之富,其人勇且让,其地腴以善熟,较其要妙,扬不足以侔其半。"[2]《成都记》提到西川节度使辖境有户100万,而此区域在天宝时约有59万户,即增长70%。依此速度,东川节度使辖境应有60万户左右,两川民户估计约160万户[3]。移民大量迁入应是人口增长的一个重要因素。

唐末五代为蜀汉带来最大量的移民人数,不仅原先人口较多的成都平原及周围各州仍保持唐代盛时的水平,丘陵地区的眉、梓、阆等州,乃至川东南的荣州和川西山地的雅州,北宋初的户数都有了较大的增长[4],标志着蜀中地区开发开始由四川盆地的腹心向盆边地区发展。五代时蜀国长期安宁,农业连年丰收,"斗米三钱,国都子弟不识菽麦之苗";成都富丽繁荣,"城头尽种芙蓉,秋间盛开,蔚如锦绣",被称为芙蓉城;富人"弦管歌诵盈于闾巷,合宴社会昼夜相接",过着富足安逸的生活[5]。上述府州除雅州外在《唐后期五代南迁的北方移民实例》中均有代表,成都和眉州并有较多的人数,显然它们人口和经济的增长也与北方移民有关。

位于蜀汉北部的汉水上游地区在安史乱时曾受到战争的破坏,"户口流失大半"[6],一派荒凉景象。由于"浮客相与来",这一带人口

---

1 《十国春秋》卷16《南唐二·元宗纪》,第220页。
2 《全唐文》卷744,第3413页。
3 见谢元鲁:《唐五代移民入蜀考》,《中国社会经济史研究》1987年第4期。
4 冻国栋:《唐代人口问题研究》,第222页。
5 《十国春秋》卷49《后蜀二·后主纪》,第719—720页。
6 《旧唐书》卷117《严震传》,第3406页。

数量和经济开始恢复[1]。据此,北方移民是汉水上游战后恢复经济的主要力量之一。

荆襄地区以江陵府为中心,移民在地区开发中的作用也以此府最为典型。安史乱时此地未曾受到战争的严重破坏,移民涌入以后人口数量剧增,至元和时著籍人口可能达到近9万户,较天宝年间增长了2倍(详第十章第一节)。由于安置移民的需要,当地加速兴修水利设施,开垦荒田,造桥,建房,并增置荆门县[2]。由于其控扼长江中上游的重要性,朝廷一度在此设南都和大都督府。时人评论江陵府:"荆山之南,府压上游,置尹视京、河,置使视扬、益,同巴、蜀、吴、越之治。臻自上古,为天下敌,在今为咽腴之地。置荆南之治否,乃天下低昂也。"[3]可以说,安史乱后移民的迁入是江陵府经济进一步发展的重要因素。唐末江陵府毁于战火,只剩下17家人家,人口和经济的恢复基本上依赖于移民的迁入(详第十章第一节)。唐、邓、襄三州靠近中原,屡次受到战争的破坏,移民在当地经济发展中的作用应同于唐末的江陵府。

唐后期五代南方各区域经济开发的进展,无疑以江西、福建最引人注目。

这一时期是江西历史上经济开发的重要时期。安史乱前的天宝年间全境著籍户数250 287户,但到五代结束不久的北宋初已达到682 408户,增长173%。同一时期江西占南方地区总户数的比重,由6.2%上升到17.3%[4]。

人口的增多使区域开发得以全面铺开。安史乱前江西开发主要集中在鄱阳湖沿岸和赣江干支流河谷,山区要差得多。但到了唐后期,除赣南而外广大地区的生产面貌都有了较大的改观。"江西七郡,列邑数十,土沃人庶,今之奥区,财富孔殷,国用所系"[5],即是时人对江西经济水平的评价。赣东北原只有饶州一州,乾元元年(758年)以饶州和邻近诸州之地析置信州,但分州之后饶州的地位未见下降。贞

---

1 岑参:《过梁州奉赠张尚书大夫公》,《全唐诗》卷198,第2024页。
2 《新唐书》卷40《地理志》,第1028页;《旧唐书》卷131《李皋传》,第3640页。
3 皇甫湜:《荆南节度判官厅壁记》,《全唐文》卷686,第3114页。
4 据《新唐书·地理志》和乐史《太平寰宇记》户数统计。
5 白居易:《除裴堪江西观察使制》,《全唐文》卷661,第2977页。

元元年朝廷任命卢杞任州刺史,遭到大臣反对,理由是饶州大郡,不宜派奸臣[1]。赣江中游的吉州和盱江流域的抚州也成为经济发达的地区。元和间人们已说吉州是长江以南的富州[2];州治所在的庐陵县有2万余户人家,人称此地有"材竹铁石之赡,殖苞韠缉之富聚,土沃多稼,散粒荆、扬"的好地方[3]。抚州的发展晚于吉州,但到唐末人们已说抚州"翳野农桑,俯津阛阓",农业得到发展,交通条件有所改善[4]。即连比较偏僻的南城县,唐末也是"人繁土沃,桑耕有秋,学富文清,取舍无误,既状周道,兼贯鲁风,万户鱼麟,实谓名邑",人口密集、经济文化都比较发达的地方[5]。

人口增多和经济发展要求细分政区,增设州县。安史乱前,江西共有7州34县,唐后期增设1州(信州)5县(1县后归属位今安徽境内的池州市),五代增设1州(筠州)14县。北宋统一以后的十余年间,在五代基础上又增设3军(建昌、南康、临江)8县,辖县达60余个[6],今全省80余县和县级市的绝大多数都已建立。宋代江西是我国经济比较发达的区域,基础无疑是在唐后期五代奠定的。

安史乱前江西的人口增长速度已相当快[7],因此唐后期的发展是社会经济发展长期积累的结果,不能都归功于北方人口的迁入。此外,就东南地区开发的序列而言,江南首先得到开发,尔后是江西和福建。江南开发达到较高程度,无地的人口必然要向邻近的江西迁徙,唐前期江西的人口增长已体现出这种趋势,因此境内的外来移民并非都是北方籍。但是,北方移民仍在江西的开发中发挥了一定的作用。江西在天宝至元和期间的人口增长以洪、吉、饶三州增幅最大,三州恰恰是北方移民最多的地区。如估计南迁北方移民总数的六分之一迁入江西,则在安史乱时和唐末五代在江西的北方移民分别有四十余万和五六十万,约占全境人口的五六分之一。在某些移民密集的

---

[1] 《旧唐书》卷153《袁高传》。
[2] 皇甫湜:《吉州刺史厅壁记》,《全唐文》卷686。
[3] 皇甫湜:《吉州庐陵县令厅壁记》,《全唐文》卷686,第3114页。
[4] 张保和:《唐抚州罗城记》,《全唐文》卷819,第3823页。
[5] 邢甚夷:《唐南康太守汝南公新建抚州南城县罗城记》,《全唐文》卷819,第3822页。
[6] 据《新唐书·地理志》和《太平寰宇记》统计。
[7] 参见牟发松:《唐代长江中游的经济与社会》第五章第一节。

地方,移民在人口中的比例可能还要高一些,上举吉州永新的事例即是证明。洪州丰城同样如此,到宋代仅王威的后代便人数很多,以至于某地"绵亘十四五里皆一姓"[1]。由于移民来自当时生产技术和文化水平较高的北方,对江西区域经济发展的作用必然大大超过在人口中的比例。

由于地形崎岖和地理位置偏僻,福建是我国东南开发最晚的地区。天宝年间著籍户数只有91 186户,仅占南方总户数的2.3%。安史乱后,当北方移民大量涌入邻近的江南和江西时,福建境内的移民却不很多,因而地区经济面貌改变较慢。在安史之乱发生后的数十年,时人仍说福建"岭外峭峻,风俗剽悍,岁比饥馑,民方札瘥,非威非怀,莫可绥也"[2],视为比较原始的蛮夷之地。

唐末五代福建人口迅速增加,经济得到较快的发展。特别在王审知治闽时,"选任良吏,省刑惜费,轻徭薄敛,与民休息,三十年间,一境晏然"[3],面貌改变较快。北宋初福建著籍户已达到467 878户,占南方户数比重上升到11.8%。辖县数由原先的26个增为39个,并增置南剑州,北宋初又增设邵武军和兴化军,所辖府州由唐代的5州变为8州军[4]。州县数目的大量增加,是福建人口密度提高地区开发得以扩大的充分体现。到北宋时,福建已是经济文化都比较先进的地区。宋人刘敞说这种变化:"由中国入杨越五千余里,其地隘绝,号为一人守险万人莫攻,盖自秦至乱时则然。今宋德一致,夷以为郡县,人民反习笔墨,岁贡士比中州为多。南北人往来商货财,吏送故迎新,旦暮不绝,若夷径然。"[5]刘敞所说的"至乱时",即到唐末五代时为止。

唐末五代相邻地区(特别是江西东部和江南南部)的大开发和东南沿海海上交通的日渐发展,颇有利于改变福建的交通闭塞状况,有益于经济发展。此外,长期和平安宁的环境和北方移民的迁入都是有

---

1 姚勉:《雪坡集》卷36《丰城王氏家庙记》。
2 独孤及:《送王判官赴福州序》,《全唐文》卷387,第1741页。
3 《旧五代史》卷134《王审知传》,第1792页。
4 参见吴松弟:《宋代东南沿海丘陵地区的经济开发》,《历史地理》第7辑,上海人民出版社1990年版。
5 《公是集》卷35《送王舒序》,四库全书本。

利于经济发展的积极因素。文献载:"闽自黄巢之乱,邑里邱墟,田莱荆杞,其居民往往从他方来,爱宅于此。始为乡井,皆以豪右所居称名,如黄岗三十六宅之类。"[1]黄巢入闽时福建人口的下降程度至今已无法得知,从他方迁来的移民也不尽是北方人,但上述记载和福建家谱中每每提到祖先自北方迁来,足以说明移民对福建经济文化影响之深刻。入宋以后,福建士人仍常常赞颂唐末五代移民对福建的贡献,有关这方面的论述不胜枚举。

湖南在唐后期的人口发展比较曲折,元和户口较天宝减损一半左右,原因在于《元和郡县图志》中澧州和朗州户口的逸失和各地存在较多的隐户,但多少反映了湖南的人口增长情况逊于同时期的湖北、江西等地区[2]。北宋初湖南人口数量较江西、福建等区域少得多,表明其发展要相对慢一些。不过,经济仍取得了一定的进展。

隋唐之前,"湘川之奥,民丰土闲"[3],湖南的许多土地未获耕垦,生产面貌较为原始。但到了唐后期,权德舆历数"自淮而南,涉江而西……半天下奥壤,为都府者十数"的重要地区时,不仅有长江北岸的夏口、汉沔,也有湖南境内的湘中和衡州[4]。由于大量土地得到开发和生产技术的提高,湖南成为新的重要产粮区,大和三年(829年)时人已说"江西、湖南地称沃壤,所出常倍他州"[5]。类似记载在僖宗咸通年又出现过[6],说明这种记载的出现是农业发展的结果,并非偶然。茶叶、柑橘、矿冶、造船、陶瓷、丝织业也得到较大的发展,初步改变了昔日较为原始的面貌。唐前期,湖南境内州县分属于江南、山南和黔中三道,广德二年开始建立起以潭州和衡州为中心的单独行政区,成为今天湖南行政区划的雏形[7]。

位今湖北长江以南的鄂州(治今湖北武汉市武昌区)移民和经济发展状况大略同于南面的今湖南省境,鄂州和澧州(治今湖南澧县)都

---

1 吴海:《闻过斋集》卷2《卓氏家谱叙》。
2 参见牟发松:《唐代长江中游的经济和社会》第五章第一节。
3 《南齐书》卷15《州郡志》,中华书局点校本。
4 权德舆:《裴公神道碑铭》,《全唐文》卷500,第2254页。
5 阙名:《请令孟瑄兼往洪、潭存恤奏》,《全唐文》卷966,第4448页。
6 僖宗:《南郊赦文》提到"湖南、江西管内诸郡出米至多,丰熟之时,价宜较贱"。载《全唐文》卷89。
7 参见唐启淮:《唐五代时期湖南地区社会经济的发展》,《中国社会经济史研究》1985年第4期。

是这一区域移民较为集中的州,因此人口增长也快于湖南的其他州。天宝前,鄂州由于户口较少,州等第居下等[1]。元和户数较天宝增长整整一倍,在《元和郡县图志》中列为紧州,被人称为东南巨镇[2]。澧州天宝有户近2万,而安史乱后仅大历间崔瓘任刺史,"流亡还归,居二岁,增户数万"[3],所增之户已超过天宝著籍户数。两州的事例说明,移民的迁入是导致该区域某些州面貌改变的原因之一。

直到明清时期,岭南的经济面貌才有根本的改观,唐末五代只有某些交通较为方便的府州有一定的发展,广大地区仍相对原始。北方移民作用最明显的是韶州,约在长庆年间(821—824年)因大力招徕移民(包括北方移民),六年间户数增加一倍半,大量的荒田得到开垦,积粟达三万斛,州县官署也得到扩建[4]。

据上所述,唐后期五代南方各区域的经济发展都取得一定的成就。除了相对和平的环境和有利于经济发展的措施,以及安史乱前的开发基础,北方移民的迁入也是促进开发的因素之一。移民在各区域开发中的作用,主要体现在:

第一,在那些因战争人口数量严重下降的地区,移民的迁入弥补了当地劳动力的严重不足,这些地区战后经济的恢复和发展主要归之于北方移民的迁入。安史乱后的荆襄和淮南北部诸州、蜀汉的汉水流域,唐末的淮南、荆襄和汉水流域,都是如此。

第二,在那些原先具有较高发展水平的地区(主要是江南和成都平原),移民的迁入不仅弥补了少数州战争中一度有所减少的人口,更主要是增加了这些地区的人口密度,促使人民进一步向生产的广度和深度进军,并促进了工商业的发展。因此,五代结束以后江南和成都平原经济发展继续居于全国前列,而且水平较前更高。淮南的扬州和荆襄的江陵府在唐后期因移民涌入等原因经济发展很快,为全国重要城市,但唐末战争中遭到惨重破坏,五代结束以后仍未能得到充分恢复。

1　赵憬:《鄂州新厅记》,《全唐文》卷455。
2　舒元舆:《鄂政记》,《全唐文》卷727。
3　《新唐书》卷141《崔瓘传》,第4656页。
4　李翱:《徐公行状》,《全唐文》卷639,第2861页。

第三，在那些原先比较落后，移民较多的地区（主要是江西和福建），移民对人口数量增长的作用自不待论，移民对提高生产力的作用较第二类地区更为突出。江西唐前期已成为南方区域开发的重点地区，人口增长很快，唐后期经济上的进步尤为突出，北宋时已成为我国经济水平较高的地区。福建的北方移民主要在唐末五代进入，在此期间开始较大规模的地区开发，北宋后期也成为全国经济发达的区域。湖南在唐后期五代经济有所发展，但受人口发展较为曲折的影响，直到宋代仍未完成开发。

第四，在那些原先非常落后，移民不多的地区（主要是岭南），移民的影响仍局限于位于南北交通线的府州，并未波及全区域。不过，随着移民的南下，中原先进的生产技术和文化的影响力在逐渐增加，因而有利于以后的开发。

第四节

南方发展和我国经济重心的南移

安史之乱在我国封建经济发展史上是一个重要的里程碑。安史之乱前，我国经济重心在北方的黄河流域，南方经济虽然已有长足的进步，但与北方仍有一定的差距。农业是唐代最基本的经济部门，粮食是最重要的产品。根据史念海先生的研究，天宝八载（749年）的正仓储粮中，江南道只占全国十道的第五位，约居四十分之一；淮南道只占第六位，约居六十分之一。在这一年的义仓储粮中，两道分别占第四位和第六位，约居全国总数的九分之一和十三分之一。两者都远远落后于河南、河北、河东诸道之后，表明长江下游各地所产的粮食在全国还未占到首要的地位[1]。平原较多、农业发达的长江下游尚且如

---

[1] 史念海：《隋唐时期长江下游农业的发展》，载《河山集》，生活·读书·新知三联书店1963年版。

此，其他地区可想而知。手工业的状况可以比较重要的部门丝织业为例。唐前期丝的产地大多在黄河下游，其质量也都在上品。《唐六典》《通典》《元和郡县图志》及《新唐书·地理志》等书所载作为贡赋的丝织品，都以河北、河南两道所占的为多，其中河北定州进贡的品种数量堪称全国第一[1]。据此可见，安史乱前北方是我国经济最为发达、地位最重要的地区。

安史之乱以后北方移民的大批南迁，不仅给南方带来大量的劳动力，而且把较为先进的北方生产技术带入南方，加上相对和平的环境，必然有利于南方的经济发展。关于安史乱后南方的经济发展和经济重心南迁问题，当代学者的论著已作了充分的论述[2]，涉及人口、水利、农业和手工业生产、朝廷的财税、漕粮来源等方面。结论是明确的：唐后期南方人口增长较快，全国的水利兴修多集中于此，推广使用了一些先进的农业生产工具，粮食单位产量有了较大提高，手工业生产和商业取得了较大的进步，城市日趋繁荣，全国城市分布重心自北向南移动。总之，南方已成为全国经济重心。

与之形成鲜明对照的是北方经济的残破。安史乱中北方蒙受战争的残酷破坏，人口数量严重下降。以黄河流域10万户以上的10个府州的人口而言，除太原府前后大致相同外，京兆府减少33%，贝州减少80%，其余均减少90%以上，情况不能不说是严重的[3]。由于北方经济的衰退和河北等地藩镇"以赋税自私，不朝献于廷"[4]，朝廷的财赋收入和粮食供应不得不全力依靠江淮地区。安史乱后不久，第五琦向玄宗汇报说："方今之急在兵，兵之强弱在赋，赋之所出，江淮居多。"[5]不仅朝廷所需的税收和漕粮多依赖江淮，甚至连每年和回鹘换

---

1 参见史念海：《黄河流域蚕桑事业盛衰的变迁》，载《河山集》。
2 参见史念海：《隋唐时期长江下游农业的发展》，载《河山集》；黄盛璋：《唐代户口的分布与变迁》，载《历史研究》1980年第6期；曹尔琴：《唐代经济重心的转移》，《历史地理》第2辑，上海人民出版社1982年版；周振鹤：《唐代安史之乱与北方人民的南迁》，《中华文史论丛》1988年第7期；冻国栋：《唐代人口问题研究》，武汉大学出版社1993年版；李学勤、徐吉军主编：《长江文化史》第五章第三节"唐代中国经济重心的南移"，江西教育出版社1995年版。
3 参见曹尔琴：《唐代经济重心的转移》，《历史地理》第2辑。
4 《新唐书》卷210《藩镇魏博传·序》，第5921页。
5 《旧唐书》卷123《第五琦传》，第3517页。

取几万匹马的大量丝缣,也都来自江淮[1]。朝廷对南方经济的依赖程度,在安史之乱平定以后仍有增无减。元和二年(807年),史官李吉甫撰《元和国计簿》,说朝廷"每岁赋入倚办,止于浙江东、西,宣歙、淮南、江西、鄂岳、福建、湖南等八道,合四十九州,一百四十四万户"[2]。大和年间(827—835年),杜牧甚至说"今天下以江淮为国命"[3]。这种状况一直维持到唐朝灭亡。

有关文献在记载南方在朝廷赋税漕粮中的重要地位时,往往都提到北方藩镇"以赋税自私,不朝献于廷"这一原因。这种分析无疑是有道理的,因为按照李吉甫所说,即使在元和二年,凤翔、鄜坊、邠宁、振武、泾原、银夏、灵盐、河东、易定、魏博、范阳、沧景、淮西、淄青等15道,凡71州,均不向朝廷申报户口,更不用提交纳赋税了[4]。问题在于,这一政治原因和北方衰退、南方发展这一经济原因相比,何者是导致朝廷赋税和漕粮依赖于南方的最主要的原因。

近年来,不少学者特别强调经济上的原因,认为:"黄河流域的经济受到破坏,唐朝中央的财赋收入和粮食供应,就不能不转而全力依靠于江淮各地";从而说明"中国封建社会时期经济重心的南移也已完全到位"。他们并列举大量的事实,说明这一情况[5]。这些论述无疑是极具说服力的。

如果我们把眼光下延到五代十国结束以后的北宋,可能会更有助于认识这一问题。北宋时期,除几度发生于边境地区的宋夏战争和宋辽战争,北方的绝大部分地区都和南方一样,既无战乱,也不存在藩镇割据的状态。但是,北方地区与南方的经济差距,不仅没有缩小,反而有所扩大。元丰三年(1080年),宋统治范围内总户数为1 656.9万户,南方占69.9%,北方占30.1%;而在北宋统一不久的太平兴国年间南方占63.6%,北方占36.4%(详表11-1)。也就是说,经过100余

---

[1] 参见白居易:《阴山道》,载《全唐诗》卷427,第4705页。
[2] 《旧唐书》卷14《宪宗纪》,第424页。
[3] 见《全唐文》卷753《上宰相求杭州启》。
[4] 《旧唐书》卷14《宪宗纪》,第424页。
[5] 参见曹尔琴:《唐代经济重心的转移》,《历史地理》第2辑;李学勤、徐吉军主编:《长江文化史》第五章第三节"唐代中国经济重心的南移"。

年的和平发展,北方著籍户数占全国的比重不仅没有上升,反而下降了6.3%。同一时期的垦田数(不计官田)共计 4 553 156 顷,南方为 3 158 788 顷,占69%;北方为 1 394 368 顷,占31%[1],南方仍遥遥领先于北方。近年来,漆侠先生的《宋代经济史》对南北地域经济的各方面都作了剖析,结论是明确的:"从宋代经济发展的全部情况来看……若以淮水划界,则淮水以北的北方诸路的生产不如南方诸路。"[2]

北宋时期北方在全国经济地位不断下降的情况,使人们不禁想到,如果唐后期北方经济地位的下降,只是因北方藩镇"以赋税自私,不朝献于廷"而突出南方的经济地位的话,那么在全国和平统一后的北宋,北方的经济地位就应大大上升而不是下降。之所以没有出现这种状况,显然是自唐后期开始南方经济的发展速度已大大快于北方,北宋仍然保持这一趋势,所以南北差距越拉越大。自唐宋开始,北方地区的生态环境开始朝着不利于生产的方向发展,且有逐步加强的趋势,这无疑也是北方和平时期在我国经济中所占地位不断下降的主要原因之一。

显然,唐后期朝廷赋税和漕粮依赖于南方,最主要的原因是经济原因,即全国经济重心已经开始南移,北方经济残破不堪。不过,唐人将北方藩镇"以赋税自私,不朝献于廷"作为朝廷经济上依赖南方的一个原因,也并非没有道理。因为如果没有这一原因,北方自然也能为朝廷提供一部分的赋税和漕粮,虽然可能只占其中较小的比重,并且随着时间的推移所占比重会越来越小。五代后期,北方经济有了一定的恢复和发展。但宋太祖筹划统一战争时,仍采取先取南方,再凭借南方财富最后灭北汉并收复燕云十六州的战略。宋太祖说:"中国自五代已来,兵连祸接,帑藏空虚,必先取巴蜀,次及广南、江南,即国用饶矣。"[3]显然,在宋太祖的眼中,北宋初期北方的经济实力已远不如南方。

自安史之乱以后,北方多次发生因藩镇割据、唐末黄巢起义、唐末五代军阀割据而引起的战争。特别是唐末的战争,其持续时间之长,

---

1 据《文献通考》卷4统计。
2 《宋代经济史》上册,上海人民出版社1987年版,第175页。
3 王称:《东都事略》卷23《列传六·论》,四库全书本。

波及范围之大，对北方经济破坏程度之深，导致南迁的北方移民人数之多，都远远超过安史之乱时期。因此，唐后期以来南方经济地位的不断上升和北方经济地位的不断下降，不仅和数次发生的北方战乱的规模的扩大相同步，也和不断南下的北方移民潮规模的扩大相同步。如果说安史之乱时期的战乱和北方移民南下，使南方对北方的经济优势开始形成的话，那么唐末北方的长期战乱和北方移民的大规模南迁潮，则给南方优势地位的提高加了最重的一块砝码。

第五节

移民与唐后期赋役制度的改变

安史乱后出现的北方人口南迁，代表了当时全国人口迁移的主要方向。除了这一方向的移民，同时还存在着北方人民在北方地区、南方人民在南方地区等区域内部的人口迁徙（详见第十三章），共同构成唐后期波澜壮阔的人口迁徙浪潮。人口的大规模迁移，不仅对区域经济兴衰产生重要影响，还直接导致唐代某些重要经济制度，特别是赋役制度的改变。

唐初实行均田制和租庸调制，对普通平民而言其主要特征是每个16岁以上的男丁各受永业田和口分田若干亩，受田者每丁需要向政府缴纳租粟（称为租）和纺织品等（称为调），每年服徭役20日，或纳绢和布代替（称为庸）。唐前期，随着土地兼并的进行，大官僚、大地主占田极多，加之在租庸调之外还有各种横征暴敛，失去土地或逃避赋敛的农民人数不断增加，许多人被迫在各地流徙，被称为逃户。为了适应政治经济方面发生的新情况，玄宗时派人在全国检刮户口，并在征收地税和户税的办法方面做一些改变，以求维持均田制和租庸调制[1]。

1　参见《唐会要》卷85《逃户》。

安史乱后,移民在全国范围内进行大规模流徙,对唐后期社会生活产生了深远影响。根据翁俊雄先生的研究[1],主要影响是:

首先,国家编户大幅度减少,浮寄客户大量增多。天宝十三载(754年)全国著籍民户有900余万,但大历中(766—779年)尚不足200万户。除一部分人死于战争外,大量的民户逃离本土成为户籍不挂的客户。建中元年(780年)朝廷派使臣到各地按比户口,"约都得土户一百八十余万,客户一百三十余万"[2],客户与土户的比例达到1∶1.4。

其次,导致土地所有权的剧烈转换。一方面,有的移民外迁之前就已将自己在迁出地的田地出卖给别人,有的移民外迁后家乡田地被人夺占,还有的任其荒弃。另一方面,散布在各地的浮寄客户或"自贴买得田地",或"请射逃人物业"[3]。这两方面的变化,产生土地所有权的剧烈转换,意味着唐初以来的均田制度彻底破产。

再次,许多客户在迁入地靠工商业为生,从事工商业的人不断增多。

最后,导致两税法的实行。

由于民户大迁徙和土地所有权的转换,唐初实行的户籍制度和租庸调制度已经不能维持,朝廷财政收入锐减。为了将大量存在的浮寄客户纳入赋税轨道,朝廷和各地的官员开始进行一些尝试。建中元年,德宗接受杨炎的建议,制定两税法,规定"户无主客,以见居为簿;人无丁中,以贫富为差"[4],即以财产的多少为纳税标准,从而扩大了赋税的承担面。在两税法制定以前,土户也叫主户,指本地的原居民,客户则指离乡背井的流民。此后,无论是土户还是客户,只要拥有资产,均成为两税户,列入现居地的正式户籍,只有部分没有资产的佃农和雇农等客户未列入国家正式户籍。

两税法制订时,"不务齐平,但令本道、本州各以旧额征税"。各地

---

1 《唐后期民户大迁徙与两税法》(《历史研究》1994年第3期),以下内容均依据此文。
2 《通典》卷7《食货》。
3 《唐会要》卷85《籍帐》,第1849页;《逃户》,第1855页。
4 《旧唐书》卷118《杨炎传》,第3421页。

原先赋税负担轻重不一,因而开始出现"旧重之处,流亡益多;旧轻之乡,归附益众"的新现象[1]。由于负担较重地区主要在北方,较轻地区主要在南方,避赋役人民主要是自北往南迁移。国家控制的编户数量大为减少,各地的浮寄客户大量增加,朝廷财政收入大大减少。

鉴于这种状况,长庆元年(821年)穆宗下诏:"宜委所在长吏,审详垦田并桑见定数,均输税赋。"[2] 换言之,不再以旧额而是以现有垦田和桑地的数目作为征收赋税的依据,并且除田地外不再对其他资产征税。从此,各地的浮寄客户由于没有土地,也就理所当然地不编入正式户籍,不缴纳官府的正式赋税。土户和客户是相对应的,由于客户从浮寄户变成"无地之户",土户(地著之户)也就没有存在的理由。因此,武宗会昌五年(845年)李德裕的一份表奏,已不提土客户而提主客户了[3]。因此,宋代主客户的含义,追根溯源,应以唐长庆年间为始。

第六节

移民与政治

唐后期移民在南方地区政治上的作用,和发生另一次北方人口南迁高潮的南宋很不相同。南宋定都临安(今浙江杭州市),国土限于秦岭—淮河以南,赵氏皇室成员除死去和被金俘虏外,其余都迁到南方。南宋政权可以说是北宋的继续,南宋的皇帝都是北方人或其后裔,将军和军人的主要部分由移民及其后裔所组成,大臣则多来自通过科举上来的南方籍文人[4]。而唐后期皇帝仍在北方,军事实力在北

---

1 陆贽:《均节赋税恤百姓六条》,《全唐文》卷465,第2103页。
2 《册府元龟》卷488《邦计部·赋税二》。
3 《贺废毁诸寺德音表》,载《全唐文》卷700,第3188页。
4 详吴松弟:《中国移民史》第四卷,第十二章第二节。

方,只有部分大臣将家迁到南方。即使这一部分人,也大多愿意在朝廷任官,其中有些人以后为任官方便又将家迁到北方。因此,很难看出北方移民在唐后期南方政治上的作用。但是,大量的移民迁入南方,促进南方的经济文化发展,必然能够大大提升南方政治地位,加重南方人在朝廷政治角逐中的砝码,从而对唐后期的全国政治产生一定的影响。

近年来,已有一些学者注意到唐代朝廷政争的地域色彩。他们认为,早在唐初,在朝廷任官的杭州人许敬宗、梓州(今四川三台县)人李义府已联合起来,代表朝廷的新兴庶族地主势力,支持武则天,反对关陇士族集团的势力。这些人的思想行动,反映了长江流域的上层人物要求打破关陇统治集团一统天下,为自己找到一席之地的心态。开元初期,才华出众的韶州曲江(今广东韶关市)人张九龄进士及第,不久曾流放南方的宰相张说推荐他任学士。张说死后,玄宗召张九龄为秘书少监、集贤院学士。当时,在张说和张九龄的周围聚集了一批来自长江流域或曾在长江流域做过官的官员,相互唱和,逐渐形成一股"学士"势力,与权门发生争执。顺宗时,在朝廷任官的越州(治今浙江绍兴市)人王叔文、杭州人王伾,联合19岁前生活在苏州的北方移民后裔柳宗元和彭城(今江苏徐州市)人刘禹锡,发动旨在惩弊救患、夺取宦官把持的权力的改革运动。虽然这一运动不久失败,却充分体现了南方地主阶级企图通过各种渠道步入朝廷重要机关,改革弊政,获得更大权力和利益的进取精神[1]。

以上论述,仍有不完善之处,但据此可以看出唐代南方人争取朝廷权力的政治热情和能量确在稳步增长之中,而这种增长和南方经济实力的上升步伐是大体一致的。唐后期全国经济重心南移,南方成为朝廷漕粮和财政收入的主要来源地,南方人势必要求更多的政治权益,以为本区域特别是长江流域地主阶级的利益服务;同时也反映了北方在唐后期随着经济的衰落,政治优势地位开始下降。

五代十国时期,全国分裂。北方为五代和北汉国,南方九国割据,

---

[1] 以上参见李学勤、徐吉军主编:《长江文化史》,第559—561页。

各有自己的统治者,各有自己的军队和官僚系统,南方文人没有必要到北方五代都城去赴考任官。因此,要考察北方移民在南方的作用,只有分析各国统治者及其军队、官僚的来源,以及在政治制度诸方面形成中的作用。

南方各国统治者中,吴国由庐州合肥(今属安徽)人杨行密所建立,但其权臣徐温却是迁入淮南的海州朐山(今江苏连云港市境)人,取而代之的南唐李氏也是自徐州避难南迁的北方移民。前蜀统治者王氏和后蜀统治者孟氏,分别是许州舞阳(河南今市西)和邢州龙冈(今河北邢台市)人。南汉统治者刘氏,祖先本是上蔡人,后迁到南方,系早期北方移民的后裔。此外,楚、闽、南平等三国的统治者马氏、王氏和高氏,分别是许州鄢陵、光州固始和陕州峡石(均在今河南省境)人,只有吴越国王是道道地地的南方(杭州临安)人。据此看来,南方九国,只有吴越和吴两国的统治者是南方人,南汉是早期移民的后裔,其他六国的统治者都是唐末五代迁入的北方移民。如果考虑到吴国的大权掌握在北方移民徐温的手中,则南方九国的掌权者中道道地地的南方人只有吴越一国。

在唐末大乱中,各国开国君主依赖军队的支持,才得以建立割据政权,建国后军队又是他们保持割据和内部稳定的基本力量。在九国中,前蜀、后蜀、闽、南平、楚等五国的统治者主要凭借着随之迁入的武装力量,得以立足、壮大并建立割据政权,其将领也主要来自北方移民。前蜀的"老将大臣多许昌故人"[1],即随王建入蜀的本郡兵,即是这方面的一个例证。可以说,北方籍军人是这些国家赖以建立和维持的基本力量。

在吴、南唐和吴越三国中,虽然帮助建国的军队主要是南方武装,但北方籍军人仍是军队的重要组成部分。杨行密军中的北方人最多。其中,由孙儒部特别勇健者5 000人组成的"黑云都",作战时冲锋陷战,"四邻畏之"[2]。骑兵也多是北方人,《资治通鉴》评论道:"淮南旧

---

[1]《新五代史》卷63《前蜀王建世家》,第790页。
[2]《资治通鉴》卷259,昭宗景福元年八月,第8434页。

善水战,不知骑射,及得河东、兖、郓兵,军声大振。"[1]此外,李神福、安仁义等主要将领都来自北方。南唐只是吴的继续,军队人员组成并无根本变化。北方籍军人在吴越国军队中的比重显然不及吴国,但仍占一定比重。孙儒死后,"其士卒多奔浙西,钱镠爱其骁悍,以为中军,号武勇都"[2],即是一个证明。

唐末天下大乱,南方某些地区也一度陷入乱局。导致动乱的主要原因,便是形形色色的北方武装力量的南下。如果没有黄巢军的南下,长江以南地区、珠江流域和福建就不至陷入乱局。而如果没有乱局,各地南方籍的武装力量也就不至乘乱而起。此外,如果没有北方籍军队进入淮南、荆襄和江南,三个区域的混战局面就不会出现。黄巢部下鲁景仁留居连州后乘乱占领的事例说明,即使是某些小地方的乱局,也与上述原因有关。如上所述,相当一部分北方移民是在黄巢军、唐军和其他形形色色的北方武装力量南下时定居在各地的。因此,虽然不能将所有北方军队的南下都说成是移民南迁,但随军南下无疑是移民的一种形式,唐末南方的动乱显然与这种武装移民有关。

五代各国,无论统治者是来自北方还是南方,在国家制度的建立过程中,北方移民多发挥了重要作用。前者可以前蜀为例子,其国家制度的建立相当程度上要归功于长安杜陵人韦庄。韦庄辅佐王建,"凡开国制度号令,刑政礼乐,皆由庄所定"[3]。后者可以南汉(统治者是早期移民的后裔,可视为南方人)为例。建国伊始,北方人赵光裔、李殷衡、倪曙等人都是主要的朝臣,在建立国家制度方面发挥了重要作用[4]。

综合有关文献,可以得出这样的印象:在统治者来自北方的国家,最初帮助建立政权的军队多来自北方,军队将领多由北方人担任,政治制度多由北方移民所创建。而在统治者系南方人的国家,一部分军人和将领来自北方。至于这些国家的政治制度,可分两类。一类如

---

1 《资治通鉴》卷261,昭宗乾宁四年二月,第8501页。
2 《资治通鉴》卷263,昭宗天复二年七月,第8578页。
3 《十国春秋》卷40《韦庄传》,第593页。
4 见《十国春秋》卷58《南汉一·高祖纪》,卷62《南汉五·杨洞潜传》。

吴越国,原本是南方最先进的地区,政治制度的建立主要依赖本地人,因而文献中较少见到北方移民在其中起作用的记载。另一类如南汉国,由于原先比较落后,在政治制度的建立过程中北方移民发挥了较大的作用。

可以说,五代十国时的中国社会与以往有较大的不同,其特点之一,是北方五代和北汉国的君臣将相中相当一部分来自内迁的周边民族移民,而南方九国君臣将相中相当一部分人来自北方移民。显然,这是唐五代人口大迁徙影响当时中国政治的集中体现之一。

第十二章

唐后期五代北方人的南迁：移民影响（下）

我国的南北文化，向来有较大的差异。移民是文化的载体，南北之间的大规模的移民，必然要促进南北文化的交流乃至融合。在这个进程中，唐后期五代占有重要地位。由于北方移民涌入南方，北方文化又一次大规模注入南方，影响南方文化，从而在此基础上形成不同于以往的新质文化，并促进南方文化的发展，最终导致我国文化中心的南移。

第一节

移民与北方音乐舞蹈的南传

南北方在艺术形式方面的差异，一般人不易察觉。但是，当北方人白居易在江州（今江西九江市）的船上听见来自长安的商人之妻演奏时,立刻听出其音"铮铮然有京都声"[1]。显然北方的文化艺术形式与南方有一些差别,有的可能是水平的差异,有的可能是风格的不同。

古代的都城是全国的文化中心,一般说来,不仅集中了全国最多的一流文学家,也集中了最多的一流艺术家。由于宫廷活动和帝王的日常生活需要音乐舞蹈来营造气氛或满足耳目之娱,宫廷内外往往集聚人数众多的音乐家和舞蹈家。因此,都城一般是全国的音乐舞蹈中心。

安史乱起,长安受到严重破坏,"礼寺隳颓,簨簴既移,警鼓莫辨。梨园弟子,半已奔亡;乐府歌章,咸皆丧坠"[2]。在此危难时候,一些著名的音乐家和舞蹈家不得不向南方迁移。

开元、天宝时,韦青和许永新(本名许和子)都以善于歌唱而闻名长安。特别是永新,被认为汉代的"韩娥、李延年殁后千余载,旷无其人,至永新始继其能"的著名歌唱家。另外,李谟的笛子演奏也"独步于当时"。玄宗曾让许永新歌唱,李谟笛子伴奏。安史乱后,韦青避地广陵,永新嫁一士人随其南下,李谟流落江东的越州等地[3]。

此外,文献还提到另外一些安史乱时南迁的宫廷或北方艺人的情况。开元时,宫廷乐工李龟年也以善于歌唱而深得玄宗宠爱。乱后李龟年流落南方,为达官贵人唱歌度日,"每遇良辰美景,为人歌数阕"[4]。天宝时宫廷名乐师曹善才以善于演奏琵琶而闻名一时,许多人从他学艺。乱后,弟子纷纷南迁,李绅在江州(今江西九江市)时就曾遇到一位[5]。白居易在江州的船上也碰到一位曾经随琵琶国手学艺的长安籍妇女[6]。此外,他在江南又遇见一个"能弹琵琶和法曲,多在华清随至尊"的梨园乐工[7]。一位"小来能唱西梁曲,教坊大使久知

---

1 《琵琶行》,载《全唐诗》卷435,第4821页。
2 段安节:《乐府杂录·原序》,上海古籍出版社点校本,第19页。
3 段安节:《乐府杂录》"歌""笛"。
4 郑处诲:《明皇杂录》卷下,中华书局点校本,第27页。参见范摅:《云溪友议》卷上"云中命"。
5 李绅:《悲善才》,《全唐诗》卷480,第5465页。
6 《琵琶行》,载《全唐诗》卷435,第4821页。
7 《江南遇天宝乐叟》,《全唐诗》卷435,第4811页。

名"的女子流落在荆州[1],笛子演奏家许云封则流落在南海(今广州市)达40年之久[2]。

在藩镇割据和唐末战争时期,也有许多北方音乐家和舞蹈家迁居南方。例如,刘禹锡《伤秦姝行》中提到长安一名善于弹筝的女子,随一位赴南方任官的河南人前往容州(治今广西容县)[3]。另一位在长安梨园吹芦管的李长史也在黄巢乱后南迁江南,过着颠沛流离的生活[4]。江西德兴的移民家庭王氏也有一位名叫申甫的成员,因"能雅歌补郡博士弟子员"[5],显然是一位懂得宫廷音乐的艺术家。五代末和北宋初的蜀中名琴师黄延矩出自操琴世家,"自唐以来待诏金门",唐末其父亲随僖宗迁入蜀中[6]。

除了音乐家和舞蹈家,迁入南方的还有在宫廷中表演戏曲的演员。僖宗入蜀时,善于扮演女性角色的男演员刘真也一同前往[7]。虽然刘真后来随僖宗重返长安,但可能会有一些北方演员特别是民间演员迁居南方。

据上所述,可以认为唐后期有很多音乐家和舞蹈家从北方迁到南方。如果不是这样,许永新、韦青和李谟三人便不会同时流寓南方,白居易也不至于既碰到善弹琵琶的长安籍妇女,又遇见梨园乐工。而且,他们分布地相当广泛,不仅江南有,淮南有,蜀中有,荆襄有,并且岭南也有。随着他们在南方各地的流徙,原来主要在长安、洛阳两地供皇室和达官贵人欣赏的艺术形式,例如琵琶、筝、芦管、琴等乐器演奏,法曲演奏,西梁曲演唱,戏曲表演等,也能为南方人所欣赏。

许多北方音乐家和舞蹈家南迁以后,为了谋生不得不在公共场所表演。杜甫在夔州(今重庆奉节县)便看见北方人李十二娘表演剑

---

1 李涉:《寄荆娘写真》,《全唐诗》卷477,第5424页。
2 《太平广记》卷204《许云封》。
3 《全唐诗》卷356,第4002页。
4 吴融:《赠李长史歌并序》,《全唐诗》卷687,第7899页。
5 朱熹:《晦庵集》卷92《王君墓碣铭》。
6 黄休复:《茅亭客话》卷10。
7 《乐府杂录》"俳优"。

器舞,李是著名舞蹈家公孙大娘的弟子[1]。苏州太守韦某爱姬之女流落潭州(今湖南长沙市)表演柘枝舞,有人为之赋诗:"姑苏太守青娥女,流落长沙舞柘枝。满坐绣衣皆不识,可怜粉脸泪双垂。"[2] 另一位梨园乐工石濡唐末入蜀,靠在高官贵族人家表演谋生,尤善于弹奏琵琶[3]。大庭广众的演出活动无疑有利于北方音乐舞蹈在南方的流传。

唐代是我国周边民族内迁中原的重要时期,来自西域的音乐舞蹈随之流布中原。但安史之乱前,主要流传于北方,南方较为少见。安史乱后,由于北方音乐舞蹈家的南迁,南方的许多地方也能看到这种表演。根据文献的不完全记载,鄂州(治今湖北武汉市武昌区)、江陵府(治今湖北荆州市荆州区)、杭州、常州、潭州(治今湖南长沙市)都能欣赏到这种乐舞[4]。

北方音乐舞蹈在南方的流布,必然有利于保存传统的中原音乐舞蹈的精华,通过南北交流也有利于提高南方的艺术水平。唐后期一部分南传的音乐舞蹈已与南方艺术融合为一体,但还有一些艺术形式残留着。

例如,五代时期西域音乐舞蹈仍在南方一些地方演出,长盛不衰。南唐即是西域乐舞较为流行的地区。南唐升元二年(938年),高丽国派使节前来贡方物,南唐国王派学士孙晟宴请使节,席间奏龟兹乐,并作番戏[5]。盛唐时名噪天下的《霓裳羽衣曲》唐后期流失,残谱流传到南唐。南唐后主善于乐舞的国后周氏用琵琶将其重新奏出,"于是开元、天宝之遗音复传于世"[6]。

"康老子"又名"得至宝",为唐代长安梨园乐工所制的宫廷音乐,五代时在蜀中仍保留这一音乐形式。一次,后蜀宫廷表演音乐,"俳优

---

[1] 《观公孙大娘弟子舞剑器行并序》,《全唐诗》卷222,第2356页。
[2] 王谠:《唐语林》卷4,第123页。
[3] 《十国春秋》卷45《前蜀十一·石濡传》,第657页。
[4] 鄂州见刘长卿:《鄂渚听杜別驾弹胡琴》,荆南见杜甫:《荆南兵马使太常卿赵公大食刀歌》,杭州见张祜:《观杭州柘枝》,常州见白居易:《看常州柘枝赠贾使君》,分别载《全唐诗》卷148、卷222、卷511和卷446;潭州见王谠:《唐语林》卷4,第123页。
[5] 《十国春秋》卷15《南唐一·烈祖纪》,第190页。
[6] 《十国春秋》卷18《南唐一·后主昭惠国后周氏传》,第264页。

有唱康老子者"[1]。

西凉伎是唐代一种著名的舞蹈形式,主要人物要戴上面具,饰作胡人和假狮子,表演时要提起凉州这一地名,然后演员脸朝西面,唱思乡怀土之歌。明代蕲州(今湖北蕲春县境)仍有一种以假胡人和假狮子为主角的社戏,表演形式类似西凉伎。杨宪益先生认为,此表演的就是唐代的西凉伎,社戏时伴奏的音乐当也是唐代音乐,估计是天宝末由南迁的乐人带到湖北,因蕲州一带是山地故长久保存下来[2]。据此推测,有的艺术形式在唐后期南传以后数百年间仍在南方保存着。

第二节

移民与北方绘画技术的南传

唐宋时代是我国古代绘画发展史上的重要时期,其中宋初的绘画又继承了唐五代的特点。北宋在统一过程中,注意收集名画,罗致画师,集中到京师开封。如灭后蜀,名画家黄筌、黄居寀父子、夏侯延祐、袁仁厚均随后主孟昶北迁。灭南唐,董源、周文矩也随李后主迁入开封。连同中原地区原有的画家郭忠恕、高益、王道真等人,均被安置在翰林图画院供职。在此基础上,开始形成宋代的画风。如果探究宋初上述画家的师友渊源,便能发现唐后期五代北方移民的影响。

蜀中是宋初翰林图画院画师的主要来源地之一。北宋人文同说蜀中绘画艺术:

> 蜀自唐二帝西幸,当时随驾以画待诏者皆奇工,故成都诸郡寺宇所存诸佛、菩萨、罗汉等像之处,虽天下能号为古迹多者,尽

---

[1] 《十国春秋》卷49《后蜀二·后主纪》,第720页,吴任臣按语。
[2] 杨宪益:《译余偶拾·民间保存的唐西凉伎》,生活·读书·新知三联书店1983年版。

无如此地所有矣。后历二伪,至国初,其渊源未甚远,故称绘事之精者,犹班班可见。[1]

另一位北宋人黄休复于《益州名画录》序中说:

> 益都多名画,富视他郡,谓唐二帝播越及诸侯作镇之秋,是时画艺之杰者游从而来,故其标格楷模无处不有。

宋人《宣和画谱》历载宣和时朝廷珍藏的名画,并简要介绍各画的作者。兹据此书将唐后期五代全国和蜀中的画家人数列表于下(见表12-1):

表12-1 《宣和画谱》所载全国和蜀中的画家人数　　单位:人

类　别	唐　后　期				五　代			
	全国人数	蜀中人数	其中:		全国人数	蜀中人数	其中:	
			移民	蜀籍			移民	蜀籍
道释画家	10	8①	6	2	12	4②	1	3
人物画家	7	2③		2	6	2④		2
山水画家	4	1⑤		1	2	1⑥		1
花鸟画家	6	1⑦		1	4	3⑧	1	2

说明:①卢伽楞、范琼、常粲、孙位、张南本、辛澄、张若素、陈若愚。
　　　②杜觥龟、僧贯休、李升、张元。
　　　③赵温其、钟师绍。
　　　④丘文播、丘文晓。
　　　⑤张询。
　　　⑥杜楷。
　　　⑦刁光胤。
　　　⑧滕昌佑、黄筌、黄居寀。

据表12-1合计,唐后期全国画家27人,12人居住在蜀中,占总数的44.4%;蜀中画家中8人为北方移民或其后裔,占此地名画家的67%。五代全国画家24人,9人居住蜀中,占总数的37.5%;蜀中画家中2人为北方移民或其后裔,占此地名画家的22%。据此可见蜀中画家在全国的崇高地位和对北宋绘画艺术影响之大,可见入蜀移民对蜀中绘画艺术所作的贡献。

---

[1] 文同:《丹渊集》卷22《彭州张氏画记》,四部丛刊本。

大多数外来画家在入蜀以前已是享有全国声誉的著名画家,入蜀之后他们积极从事绘画活动,留下许多艺术珍品。据《宣和画谱》《益州名画录》《图绘宝鉴》等画史著作所载,比较重要的入蜀画家主要有:

卢伽楞,长安人,安史乱后入蜀。学画于吴道玄,工于释道人物[1]。

范琼,不知何许人,唐末寓居成都。以善画人物、释道、鬼神得名。

常粲,长安人,咸通年间入蜀,为著名的人物画家。其子常重胤也是人物画家[2]。

孙位,本江南人,僖宗入蜀后自长安迁入。善画佛像和山水[3]。

张南本,原迁入地不明,寓居成都。善画佛和鬼神,尤以画火著名[4]。

辛澄,不知何许人,游蜀中。工画西方人物像,自为一家[5]。

赵公祐,长安人,宝历中寓居成都,工画佛像、天王、神鬼,"世称高绝"。其子赵温其、孙赵德齐均以绘画驰名[6]。

杜龁龟,其先秦人,避地入蜀。为前蜀翰林待诏,博学强识,无不兼能,尤擅于画佛像人物[7]。

刁光胤,长安人,天复初来蜀。工画湖石、花、竹、猫、兔、鸟类[8]。

吕尧,京兆人,唐翰林待诏,自长安随僖宗入蜀[9]。

滕昌佑,本吴人,随僖宗入蜀,善画花、草、虫、鱼[10]。

张洵,南海人,久住长安,中和年间随驾到蜀。精于小笔画[11]。

赵德玄,长安人,天复元年入蜀。善画车、马、人物、房屋、山水、佛

---

1 佚名《宣和画谱》卷1。
2 《益州名画录》。
3 同上。
4 《宣和画谱》卷2。
5 同上。
6 夏文彦《图绘宝鉴》卷2。
7 《宣和画谱》卷3。
8 《益州名画录》。
9 同上。
10 同上。
11 同上。

像。其子赵忠义善绘鬼神、屋、木[1]。

上述画家入蜀后都是蜀中画林高手,享有很高的声誉。例如,辛澄尝在大圣寺画名僧僧伽的画像,成都士女倾城往观,后来的人无地以容[2]。唐末人赞扬孙位是六朝隋唐时期最著名的画家之一,说:"周昉毫端善图写,张僧繇是有神人。吴道子称无敌者,奇哉妙手称孙公。"孙位入蜀后曾在成都应天寺门边的左壁上画壁画,画天王一座及鬼神若干,笔势狂纵,数十年间无人与之匹敌,被称为应天寺三绝之一[3]。孙位不仅擅画佛像和人物,也擅长画山水,很有影响,"蜀人画山水人物,皆以孙位为师"[4]。《中国古代绘画简史》在叙述唐代画史时,称孙位为中晚唐人物画承前启后的代表画家,滕昌佑和刁光胤为中晚唐花鸟画的代表画家[5],入蜀北方画家水平之高于此可见。

北方画家不仅通过自己的创作留下大量的精品,而且带来了北方乃至全国的各种绘画流派、技法,通过与本地画家的交流、传授技艺,促进了蜀中绘画艺术的发展。例如,刁光胤在蜀慎于交游,交往的都是一时佳士,蜀籍画家黄筌、孔嵩均拜其为师,时人有"孔类升堂,黄得入室"之语[6]。在外地和蜀籍画家的培育下,蜀中的年轻画家迅速成长起来,五代和北宋初的著名画家黄筌的成长即是一个证明。黄筌善画人物,花鸟画特别出名,其画格以后成为北宋画院花鸟画的标准。黄筌是成都人,但他的三位主要老师中却有两位即刁光胤和孙位是北方籍画师。黄筌13岁左右随刁光胤学画竹、石、花、雀,后又博采孙位的龙、水、松石、墨竹画法。他由于博采南北画法,青出于蓝而胜于蓝,成为后蜀著名画家。黄筌之子黄居寀继承父业,工于画花、竹、翎毛。黄筌弟子夏侯延祐也工于画花、竹、翎毛。据此看来,三人实际都是刁光胤和孙位的弟子或再传弟子。黄筌父子和夏侯延祐北宋初都

---

1 《益州名画录》。
2 《宣和画谱》卷2。
3 《太平广记》卷214《应天三绝》。
4 汤垕:《画鉴》,四库全书本。
5 童教英:《中国古代绘画简史》,第67页。
6 《宣和画谱》卷15。

进入开封的翰林图画院,熔南北画法于一炉的艺术风格开始在更大范围发挥影响力[1]。

唐末五代蜀中绘画水平的提高,还和大量画本自中原流入有关,而不少画本是由北方移民搜集并带入蜀中的。天祐年间昭宗被迫迁都洛阳,长安的大批图书名画散落民间。北方移民杜光庭搜集到道经3 000卷、儒书8 000卷带入蜀中,画家赵德玄则随带梁、隋及唐代名画100本入蜀。这些画"或自模拓,或是粉本,或是墨迹,无非秘府散逸者"[2]。唐代最负盛名的人物画家吴道子所画的钟馗捉鬼图,也流入后蜀朝廷,国王孟昶曾召黄筌等人入宫观看、学习[3]。大量名家画本的入蜀,为蜀中画家学习、摹仿名家画法提供了便利。

有关唐末五代活跃在南方其他地区画坛的北方移民资料较少,但这并不表明那些地方没有北方画家的活动,南唐工于楼台人物的画家卫贤便是长安人[4]。此外,定居嘉兴的南唐著名画家唐希雅是河北移民的后裔,画艺甚精,"人称江南绝笔,徐(熙)、唐(希雅)二人而已"[5]。不过,移民在画坛的作用还是以蜀中最为明显。

第三节

移民与南方的文学、思想和科技

唐后期五代的大乱,不仅使大批音乐家、舞蹈家、画家等艺术人才南迁,也促使大批文学家、思想家和科学家等文化人南迁。唐代伟大的诗人杜甫、李白都被战乱卷入移民浪潮之中,并最终死于南方。杜

---

1 以上据《益州名画录》卷上、《十国春秋》卷56《后蜀九·黄筌传》和《后蜀九·夏侯延祐传》。
2 《益州名画录》卷上《赵德玄传》。
3 《太平广记》卷214《黄筌》。
4 《图绘宝鉴》卷2。
5 刘道醇:《宋朝名画评》卷3。

甫从一位学士的迁移，想到"自胡之反持干戈，天下学士亦奔波。叹彼幽栖载典籍，萧然暴露依山阿"[1]。学士指翰林院学士，为在该机关供职的各类高级文化或专门人才，有词学、经术、合炼（炼丹）、僧、道、卜、祝、术、艺、书、弈等类，为上层文化人的代表。上层文化人士纷纷南迁，下层文化人的南迁自是可想而知。这种现象必然要对南方文化的有关方面产生影响。

唐末五代是词这种文学形式发展的重要阶段，如果说北宋的词以博大见长，南宋的词以深刻著称的话，那么唐末五代的词便以精美而为人称道。唐末五代词的代表作是五代赵崇祚所辑的《花间集》，共收录18家词500首。在18位作者中，13人已知居住地，其中韦庄、牛峤、毛文锡、牛希济、李珣等5人是北方移民，占38％。据此可见，南方各国的词见称于唐末五代，是与北方移民的辛勤创作分不开的。在5名移民中，韦庄的成就最大，为唐末五代最著名的词人之一，与温庭筠齐名，号称"温韦"。韦庄是长安杜陵人，自幼能诗，以艳词见长。在黄巢攻占长安时，曾赋诗纪实："内库烧为锦绣灰，天街踏尽公卿骨"，流传一时。唐昭宗乾宁元年中进士，天复元年入蜀，先任王建的掌书记，后在前蜀国任宰相，前蜀的政治经济制度多由其制定。词作甚多，伤时、怀乡、感旧等情绪往往交织在一起，成为诗、词中的重要主题。由于身居高位，韦庄的创作对蜀中词的繁荣起了推波助澜的作用[2]。李白、杜甫等著名文学家迁入南方以后，不仅在此创作了大量的文学作品，而且和南方文学家频繁来往，无疑会促进南方文学创作的繁荣。

甚至某些文学形式水平的提高，也与这种交往有关。唐末都官员外郎、著名诗人郑谷避乱江南，南方人孙鲂从之游，"尽得其诗歌体法"[3]，即是一证。

在科学技术方面，以天文学家的南迁最引人注目。

司天监是唐代朝廷掌管天象变化、制订历法的机构，主持者也称

---

[1] 杜甫：《寄柏学士林居》，《全唐诗》卷222，第2366页。
[2] 参见《十国春秋》卷40《前蜀六·韦庄传》。
[3] 《十国春秋》卷31《南唐十七·孙鲂传》，第445页。

司天监。唐末,司天监胡秀林逃到前蜀,仍官司天监。在此著《武成永昌历》二卷、《正象历经》一卷,"后人咸取法焉"[1]。前蜀任司天少监的赵温珪,则是祖先自秦州(治今甘肃天水市)避乱蜀中的移民后裔。其子赵延义继承家学,以后也接任司天少监,"亦以数学显,尤善星纬风角之术"。后蜀灭亡,赵又在后唐任星官[2]。

南汉国也有一位精通天象的北方移民周杰。周杰原在唐朝任司农少卿,善天文,曾撰《极衍》20篇,指出当时通行的《大衍历》的错误,"以究天地之数"。唐末周杰避地岭南,任南汉的司天监事;其子孙亦精于天文,北宋初仍主司天之职[3]。

在南迁的北方移民中,有少数人是著名的高僧和道士,他们也在南方留下自己的影响。杜光庭是五代最有名的道士,据说是缙云(今属浙江)人,又一说是长安人,咸通年间科举落第后进入天台山学道,颇受时人的推崇,曾受到僖宗召见。广明乱后随僖宗入蜀,并留居于此。前蜀时任金紫光禄大夫、谏议大夫,封蔡国公,又赐号广成先生[4]。杜光庭在蜀搜集整理有关道教礼仪,著《道门科范大全集》87卷,在后世产生了重要影响。杜光庭既是蜀国的上层官僚,又是道教首领,必然要对蜀国乃至南方的道教发展产生影响。

文化的影响是双向的,北方移民以其文化影响南方,南方文化复对北方移民产生影响,从而在此基础上产生新的文化。在这方面,啖助及其《春秋》之学的兴起是一个很好的例子。

唐初颜师古、孔颖达等人奉命撰写《五经定本》和《五经正义》,由朝廷颁行全国,作为经学范本。安史乱后,随着唐王朝的衰落,二书已不为学者重视,一些治经学者对儒家经典重新进行诠释疏证,发表自己的独到见解,从而开创一代学术。其中,最具影响的是啖助所研究的《春秋》之学。啖助字叔佐,赵州人,后居关中,安史乱后在南方任官,定居丹阳(今属江苏)。啖助花十年时间撰写《春秋集传》,抛弃以

---

1 《十国春秋》卷45《前蜀十一·胡秀林传》,第653页。
2 《十国春秋》卷45《前蜀十一·赵温珪传》;《新五代史》卷57《赵延义传》,第666页。
3 《宋史》卷461《周克明传》,第13505页;《十国春秋》卷62《南汉五·周杰传》。
4 《十国春秋》卷47《前蜀十三·杜光庭传》。

前学者注重注释故步自封的做法，独立地发挥自己的见解。《新唐书·儒学下》评论道："啖助在唐，名治《春秋》，摭抽三家，不本所承，自用名学，凭私臆决，尊之曰'孔子意'也。赵（匡）、陆（质）从而唱之，遂显于时。"啖助的两名高足中，陆质是吴郡（今苏州市）人，赵匡虽是河东人，但在江南任官达十余年之久。两人著书发挥师说，影响甚大。特别是陆质，认为流传天下的《左传》对《春秋》的解释大多错误，《左传》作者也不是传统所说的丘明，而是孔子门人，在流传过程中增加不少谬误。陆质对这些错误进行了无情攻击。经啖、赵、陆三人的努力，学者从疏不破注、固守陈规的传统束缚中解放出来，不仅对《春秋》，而且对《毛诗》《易》等经学经典的解释，均自由阐发自己的见解，甚至走向"疑经攻经"，从而为宋代新儒学的产生铺平道路[1]。

按啖助在天宝末（756年）赴南方任职，大历初年（766年）病逝于丹阳，终年47岁。依此推算，啖助赴南方时才37岁，其经学根底可能在北方已初步形成，但《春秋集传》一书在南方完成[2]，其学术见解，特别是臆断《春秋》的学术见解，可能形成于南方，得益于在南方的师友交往和环境熏陶。

因地理环境和经济生活的差异，我国的南北文化向有较大的差别。由于唐后期北方只是小部分时间处于战乱之中，况且都城仍在北方，许多文人在南方生活一些年后重新回到了北方（如卢纶、萧颖士），还有一些北方移民的后裔在南方出生成长以后再回到北方（如柳宗元）。这种生活经历必然要在他们的脑海中留下深深的印象，不仅使他们留下大量关于南方秀山丽水、风土人情的文章，也必然影响到他们的思想方式和文风，进而对唐后期五代的文化产生影响。

---

1 参见冯天瑜、何晓明、周积明：《中华文化史》，上海人民出版社1990年版，第642—643页。
2 《新唐书》卷200《啖助传》载，啖卒后，陆质、赵匡二人整理出《春秋集传》（又作《春秋集注》）的"纂例"。从啖助来不及写"纂例"一事分析，估计《春秋集传》一书在其死前才完成。

第四节

移民与南方的生活习俗

由于地理环境和经济条件的差异,南北生活习俗存在一些差异。在饮食方面,食物结构历来有所不同,南方人民主要食米,北方人民主要食面和粟。北方移民迁到南方以后,继续保持食面的生活习惯,受此影响南方的麦类种植面积扩大,在粮食作物中的比重上升。当时,许多地方都能吃到面制食品。例如,在蜀汉,不仅在北部汉水流域的兴元(今陕西汉中市)可吃到大饼[1],甚至长江边的忠州(今重庆市忠县)也能吃到胡麻饼。忠州的胡麻饼在外形和制造方法上都仿造首都长安的胡麻饼,而且"面脆油香",连北方人白居易都忍不住要把它寄给万州刺史品尝[2]。从其样式和制造方法都仿造长安这一点来看,这种胡麻饼的制法可能是北方移民传入。蜀汉有的富裕人家所制的面食不仅相当精美可口,而且新奇怪异。前蜀时有一位曾累典名郡的官僚赵雄武,精于饮馔,能造大饼,每三斗面擀大饼一枚,据说"大于数间屋",因此赵雄武被人称作"赵大饼"[3]。

由于长安宫廷厨师的南迁,宫廷食品的制法也传入南方。吴国皇宫中就有一位"御膳宴饮皆赖之"的来自长安宫廷的厨师。他能为吴国国王烧制鹭鸶饼、天喜饼、驼蹄饼、云雾饼等各种唐宫食物,因此时人称赞吴国皇宫的食品"有中朝之遗风"[4]。前蜀宫廷的厨师也能烧制唐朝宫廷食品。唐御膳以红绫饼餤最为名贵,往往用来招待新科进士。一次,北方移民卢延让不甘让人轻视,赋诗:"莫欺零落残牙齿,曾

---

1 《云溪友议》卷下《金仙指》。
2 白居易:《寄胡饼与杨万州》,《全唐诗》卷441,第4918页。
3 《太平广记》卷234《大饼》。
4 佚名:《江南余载》卷下,丛书集成初编本。

吃红绫饼餤来。"前蜀国王闻知,也命御厨制作饼餤,以红罗裹之,请他品尝。此后,前蜀御宴都以红绫饼餤为第一名品[1]。

牡丹向以雍容华贵而得到我国人民的喜爱,在观赏花类中占有崇高地位。牡丹本产于西北,经过人工培植和移栽,才开始在各地流传。唐后期是牡丹自北向南传播的重要阶段。《唐语林校证》卷3对牡丹的南传有一段有趣的记载:

> 尚书白舍人(居易)初到钱塘,令访牡丹。独开元寺僧惠澄,近于京师得此花,始栽植于庭,栏围甚密,他亦未知有也。时春景方深,惠澄设油幕覆其上。

会稽人徐凝见此牡丹,不由得赋诗:

> 此花南地知难种,惭愧僧闲用意栽。
> 海燕解怜频睥睨,胡蜂未识更徘徊。[2]

《太平广记》卷199《杜牧》条记载此事,说白居易是在任杭州刺史时寻访牡丹的。白居易于穆宗长庆二年到敬宗宝历初(822—826年)任杭州刺史,据此,慧澄将长安牡丹南移杭州的时间应在长庆元年前后。

"成都绝少牡丹",由于一些人将之从北方南移,蜀中的一些地方已有牡丹。前蜀时任膳部员外郎的北方人张蠙有一首《观江南牡丹》诗,提到此事:"北地花开南地风,寄根还与客心同。群芳尽怯千百态,几醉能消一番红。"[3] 后蜀时,蜀中牡丹日渐增多,成都的宫廷花园中专设有牡丹苑,种植各色牡丹,香闻50步之远[4]。

虽然将牡丹移植到南方的人未必都是北方移民,但牡丹在唐末而不是在这以前(包括最受推崇的盛唐)迁入南方,表明只有在唐末才形成促使牡丹南迁的环境。北方移民熟悉、热爱产自自己家乡的牡丹,他们这种喜好又影响了南方人,从而形成促使牡丹南移的环境。

古代人在宫殿、房屋乃至坟墓选址时,往往要先请阴阳先生看风

---

1 《十国春秋》卷115《拾遗》,第1710页。
2 《题开元寺牡丹》。又载《全唐诗》卷474,第5374页。
3 《全唐诗》卷702,第8082页。
4 《十国春秋》卷49《后蜀二·后主纪》,第712页。

水,选择一个他们认为能使家人身体健康、万事俱顺的好地方,阴阳先生看风水的本事被称为地理之术。明清时期江西人盛行看风水,并出了不少善看风水的阴阳先生,渊源据说要追溯到唐末移民杨翁(即杨筠松)。元代吴澄《吴文正集》卷16《地理真铨序》称,风水之书原藏于唐代朝廷,民间既无其术亦无其书。杨翁在朝廷秘书中任职,得此禁术。唐末杨翁避黄巢之乱迁入赣州,始将风水之术传予乡人。因此,"言地理术盛于江西,自此始"。江西风水之术是否溯源到杨翁,仍有待于考证。因为早在大历年间,江南东道的婺州东阳(今浙江东阳市)人周士龙和其叔父即以"能辨山岗,卜择坟墓之地"闻名,许多人前来请他去看风水,"以至门庭车马如市"[1]。婺州靠近江西,是江西经大运河北上中原的必经之路,风水之术不可能不影响到江西。但杨翁将藏于宫廷中有关风水的秘籍南传,自然有助于此风此术的发展。

移民的大批迁入必然要对迁入地的社会风俗产生影响,移民越多,影响越显著,江陵府就是这样的一个地区。江陵在至德之后由于移民大量迁入,"流庸聚食者众,五方杂居",因此"风俗大变"[2]。苏州在上元中由于移民占当地人口的三分之一,导致"人俗桀杂,号为难治"[3],已影响到社会风俗。甚至连偏僻的福建建州(治今建瓯市)也不例外,由于"自五代乱离,江北士大夫、豪商、巨贾,多逃难于此",因而"备五方之俗"[4]。

第五节

移民与家族制度的变化

据徐扬杰先生的研究[5],在中国家族制度的发展演变过程中,唐

---

[1] 《太平广记》卷289《周士龙》。
[2] 《太平寰宇记》卷146。
[3] 梁肃:《吴县令厅壁记》,载《全唐文》卷519,第2335页。
[4] 《八闽通志》卷3引《建安志》。
[5] 徐扬杰:《中国家族制度史》第六章,人民出版社1992年版。本节有关内容吸收了徐先生的研究成果。

末五代至北宋是除春秋战国之外的一个关键时期。在这一时期中,从东汉末年以来长期存在的世家大族式家族组织彻底瓦解,形成了一种以祠堂、家谱和族田为主要特征的新型的家族制度。旧式家族制度瓦解的主要原因,是它所凭借的经济上的庄园制度和政治上的门阀士族制度的衰亡。除了生产力的迅速发展要求改变庄园制这一历史趋势,唐末农民战争及伴随其后的北方人口南迁则是导致庄园制衰亡的直接原因。

唐末战争中,大批的庄园被破坏,大量的庄园主被消灭,更多的庄园主离开自己的庄园,逃往战争较少、相对太平的地区,主要是南方。这些逃往新地的庄园主,绝大多数人已没有力量重建自己的庄园。那些庄园中的庄户、庄客则转化成佃农。并且,逃往南方的北方农民,大多数在新地租种当地地主的耕地,因而变成佃户,从而使租佃制普遍发展起来。

庄园制是门阀士族制度的经济基础,经济基础改变了,上层建筑必然要发生相应的改变。同时,由于长期战争的打击,自魏晋以来存在数百年的世家大族在唐末五代都已被消灭,或者因迁到外地丧失经济实力已从历史舞台上销声匿迹。例如宋代河南府刘煜的祖先本是北魏时自代郡迁到洛阳的显族,因"唐末五代之乱,衣冠旧族多离去乡里,或爵命中绝",已极其衰落,甚至"世系无所考"[1]。

在唐末五代的迁徙中,北方家族大多各奔东西,四出逃命,由此造成逃亡士族血统的混乱乃至世系中断。加之旧谱遗失以后长期不修谱,若干代后他们的世系已无法搞清楚了,显然类似刘煜那样祖宗世系早已是一本糊涂账的北方家族并不在少数。正由于这一原因,许多后世修的家谱在追溯祖先事迹时,因不可得知祖宗的世系和事迹,只好附会攀附,可信度不高。柳开在说到北宋的北方家谱时,便说:"唐季盗复两京,衣冠谱牒尽灭,迄今不复旧物,以冒姓古名家已称后者混淆无别。"[2] 这种附会攀附的现象不仅出现在北方的家谱中,也出现在宋代福建、蜀中等地的南方家谱中。成都的族谱大多妄言祖先随唐代

---

[1] 李焘:《续资治通鉴长编》卷103,仁宗天圣三年四月,浙江书局本。
[2] 《河东集》卷14《试大理评事柳君墓志铭》,四库全书本。

三位皇帝入蜀,费著的解释是"唐宋氏族之学不明,谱牒遂废,特起者耻其初微而不志昭穆,甚者或求附甲族而过于附会",故出现这种现象[1]。

第六节

移民与南方文化水平的提高

唐后期五代是南方文化大发展的重要时期。冻国栋《唐代人口问题研究》对唐前期和中晚唐(相当于本书的唐后期)全国十道的儒学家、文学家和艺术家,按地域做过统计。关内、河北、河南、河东、陇右五道相当于北方地区,江南、淮南、山南、剑南和岭南五道相当于南方地区。兹按南北地域重新统计如下:

表 12-2 唐代南、北方各类人才统计　　　　单位:人

项　目	唐　前　期			唐　后　期		
	北方	南方	南方占%	北方	南方	南方占%
旧唐书·儒学传	18	10	36	2	2	50
旧唐书·文苑传	36	14	28	10	1	9
新唐书·儒学传	22	12	35	3	4	57
新唐书·文艺传	20	5	20	8	6	43
诗人	229	78	25	330	363	52
散文	319	82	20	499	191	28
进士	68	29	30	245	225	48

资料来源: 冻国栋:《唐代人口问题研究》。

据表 12-2 所示,唐前期各类人才多集中在北方,南方占比重最多只有三分之一,甚至只占四五分之一。到了唐后期,南方在各类人才

---

[1] 载《全蜀艺文志》卷 54。

中所占比重，除在《旧唐书·文苑传》人物有下降，其余都有较大程度的上升。其中，在两《唐书·儒学传》人物和诗人中均占了半数以上，进士人数已接近半数，另两项也有了较大的提高。

赵文润主编的《隋唐文化史》第十章第一节，为说明南北文化的发展状况，对《辞海》所载的隋唐人物按时期和地域进行了分类统计，结论是唐前期北方占全国人才总数的84%，唐后期下降到61%，南方则相应从16%提高到39%。同时，又对《隋书》和《旧唐书》的传主进行统计，其中科举出身者共231人；隋和唐前期为65人，南方有11人，占总数的17%；唐后期为166人，南方有42人，占总数的25%。另外，《新唐书》的《文艺》和《儒学》两传中，籍贯可考者共123人，唐前期为81人，其中南方27人，占总数的33%；唐后期为42人，南方有23人，占总数的55%。

又有学者依据1980年上海人民美术出版社出版之《中国美术家人名辞典》，和1984年人民音乐出版社出版之《中国音乐家辞典》，统计唐代艺术家（主要是书法家、音乐家、工艺家）籍贯的地理分布。在已知活动时期的509名艺术家中，250人生活在安史之乱以前，259人生活在乱后，分别相当于唐前期和唐后期。唐前期，北方五道有199人，约占前期人数的80%；南方五道51人，占20%。唐后期，北方五道有184人，约占后期人数的71%；南方五道75人，占29%。总的印象是南方艺术家人数呈上升趋势[1]。

以上统计，虽然依据资料有所不同，但都说明了唐后期南方文化的发展速度大大超过北方，南、北方的文化差距显著缩小，南方文化大有后来居上的势头。五代时期，南方文化继续得到较快的发展。陶懋炳先生指出："吴、蜀文艺当时冠于全国，后世影响深远；而河东夙称文明昌盛之地，北汉时竟无一知名文人，中朝文人学士皆瞠乎吴、蜀之后。"这种状况持续到宋代，"北宋史家文人多出南方，北方犹有史学巨公司马光和理学家张载、二程，南宋则南方更胜北方"。他认为："随着唐中叶以后的经济重心南移，五代又出现了文化南移。"[2]

---

1 费省：《唐代艺术家籍贯的地理分布》，载《唐史论丛》第4辑，三秦出版社1988年版。
2 《五代史略》，人民出版社1985年版，第383页。

笔者以为,北宋初期南方文化确已相当发达,关于这方面宋人曾有过许多论述。例如,晁说之曾说:"本朝文物之盛,自国初至昭陵(仁宗)时,并从江南来。二徐(指徐铉和徐锴)兄弟以儒学显,二杨叔侄(指杨徽之、杨亿)以词章进,刁衎、杜镐以明典故。而晏丞相(殊)、欧阳少师(修)巍乎为一代龙门,纪纲法度,号令文章灿然具备,有三代之风度。庆历间人才彬彬,号称众多,不减武、宣者,盖诸公实有力焉,然皆出于大江之南。"[1] 不过,这里讲的只是一部分情况,在讨论南北文化发展程度的差异时还有两方面的情况不可忽视。

首先,北宋时北方的开封—洛阳一线仍是文化发达地区,在朝廷中任过官的著名的文学家、思想家,无论是北方籍还是南方籍,多愿意选择这一线及附近地区为任官或退休后的安家之地。上述诸人大多如此,出身南方的著名文学家苏轼、苏辙兄弟和欧阳修也同样如此[2]。

其次,在北宋的前期和中期,北方出人才数量仍然很多。程民生《略论宋代地域文化》[3],对《宋史》正传和《循吏传》所载文、武臣人物(不计宗室、后妃、公主、周三臣传和世家),按时期和所出地域进行分类统计。文臣中,北方有433人,南方有371人,北方超过南方。该论文还对《宋史》中的道学、儒林、文苑和方技诸传传主进行统计,北方总数82人,南方总数70人,仍是北方超过南方。但如果将按时期统计的文臣数量,按照南北两大地域重新组合如表12-3,便会发现一个有趣的现象。

表12-3 《宋史》列传文臣的地域分布　　　　　单位:人

朝　　代	总数	北方	百分比(%)	南方	百分比(%)
太祖、太宗、真宗三朝	175	133	76	42	24
仁宗、英宗、神宗三朝	353	201	57	152	43
哲宗、徽宗、钦宗三朝	276	99	36	177	64

1　载朱弁:《曲洧旧闻》卷1,四库全书本。
2　详吴松弟:《中国移民史》第四卷,第二章第四节。
3　程民生:《略论宋代地域文化》,载《历史研究》1995年第1期。

表12-3中的三个时期，大体相当于北宋的前期、中期和后期。据表12-3可见，前期文臣多来自北方，中期北方数量略多于南方，后期北方已远不如南方。显然，北宋时期南北人才数量差距的扩大是个渐进的过程，后期南方人才在数量上占了较大的优势。

宋代以科举为基本的选官途径，文臣的多寡自可视为南北文化水平差异的一个标志。不过，考虑到北宋前期自北而南统一全国，早期官员多是北方人这一政治背景；以及100余年间南、北方文人科举录取的比例相差甚大，朝廷不惜降低标准多选用北人这一事实，表12-3中南方人所占的比率无疑要大大低于南方的文化水平。不过，仍可以说明北宋中期以前北方出人才数量不少，尽管最出名的文化人物（如晁说之所提到的诸人）已大多出于南方。至北宋后期，情况才有较大的改变。北宋灭亡以后，由于北方屡遭战争的破坏，而南方相对和平，文化不断发展，南北文化的差距明显拉大，杭州—苏州一线终于代替开封—洛阳一线，成为文化发达地区的轴心[1]。

据此可见，我国文化重心的南移是一个渐进的过程。唐后期五代南方文化大发展，而北方因战乱发展速度减慢，五代时南方文化较北方文化繁荣，水平已超过北方，从而开始文化重心南移的进程。北宋统一以后，南、北籍文化人物汇聚开封—洛阳一线，互相交融，重新熔铸北方文化，北方文化有所复兴，但南方文化水平仍胜于北方。北宋后期双方差距拉大，特别是南宋以后南方文化已占了明显的优势。就此而言，唐后期五代的大发展，为我国文化重心南移奠定了基础。

唐后期五代南方文化的巨大进步，是长期以来在和平环境中经济、文化迅速发展的结果。《宣和画谱》卷19说五代"浙右富庶登丰之久，上下无事，惟有文艺相高"，即说明了这一原因。在南方的文化发展进程中，北方移民起了较大的促进作用。

大批有知识、有文化、有专业修养的人才的南迁，提高了南方的人

---

[1] 参见陈正祥：《中国文化中心的转移》，载《中国文化地理》，生活·读书·新知三联书店1983年版。

才数量和诗文与艺术水平。有的移民以诗书治家,子孙走读书当官之路,甚至成为著名的仕宦之家。有关这方面的例子很多。太原人王恕定居扬州,其子王播、王炎、王起少年时代都是在扬州度过的,三人均有文名[1]。同州人杨遗直定居苏州,以"讲学为事",其子杨发、杨假、杨收、杨严均进士及第,有名于世[2]。北方人金氏自唐末因官留居浮梁(今江西景德镇市),子孙中读书入仕的人很多[3]。唐末迁居庐陵(今江西吉安市)的京兆人张翊和其弟张彬,都以"善读书,克承先业"而著名,并都在吴国任官[4]。宋代东南地区的不少文人是唐后期五代南迁的北方移民的后裔。北宋人王禹偁指出:"于时宦游之士,率以东南为善地,每刺一郡,殿一邦,必留其宗属子孙,占籍于治所",所以"吴越士人多唐之旧族耳"[5]。

不少北方文人在迁居地有一定的影响。例如,安史乱后迁到江南的北方人崔翰,"通儒书,作五字句诗,敦行孝悌,诙谐纵谑,卓诡不羁,又善饮酒",因此"江南人士多从之游"[6]。迁入越州山区的鲁中儒士吴筠,"与诗人李白、孔巢父诗篇酬和,逍遥泉石,人多从之"[7]。"少负志气,博学,善属文,弱冠游太学,籍甚于公卿间"的北方文人殷怦迁居吴郡,当地的士大夫多愿意和他交往,引以为荣[8]。孙某唐末自长安迁入眉州(治今眉山市),"以聚书、治产、教子弟、亲田畴为事,眉人号其家曰书楼孙氏"[9]。这四人的事例说明,北方文人由于他们的知识和名望,迁入以后一般都得到迁入地人民的尊敬,在他们的影响下地方上的重文读书之风和文化水平得到了相应的提高。

---

1 参见《旧唐书》卷164《王播传》。
2 《旧唐书》卷177《杨收传》。
3 曾巩:《曾巩集》卷44《金君墓志铭》。
4 《十国春秋》卷11《吴十一·张翊传》。
5 《小畜集》卷30《柳府君墓碣铭》。
6 韩愈:《崔评事墓志铭》,《全唐文》卷566,第2538页。
7 权德舆:《吴尊师传》,《全唐文》卷508,第2287页。
8 冯宿:《殷公家庙碑》,《全唐文》卷624,第2792页。
9 苏颂:《苏魏公集》卷55《孙公墓志铭》。

第七节

移民与南方各区域文化的发展

南方文化的发展,不仅体现在总体文化水平的提高,也体现在各个区域文化的进步。总的说来,经过唐后期五代的发展,原先比较发达的区域更加发达,原先落后的区域开始改变面貌,而这些进步往往与北方移民的努力和影响分不开。

自六朝以来,江南即是人文荟萃之地,全国文化比较先进的地区。经过唐后期五代的发展,水平更高,人才更多。韦应物赞苏州:"吴中盛文史,群彦今汪洋。方知大藩地,岂曰财赋强。"[1] 即是说苏州及其附近地区不仅是全国财赋收入最多的地区,也是文化发达的人文渊薮。五代时期又达到新的发展水平,南唐元宗甚至据此得出"自古江北文士,不及江南众多"这样的错误认识[2]。

照五代人史虚白的看法,"江南称为文物最盛处"的原因,是"天下瓜裂,中国衣冠多依齐台(指南唐创立者李昪)"[3]。将江南这一先进地区文化的进步都归之于北方移民显然有所夸张,但也并非毫无根据。上举唐后期对南方文化产生一定影响的北方文人,便多居住在江南。五代江南最著名的文人韩熙载也是一位北方移民,他不仅以自己的文学影响江南,而且"内念报国之意,莫急于人才,于是大开门馆,延纳隽彦,凡占一伎一能之士,无不加意收采,唯恐不及"[4],为南唐发现、培养了大批人才。宋代江南的一些方志在探讨唐后期五代区域文化发展的原因时,都视北方移民的迁入为重要因素之一。《新安志》卷

---

[1] 《全唐诗》卷186《郡斋雨中与诸文士燕集》。
[2] 佚名:《江南余载》卷上。
[3] 史虚白:《钓矶立谈》,知不足斋丛书本。
[4] 同上。

在分析歙州文化进步的原因时,便认为:"黄巢之乱,中原衣冠避地保于此,后或去或留,风俗益向文雅。"

淮南是唐后期文化比较发达的一个区域。刘崇远说:"淮南,巨镇之最,人物富庶,凡所制作,率精巧,乐部俳优,尤有机捷者。"[1]作为淮南首州的扬州,以美丽的自然风景和浓厚的商业文化得到唐人的赞赏。张祜赋诗赞扬州:"十里长街市井连,月明桥上看神仙。人生只合扬州死,禅智山光好墓田。"[2]类似称赞扬州繁华的诗篇,在《全唐诗》中还有许多。淮南是北方士大夫较多的地方,五代人甚至说"好向吴朝(指吴国)看,衣冠尽汉庭"[3],文化的进步自也与北方移民的影响分不开。

蜀汉,特别是成都平原及其附近地区,自汉代以来便是南方经济文化比较发达的地区,唐后期五代又取得了较大的进步,文学、书画艺术、戏曲、医药等方面的成就皆令人瞩目[4]。成都府的富丽尤为人所称羡。唐后期扬州和成都府都以城市富丽闻名,素有"扬一益(即成都府)二"之称。大中九年(855年)卢求评论两地城市的高下,甚至说扬州不如成都,包括"人物繁盛""管弦歌舞之多,伎巧百工之富,其人勇且让"等文化方面[5]。在五代和北宋,蜀中仍是全国文化的先进地区,除了基础较好的成都府,其他府州也出了不少的文学家、艺术家和思想家。

《资治通鉴》卷266论五代蜀中进步与北方移民的关系:"蜀主虽目不知书,好与书生谈论,粗晓其理。是时唐衣冠之族多避乱在蜀,蜀主礼而用之,使修举故事,故其典章文物有唐之遗风。"移民对蜀中雕版印刷业和绘画艺术的贡献为此提供了具体的例证。后蜀宰相毋昭裔五代时自河东入蜀,鉴于"蜀土自唐末以来,学校废绝",不仅出私财建学宫,立校舍,而且主持刊刻《九经》《文选》《初学记》《白氏六帖》等

---

[1]《金华子杂编》卷下,第53页。
[2]《纵游淮南》,《全唐诗》卷511,第5846页。
[3] 齐己:《送徐秀才游吴国》,《全唐诗》卷841,第9500页。
[4] 参见李学勤、徐吉军主编:《长江文化史》,第572页。
[5]《成都记》,载《全唐文》卷744,第3413页。

名著,"由是文学复盛"[1],为蜀中成为我国雕版印刷业最发达的地区奠定了基础。唐后期五代有许多画家入蜀,《益州名画录》载唐五代的蜀中画家共58人,其中由外地迁居蜀中者共21人,北方籍画家不仅通过自己的创作留下大量的精品,也影响、提高了蜀中的绘画艺术水平(详上)。此外,在音乐、文学诸方面,北方移民均作出自己的贡献[2]。

安史乱前,江南道的进士主要出在江南的越、苏、润、宣等州,江西、福建人数极少。但到唐后期,在江南各州进士人数剧增的同时,江西的洪、信、江、袁四州,福建的福、泉、漳、建四州,湖南的澧州,也有了若干名进士,而且福州、袁州和泉州都跃入进士数量较多的州[3],从一个侧面反映了江西、福建和湖南唐后期文化取得了较大进步。唐末韦庄赋诗赞江西袁州:"家家生计只琴书,一郡清风似鲁儒"[4],已有一定程度的文化氛围。其实,袁州的情况只是江西各州的一个缩影。唐末割据江西的钟传十分重视文化建设,以荐贤为急务,"虽州里白丁片文只字求贡于有司者,莫不尽礼接之"。江西人读书求功名渐成风气,"时举子者以公卿关节,不远千里而求首荐,岁常不下数辈"[5]。

五代江西文化发展更快,公私教育相当发达。设于白鹿洞的庐山国学培养人才极多,江州陈氏、奉新胡氏都在当地建有书院和学舍。南唐首屈一指的政治家宋齐丘,诗人刘洞,学者罗蹈、乐史,画家厉昭庆等,都是江西人[6]。五代的大发展奠定了宋代江西文化的基础。北宋中期江南、江西、福建所出人才数量已超过北方。嘉祐中吴子经撰《余干县学记》说明这一情况:"古者江南不能与中土等,宋受天命,然后七闽二浙与江之西、东,冠带诗书,翕然大肆,人才之盛,遂甲于天下。"[7]

---

1 《十国春秋》卷52《后蜀五·毋昭裔传》,第769页。
2 关于移民对蜀中文化发展的贡献,可参见谢元鲁:《唐五代移民入蜀考》。
3 据冻国栋:《唐代人口问题研究》,表5-9。
4 《袁州作》,《全唐诗》卷698。
5 《太平广记》卷184《钟传》。
6 详见任爽:《南唐时期江西的经济和文化》,《求是学刊》1987年第2期。
7 洪迈:《容斋随笔》四笔卷5《饶州风俗》,商务印书馆据万有文库本排印。

在迁入江西的北方移民中，有一些是具有较高文化水平乃至有一定名气的士人，如居住洪州的权皋、李华、柳识兄弟，居住饶州的卢纶、吉中孚，居住信州的王端（详见第九章第三节）。贞元初迁居庐山的北方人杨衡诗文为时辈所宗，"谓庐山自陶、谢十八贤之后，有杨符（即杨衡）"[1]，也有相当大的影响。苏颂在探讨北宋江西文风兴盛、士大夫较多的原因时，追溯到唐末五代，认为："唐季之乱，四方豪杰与京都士族往往避地江湖，李氏能招携安辑之，故当时人物之盛，不减唐日，而文风施及其后裔，今名显于朝廷者多矣。"[2] 换言之，北方移民的迁入是江西文化兴盛的原因之一。

江西的文化发展晚于江南，而福建的文化发展又晚于江西。韩愈说："闽越地肥衍，有山泉禽鱼之乐。虽有长材秀民，通文书吏事与上国齿者，未尝肯出仕。"到贞元八年（792年）欧阳詹中进士以后，福建始有较多的人中举[3]。据研究，唐后期福建籍的进士和士大夫中，相当一部分是北方移民或其后裔。就连贞元间最负盛名的闽中才子林藻、林蕴兄弟，也可能来自北方（详第九章第四节）。唐末北方移民大批迁入，在福建产生更大的影响。杨沂丰（一作王沂丰）、徐寅和王淡等北方文人同居王审知幕府，"以风雅倡和，闽士多宗之"[4]，就是这方面的例证。北宋时福建成为文化发达的区域，其基础显然是五代奠定的。

根据牟发松对唐五代长江中游散文和诗作者的调查，出身于湖北及河南的南阳盆地的作者，以邓（治今河南邓州市）、襄（治今湖北襄阳市）、荆（即江陵府）、鄂（治今湖北武汉市武昌区）四州最多；湖南则集中在衡（治今衡阳市）、潭（治今长沙市）两州。以时代而言，两区中唐以后的作者分别占区内作者总人数的59％和80％。在进士人数上，湖北和南阳盆地仍以上述四州最多；湖南则到唐后期始打破零的纪录[5]。张伟然的研究也证明，湖南在唐代基本被看成汉文化分布的

---

1 《舆地纪胜》卷25"人物"。
2 苏颂：《苏魏公集》卷55《李公墓志铭》。
3 《欧阳詹哀辞》，《全唐书》卷567。
4 《十国春秋》卷95《闽六·杨沂丰传》，第1372页。
5 牟发松：《唐代长江中游的经济与社会》第五章第三节。

南部边缘,安史之乱以后始有长足的进步。例如,唐代湖南进士9人,全部出在后期。两《唐书》列传人物中,湖南在前期只有2人,后期则有6人。五代马氏割据,大力招揽人才,文化也发展很快[1]。

湖北北部的襄州和南阳盆地的邓州靠近河南,可以将其看成中原文化区的南部边缘,历来比较先进。而南部的荆州、鄂州及其他州在唐后期的进步,虽然原因颇多,却与北方移民有关,江陵是这方面的一个例子。如果没有大量来自两京的士大夫和文人,江陵恐怕就不能成为"琵琶多于饭甑,措大多于鲫鱼"的衣冠泽薮[2]。而至德以后流庸聚集,"五方杂居",也使当地"风俗大变"[3],日益趋向教化。如果没有唐末严重战乱造成的破坏,江陵到北宋时或许是南方发达的文化中心之一。

元代人欧阳玄说:"五季淆乱,四方割据,马殷在湖南独能轻徭薄赋,又招纳贤者,故中州名家士多归之。后以希声兄弟争国,士稍稍散去。"[4]不少中州名家士读书甚多,学识渊博,五代末青州籍移民朱遵度被人称为"朱万卷",移民朱褒光之子朱昂被称为"小万卷"[5],即是证明。这些有文化的移民必然要促进湖南文化的发展。朱遵度因学问渊博屡屡为楚国学士所求教,"诸学士每为文章,先问古今首末于遵度",因而又被人称为"幕府书橱"[6]。

虽然唐后期五代岭南文化的进步,在区域文化发展史上仅仅是凌晨的曙光,要到明代始有巨大的进步,但其所取得的成绩却不容忽视。安史乱前岭南道仅韶州张九龄一人第进士,而唐后期有姓名可考的进士便达13人之多,韶、广、桂、连、循诸州都出过进士[7]。其中一些进士是安史乱后南迁的北方移民(包括谪官)或移民后裔。元和十三年进士刘轲就是一位来自沛县的移民,五代进士孟宾于则是唐末

---

1 《湖南历史文化地理研究》第一章第三节,复旦大学出版社1995年版。
2 孙光宪:《北梦琐言》逸文卷3,第159页。
3 《太平寰宇记》卷146。
4 欧阳玄:《圭斋文集》卷7《白石周氏族谱序》。
5 《宋史》卷439《朱昂传》,第13005页。
6 《十国春秋》卷75《楚八·朱遵度传》,第1031页。
7 据冻国栋:《唐代人口问题研究》,表5-10。

谪官的后裔[1]。刘轲虽然有感于"边之人,嗜习玩味异乎沛",仍"未尝辍耕舍学与边俗齿……故处边如沛焉"[2]。刘轲的苦读势必影响到当地人。

到了五代,南汉开始设立学校,并且"置选部,贡举,放进士、明经十余人,如唐故事,岁以为常"。又选用中州士人担任刺史,不再以武将任州官[3]。设立学校是推行教化的必要前提,坚持科举制度自能刺激文人队伍的扩大,而以文人任地方官不仅有利于行政管理,也能促进文化的发展。就此意义而论,五代可以说是中原文化在岭南扩大影响的重要阶段,中原文化从此通过学校、科举等形式,影响岭南各区域的人民。

---

1 刘轲:《上座主书》,《全唐文》卷742;王禹偁《小畜集》卷20《孟水部诗集序》。
2 刘轲:《上座主书》,《全唐文》卷742。
3 《十国春秋》卷58《南汉一·高祖纪》,第842页;卷62《南汉五·杨洞潜传》,第888页。

第十三章

其 他 迁 移

隋唐五代,除了周边民族内迁中原、汉族人民迁往边疆和北方人民迁往南方以外,还存在其他一些规模不等的人口迁移活动。

第一节

隋代两京地区的外来移民及其文化影响

首都是一国的政治中心,在古代往往又是全国的经济中心和文化中心。为保持这些中心的地位,需要在首都集聚一定数量的人口。由于首都的重要性,历次改朝换代的战争中首都大多成为攻击的目标,甚至遭到毁灭。因此,每一个新的王朝诞生以后,常常面临着重建首都的任务,需要将一定数量的外地人口迁入首都。如果在旧都之外的另一个地址建设新都,更要通过移民的办法,充实新都的人口。在平定敌对的国家或武装势力以后,有时也需要将其皇室贵族或领导集团迁入首都地区,以便进行监控。为了政治、经济和文化活动的便利,不少上层人士和下层人民也自发迁进首都。因此,首都是全国地域文化汇聚的地区,特别是全国重新统一以后各地对首都的移民,大多会导致地域文化尤其是南北文化的重新融合。隋代对两京地区的移民曾达到一定的规模,并对隋唐文化产生深远的影响。

一 迁移状况

公元581年,北周相国杨坚夺取政权,建立隋朝,改元开皇元年。次年,在渭河以南的龙首山兴建新都,名大兴城,开皇三年迁入新都。《隋书》和《资治通鉴》诸书均未提到当时有移民新都之事,估计新都的居民都是北周都城长安之人,因就近迁移,故史书不载。为了提高都城的文化水平,隋还下令征"山东义学之士",即将今河北、河南、山东等地有影响的文化人迁入都城。马光、张仲让、孔笼、窦士荣、张黑奴、刘祖仁等人便是在此背景下进入朝廷,并被任命为太学博士的。六人中,马光学问最深,最懂得为官之道,因而在朝廷时间最长。马光在河北时有学生数千人,由于他迁入长安,学生"多负笈从入长安"[1]。由于首都的特殊地位,类似的文化人中难免会有人长期定居下来。

隋朝建国时,北方已经统一,南方仍在陈和隋的附庸后梁的统治下。开皇七年,隋文帝着手统一南方。当年八月,征后梁主入朝。梁主率群臣200余人,自江陵(今湖北荆州市江陵县)迁入长安[2],后梁亡。表13-1中,刘臻、蔡允恭、萧瑀、宗丕等四人分别自后梁的都城江陵北迁,除宗丕定居在河东的汾阴(今山西万荣县),其余均居住在都城。他们无一不是贵族或官僚。

灭后梁之后,隋军乘胜而下,开始灭陈战役。开皇九年(589年),攻入建康(今江苏南京市),陈亡。灭陈后,隋军荡平建康的城邑宫室,将之化为耕地,强迫国王陈叔宝和王公、百官及其家属迁往首都,据称"大小在路,五百里累累不绝",不得不"权分长安士民宅以俟之"。此

---

[1]《隋书》卷75《马光传》,第1717—1718页。
[2]《资治通鉴》卷176,长城公祯明元年八月,第5491页。

表 13-1 陈和后梁北迁移民实例

姓 名	迁出地	迁入地	今 地	原身份	隋代身份	唐代身份	文化专长	资料来源
蔡子元	陈	长安	陕西西安	太乐令	太乐令	?	音乐	隋书 15/349
于普明	陈	长安	陕西西安	太乐令	太乐令	?	音乐	隋书 15/349
毛爽	陈	长安	陕西西安	郡太守	州刺史	?	音乐	隋书 16/391
周坟	陈	长安	陕西西安	?	?	?	天文	隋书 19/504
虞世基	陈	长安	陕西西安	尚书左丞	内史舍人	(已卒)	文学、书法	隋书 67/1572
裴蕴	陈	长安	陕西西安	兴宁令	州刺史	(已卒)		隋书 67/1574
袁允	陈	长安	陕西西安	散骑常侍	太史令	(已卒)	占候	隋书 69/1610
许善心	陈	长安	陕西西安	散骑常侍	朝散大夫	(已卒)	文学	隋书 58/1424
褚徽	吴郡	洛阳	河南洛阳	儒生	太学博士	?	《三礼》	隋书 75/1723
顾彪	余杭	洛阳	河南洛阳	儒生	秘书学士	?	《尚书》	隋书 75/1724
鲁世达	余杭	洛阳	河南洛阳		国子助教	?	《毛诗》	隋书 75/1724
刘臻	后梁	长安	陕西西安	中书侍郎	仪同三司	(已卒)	两《汉书》	隋书 76/1731
虞绰	陈	长安	陕西西安	太学博士	秘书学士	(已卒)	文学、书法	隋书 76/1738
王胄	陈	长安	陕西西安	太子舍人	著作佐郎	(已卒)	文学	隋书 76/1741
王眘	陈	长安	陕西西安	中舍人	秘书郎	(已卒)	文学	隋书 76/1742
庾自直	陈	关中	陕西关中	宣惠记室	著作佐郎	(已卒)	文学	隋书 76/1742

续 表

姓 名	迁出地	迁入地	今 地	原身份	隋代身份	唐代身份	文化专长	资料来源
潘徽	陈	?	?	客馆令	郡博士	(已卒)	文学	隋书76/1743
耿询	陈	长安	陕西西安	平民	太史丞	(已卒)	占象	隋书78/1770
韦鼎	陈	长安	陕西西安	散骑常侍	州刺史	(已卒)	相术	隋书78/1771
欧阳询	陈	洛阳	河南洛阳	儒士	太常博士	弘文馆学士	史学、书法	新唐书198/5645
朱子奢	陈	洛阳	河南洛阳	儒士	直秘书学士	国子司业	文学	新唐书198/5647
萧德言	陈	长安	陕西西安	儒士	?	著作郎	经学	新唐书198/5653
柳楚贤	陈	蒲州	山西永济	?	县长	州都督		旧唐书189下/4971
孔绍安	陈	鄠县	陕西户县	(年少)	监察御史	内史舍人	文学	旧唐书190上/4983
袁朗	陈	长安	陕西西安	秘书郎	尚书仪曹郎	给事中	文学	旧唐书190上/4984
袁承绪	陈	长安	陕西西安	?	?	学士	文学	旧唐书190上/4985
贺德仁	陈	洛阳	河南洛阳	儒士	郡司法	太子洗马	文学	旧唐书190上/4987
庾抱	陈	?	?	?	州参军事	(已卒)	文学	旧唐书190上/4988
蔡允恭	后梁	?	?	?	起居舍人	太子洗马	文学	旧唐书190上/4988
陆元朗	苏州	洛阳	河南洛阳	左常侍	国子助教	国子博士	经学	新唐书198/5639
张冲	陈	井州	山西太原	国子博士	州博士	(已卒)	文学	新唐书198/5650
徐氏	陈	冯翊	陕西大荔	?	?		文学	新唐书199/5661

续表

姓名	迁出地	迁入地	今地	原身份	隋代身份	唐代身份	文化专长	资料来源
萧瑀	后梁	长安	陕西西安	明帝子	内史侍郎	民部尚书		新唐书101/3949
虞世南	陈	长安	陕西西安	法曹参军	秘书郎	弘文馆学士	文学、书法	新唐书102/3969
褚亮	陈	长安	陕西西安	殿中侍郎	太常博士	散骑常侍	文学	新唐书102/3975
姚察	陈	万年	陕西西安	吏部尚书	？		《汉书》	新唐书102/3978
姚思廉	陈	万年	陕西西安	主簿	侍读	散骑常侍	《汉书》	新唐书102/3978
杨缙	陈	关中	陕西关中	中书舍人	？	（已卒）	文学	旧唐书185下/4819
王氏	陈	相州	河南安阳	？	？	（已卒）		旧唐书187上/4878
殷不害	陈	关中	陕西关中	司农卿	？	（已卒）		旧唐书58/2311
陈氏	陈	颍川	河南许昌	贵族	？	（已卒）		新唐书181/5345
宗丕	后梁	汾阴	山西万荣	郡太守	？	（已卒）		新唐书109/4101
徐综	陈	关中	陕西关中	郡太守	散骑侍郎	朝散大夫		墓志汇编/350
王定	陈	万年	陕西西安	？	台信员外郎	（已卒）	绘画	墓志汇编/886
王玄宗	陈	冯翊	陕西大荔	？	？	（已卒）		墓志汇编/744
董氏	陈	巩洛	河南巩县	？	？			墓志汇编/36057
陈叔达	陈	？	？	陈宣帝子	绛郡通守	礼部尚书		新唐书100/3925

外,还有很多平民北迁,据说"至者如归"[1],人数之多可以想见。

表 13-1 所列以陈国或江南诸州为迁出地的移民,绝大多数是皇室、贵族、百官和士人,均在陈国灭亡时自本国迁入中原。他们主要分布在首都及其附近的冯翊(今陕西大荔县)、鄠(今西安市鄠邑区)等县,其次分布在洛阳及其附近的颍川(今河南许昌市)、偃师、巩等县。此外,在两京以外的其他北方地区,例如河东的蒲州(今山西永济市境)、并州(今太原市境)和河北的相州(今河南安阳市),也有少量陈国移民。

隋朝强制移民的目的,是为了便于监控陈国的上层人士,并割断他们和本土人民的联系,因此北迁以后不许他们返回故乡。萧德言被迫迁入关中以后,"诡浮屠服亡归江南",被州县发觉,重新押送到北方[2],即是一证。正由于这样,表 13-1 所列的陈国移民无一不是定居在中原的。陈国移民大多具有较高的文化修养,北迁后许多人在隋朝任职。例如,王定被授以谒者台奉信员外郎[3];萧法愿"英灵冠上国之先,轩冕宅中州之半",地位良高[4]。隋亡以后,一些北迁的陈国移民或其后裔又在唐初政治中发挥了积极作用,虞世南、陈叔达便是唐初大臣之一。

《隋书》[5]指出:"爰自东帝归秦,逮乎青盖入洛,四隩咸暨,九州攸同,江、汉英灵,燕、赵奇杰,并该天网之中,俱为大国之宝。"透过这诗一般的语言,可以窥见隋代各类人才向都城集中的情景。

仁寿四年(604 年)七月,炀帝即位。当年十一月,炀帝东巡,发布诏令,宣布于伊、洛水滨营建东京城,并设官分职,用以镇守东方。次年(大业元年)三月开始兴建东京城,"徙豫州(治今洛阳市境)郭下居人以实之"。不久,又"徙天下富商大贾数万家于东京"[6]。东京洛阳开始取代长安,成为隋朝的都城。

大业二年,由于东突厥启民可汗即将入朝,炀帝"欲以富乐夸之",

---

1 《资治通鉴》卷 177,文帝开皇九年三月,第 5516 页。
2 《新唐书》卷 198《萧德言传》,第 5653 页。
3 网名:《王府君墓志铭》,载《唐代墓志汇编》,第 886 页。
4 网名:《大唐济度寺大比丘尼墓志铭并序》,载《唐代墓志汇编》第 386。
5 《隋书》卷 76《文学传·序》,第 1730 页。
6 《隋书》卷 3《炀帝纪》,第 63 页。

下令"括天下周、齐、梁、陈乐家子弟皆为乐户，其六品以下至庶人有善音乐者，皆值太常……于是四方散乐，大集东京"。各地迁入的乐户达3 000余家，朝廷在洛水南岸建立了12个坊（即居民区）供他们居住[1]。六年，又为各乐户置博士弟子，以相传授，乐工达到3万余人[2]。

炀帝时，还"征天下儒术之士，悉集内史省，相次讲论"。当时，徐文远（西魏恭帝二年攻破江陵时被迫北迁的梁国移民的后裔）治《左传》，褚徽（一作辉，吴郡人）治《三礼》，陆德明（苏州市吴中区人）治《易》，鲁世达（后人因避唐太宗讳而作鲁达，余杭人）治《毛诗》，均闻名天下。在礼部侍郎许善心的推荐下，朝廷将他们征召入京，任为学官或国子博士[3]，享有很高的学术威望。

此外，炀帝又在东京建四个道场，"召天下名僧居焉"。由于"其征来者，皆一艺之士，是故法将如林"，洛阳成为我国佛教的中心[4]。

除了富商大贾、乐户和著名的文化人物，是否还有其他移民迁入东京城？回答是肯定的。竺让和郭寿两家的事例即是个证明。竺让任燕王府录事参军，在大业初年，因"营都瀍洛，衣冠口族，多有迁移"，也"陪随藩邸，席卷桑梓"，迁家东京[5]。郭寿本家太原，"祖元象，父贵，本韶徽嗣美，令绪攸钟，望重当时，声驰绝代"，"因慕九鼎而迁居"，定居在洛州鄩师县[6]。据此，衣冠士族和宗室成员多有迁居东京。

此外，可能还有一些豫州以外地区的下层人民在迁都时迁入洛阳。灵州人傅叔，魏郡人□相，弘农华阴人杨神威，均在大业间迁入洛阳[7]。墓志铭没有提到他们的家世和地位。在重视门第的隋代，上层人士的墓志铭不可能不写家世状况，估计他们多是下层人民。

北周于建德六年（577年）灭北齐时，曾把4万户并州（治今山西太原市西南）人民移到关中等地[8]。隋炀帝仁寿四年（604年）十一月

---

1 《资治通鉴》卷180，炀帝大业二年十二月，第5626页；三年十月，第5634页。
2 《资治通鉴》卷181，炀帝大业六年，第5650页。
3 《隋书》卷75《褚辉传》《鲁世达传》，第1723—1724页；《新唐书》卷198《徐旷传》，第5638页。
4 慧立、彦宗：《大慈恩寺三藏法师传》卷1，中华书局点校本，第7页。
5 阙名：《段夫人之志铭并序》，《唐代墓志汇编》第134页。
6 阙名：《故郭处士墓志铭》，《唐代墓志汇编》第348页。
7 阙名：《隋处士傅君志铭》，《唐代墓志汇编》第88页；同书贞观一三〇条，第90页；阙名：《杨府君墓志铭并序》，同书第642页。
8 《北史》卷10《周本纪》，第370页。

发布诏书,解释出巡洛阳的理由,其中一条是"并州移户复在河南"[1]。据此可见,隋初来自并州的移民在洛阳人口中占有一定的比重,否则就不致成为炀帝担忧的理由。隋大业五年(609 年),东京所在的河南郡有户 202 230 户[2],估计其中很大一部分人在迁都东京前后自外地迁来。

隋唐之际的战争给洛阳造成极其严重的破坏,但长安却未遭此厄运,唐代长安实际是在此基础上进一步发展为我国古代的著名古都的。一定数量的人口是都城繁荣的基础,《隋书·地理志》说大兴城所在的京兆府:"京兆王都所在,俗具五方,人物混淆,华戎杂错。"这种局面无疑是隋代向京城大移民的结果。

二 文化影响

陈寅恪先生在分析隋唐诸制度的发展脉络时,曾精辟地指出:"盖自汉代学校制度废弛,博士传授之风气止息以后,学术中心移于家族,而家族复限于地域,故魏、晋、南北朝之学术、宗教皆与家族、地域两点不可分离。"[3]因此,来自比较先进地区、具有较高文化水平的家族的迁移,必然要导致各种文化形式的流播,从而促进迁入地区的文化发展。由于魏晋和南北朝前期北方长期处于战乱之中,大批文化人才迁入战争较少的南方和河西走廊等地,华北平原的文化相形衰落,而建邺(今南京)、江陵、河陇等地发展为我国重要的文化中心。此后我国先进文化的主要传播方向,一度由自中原向四边改为自南方和西北向中原。北魏以后,随着北方的统一,河陇文化逐渐为北魏、北齐统治者所吸收。西魏恭帝二年(555 年)攻占江陵和隋初最后统一南方,大批具有一定文化的南方移民北迁,使得南方文化大规模北上成为可能,必然要促进北方文化的发展。

这种移民的另一个重要结果,是南北文化在都城一带重新融为

---

1 《隋书》卷 3《炀帝纪》,第 61 页。
2 《隋书》卷 30《地理志》,第 834 页。
3 陈寅恪:《隋唐制度渊源略论稿》,上海古籍出版社 1980 年据三联书店本重印版,第 16 页。

一体。在自东汉末天下大乱至隋灭陈的三四百年中,除西晋的数十年短暂统一,我国均处于南北分裂的局面,南北之间原本因地理环境和经济生活有别而形成的文化差异得到进一步的加强。隋朝统一全国,加之修建大运河,南北交通空前通畅,经济文化交流规模扩大,有利于缩小双方的差距。隋朝将南、北方的上层人士以及各种文化人物迁入都城这一举措,更使相隔数百年的南、北文化,得以在都城重新交汇和融合,形成新质的文化。

以下试举经学、文学、音乐和朝廷礼仪制度四方面,说明移民对文化的影响[1]:

以研究《诗经》《尚书》《易》《春秋》和《礼》等六经为基本内容的经学,是儒学的核心,历来都受到学者的重视。由于师承的差异,各经都有几种读本,对经文的解释往往有所不同。南北朝时南方和北方学者研读的读本已有很大的不同。《北史·儒林传》指出:"大抵南北所为章句,好尚互有不同。江左(指南朝),《周易》则王辅嗣,《尚书》则孔安国,《左传》则杜元凯。河洛(指北朝),《左传》则服子慎,《尚书》《周易》则郑康成。《诗》则并主于毛公,《礼》则同遵于郑氏。"并认为差异的本质,在于"南人约简,得其精华;北人深芜,穷其枝叶"。隋统一之后,马光、褚徽、顾彪、鲁世达、张冲、徐文远、包恺、陆德明等南北经学家汇集都城,南北经学得以接触。最后,以北方经学的大败退而告终,南方经学家用的读本均为南北经学所共同采用,北方经学家纷纷学习南方经学[2]。炀帝时号称大儒的信都(今河北衡水市冀州区)人刘士元和河间(今属河北省)人刘光伯,都以"学通南北,博极今古"而著名[3]。唐初颜师古和孔颖达等人奉命撰《五经定本》和《五经正义》,由政府颁行全国,作为经学范本,此后经籍无异文。根据学者的研究,凡诸经解释有歧义之处,二书多从南学[4]。

---

[1] 需要说明的是,隋代活跃在首都的上层文化人物中,有小部分人是在西魏末年被迫北迁中原的梁国移民或其后裔,还有一些人是在隋之前因各种原因留居北方的南方人。隋统一之前,他们已对北方文化产生一定的影响,入隋以来他们仍然在起着作用。因此,虽然他们不属于隋代移民,但在论述南北交汇、融合时难免还要提到他们。
[2] 参见范文澜:《中国经学史的演变》,载《范文澜历史论文选集》,中国社会科学出版社1979年版。
[3] 《北史》卷81《儒林传·序》,第2707页。
[4] 参见马宗霍:《中国经学史》第九章《隋唐之经学》,上海书店1984年据商务印书馆本重印。

南北朝时,洛阳和江东分别是我国南北两大文学中心,聚集了一批"学穷书圃,思极人文""英华秀发,波澜浩荡"的著名文学家。但是,南北文学的形式和文风颇有差异。《隋书·文学传序》指出这种区别:"江左宫商发越,贵于清绮,河朔词义贞刚,重乎气质。气质则理胜其词,清绮则文过其意,理深者便于时用,文华者宜于咏歌,此其南北词人得失之大较也。"据其所述,早在北周时期,由于"周氏吞并梁、荆"所导致的一些江陵和江东文人的北上,南朝盛极一时的徐庾体即骈体文开始传入关中一带,"狂简斐然成俗",以致许多人"流宕忘返,无所取裁"。直到隋初,虽然文帝极力要加以革除,但"时俗词藻,犹多淫丽"。事实上,随着陈国文学家的北迁,此风有进一步扩大的趋势。大业间,陈国移民虞绰和王胄分别在朝廷任秘书学士和著作佐郎,两人因善于文章得到炀帝的器重。炀帝所写的全部诗作,大多请王胄唱和。虞绰与另三位陈国和后梁移民虞世南、蔡允恭、庾自直等四人常居宫中,在炀帝左右"以文翰待诏"。王胄和虞绰二人的文学活动对青年文学家影响甚大,"于时后进之士咸以二人为准的"[1]。文坛上这种浮艳的"江左余风""陈、隋风流",在唐前期的近百年间,仍然盛极一时。直到玄宗开元间"稍裁以雅正",始有较大的改变[2]。

　　古代音乐分雅乐和俗乐两部。雅乐是古代帝王祭祀天地、祖先及朝贺、宴享等大典所用的乐舞,由于比较注重形式的典雅,很少在社会流传,主要保存在朝廷乐工手中。西晋永嘉之乱以后,朝廷乐工南渡,因此雅乐"大备江东"。梁侯景之乱以后,朝廷乐工分散,部分人迁入北齐境内,但北齐不曾将之用于朝廷的礼仪活动中。隋统一以后,应迁自梁国江陵的南方移民何妥的要求,开始搜集这部分乐工所保存的雅乐[3]。平陈之后,又自江南获蔡子元、于普明等宫廷乐工和乐器[4]。此后,又派精通音乐的大臣牛弘同协律郎祖孝孙等人,参照江

---

1 《隋书》卷76《王胄传》《虞绰传》。
2 参见《新唐书》卷201《文艺传·序》,第5725页;《杜甫传》,第5738页。
3 《隋书》卷75《何妥传》,第1714页。
4 《隋书》卷10《音乐志》,第349页。

左音乐制定雅乐,并随原陈国阳山太守毛爽学京房律法[1]。隋代雅乐后为唐朝所继承,整整影响了一二百年。

俗乐与雅乐相对,泛指古代各种民间音乐,也指宫廷宴会时演奏的燕乐和散乐(百戏)等。清商三调简称清乐,是汉代以来即已流行的汉族民间音乐,西晋永嘉之乱以后声伎分散。宋武帝平关中时开始进入南方,不复存在于北方,直到平陈以后重新流播中原。隋文帝听完江左乐工表演,不由得感叹道:"此华夏正声也……虽赏逐时迁,而古致犹在,可以此为本,微更损益,去其哀怨,考而补之。以新定律吕,更造乐器。"并列其为宫廷燕乐七部乐(炀帝改为九部乐)之一,唐初仍然如此。此外,鞞、铎、巾、拂等永嘉之乱以后已在北方消失的"前代旧声",平陈后也得以重新在朝廷宴会上表演[2]。大业年间,炀帝要在来洛阳的突厥可汗面前表现国力的强盛,于是下令"括天下周、齐、梁、陈乐家子弟皆为乐户,其六品以下至庶人,有善音乐者,皆值太常","于是四方散乐,大集东京"(见上);"倡优猱杂,咸来萃止"[3]。来自南北的民间音乐舞蹈得以在洛阳大汇合。不过,总的说来,由于受北朝以及不断迁入的周边民族移民的胡化影响,来自域外特别是西域的音乐舞蹈在各种艺术形式中占了上风。

隋朝的朝廷礼仪制度是文帝命牛弘、辛彦之等人制定的,他们"采梁及北齐《仪注》,以为五礼",而梁的礼仪乃是通过陈人而流传的[4]。仁寿二年闰十月甲申文帝下诏要求参与制定五礼的大臣中,许善心、虞世基、袁朗是陈国移民,明克让、裴政则是北周时北迁的梁国移民[5]。隋的舆辇制度在前期未备,开皇十四年采用梁陈之制,始得完善。例如,皇帝乘坐的属车本设81乘,炀帝嫌车数太多,于是参用陈国之制,设12乘。此外,皇后属车数量的确定也以南朝之制为标准。在宫廷礼仪活动时所用的衣冠法服方面,隋原先采用北齐制度,因感到有所不足,大业元年请朝廷中的南朝旧人依照梁陈制度进行修订。

---

1 《资治通鉴》卷178,文帝开皇十三年,第5543页。
2 以上据《隋书》卷15《音乐志》。
3 《隋书》卷13《音乐志》,第287页。
4 陈寅恪:《隋唐制度渊源略论稿》,第6页。
5 同上书,第47—51页;本节所附表13-1。

入唐以后,朝廷礼仪制度仍受到隋的长期影响[1]。

以上所举的四个方面,仅仅是移民对文化影响的部分内容。陈寅恪先生分析隋唐政治制度的渊源关系,认为有三个来源:"一曰(北)魏、(北)齐,二曰梁、陈,三曰(西)魏、周。……所谓梁陈之源者,凡梁代继承创作陈氏因袭无改之制度,迄杨隋统一中国吸收采用,而传于李唐者。"[2]汤用彤先生于《隋唐佛教史稿·绪言》[3]中,简述隋唐南北佛教思想融合汇流的状况。他指出:"且自晋以后,南北佛学风格,确有殊异,亦系在陈隋之际,始相综合,因而其后我国佛教势力乃达极度。隋唐佛教,因或可称为极盛时期也。"如果没有全国的统一局面,没有梁陈上层和文化人士对都城的迁移,梁陈的政治制度便不可能为隋朝吸收并传于李唐,南、北的佛教思想也不可能互相综合。张彦远《历代名画记》记隋代的名画家展子虔、董伯仁事:"董与展同召入隋,一自河北,一自江南。初则见轻,后乃颇采其意。"表明由于著名画家汇集长安,南北绘画风格在京城重新得到融合。因此,隋到唐初是南北绘画风格融合并得到发展,产生革命性变化的阶段,在人物画、山水画等方面都取得重要成就[4]。类似情况,还可以举出一些。可以说,"隋唐间礼乐刑政诸制度,以及经学、文学、音韵、文字、书法艺术等,主要取资于东晋南朝",即西晋永嘉乱后播迁江左并在南方发展演变的华夏文化。隋唐之间的南朝因素对有唐一代产生了深刻影响[5]。

综上所述,隋代将大批南方地区的上层移民迁到都城地区,为南北文化的重新交汇提供了有利条件,对隋唐文化产生了重大影响,在我国古代文化发展史上称得上是一件大事。

1　参见陈寅恪:《隋唐制度渊源略论稿》,第54—60页。
2　同上书,第1—2页。
3　汤用彤:《隋唐佛教史稿》,中华书局1982年版,"绪言"。
4　参见童教英:《中国古代绘画简史》,第53页。
5　牟发松:《略论唐代的南朝化倾向》,载《中国史研究》1996年第2期。

第二节

唐五代京畿地区的移民

一 唐代对都城的移民

李渊自河东起兵,建立唐朝,仍都大兴城,称为长安。原家在河东的部将,在全国胜利后纷纷将家迁入关中。原居太原的朱仁表和张显分别将家迁到高陵和长安县[1],便是其中的例子。唐初迁入关中的,还有其他一些地区的人民,如清河人刘节,因"耻居关外,移从京邑"[2]。

与此同时,洛阳因其控扼关东的重要战略地位,成为唐初移民的另一个中心。迁入洛阳的移民,许多是由朝廷组织迁入的。其中一部分是隋朝的降官及其家属,张才便是其中的一位。《唐故张君墓志铭并序》载:张才在隋末任上柱国大将军,"既而隋历告终,唐皇启圣,隋官例降,准当陪戎副尉",张才"谨从班例,迁居洛中,见贯洛阳县也"[3]。另有一部分人则是在政府组织实洛州时迁入。由于洛阳一带"往逢丧乱,郭邑凋残",唐初下令移民"实三州",相州安阳人康元敬于是在此背景下迁入洛州阳城县(今登封市境)[4]。此三州不知州名,估计是洛州及其附近的汝州和怀州。此外,唐祚初兴时自河东外迁的胜利者中,也有人迁入洛州,迁入洛阳的太原人王某即是其中的代表[5]。由于关中人多地少而关东存在较多的荒地,贞观元年(627年)"朝廷

---

[1] 阙名:《朱府君墓志铭》,阙名《大周张君墓志铭》,分别载《唐代墓志汇编》,第916、842页。
[2] 阙名:《刘君墓志铭》,载《唐代墓志汇编》,第23页。
[3] 载《唐代墓志汇编》,第216页。
[4] 阙名:《唐故处士康君墓志》,载《唐代墓志汇编》,第572页。
[5] 阙名:《王府君墓志铭并序》,载《唐代墓志汇编》,第1445页。

议户殷之处,听徙宽乡",准备大规模向东移民。但遭到陕州刺史崔善为的反对,认为这是"虚近实远,非经通之议",遂未实行[1]。

弘道元年(683年),高宗死,皇后武则天临朝称制,准备夺权。嗣圣元年(684年)二月,废中宗为庐陵王。不久,又废掉睿宗,掌握政权。九月,改元光宅,改东都洛阳为神都,作为新的政治中心。

洛阳在隋唐之际的战争中,人口锐减,到武德四年(621年)尚不足3 000家[2]。经过半个世纪的移民和自然繁殖,人口有了一定的增长,但作为首都人口仍嫌过少。而关中一带人多地少,被称为狭乡,因此改洛阳为神都不久即着手进行较大规模的迁移。天授二年(691年),武则天下令:"雍州(治今陕西西安市)旧管及同(治今韩城市)、太(治今陕西渭南市华州区)等州,土狭人稠,营种辛苦,有情愿向神都编贯者宜听,仍给复三年,百姓无田业者听其所欲。"并要求各地各种脱籍外流人户"并限百日内首尽,任于神都及畿内怀(治今河南沁阳市)、郑(治今郑州市)、汴(治今开封市)、许(治今许昌市)、汝(治今汝州市)等州附贯,给复一年。复满便依本番上下,其官人百姓有情愿于洛、怀等七州附贯者亦听"[3]。当月,在政府官员的组织下,"徙关内雍、同、秦(泰之误)等七州户数十万,以实洛阳"[4]。这次移民的总数估计有上百万人。

在此以前,雍、同等州已有不少人在洛阳经营工商业,由于徐坚建议"令简括,兼检乐住之人,微有资财情愿在洛城者"[5],这些人也都成为洛阳的新移民。

自南北朝晚期以来,一向拥有政治特权的山东士族日渐衰落。隋代罢九品中正法,宣布"举选不本乡曲",一些士族人士开始舍弃故乡产业,迁往他乡。首都是全国的政治中心,迁入的士族人数很多。唐玄宗时刘秩上言,回顾这种变化:"隋氏罢中正,举选不本乡曲,故里闾

---

1 《唐会要》卷84《移户》,第1840页。
2 《资治通鉴》卷189,武德四年三月。
3 《全唐文》卷95《置鸿、宜、鼎、檿等州制》,第429—430页。
4 《唐会要》卷84《移户》,第1840页。
5 《请停募关西户口疏》,《全唐文》卷272,第1222页。

无豪族,井邑无衣冠,人不土著,萃处京畿。"[1]因赴京考试,遂就居长安的范阳人卢景修,便是代表之一[2]。此外,还有一部分士族由于在外地做官而另设新贯。唐代士族由旧籍向新贯的迁徙经历了很长的时间,迁入地区大体在长安—洛阳一线。唐后期崔某给诸子的遗书说:"自天宝以还,山东士人皆改葬两京,利于便近。唯我一族,至今不迁。"[3]"自天宝以还,山东士人皆改葬两京"一语,表明山东旧士族在天宝以后已大致完成了自原籍向新贯的迁徙。据毛汉光先生对唐代旧士族10姓13家的调查,他们主要迁入河南府、京兆府,此外绛州、郑州、相州、汝州和磁州也有人迁入,最大的迁徙潮在高宗武后和玄宗时[4]。

"古来利与名,俱在洛阳城。"[5]由于这一原因,安史之乱后虽然北方士族向长安和洛阳的迁徙高潮已告终结,但仍有人迁入两地。代宗时,苏州刺史李栖筠向朝廷奏:"部豪姓多徙贯京兆、河南,规避徭科,请量产出赋,以杜奸谋,诏可。"[6]冻国栋以为,此浙西豪姓应该指在两京一带任职的官僚之人,他们在浙西原籍已有田产,又在京畿附近置得产业,因而设法注销本贯旧籍,从而形成新的迁徙。

除了士族官僚、士大夫以外,待选和卸任的官吏,经营大小商业的行商坐贾,乃至乐人歌女,无不乐于向都城集中,导致了城市人口的急剧膨胀。在都城的附近也有很多外地的移民。长安近郊盩厔县(今周至)就有很多移民。唐后期沈亚之说盩厔:"今又徙瓯越卒留成邑中,神策亦屯兵角居,俱称护甸,而三蜀移民游手其间,市间杂业者多于县人十九,趋农桑业者十五,又有太子家田及竹圃,皆募其庸艺之。"[7]

昭宗继位以后,藩镇更加跋扈,一些朝官实际成了藩镇在朝廷的代表,关中军阀李茂贞和河南朱温各有挟天子以令诸侯之意。昭宗天

---

1 《通典》卷17《选举五·杂议论》。
2 阙名:《范阳卢府君墓志》,载《唐代墓志汇编》,第2126页。
3 白居易:《崔公墓志铭》,《全唐文》卷679,第3078页。
4 《从士族籍贯迁徙看唐代士族之中央化》,载《史语所集刊》第52本第3分。本段据冻国栋:《唐代人口问题研究》,第260—263页。
5 于邺:《过洛阳》,《全唐诗》卷725。
6 《新唐书》卷146《李栖筠传》,第4736页。
7 沈亚之:《盩厔县丞厅壁记》,《全唐文》卷736,第3368页。

祐元年（904年）正月，朱温强迫迁都洛阳，"令长安居人按籍迁居，撤屋木，自渭浮河而下，连甍号哭，月余不息"[1]，可能有几十万人东迁。由于长安已被彻底毁坏，东迁移民重返故里的可能性很小，大部分人都定居在洛阳。原京兆万年人孔承恭，在昭宗东迁时举族随之，占籍河南[2]，便是其中一例。至少在咸通、乾符以前，长安一带仍然是各色人口特别是官僚、士大夫最为稠密、最为集中的地区之一，洛阳的地位不如长安。自迁都洛阳以后，长安彻底毁坏，此后一蹶不振，地位远远不如洛阳。

二　五代实洛阳和开封

五代时，后梁建都开封府，称为东京。后唐灭后梁，移都洛阳。后晋重新迁都开封，后汉和后周依之，北宋仍定都于此，开封从而取代长安和洛阳成为统一王朝的都城。

唐末五代初，洛阳遭受战争的严重破坏。后唐建都时，洛阳"荒凉至甚，才通径行，遍是荆榛"。此后，移民渐次迁入，"集人开耕，便许为主，或农或圃"，城市逐渐恢复生气。经30年的移民，"居人渐多"。由于里巷狭隘，开始修建宫室，完善城市管理制度[3]。

在洛阳的新居民中，有一批来自前蜀的上层移民。同光三年（925年），后唐灭前蜀，迁蜀主王衍与王室、宗族、侍从，及王锴、张格、庾传素、许寂、李昊等朝臣，并将佐家族数千人东迁洛阳[4]。除了王衍途中被杀，一些人复归蜀中以外[5]，相当一部分人留居洛阳，如北宋王彦升的祖先便如此[6]。除永平节度使马全绝食而死外，宰相王锴以下的后蜀官员都分别被授以诸州府刺史、少尹、判官、司马等职[7]。在侍从

1　《旧唐书》卷20上《昭宗纪》，第778页。
2　《宋史》卷276《孔承恭传》，第9389页。
3　崔穆：《请正街坊疏》，《全唐文》卷839，第3916页。
4　《旧五代史》卷72《张居翰传》，第954页；《十国春秋》卷37《前蜀三·后主纪》，第555页。
5　《资治通鉴》卷275，明宗天成元年，第8987页。
6　《宋史》卷250《王彦升传》。
7　《十国春秋》卷37《前蜀三·后主纪》，第556页。

中,形形色色的各种人物,例如乐工 200 人,也迁到洛阳[1]。

唐末五代是开封开始发展的重要时期。自朱温占领开封以后,开封的地位便直线上升,一批批来自其他军阀统治区的人民被迫迁入。此后,后梁、后晋、后汉、后周四朝都以开封为移民中心,迁入辖境内或从敌对藩镇掳掠来的人民。仅后晋天福八年(943 年)正月,便有禁军 1 万人并家口迁入开封[2]。后周广顺二年(952 年),又选诸道工匠赴京城各官营作坊,以备役使[3],其中一些人可能定居下来。

第三节

隋唐之际的避乱迁移

隋大业七年(611 年),王薄在长白山(今山东邹平市南)起义,揭开了隋末战争的序幕。这场战争持续十余年,波及黄河流域的大部分地区,到唐贞观二年(628 年)才重新完成全国的统一。

战争给黄河流域带来严重的破坏,一时间"天下崩离,君子道销。衣冠殄碎,国亡家灭"[4]。直到唐朝建立十几年后的贞观六年,景况仍十分凄惨,"自伊、洛之东,暨乎海、岱,萑莽巨泽,茫茫千里,人烟断绝,鸡犬不闻,道路萧条,进退艰阻"[5]。隋大业五年,全国著籍户数为 890 万户,唐贞观十三年只有 306 万户,仅及三分之一[6],这场战争给北方人民生命财产造成的严重破坏可想而知。为了躲避战乱,北方人民被迫向比较太平的地区流徙。"隋季板荡,四海翻腾,百姓流移,万人驰

---

1 《资治通鉴》卷 274,明宗天成元年正月,第 8955 页。
2 《旧五代史》卷 81《晋书·少帝纪》,第 1075 页。
3 《旧五代史》卷 112《周书·太祖纪》,第 1485 页。
4 阙名:《唐故王君墓志铭并序》,载《唐代墓志汇编》,第 643 页。
5 吴兢:《贞观政要》卷 5《纳谏第五》,第 70 页。
6 据《隋书·地理志》和《旧唐书·地理志》户数统计。

走"[1];"自隋季道消,天下沦丧。衣冠之族,疆场之人,或寄命诸戎,或见拘寇手"[2];"比年寇盗,郡县饥荒,百姓流亡,十不存一,贸易妻小,奔波道路"[3]。这些话,都是对隋末人民流离失所的描述。

躲避战乱的人民,一部分进入关内道北部、漠北草原和高昌等边疆地区,后大都返回中原(详第七章);一部分逃到北方当时相对安全一些的地方,例如并州(治今山西太原市西南)、河南府(治今河南洛阳市)和兖州(治今山东济宁市兖州区)境内[4]。《大唐故薛府君墓志铭》载河东人薛莫"隋末丧乱,徙居凉州(治今甘肃武威市)"[5],显然今河西走廊也有迁入的华北人民。

令人感兴趣的是,北方有的地方,例如并州,虽然是移民的迁入地,但同时又是移民的迁出地[6]。估计当时北方的不少地方并无长久和平,当战争来临时当地人民外迁,当战火稍息时外地移民重又迁入。

据《唐代墓志汇编》收入的有关墓志铭,河南郡及其所属各县在隋末的某一个时期,曾享有难得的相对安宁局面,因而吸引避乱者迁入,是避乱者在北方最重要的迁入地。太原人王氏,太原祁县人王某,南阳人张伯通,汝南人袁相,汲郡人吕行端,安定人焦松,清河人张君表,长乐人贾元恭,都在隋末迁入河南。墓志铭记载他们的迁入情况,分别是:

王氏"属大业丧乱,兄弟分离,归路莫从,遂居京洛";

王某"属隋季板荡,避地河南";

张伯通"隋末避地,因家于瀍涧矣";

袁相"往因隋乱,流寓洛州,贯属河南千金乡";

吕行端"属隋季乱离,分派迁转,则河南洛阳人也";

焦松"属金行不竞,宇内分崩,子孙迁播,因家于此,为洛阳人也";

---

1 碑名原缺,载《唐代墓志汇编》,第325页。
2 《唐平高昌诏》,载《册府元龟》卷985。
3 高祖:《定户口令》,《全唐文》卷1,第1页。
4 《唐代墓志汇编》第325页,阙碑名,载某氏迁入并州;第643页《唐故王君墓志铭》载王文晓自并州迁居河南偃师;第2250页《宋府君墓志铭》载宋自昌自河北广平迁兖州金乡。
5 《唐代墓志汇编》,第1346页。
6 例如,王文晓便是自太原祁县外迁河南偃师避乱的。

张君表"乱离适静,因徙居焉";

贾元恭"属隋氏乱离,迁居洛阳焉"[1]。

由于文献阙载,至今已无法得知隋末外地移民迁入河南郡的规模。考虑到后期洛阳附近是各方激烈争夺的地方,人口锐减,到武德四年(621年)尚不足3 000家人家(见上),隋末迁入的移民必定大多死于战争,或重新外迁。

因北方的相当一部分地方都陷入战争之中,人民前往避乱的主要地区是北自淮河、南到岭南的广大的南方。武德六年高祖的一道诏令便指出:"江淮之间,爰及岭外,涂路悬阻,土旷民稀,流寓者多,尤宜存恤。"[2]虽然此诏令没有说明流寓者是何方人氏,在当时北方战乱的情况下,他们应大多来自北方。

由于当时长江和淮河之间的区域发生了较大规模的战乱,不利于移民迁入,唐高祖所说的"江淮"主要是指江南。徐州人刘审礼便是迁入江南的北方人,战乱起后他自故乡负祖母元氏渡江避乱,到天下安定,方西入长安[3]。另一北方人史仲谟,在隋末大乱时避地江南的溧阳(今属江苏)[4]。炀帝南下江都(今江苏扬州市)时,大批军人随同护卫,一些人后见局势不妙逃走[5],估计多逃入江南。据说,还有一些隋代的宗室成员进入越州(治今浙江绍兴市)山区避难,并死于此[6]。杭州和婺州的贞观户都比隋大业户增长近一倍,苏、湖二州增长近一半[7]。从大业到贞观只相隔20多年,人口自然增长率不可能那样高,其中可能有流移而来的北方民户[8]。

长江中游地区当时也接纳了一定数量的北方人民。大业末,许绍任夷陵郡(治今湖北宜昌市西长江南岸)通守,"是时盗贼竞起,绍保全

---

1 分别载第 272、358、467、769、819、1018、1342、1399 页。
2 《唐大诏令集》卷111《简徭役诏》,第530页。
3 《旧唐书》卷77《刘审礼传》,第2677页。
4 史仲谟:《史崇墓碑颂》,《全唐文》卷162,第731页。
5 《资治通鉴》卷184,恭帝义宁元年八月,第5751页。
6 董太初:《保应庙》,载厉鹗《宋诗纪事》卷64,上海古籍出版社标点本,第1609页。
7 杭、婺二州隋大业户和唐贞观户分别是:15 380、30 571、19 805、37 819。苏、湖两州期间户数分别是 18 377 与 25 994。
8 参见冻国栋:《唐代人口问题研究》,第208页。

郡境,流户自归者数十万口,开仓赈给,甚得人心"[1]。许绍既"保全郡境",则流户不应是当地人民,估计多是自江北流入的北方和荆襄人民。

由于"天下饥乱,唯蜀中丰静"[2],蜀中可能是当时北方避难者最多的地区之一。唐高祖曾指出:"西蜀僻远,控接巴夷,厥土沃饶,山川遐旷。往者隋末丧乱,盗寇交侵,流寓之民,遂相杂挠,游手坠业,其类实繁。"[3]据此诏书所言,流寓之人主要分布在今四川盆地的西部一带,东部因是巴夷之地人口不可能多。进入蜀中避难的不仅有平民,也有北方的僧人。原集中在东都(今河南洛阳市)的众多高僧,隋末因战乱"供料停绝",不得不"多游绵(即今绵阳市)、蜀(指今成都市)",因而"知法之众又盛于彼"。后来西天取经的高僧玄奘就在此时自北方入蜀[4]。剑南道在隋大业五年有户36万余,贞观年间增加到57万余户,30年间增长了差不多60%,应有移民迁入的因素。

经过隋唐之际的人口迁移,贞观十三年的人口地理发生了显著的变化。南方地区所占的户数,由隋大业五年的28.4%提高到54.6%,在历史上第一次超过北方。其中,尤以剑南道和江南的增长最为迅速[5],表明两道境内的北方流民可能大部分都定居在当地。不过,唐前期北方经济的发展势头尚未失去,经过100余年的恢复和发展,到天宝年间北方在全国人口所占的比重又上升到过半数以上(详表11-1)。

唐前期突厥势力强大,常常侵入长城以南地区,由此也发生一些边外人民向边内的迁徙,以云州和丰州人民的迁移规模较大。武德三年云州(治今内蒙古和林格尔县境)总管郭子和率边民南徙,唐高祖下令将其安置在延州(治今陕西延安市)[6]。此外,因"隋季丧乱,不能坚守",丰州(治今内蒙古五原县南)百姓也被迁到宁(治今甘肃宁县)、庆

---

1 《旧唐书》卷59《许绍传》,第2327页。
2 《大慈恩寺三藏法师传》卷1,第7页。
3 《遣使安抚益州诏》,《全唐文》卷2,第5页。
4 《大慈恩寺三藏法师传》卷1,第7页。
5 详冻国栋:《唐代人口问题研究》,第149页,表4-8。
6 《资治通鉴》卷188,武德三年十一月,第5895页。

(治今甘肃庆阳市)二州[1]。

第四节

唐前期逃户的迁移

有唐一代,始终存在着比较严重的逃户问题,即民户由家乡逃往外地。除了隋唐之际和唐后期为躲避战乱而南迁,以及一些自然灾害原因以外,广大的逃户主要是为了寻找耕地或躲避沉重的封建赋役而被迫外逃的[2]。

唐初实行均田制,广大的农民都得到一小块土地,生产积极性有所提高。但是,农民普遍受田不足。从敦煌户籍残卷看,农民受田一户一般只有30多亩,只占应受田的三分之一。而大官僚、大地主却占田极多,且不断兼并土地。失去土地的农民只好给地主当佃农和雇工,或者到处流亡[3]。此外,唐代农民除了租庸调,还有户税、义仓等各种摊派,以及种种横征暴敛,负担十分沉重。高宗时裴守真曾指出:

夫谷帛者,非造化不育,非人力不成。一夫之耕,才兼数口;一妇之织,不赡一家。赋调所资,军国之急,烦徭细役,并出其中。黠吏因公以贪求,豪强恃私而逼掠,以此取济,民无以堪。又以征戍阔远,土木兴作,丁匠疲于往来,饷馈劳于转运。微有水旱,道路遑遑,岂不以课税殷繁,素无储积故也?[4]

一些农民无法承受沉重的负担,只好迁到外地,游离于官府的户

---

[1] 《旧唐书》卷93《唐休璟传》。
[2] 关于唐代逃户问题的论著较多,除冻国栋《唐代人口问题研究》第五章第三节外,胡沧泽《唐朝前期对逃户政策的改变与福建州县的设置》(载《福建师范大学学报》(哲)1992年第1期)也是发表的主要论文之一,本节有关内容吸收了他们的研究成果。
[3] 参见胡沧泽:《唐朝前期对逃户政策的改变与福建州县的设置》,载《福建师范大学学报》(哲)1992年第1期。
[4] 《唐会要》卷83《租税上》。

籍控制之外。

贞观十六年(642年)正月,太宗"敕天下括浮游无籍者,限来年末附(籍)毕"[1],表明唐初逃户问题即已出现。此后,越演越烈。武则天证圣元年(695年),李峤上表说:"今天下之人流散非一,或违背军镇,或因缘逐粮,苟免岁时,偷避徭役,此等浮衣寓食积岁淹年,王役不供,簿籍不挂,或出入关防,或往来山泽……不可不深虑也。"[2]景云二年(711年),韩琬上书说:"往年,人乐其业而安其土,顷年,人多失业,流离道路。若此者,臣粗言之,不可胜数。"[3]这种现象,到了盛唐时的开元、天宝年间有增无减。唐玄宗《科禁诸州逃亡制》指出:"今正朔所及,封疆无外,虽户口既增而税赋不益,莫不轻去乡邑,共为浮惰。或豪人成其泉薮,或奸吏为之囊橐,逋亡岁积,流蠹日滋,州县不以为矜,乡邻实受其咎。"[4]

由于资料阙载,无法得知逃户主要迁出地,也无法得知何处的逃户自何地迁来。一般说来,南方许多地方人口密度相对较低,无地少地的农民在人口中所占比重可能要低于北方。此外,当时发生的严重自然灾害多集中在北方,南方人民的赋役负担或许也较北方人民轻一些。因此,逃户虽然南、北都有,但可能主要出自北方。逃户的迁入地区,主要有三种:

第一种是本州本县的其他地方。杜甫约在天宝年间说蜀中无地农户状况:"蜀之土肥,无耕之地。流庸之辈,近者交互其乡村而已,远者漂寓诸州县而已,实不离蜀也,大抵只与兼并豪强家力田耳。"[5]那种"交互其乡村"的农户尚未离开本乡本村,只有"漂寓诸州县"的农民才是外迁的逃户。睿宗《申劝礼俗敕》说:"诸州百姓,多有逃亡,良由州县长官抚字失所。或住居侧近,虚作逃在他州,横征邻保。逃人田宅,因被贼卖。宜令州县招携复业。"[6]据此诏令,似乎相当一部分逃

---

[1] 《资治通鉴》卷196。
[2] 李峤:《请令御史检校户口表》,《全唐文》卷246,第1098页。
[3] 《唐会要》卷85"逃户",第1851页。
[4] 玄宗:《科禁诸州逃亡制》,《全唐文》卷22,第107页。
[5] 《东西两川说》《全唐文》卷360,第1617页。
[6] 载《全唐文》卷19,第92页。

户都"住居侧近",并未逃离本州本县。

第二种是逃往外州县的偏僻山区和政府统治力量较为薄弱的地区。开元四年(716年)以叶、襄城、方城、西平和舞阳五县设立的仙州(治今河南叶县境),原是一片介于汝、许、唐、豫四州之间的山区,地广人稀,各县离上属州都有相当距离,政府统治力量较为薄弱。由于这一原因,许多逃户向此流徙,"逃亡所归,颇成渊薮"。为了加强统治,一度建立仙州[1]。

蜀中是逃户较多的地区之一,许多逃户进入山深林密的山区。武周圣历三年(700年),在蓬(治今四川仪陇县南)、渠(治今渠县)、果(治今南充市)、合(治今重庆市合川区)、遂(治今四川遂宁市)等州山区,"诸州逃走户有三万余"。因地处偏僻,有关州、县均无法对他们进行管辖[2]。南宾郡(即忠州,治今重庆市忠县)在天宝年间"逋亡襁负而至者不可胜数"[3],也是逃户汇集的地方。此外,蜀中的其他地方,例如合州铜梁县和渝州壁山县,境内的外地逃户人数也很多。铜梁县本属大足川地,由于"侨户辐凑",武周长安四年(704年)设铜梁县。壁山县本居江津、万寿、巴三县交界,为一群山环绕的小盆地,因"天宝中,诸州逃户多投此营种",至德二载(757年)置县[4]。

福建境内,特别是南部和西部山区,也有较多的逃户。开元二十一年,福州长史唐循忠在潮州(今属广东)以北、广州以东、福州以西的光龙洞,"检责得诸州避役百姓共三千余户",于是以这些人户设立汀州[5]。二十八年,时任经略使的唐循忠又在漳州龙岩县、汀州沙县及福州侯官县三县交界地区,招谕"诸境逃人"1 000余户,因以建尤溪县[6]。此外,胡沧泽还发现,垂拱二年(686年)漳州的建立,并不仅仅是唐王朝为镇压蛮僚反抗,还包含着"收散亡"、搜刮逃户这一因素。他甚至认为,唐安史乱前福建设立13县均和安抚逃户有关[7]。此13

---

1 据《旧唐书》卷38《地理志》,第1431页;崔沔:《请勿废仙州议》,《全唐文》卷273,第1225页。
2 陈子昂:《上蜀川安危事》,《全唐文》卷211,第941页。
3 阙名:《和府君墓志铭并序》,载《唐代墓志汇编》,第1580页。
4 均见《元和郡县图志》卷33,第856、855页。
5 《元和郡县图志》卷29,第722页。
6 《太平寰宇记》卷100。
7 胡沧泽:《唐朝前期对逃户政策的改变与福建州县的设置》,载《福建师范大学》(哲)1992年第1期。

县的设置,是否都与逃户有关尚需研究,但其中相当一部分县有较多的逃户迁入应没有疑问。

不仅河南、蜀中、福建等区域一些州县的设置与搜检逃户有关,江淮地区一些县的设立同样如此。玄宗时期,宣州太平(安徽今黄山市境)、鄂州唐年(今湖北崇阳县)、隋州唐城(今湖北随州市西北)等县,都是在搜检逃户的基础上新设或重设[1]。抚州南丰县在玄宗初年一度废去,开元七年重新设县,复县原因是这里"田地丰饶,川谷重深,时多剽劫"[2]。所谓"时多剽劫",可能也与逃户聚集有关。唐玄宗《遣使分巡天下诏》说及安置浮寄逃户事,特意提道:"又江淮之间,有深居山洞,多不属州县,自谓莫徭,何得因循,致使如此?"[3] 莫徭一词,最初用来指分布今湖南、广东和广西一带的瑶族人民。据玄宗诏令,唐代莫徭不仅分布范围往北扩大,而且可能掺入很多为逃赋役而迁入的汉族人民。

第三种即逃入地方政治较为清明、人民负担相对较轻的地区。这方面可以徐州为例。安史乱前,李少康任州刺史,"先是岁比大歉,人流者什五六"。李将这些逃户的名字从户籍中削去,"然后节用务本,薄征缓刑",减轻人民负担。又遇上好收成,一时间"浮游自占者至数千、万,优诏嘉叹"[4]。独孤及用"浮游自占者"代替"返乡"或"自归",表明除了返乡的人民,还有很多来自外地的逃户。

此外,也有人逃入边疆地区。边疆因远离中原,政府的统治力量较第二类地区更加薄弱。有关迁移情况,请详见第七章。

唐朝法律严令禁止户口逃亡,违者要判刑[5]。但高宗、武后以后逃户的日益增多,迫使统治者不得不对此作些改变。开元九年,朝廷派劝农判官多人往全国检括户口,至开元十二年诸道括得客户凡80余万。除京兆和河南两府人民归还本贯,其余都就地入籍编附[6]。唐

---

1 分别据《太平寰宇记》卷103、卷112和《唐会要》卷71《州县改置》。
2 《太平寰宇记》卷110。
3 《全唐文》卷32,第149—150页。
4 独孤及:《李公神道碑》,《全唐文》卷390,第1756页。
5 《唐律疏议》卷12《户婚》。
6 《唐会要》卷85"逃户",第1852—1853页。

玄宗并发布诏令，宣布："州县逃亡户口听百日自首，或于所在附籍，或牒归本乡，各从所欲。过期不首，即加检刮，谪徙边州；公私敢容庇者抵罪。"[1] 因此，各地的逃户多在迁入地就地入籍。

逃户的迁移，特别对偏僻山区的迁移，对唐代的经济发展产生了深远的影响。唐人元结叙盛唐的经济发展状况，提道："开元、天宝之中，耕者益力，四海之内，高山绝壑，耒耜亦满。人家粮储，皆及数岁，太仓委积，陈腐不可校量。"[2] 如果没有逃户在广大的山区开垦田地，高山绝壑怎么可能"耒耜亦满"？国家的粮储怎会"陈腐不可校量"？[3] 唐前期南方的许多地区人口都有较大的增长，例如福建隋代只有12 420户，天宝时达91 186户，增加了近7倍，逃户的迁入应是主要原因之一。

第五节

唐后期五代北方地区人口的迁移

唐后期五代，北方人民除了往南方和往边疆迁移以外，在北方地区也进行着因各种原因产生的迁移，构成当时全国移民潮的重要组成部分。

一 安史之乱时期

天宝末安史之乱爆发以后，为了躲避战争灾难，黄河流域人民纷纷向战火尚未烧到的地区迁徙。除了主要迁往南方，北方战火尚未燃

---

[1] 《资治通鉴》卷212，玄宗开元九年二月丁亥，第6744页。
[2] 《问进士·第三》，《全唐文》卷380，第1708页。
[3] 参见胡沧泽：《唐朝前期对逃户政策的改变与福建州县的设置》，载《福建师范大学学报》（哲）1992年第1期。

烧到的区域和比较偏僻的山区也成为避难者的乐园。

山西高原（唐代属河东道）不仅多山，而且战争较少，又靠近战乱频仍的华北平原，是北方难得的避难场所，一些移民因而迁入避乱。"洎狂胡逋梗，俶扰中华，人无怀土之心，匪唯流于上党"[1]，反映了移民纷纷向靠近河南平原的上党（潞州治所，今长治市）迁移。长于花鸟画的著名画家边鸾，就是在乱后转徙于潞州和泽州（治今晋城市）的[2]。太原府（治今太原市西南）也是移民的迁入地之一，高氏就是在代宗时因"河朔再骚"始徙贯榆次县（今晋中市）的[3]。河东道一些州的元和户比天宝下降很多，但太原府却大略相等，隰州（治今隰县）不但没有下降反而上升[4]。据此看来，隰州、太原府等地区不仅可能接纳了河东一些州的避难百姓，而且也有来自华北平原的移民。

安史叛军在中原各地作战时，每每有掠夺人口之举，"每破一城，城中衣服、财贿、妇人皆为所掠，男子、壮者使之负担"，老、弱、病、残、幼则无辜被杀害[5]。攻入都城长安，安禄山又下令"搜捕百官、宦者、宫女等"，"每获数百人，辄以兵卫送洛阳"[6]；搜刮到的宫廷乐工也被送到洛阳[7]。被安史叛军所俘掠的人以后都送到范阳（今北京市南）[8]。不过，文献没有记载这些人后来的去向，估计在乱定后大多返回故乡，只有少数人留在范阳。

安史之乱期间，还发生侯希逸率平卢镇军人及家属南迁事。侯希逸是平卢（今河北卢龙县）人，原任平卢裨将，安史之乱后杀死安禄山心腹、平卢节度使徐归道，被朝廷任命为平卢节度使。因不敌安史叛军的进攻和奚人的蚕食，肃宗上元二年（761年）侯希逸率部二万余人南迁，到达青州（治山东今市）。此后，即活动在山东一带[9]。

---

1 李杲：《唐故田府君墓志铭并序》，载《唐代墓志汇编》，第2029页。
2 佚名：《宣和画谱》卷15。
3 宋祁：《景文集》卷59《高府君墓志铭并序》。
4 参见表9-4。
5 《资治通鉴》卷219，肃宗至德元载十一月，第7006页。
6 《资治通鉴》卷218，肃宗至德元载六月，第6980页。
7 《资治通鉴》卷218，肃宗至德元载八月，第6994页。
8 《资治通鉴》卷219，肃宗至德元载十二月，第7008页。
9 《旧唐书》卷124《侯希逸传》，第3534页。

二 藩镇割据时期

安史之乱结束以后,大河南北陷入长期的藩镇割据状态,有时还会发生朝廷和藩镇、藩镇和藩镇之间的战争。那些政治比较清明、战乱较少、赋税和徭役相对较轻的地方,往往成为躲避战乱和沉重的封建负担的移民的迁入地。唐后期有关某地"流民襁负而至"的记载颇多,使我们得以窥见北方地区移民的一些片段。

安史之乱结束以后,怀州(治今河南沁阳市)、郑州、汝州、陈州(治今河南淮阳县)、蔡州(治今河南汝南县)、邓州、华州(治今陕西渭南市华州区)等一批府州的人口开始增加,经济逐渐得到恢复。例如,杨承仙任怀州刺史,发展水利,修复家园,"流人襁负,不召自至,如归市焉"[1]。孟皞任汝州刺史,极力恢复经济,前来占田的流人达八万人之多[2]。马燧于永泰至大历中(766—779年)在郑州刺史与怀州刺史任上,都有垦田均赋、招徕流亡的政绩[3]。陈、蔡二州在李希烈叛乱后人民多逃往邻县避祸,在节度使曲环的招辑下,"不三二岁,襁负而归者相属"[4]。王某任邓州刺史期间,当地经济恢复较快,"首年而富,中年而教,季年而政成,其籍版自四千户至于万三千户"[5]。孟威任邓州临湍县县令,"始至户不盈百,为政七月,尽室而归者千余家"[6]。袁滋任华州刺史,"政清简,流民至者,给地居之,名其里曰义合"[7]。上述州县,除华州在关内道,其余都在战乱最为严重的河南道。既然此两道有这些方面的记载,河北、河东等北方的其他地区也不应例外。

有关流民迁入某一地区的记载,元和(806—820年)以后仍不时见到。元和末,孙某任泽州(治今山西晋城市)刺史,行仁政,因而有大量移民迁入。据说由于人口激增,当地土地遍垦,以致"沟塍连接,中

---

1 独孤及:《少傅杨公遗爱碑颂》,《全唐文》卷390,第1756页。
2 常衮:《授孟皞京尹制》,《全唐文》卷412,第1870页。
3 权德舆:《马公行状》,《全唐文》卷507,第2285页。
4 《旧唐书》卷122《曲环传》,第3502页。
5 符载:《邓州刺史厅壁记》,《全唐文》卷689,第3126页。
6 李华:《临湍县令厅壁记》,《全唐文》卷316,第1419页。
7 《新唐书》卷151《袁滋传》,第4824页。

无隙地"。这些移民来自邻近的河内（即怀州），受迁移的影响，"故河内之民加少，高平（即泽州）之民加多"[1]。大和四年（830年），殷侑任沧（今属河北）、景（治今河北东光县境）、德（治今山东德州市陵城区）三州观察使，"时大兵之后，满目荆榛，遗骸蔽野，寂无人烟"。在殷侑的招抚下，"周岁之后，流民襁负而归。……数年之后，户口滋饶"[2]。同年，曹（治今山东菏泽市定陶区）、郓（治今东平县境）、濮（治今鄄城县境）三州节度使（即天平军节度使）废除以家产抵偿租税的法令，四万户流民迁入境内[3]。

由于文献阙载，不清楚流人中究竟有多少人是自外地返乡的本地人民，多少人是外地迁入的移民，但其中相当一部分是移民则无问题。泽州的人口增长导致邻近的怀州人口减少，就说明这一点。此外，大和四年流入曹、郓、濮三州的四万户流民，既然是因为当地废除要人民毁家偿租的残酷法令而迁入，难免有部分人来自邻近负担较重的地区。

有时，在各藩镇之间会发生某些将领叛离原来藩镇的事件，这些将领往往都迫使部下和辖境内人民随其迁徙，从而构成规模不等的移民。贞元十二年（796年）洺州（治今河北邯郸市永年区广府镇）人民的迁移是其中较大的一次。该年正月，原昭义节度（治今山西长治市）部将元谊、石定蕃，因藩镇内部矛盾，率洺州兵5000人及家人1万余口，投奔魏博镇（治今大名县境）。唐德宗释而不问，令魏博节度使田绪安抚之[4]，这些人应都定居在魏博。元和五年（810年），昭义节度又有3000余人奔往魏州[5]。贞元十年瀛州（治今河北河间市）刺史刘澭由于和兄长刘济不和，在朝廷的同意下，率部兵1500人，男女1万余口经长安迁入关中西部，则是为朝廷所称许的一次长途迁移。刘澭被任命为秦州刺史、陇右经略军使，驻普润（今陕西麟游县西北）[6]。

---

1 冯牢：《孙府君墓志铭》，载《唐代墓志汇编》，第2289—2290页。
2 《旧唐书》卷165《殷侑传》，第4321页。
3 刘禹锡：《天平军节度使厅壁记》，《全唐文》卷606，第2710页。
4 《资治通鉴》卷135，贞元十二年正月庚子，第7570页。《旧唐书》卷13《德宗纪》作兵五千，民五万家。
5 《资治通鉴》卷238，宪宗元和五年五月乙巳，第7676页。
6 《资治通鉴》卷234，德宗贞元十年正月，第7553页。

三 唐末战争时期

唐末黄巢农民战争和继之而来的大规模的军阀混战,使北方地区出现前所未有的战争局面。大批避难的人民,除迁入南方外,还迁入当时战争尚未波及的地区。河东因地势较为偏僻,又成为北方地区外来移民较多的区域。京兆人房嵩、任茂弘,洛阳人李袭吉,都在唐末避乱迁入太原和河中府(治今山西永济市境)等地[1]。此外,黄巢农民战争发生时河北并非战场所在,因而也吸引了部分移民。滑州节度使王铎在罢镇后选择河北为寄寓地,原因之一就是"河北安静"[2]。

自黄巢军攻陷长安以后,关中战乱频仍,政局动荡,百官和士大夫外迁避乱的人很多。河东靠近关中,为士大夫主要的避难之地,一时"衣冠多逃难汾、晋间"[3]。光启年间(885—888年),僖宗因军阀进逼一度离开长安,在外奔波。许多官员不愿跟随僖宗,而是奔往其他地方避难,以奔河中府的官员最多,时称为"河中百官"[4]。昭宗在朱温的胁迫下东迁洛阳,一些士大夫不愿随从,也迁入河东。祠部郎中卢汝弼渡黄河北上,迁晋阳(今太原市南)依李克用即是一例[5]。

黄巢农民战争失败以后,军阀之间的战争在更大的地域范围内展开,广大的北方几乎已无一个大区域长期无战乱。在这种情况下,可供北方人民选择的避难之地并不多。由于这一缘故,那些暂时没有战乱的地方,自然成为避难人民的迁居之地。据两《唐书》、两《五代史》和《宋史》的有关资料,青州(今属山东)、卫州(治今河南卫辉市)、宋州(治今商丘市南)、郑州、少室山(今嵩山)、贝州(治今河北清河县境)、冀州(治今河北衡水市冀州区)、定州、魏州(治今大名县境)、沧

---

1 见《旧五代史》卷96《晋书·房嵩传》,卷67《唐书·任圜传》;《全唐文》卷842,李袭吉小传。
2 孙光宪:《北梦琐言》卷13,第100页。
3 《旧五代史》卷60《唐书·李袭吉传》,第801页。
4 《资治通鉴》卷256,僖宗光启二年四月,第8334页。
5 《旧五代史》卷60《唐书·卢汝弼传》,第809页。

州、延州(治今陕西延安市)等地都有移民迁入[1]。上述各州分布在河南、河北和关中诸道,地域极其广大。据此可知,北方的不少地方,在相对和平的时间里可能都有外地的移民迁入。

为了逐步恢复所在区域的经济,在乱后的间歇和平时期,一些地方官采取招辑流民的措施。在这方面成绩较大的是洛阳的张言(即张全义)和华州的韩建。洛阳在大乱之后剩余的人民不满百家,"言治数年,人安赖之,占籍至五六万"[2]。华州在大乱以后户口流散,在刺史韩建的招抚下,"不数年,流亡皆复,军民充实"[3]。这种情况也出现在另外的一些地区。例如,龙纪后谢瞳任宣义军节度副使,"在滑(州,治今河南滑县)十三年,部内增户约五万,益兵数千人"[4]。朱友裕知许州(治今河南许昌市),"居民残破,友裕招抚流散,增户三万余"[5]。在天下大乱的情况下,战乱稍息且政治较为清明的地区,一般都是移民迁入的首选地区。上述诸州招辑的流民,除重新返回的原居民,应有一部分是外来移民。

不仅平民和士大夫因避乱和避难而外迁,一些军人也有此举。景福元年,天威军使贾德晟被掌权的宦官所杀,其麾下千余骑投奔凤翔军阀李茂贞[6],即是一例。

乱世英雄起四方,往往也是身怀韬略的文人谋求作为之时。各派军阀为了夺取天下,扩充智囊,都"竞延名士,以掌书檄"。河南朱温的敬翔,幽州刘仁恭的马郁,华州韩建的李巨川,凤翔李茂贞的王超,差不多都是延请来的名士[7]。这些人因长期在一地任职,均成为移民。

唐末在各种敌对力量之间还存在掳掠式的人口迁移。战争和饥

---

1 青州见《宋史》卷431《李觉传》,第12820页;卫州见《新五代史》卷60《唐书·李敬义传》,第807页;宋州和郑州见《宋史》卷268《杨守一传》,第9224页;少室山见《新五代史》卷34《郑遨传》,第370页;贝州(宋改名恩州)见《宋史》卷290《王则传》,第9770页;冀州见《新唐书》卷101《肖仿传》,第3960页;定州见《新五代史》卷28《豆卢革传》,第301页;魏州见《旧五代史》卷124《周书·王殷传》,第1625页;沧州见《旧五代史》卷67《唐书·李愚传》,第890页;延州见《旧五代史》卷93《晋书·曹国珍传》,第1234页。
2 《旧唐书》卷187《李罕之传》,第5445页。
3 《旧五代史》卷15《梁书·韩建传》,第203页。
4 《旧五代史》卷20《梁书·谢瞳传》,第270页。
5 《新五代史》卷13《梁家人朱友裕传》,第136页。
6 《资治通鉴》卷259,昭宗景福元年四月,第8429页。
7 《旧五代史》卷60《唐书·李袭吉传》,第805页。

荒造成军人和平民的大量死亡,而人口多少是力量强弱的体现,掠夺人口不仅能够为己方增加兵员、赋税和劳役,也能够削弱敌方的实力。因此,各派军阀在作战时往往都要掠夺对方的人口,迁入自己区域。河南军阀朱温在作战时就经常采取这种做法。景福元年(892年),朱温派大将丁会攻入兖州(治今山东济宁市兖州区),将数千户人民迁到许州(治今河南许昌市)[1]。朱温军和郓州节镇的战争旷日持久,朱温采取通过掠夺人口削弱对方的战略,"三四年间,每春秋入其境剽掠,人不得耕织,民为俘者十五六"[2],最终取得胜利。

这种掳掠式的人口迁移波及范围极广,被迫迁徙的人口为数甚多。今河南、河北和山西三省交界区域是河东、河南和河北各派军阀激烈争夺的地区,因而也是被迫移民规模最大的地区之一。中和三年(883年),昭义节度使孟方立将治所由潞州(治今山西长治市)迁到邢州(治今河北邢台市),大将的家庭和当地富人都要随同迁移。一部分人不愿意迁移,请河东李克用帮忙。李克用乘机出兵,夺取潞州。此后,李克用以潞州为基地,每年出兵争夺太行山以东的邢、洺(治今河北邯郸市永年区境)、磁(治今磁县)三州,"三州之人半为俘馘"[3]。文德元年(888年)以后,泽州刺史、河阳节度使李罕之"数出钞怀(治今河南沁阳市)、孟(治今孟州市境)、晋(治今山西晋城市)、绛(治今新绛县),无休岁",数年的战争和人口掳掠导致"数百里无舍烟"[4]。被掳掠地区人口剧减的另一面,必然是被掳掠者迁入地区人口的增加。

各派军阀在击败敌对力量之后,往往把他们及家属迁到自己的中心,以确保对他们的监管。天复初,朱温平河中,将已故的河中节度使王重盈的家人举族迁入开封[5];天祐二年(905年),朱温降青州(治山东今市)军阀王师范,将其举族迁到开封[6];大顺元年(890年),李克用攻占邢州,迁孟迁一族于太原[7],都是其中的例子。

---

1 《旧五代史》卷1《梁书·太祖纪》,第14页。
2 《旧唐书》卷182《朱瑄传》,第4718页。
3 《资治通鉴》卷255,僖宗中和三年九月、十月,第8329—8300页。
4 《新唐书》卷187《李罕之传》,第5444页。
5 《旧五代史》卷13《梁书·蒋殷传》,第182页。
6 《旧五代史》卷18《梁书·李振传》,第252页。
7 《旧五代史》卷25《唐书·武皇纪》,第342页。

四　五代时期

天祐四年(907年)，朱温灭唐称帝，建立后梁，开始五代时期。后梁统治区主要在黄河中下游，河北北部是幽州刘仁恭的势力范围，河东的大部为李克用所占。河东李氏以拥护唐朝的名义，与后梁交战不休。因此，唐末极盛的掳掠式移民仍在继续着。例如，乾化元年(911年)春，后梁和河东军队在河北中部展开大战。后梁军大败，将领杜廷隐放弃原先占领的深(治今河北深州市)、冀(治今河北衡水市冀州区)，将二州丁壮悉数驱入后梁，使之沦为奴婢，老弱者则坑杀之[1]。

开平元年(907年)，卢龙节度使刘仁恭之子刘守光因父夺权，自称节度使，并杀死若干与己不合的将领，一些将领被迫外逃。银胡䩮都指挥使王思同率部兵3 000人，山后八军巡检使李承约率部兵2 000人，逃往河东[2]。这些人多在河东任职，可能大多定居当地。

唐末五代，主要在今内蒙古东南部游牧的契丹族势力强盛，并趁中原大乱开始向南发展，数次进入河北和河东的北部。后唐末年，契丹应河东石敬瑭之邀派兵南下，大破唐军，帮助建立后晋政权，石敬瑭割让幽蓟十六州(相当今北京市和河北、山西二省的北部与天津大部)予契丹，由此又激起当地一些汉族人民的南迁。许唐自蓟州(今天津蓟州区)迁居睢阳(今河南商丘市南)[3]；李迪祖先自幽州(今北京市南)迁居濮州(今山东鄄城县境)[4]；石延年举族自幽州迁家于宋城(今河南商丘市南)[5]；恩州清河人丁度迁居祥符(今开封市)[6]；迁移的原因都是不愿接受契丹的统治。

后晋末，契丹南下灭晋，将后晋降军数万人并其家庭迁到镇(治今

1　《资治通鉴》卷267，太祖乾化元年正月，第8736页。
2　《资治通鉴》卷266，太祖开平元年四月，第8672页。同卷又载刘守光的弟弟守奇奔契丹，不久也自契丹投河东。但《辽史·太祖纪》载守奇率数千人奔契丹，安置在平卢城，未提奔河东事。守奇是否复奔河东尚需考证。
3　《宋史》卷277《许唐传》，第9435页。
4　《宋史》卷310《李迪传》，第10171页。
5　《宋史》卷442《石延年传》，第13070页。
6　《宋史》卷290《丁度传》，第9761页。

河北正定县)、定、云(治今山西大同市)、朔(治今山西朔州市)四州[1]。契丹的南侵还引起河北、河南等地人民的迁移,真定人李某就是在此背景下南迁河南胙城(今河南延津县境)的[2];洛阳人王处讷则迁到太原[3]。

五代时期人民负担十分沉重,政府的苛敛、官吏的暴取和军阀的搜刮都达到空前的程度。人民不堪重负,不少人被迫逃到负担较轻的地方。张彦泽治某州,因行暴政,导致人民5 000余家外逃[4]。后汉时杜重威治镇州,重敛于民,人民纷纷外逃,以致"十室九空",杜重威无法继续统治下去[5]。如逢上饥荒年景,出外逃难的人为数更多。后晋天福八年(943年)正月,仅河南府逃户便达5 387户[6]。

五代的流徙人口,一部分人可能会设法返回家乡,一部分人则不得不在迁入地定居。如后唐庄宗皇后刘氏,本魏州成安人,为李克用军掠入河东时才五六岁,无法返回,长大后"归晋阳宫,为太后侍者"[7]。后唐大将王晏球本是洛阳人,少年时被蔡州军掠走,给开封人杜某当儿子,于是留居开封[8]。

第六节

唐后期五代南方地区汉族的迁移

唐后期文献中,有时也能见到南方一些地方的人民因赋役繁重

---

1 《旧五代史》卷98《晋书·赵延寿传》,第1312页。
2 徐铉:《骑省集》卷29《李公墓志铭》。
3 《宋史》卷461《王处讷传》,第13497页。关于五代时期契丹统治区人民的南迁,详吴松弟:《中国移民史》第四卷第二章第一节。
4 《旧五代史》卷98《晋书·张彦泽传》,第1306页。
5 《旧五代史》卷109《汉书·杜重威传》,第1434页。
6 《旧五代史》卷81《晋书·少帝纪》,第1074页。
7 孙光宪:《北梦琐言》卷18。
8 《旧五代史》卷64《唐书·王晏球传》,第853页。

或严重的自然灾害而逃亡的记载。大历十二年(777年),蜀中的蓬、渠、集、壁、通、开等州的许多民户因赋税沉重逃亡各地,导致上述诸州"户口凋耗,居邑萧然"[1]。建中年间(780—783年),因"军兴以来,职役繁重",江淮人民"多有流亡"[2]。独孤及任舒州刺史时,淮南大旱,收成不好,饥民大量涌入舒州[3]。与北方的逃户一样,南方逃户也多选择那些地方官为官清廉、人民负担相对较轻的州县,作为自己的迁入地。王谠《唐语林校证》卷1所载代宗时袁州刺史阎伯玙的事迹,为我们提供了很好的例子。书载:

> 时征役繁重,袁州特为残破。伯玙专以惠化招抚,逃亡皆复。邻境慕德,襁负而来。数年之间,渔商阗凑,州境大理。及改抚州,百姓相率而随之。伯玙未行,或已有先发。

由于"惠化招抚",便使得本州逃亡皆复,邻境襁负而来,又随其改任而迁移他州。这种记载或许其中有溢美之词,却足以使人领略到苛政猛于虎和惠政活人的道理。

上述"相率而随之"迁移的多数人只能是袁州或其邻近诸州人,据此可知南方各地的外来移民中,都有一部分是南方人,只是限于资料无法得知所占的比重。永泰元年(765年),江南饥荒,流民极多,数万人活动在歙州(治今安徽歙县)一带,"阻山自防,东南为苦"[4]。这些因岁凶流徙的人民,除了北方籍,也应有南方籍。

唐代尚处于大开发阶段的江西可能是南方籍移民较多的地区。据梁洪生的研究,江西北部的饶、信、洪三州早在安史乱之前人口增长速度已相当高,估计有一定数量的南方籍移民迁入,安史乱后导致人口迅速增长的大量移民并不仅仅来自北方,也来自南方。乾元元年(758年)以后江南曾发生严重饥荒,只有衢州一带收成不错,一万余户"浙右流离"迁入衢州[5],其中可能有南方籍和北方籍两种移民。

---

1 《册府元龟》卷490《邦计部·蠲复二》。
2 李冉:《举前池州刺史张岩自代表》,《全唐文》卷622,第2783页。
3 崔祐甫:《独孤公神道碑铭》,《全唐文》卷409,第1857页。
4 《新唐书》卷146《李栖筠传》,第4736页。
5 李华:《衢州刺史厅壁记》,《全唐文》卷316,第1417页。

饶、信二州靠近衢州,可能会有一些南方籍移民向此迁移。信州在唐后期人口增长较快,特别是大历三四年间裴偞任信州刺史,"用宽惠诚厚辑柔所部。穑事满野,嘉禾同颖,年以顺成,人斯洽和。复其庸亡五千室,辟其农耕二万亩"。虽然取得如此好的政绩,但裴偞在离任之日,为了减轻此5 000户逃户的负担,并不把他们登记在籍,他说"吾以恤隐,岂当沽美?"[1] 据此看来,这些逃户是因裴偞行仁政始回归或迁入信州的,除了可能有北方移民以外,相当部分是躲避赋役的南方逃户,裴偞了解他们的迁移动机并同情他们,故意隐瞒不报。贞元初,孙成为信州刺史,在第二个任期中人口增加5 000户[2],可能也有一部分是南方籍移民。

唐朝末年,南方的各割据势力之间曾经发生过一定规模的战争,由此导致掳掠式的移民。天复三年(903年)五月,湖南马殷乘成汭大军外出,攻陷江陵,大掠而回,所俘获的"军人、百姓、职掌、伎巧、僧道、伶官,并归长沙"[3]。唐末和五代初年,吴国派兵进攻江西境内的各个割据者,也将很多人掠到自己的统治区。天祐三年(906年),吴将秦裴拔洪州,掳钟传之子钟匡时及其司马陈象等5 000人归国[4]。后梁开平二年(吴天祐六年,908年),吴国军队又擒抚州危全讽及其将士5 000人,并进击信州的危仔昌和吉州的彭玕,彭玕率众1 000余家奔楚国的郴州和衡州,危仔昌则逃入吴越[5]。后梁凤历元年(913年),吴越军队攻占吴国广德县(今属安徽),将在此防守的虔(治今江西赣州市)、信(治今上饶市)两州民7 000余人迁入本国[6]。后梁贞明三年(917年),楚军攻入吴国上高(今属江西),"俘获而还"[7]。

在某种情况下,也有一些人自发迁入邻近国家。连州人周渭为南汉俘获,全家流离恭州,遂为恭城(今属广西)人。南汉末年,因政繁赋

---

[1] 权德舆:《裴公神道碑铭》,《全唐文》卷500,第2254页。
[2] 《新唐书》卷202《孙成传》,第5761页;年代据《册府元龟》卷820。
[3] 《十国春秋》卷67《楚一·武穆王世家》,第934页。
[4] 《十国春秋》卷2《吴二·烈祖世家》。
[5] 《十国春秋》卷2《吴二·高祖世家》,卷73《楚七·彭玕传》。
[6] 《十国春秋》卷78《吴越二·武肃王世家》。
[7] 《资治通鉴》卷269,均王贞明三年三月,第8814页。

重,周渭率乡人600人迁入零陵(今属湖南)[1],则是因避赋役而进行的自发迁移。此外,还有为避难进行的迁移,规模稍大的是两次。南汉兴起后,渐次吞并容州(治今广西容县)、韶州(治今广东韶关市境)等地的割据势力。邕容等州防御使庞巨昭被迫率家族及士卒1000余人奔湖南,迁入长沙[2]。韶州刺史廖匡图也举族奔楚,部曲数千人随同迁移[3]。

总的说来,五代十国时期南方各国都采取保境安民的做法,发展自己的经济,因而彼此间的战争较少。但是,战争较少不等于没有战争,保境安民也不等于完全不侵犯他国。当某些国家处于内乱的时候,邻近国家往往会趁机侵入而灭之,并将所灭国的文武百官和人民迁入自己的国度。类似的迁移以南唐灭楚时规模最大。

后汉天福十二年(947年),楚国第三任国王马希范死去,诸弟争王,内讧不断。后汉乾祐三年(南唐保大八年,950年)在衡山的马希萼出兵攻陷长沙,自称楚王,楚将李彦温、刘彦瑫不服,各率1000余人投南唐。次年六月,楚静江指挥使王逵执武平军节度使马光惠归降南唐。九月,楚将徐威等人废马希萼,南唐派边镐率军趁乱攻入长沙,楚国灭亡。当年十一月,南唐将长沙的楚宗室各家族及将佐1000余人迁入南唐,在衡山的马希萼与部下1万余人也自潭州东迁南唐[4]。据此及以下江西的移民史料,因之迁入南唐的楚人不在少数。

楚国的移民主要迁入金陵、江西和扬州三地。皇室马氏诸族及主要将吏1000余人均被送到金陵[5]。马希萼最初被任命为江西观察使,驻镇洪州,但不久又被迁入金陵[6]。不过,随其迁入江西的那些楚国移民,相当一部分人仍定居在江西,特别是吉州境内。吉州庐陵(今吉安市)的罗氏和萧氏,泰和的胡氏、萧氏,永新的萧氏等宋元时期的

---

1 黄佐:《广州人物传》卷5,丛书集成初编本。
2 《十国春秋》卷73《楚七·庞巨容传》。
3 《十国春秋》卷73《楚七·廖匡图传》。
4 《十国春秋》卷69《楚三·恭孝王世家》。
5 《旧五代史》卷112《周书·太祖纪》,第1478页。
6 《十国春秋》卷69《楚三·恭孝王世家》,第971页。

大族,据称都是五代末自长沙迁入的[1]。袁州新喻的萧氏也是在此时自长沙迁入[2]。

南唐又任命马希萼的弟弟希崇为永泰军节度使,驻镇舒州,居住在扬州[3]。此外,希崇的兄弟希能、希贯、希浚、希知、希朗等兄弟17人都居住在扬州,北周占领长江以北后他们均被迁到中原[4]。

北宋开宝八年(975年),宋军攻占金陵,南唐国亡,在江南引起恐慌,一些金陵人民因之向江西迁移。宋元时期吉州吉水的曾氏,永新、安福和泰和的刘氏,泰和的陈氏,庐陵的胡氏和彭氏,信州铅山的傅氏,弋阳的吴氏,赣州南康的曹氏,据称都是南唐末年自金陵迁入江西的氏族[5]。实际上,此次移民的迁出地并不仅仅是金陵,江南的其他地方,例如苏州,也有移民外迁,南宋著名理学家陆九渊的祖先陆德迁就是在五代末自苏州避地迁居抚州金溪县[6]。另外,迁入地也并非只有江西,东南的某些地方,例如常州的江阴(今属江苏)、无锡和明州的慈溪(今属浙江),也有移民,何某、李某和胡某就是在五代末自金陵迁入两地的[7]。

闽国在王审知统治时政局比较稳定,经济得到一定的发展。王审知死后,诸子争立,国内渐乱。后唐长兴二年(931年),闽奉国节度使王延禀率军队自建州袭击福州,不久兵败,王延禀部下逃入吴越国[8]。后晋天福四年(939年),王审知少子延曦夺取王位,原闽王亲军逃往吴越国[9]。

闽国后期的动乱持续二三十年,人民无法进行正常的生活和生

---

1 李流谦:《澹庵集》卷5《罗孝逸先生传》;李祁:《云阳集》卷8《胡涧月墓志铭》,四库全书本;梁潜:《泊庵集》卷11《书南溪萧氏族谱图后》,四库全书本;王安石:《临川集》卷89《萧定基神道碑》。
2 王安石:《临川集》卷94《萧固墓志铭》。
3 《十国春秋》卷69《楚三·恭孝王世家》,第971页。
4 《十国春秋》卷71各传。
5 分别见李流谦:《澹庵集》卷17《宋修职墓志铭》,卷5《陈氏墓志铭》,附录《胡公行状》;杨万里:《诚斋集》卷119《彭季皓行状》;王庭珪:《卢溪集》卷46《刘德章墓志铭》;陈文蔚:《克斋集》卷12《傅君墓志铭》,四库全书本;虞集:《道园学古录》卷18《张隐君墓志铭》;朱熹:《晦庵集》卷90《曹立之墓表》。
6 杨简:《慈湖遗书》卷5《象山先生行状》,四库全书本。
7 邹浩:《道乡集》卷36《何武墓志铭》,四库全书本;孙觌:《鸿庆居士集》卷35《李公墓志铭》;袁燮:《絜斋集》卷19《胡府君墓志铭》。
8 《资治通鉴》卷277,明宗长兴二年四月,第9058页。
9 《资治通鉴》卷282,高祖天福四年七月,第9206页。

产,许多人不得不向外迁移,主要是迁入北面的江南。温州因与福建山水相连,移民数量最多。宋元时期平阳县的一些姓氏,例如蔡氏、徐氏和吴氏,平阳坳中、南监和上蒲的林氏和陈氏,莆门的王氏,四溪的林氏,以及乐清县的贾氏和刘氏、瑞安县许峰的曹氏,都是此时自福建迁入的氏族,他们大多迁自长溪(今霞浦县)以及泉州、福州等地[1]。南宋著名思想家陈傅良所属之族也是五代自福建迁入的,陈傅良说:"吾州陈氏族最大,而谱残阙,闲相与问系,皆曰闽徙也。"[2]

除了迁入吴越国以外,还有一些闽国人迁入江南,后唐长兴四年建州土豪吴光率众1万余人奔吴国[3],可能是人数较多的一次迁移。后晋开运二年(945年),南唐灭闽,闽国统治者王氏举族迁到金陵[4]。

第七节

隋唐五代南方非汉族人的迁移

学术界一般认为,南方远古时代是越、巴、蜀、楚等土著民族的家园,今天的汉族南方部分是古代北方汉族人民不断南下并与南方土著民族相融合的结果。由于经历了汉晋以来的北方人民南迁和民族融合,隋代的民族分布状况已有了较大的改变。特别是在今东南地区,除今闽赣粤三省边生活着畲族人民,已无多少非汉族人民。但是,在今湖北、湖南、湖北和四川盆地及其沿边,非汉族人民仍比较多,且分布地域相当广大。据《隋书·地理志》和《新唐书·南蛮传》所载,位

---

1 参见许景衡:《横塘集》卷19《蔡君济墓铭》,四库全书本;陈高:《不系舟渔集》卷10《徐氏世谱序》、《吴氏世谱序》;林景熙:《霁山集》卷5《白石稿二·送松存弟序》,丛书集成初编本;苏伯衡:《苏平仲集》卷7《陈氏祠堂集》、卷10《书陈六分族谱后》、卷4《林氏族谱序》;王十朋:《梅溪集》前集卷20《贾如讷行状》,后集卷29《刘知县墓志铭》,四部丛刊本;魏了翁:《鹤山集》卷72《曹易志铭》、卷76《王公墓志铭》。
2 《止斋集》卷49《陈季阳墓志铭》,四部丛刊本。
3 据《十国春秋》卷3《吴四·睿帝纪》、卷9《吴九·蒋延徽传》。
4 《十国春秋》卷92《闽三·景宗纪》。

今湖北麻城、黄州以西的各郡"杂有蛮左",湖南各郡"杂有夷蜒,名曰莫徭"。四川盆地及其附近蛮獠的分布尤其广泛,从陕西南部秦岭南麓的汉水流域直到湖北西部均"杂有獠户"。甚至到了唐初,位今四川剑阁和嘉陵江以东地区的始(治今剑阁县)、巴(治今巴中市)、集(治今南江县)、壁(治今通江县)、通(治今达川市)、信(治今重庆市奉节县)、万(治今重庆市万州区)、开(治今重庆市开州区)、涪(治今重庆市涪陵区)、渠(治今四川渠县)等州,都是蛮獠的生活地区。此外,西部岷江流域的眉(治今眉山市)、邛(治今邛崃市)、戎(治今宜宾市)三州,南部沱江流域的泸州(治今泸州市),也有蛮獠。至于岭南,更是蛮獠的区域。

经过隋唐五代的发展,到了北宋初期南方汉族的力量得到加强,非汉族的生活地域已大大缩小。综合乐史《太平寰宇记》有关各卷的记载,北宋初南方非汉族的主要地区,在四川盆地的岷、沱、涪等三江之中下游,泸州长江以南及今万县、忠县、南川、彭水一带,湖北的清江流域,湖南的沅水、资水、澧水的中上游及湘江上游舂陵水流域、南岭山地,以及福建和江西交界地区。与隋代的民族分布比较,今湖北大部、四川盆地东部以及长江中游南岸地区大多成了汉族区域。

非汉民族生活地域的缩小,反映了一部分与汉族杂居或靠近汉族地区的非汉族人民已与汉族相融合。在湖北的大部分地区和四川盆地的东部及汉水流域,因经历了魏晋南北朝时期的民族大融合,这一进程在隋代已进行到尾声阶段。在这些地区,在与汉族人民杂居的部落中,"富室者颇参夏人为婚,衣服居处言语殆与华不别";"其与夏人杂居者,则与诸华不别"[1],几乎丧失自己的民族特征。那些"僻处山谷者",虽然与汉人"言语不通,嗜好居处全异"[2],也开始了汉化的进程。泸州的非汉族"俗多剽掠",在州司马王秦客的努力下,"一变其风"[3],就是一个证明。《隋书·地理志》说居住四川盆地边缘的非汉民族獽、狿、蛮、㑌:"其居处风俗,衣服饮食,颇同于獠,而亦与蜀人相

---

1 《隋书》卷29、卷31《地理志》,第829、897页。
2 《隋书》卷31《地理志》,第897页。
3 阙名:《王府君墓志铭并序》,载《唐代墓志汇编》,第1553页。

类。"表明这些民族的生活习惯,虽然仍保持本民族特色,但已与蜀地的汉族人民有了一定的共同性。

还有一些非汉族人民,是在被掳掠到汉地之后而汉化的。隋唐时代对南方的非汉族曾发动多次军事进攻,其目的之一便是掠取人民,以供奴役和驱使。有关记载甚多。隋大业六年(610年)正月,炀帝派朱宽率兵一万人,乘船至流求(今台湾岛),"虏其民万回"[1],为我国历史上一次少有的台湾对大陆的移民。唐初破洪、雅二州獠,"俘男女五千口"。破巫州獠,"俘男女三千余口"。贞观十二年破巴、洋、集、壁四州山獠,"虏男女万余"[2]。十三年四月,又击巴、壁、集、洋四州獠,"虏男女六千余口"[3]。贞观十四年广州都督党仁弘进攻今广西境内的罗、窦诸州獠,"虏男女七千余人"[4]。此外,武德三年三月李靖将兵袭击信州的蛮人,"俘五千余人"[5]。

武德九年十二月益州大都督窦轨上奏称獠人反,要求发兵讨伐,遭到太宗李世民的反对。他说:"獠依阻山林,时出鼠窃,乃其常俗……安可轻动干戈,渔猎其民?"[6]据此可见,隋唐之际各将领对獠人作战大多以掳掠人口为目的,被掳掠的人口显然不在少数。

《北史·獠传》叙北周对獠人:"每岁命随近州郡,出兵讨之,获其生口,以充贱隶,谓之压獠焉。后有商旅往来者,亦资以为货,公卿达于庶人之家,有獠口者多焉。"隋代周以后,全面继承了北周的各项作法。虽然不清楚隋对待獠人的全面做法,但至少相当一部分被继承下来。文帝时,王仁恭和郭荣相继进攻獠人,事后都获得赐奴婢300口的奖赏[7]。在当时的情况下,这些奴婢只能来自俘掠的獠人生口。此外,在四川盆地的边缘地区,富人"多规固山泽,以财物雄役夷、獠,故轻为奸藏,权倾州县"[8]。显然这些富人家庭也都役使一定数量的獠

---

1 《资治通鉴》卷181,第5650页。关于被掳人数,《隋书·流求国传》作数千人。
2 《新唐书》卷222下《南蛮传》,第6327页。
3 《资治通鉴》卷195,贞观十三年四月甲申。
4 《新唐书》卷222下《南蛮传》,第6327页。
5 《资治通鉴》卷188。
6 《资治通鉴》卷192。
7 《隋书》卷65《王仁恭传》,卷50《郭荣传》。
8 《隋书》卷29《地理志》,第830页。

人奴仆。

还有一些来自蜀中、五溪、岭南、桂管、邕管、安南、黔中和福建的非汉族人民,被地方长官作为礼物送人,或作为商品贩到北方出售,称作"南口"。据《唐会要》卷86,自天宝八载(749年)开始,朝廷对南口的数量和来源作了许多限制。大历十四年(779年)明令禁止掠卖南口,违者按法律处治。但直到大中九年(855年),仍然可以看到类似记载,可见在唐代的大部分时间中都存在着掠卖南口的问题。

这些被迫迁移各地的非汉民族成员,在一般情况下都迅速汉化,成为汉族的一分子。

参考文献

一、古代文献

萧子显：《南齐书》，中华书局 1972 年点校本。

李延寿：《北史》，中华书局 1974 年点校本。

魏徵：《隋书》，中华书局 1973 年点校本。

刘昫等：《旧唐书》，中华书局 1975 年点校本。

宋祁、欧阳修等：《新唐书》，中华书局 1975 年点校本。

脱脱等：《辽史》，中华书局 1974 年点校本。

脱脱等：《宋史》，中华书局 1974 年点校本。

张廷玉等：《明史》，中华书局 1974 年点校本。

吴任臣：《十国春秋》，中华书局 1983 年点校本。

陆游：《南唐书》，丛书集成初编本。

马令：《南唐书》，丛书集成初编本。

李肇：《唐国史补》，上海古籍出版社 1979 年点校本。

司马光等：《资治通鉴》，中华书局 1956 年点校本。

李焘：《续资治通鉴长编》，浙江书局本。

杜佑：《通典》，万有文库本。

《全唐文》，上海古籍出版社 1990 年影印本。

《全唐诗》，中华书局 1960 年点校本。

王溥：《唐会要》，上海古籍出版社 1991 年点校本。

宋敏求：《唐大诏令集》，学林出版社1992年点校本。

乐史：《太平寰宇记》，金陵书局本。

王象之：《舆地纪胜》，广陵刻印社影印惧盈斋本。

李吉甫：《元和郡县图志》，中华书局1983年点校本。

祝穆：《方舆胜览》，上海古籍出版社据宋本影印。

樊绰：《云南志》，赵吕甫校释，中国社会科学出版社1985年版。

朱长文：《吴郡图经续记》，四库全书本。

玄奘：《大唐西域记》，上海人民出版社1977年点校本。

慧超：《往五天竺国传》，敦煌古室遗书本。

吴兢：《贞观政要集校》，上海古籍出版社1978年点校本。

张彦远：《历代名画记》，丛书集成初编本。

朱景玄：《唐朝名画录》，四库全书本。

黄休复：《益州名画录》，四库全书本。

夏文彦：《图绘宝鉴》，四库全书本。

汤垕：《画鉴》，四库全书本。

苏易简：《文房四谱》，丛书集成初编本。

赞宁：《宋高僧传》，中华书局1987年点校本。

慧立、彦宗：《大慈恩寺三藏法师传》，中华书局1983年点校本。

［日］真人元开：《唐大和上东征传》，中华书局1979年校注本。

［日］圆仁：《入唐求法巡礼行记》，上海古籍出版社1986年点校本。

姚汝能：《安禄山事迹》，学海类编本。

王称：《东都事略》，四库全书本。

段安节：《乐府杂录》，上海古籍出版社1988年点校本。

郑处诲：《明皇杂录》，中华书局1994年点校本。

史虚白：《钓矶立谈》，知不足斋丛书本。

洪迈：《容斋随笔》，商务印书馆据万有文库本排印。

张鷟：《朝野佥载》，丛书集成初编本。

黄休复：《茅亭客话》，四库全书本。

王定保：《唐摭言》，丛书集成初编据学津讨原本。

韦绚:《刘宾客嘉话录》,四库全书本。
王谠:《唐语林》,上海古籍出版社1978年点校本。
赵璘:《因话录》,上海古籍出版社1979年点校本。
孙光宪:《北梦琐言》,上海古籍出版社1981年点校本。
杨简:《慈湖遗书》,四库全书本。
刘道醇:《五代名画补遗》,四库全书本。
朱弁:《曲洧旧闻》,四库全书本。
刘崇远:《金华子杂编》,上海古籍出版社1988年点校本。
倪朴:《倪石陵书》,四库全书本。
揭傒斯:《揭傒斯全集》,上海古籍出版社1985年点校本。
杨杰:《无为集》,四库全书本。
王安石:《临川集》,四部丛刊本。
徐铉:《骑省集》,四部丛刊本
刘克庄:《后村集》,四部丛刊本。
黄庭坚:《山谷别集》,四库全书本。
苏颂:《苏魏公集》,四库全书本。
方大琮:《铁庵集》,四库全书本。
王珪:《华阳集》,丛书集成初编本。
欧阳玄:《圭斋文集》,四库全书本。
宋祁:《景文集》,丛书集成初编本。
吕陶:《净德集》,四库全书本。
黄庭坚:《山谷集》,四库全书本。
杨杰:《无为集》,四库全书本。
张耒:《柯山集》,四库全书本。
杨万里:《诚斋集》,四库全书本。
王庭珪:《卢溪文集》,四库全书本。
陈文蔚:《克斋集》,四库全书本。
邹浩:《道乡集》,四库全书本。
柳开:《河东集》,四库全书本。

二、近代以来论著

岑仲勉：《隋唐史》，中华书局1982年版。

岑仲勉：《突厥集史》，中华书局1958年版。

陈寅恪：《隋唐制度渊源略论稿》，上海古籍出版社1980年版。

陈寅恪：《唐代政治史述论稿》，上海古籍出版社1982年版。

冻国栋：《唐代人口问题研究》，武汉大学出版社1993年版。

费孝通：《中国家族制度史》，人民出版社1992年版。

冯家昇等：《维吾尔族史料简编》，民族出版社1958年版。

冯天瑜等：《中华文化史》，上海人民出版社1990年版。

傅维康：《中国医学史》，上海中医学院出版社1990年版。

傅筑夫：《中国封建社会经济史》，人民出版社1986年版。

黄奋生：《藏族史略》，民族出版社1985年版。

李昆声、祁庆富：《南诏史话》，文物出版社1985年版。

李学勤、徐吉军：《长江文化史》，江西教育出版社1995年版。

梁方仲：《中国历代户口、田地、田赋统计》，上海人民出版社1980年版。

林幹：《突厥史》，内蒙古人民出版社1988年版。

刘美崧：《两唐书回纥传回鹘传疏证》，中央民族学院出版社1989年版。

刘统：《唐代羁縻府州研究》，复旦大学博士学位论文，1988年，未刊。

陆心源：《唐文拾遗》，上海古籍出版社影印本。

马驰：《唐代蕃将》，三秦出版社1990年版。

马曜：《云南简史》，云南人民出版社1983年版。

马宗霍：《中国经学史》，上海书店1984年据商务印书馆本重印。

牟发松：《唐代长江中游的经济与社会》，武汉大学出版社1989年版。

[日]木宫泰彦：《日中文化交流史》，商务印书馆1980年版。

漆侠：《宋代经济史》，上海人民出版社1987年版。

秦浩：《隋唐考古》，南京大学出版社1992年版。

瞿宣颖：《中国社会史料丛钞》，上海书店影印本。

史念海：《河山集》，生活·读书·新知三联书店1963年版。

孙进己、冯永谦：《东北历史地理》，黑龙江人民出版社1989年版。

谭其骧：《长水集》，人民出版社1987年版。

谭其骧：《长水集续编》，人民出版社1994年版。

谭其骧：《中国历史地图集》第五册，地图出版社1982年版。

陶懋炳：《五代史略》，人民出版社1985年版。

［日］镰田茂雄著，郑彭年译：《简明中国佛教史》，上海译文出版社1986年版。

童教英：《中国古代绘画简史》，复旦大学出版社1991年版。

汪维玲、王定祥：《中国古代妇女化妆》，陕西人民出版社1991年版。

王重民等：《敦煌变文集》，人民文学出版社1957年版。

吴焯：《佛教东传与中国佛教艺术》，浙江人民出版社1991年版。

吴钊、刘东升：《中国音乐史略》，人民音乐出版社1993年版。

向达：《唐代长安与西域文明》，生活·读书·新知三联书店1956年版。

薛宗正：《突厥史》，中国社会科学出版社1992年版。

杨文琪：《中国饮食文化和食品工业发展简史》，中国展望出版社1983年版。

张广达：《西域史地丛稿初编》，上海古籍出版社1995年版。

张伟然：《湖南历史文化地理研究》，复旦大学出版社1995年版。

张星烺：《中西交通史料汇编》，中华书局1977年版。

赵文润：《隋唐文化史》，陕西师范大学出版社1992年版。

郑振铎：《中国俗文学史》，商务印书馆1938年版。

中国硅酸盐学会：《中国陶瓷史》，文物出版社1982年版。

中国科学院《中国自然地理》编委会：《中国自然地理·历史自然地理》，科学出版社1982年版。

周绍良：《唐代墓志汇编》，上海古籍出版社1992年版。

周伟洲:《唐代党项》,三秦出版社1988年版。

周贻白:《中国戏曲发展史纲要》,上海古籍出版社1979年版。

[美]谢弗:《唐代的外来文明》,吴玉贵译,中国社会科学出版社1995年版。

[日]冈崎精太郎:《党项古代史研究》,东洋史研究会1972年版。

曹尔琴:《唐代经济重心的转移》,《历史地理》第2辑,上海人民出版社1982年版。

陈守忠:《公元八世纪后期至十一世纪前期河西历史述论》,《西北师范学院学报》1983年第4期。

陈垣:《火祆教入中国考》,《陈垣史学论著选》,上海人民出版社1981年版。

陈正祥:《中国文化中心的转移》,《中国文化地理》,生活·读书·新知三联书店1983年版。

程越:《从石刻史料看入华粟特人的汉化》,《史学月刊》1994年第1期。

程越:《入华粟特人在唐代的商业和政治活动》,《西北民族研究》1994年第1期。

樊文礼:《唐代鄂尔多斯地区的人口与经济略论》,《内蒙古社会科学》1988年第2期。

方国瑜:《唐宋时期洱海地区的汉族移民》,《人文科学杂志》1957年第1期。

费省:《论唐代的人口分布》,《中国历史地理论丛》1988年第2期。

费省:《论唐代的人口迁徙》,《中国历史地理论丛》1989年第3期。

费省:《唐代艺术家籍贯的地理分布》,《唐史论丛》第4辑,三秦出版社1988年版。

冯承钧:《唐代华化蕃胡考》,《西域南海史地考证论文汇辑》,中华书局1957版。

格勒：《古代藏族同化、融合西山诸羌与嘉戎藏族的形成》，《西藏研究》1988年第2期。

顾吉辰：《北宋前期党项羌族帐考》，《史学集刊》1985年第3期。

胡沧泽：《唐朝前期对逃户政策的改变与福建州县的设置》，《福建师范大学学报（哲学社会科学版）》1992年第1期。

黄盛璋：《唐代户口的分布与变迁》，《历史研究》1980年第6期。

黄正建：《唐代后期的屯田》，《中国社会经济史研究》1986年第4期。

邝平章：《唐代公主和亲考》，《史学年报》第2卷第2期，1935年。

李符桐：《撒里畏兀儿来源考》，《东北集刊》1942年第3期。

李开物：《中国同南亚各国的传统友好关系》，《中国与亚非国家关系史论丛》，江西人民出版社1984年版。

林立平：《唐后期的人口南迁及其影响》，《江汉论坛》1983年第9期。

林梅村：《粟特文买婢契与丝绸之路上的女奴贸易》，《文物》1992年第9期。

林悟殊：《回鹘奉摩尼教的社会历史根源》，《摩尼教及其东渐》，中华书局1987年版。

刘运承、周殿杰：《民族融合和唐代藩镇》，《学术月刊》1983年第6期。

罗香林：《族谱所见唐岭南行军总管陈元光与漳潮开发等关系》，《中国族谱研究》，香港中国书社1971年版。

马里千：《祆祠与波斯寺》，《中国历史地理论丛》1993年第1期。

孟广耀：《安史之乱中的奚族》，《社会科学战线》1985年第3期。

孟广耀：《唐代奚族驻牧范围变迁考论》，《内蒙古师大学报（哲学社会科学版）》1983年第1期。

牟发松：《略论唐代的南朝化倾向》，《中国史研究》1996年第2期。

钮仲勋：《历史时期新疆地区的农牧开发》，《中国历史地理论丛》1987年第1期。

钱伯泉：《一千多年前的龟兹乐谱》，《文史知识》1994 年第 10 期。

［日］桑原骘藏：《隋唐时代西域归化人考》，《师大月刊》1935 年第 22 期。

汤开建：《隋唐时期党项部落迁徙考》，《暨南学报（哲学社会科学版）》1994 年第 1 期。

汤漳平、林瑞峰：《论陈元光的历史地位和影响》，《福建论坛》1983 年第 4 期。

唐启淮：《唐五代时期湖南地区社会经济的发展》，《中国社会经济史研究》1985 年第 4 期。

王德厚：《室韦地理考补》，《北方文物》1989 年第 1 期。

王世和等：《陕西咸阳唐苏君墓发掘简报》，《文物》1963 年第 9 期。

王素：《吐鲁番所出武周时期吐谷浑归朝文书史实考证》，《文史》第 29 辑，中华书局 1988 年版。

王玉清、苟若愚：《唐阿史那忠墓发掘简报》，《考古》1977 年第 2 期。

汶江：《吐蕃治下的汉人》，《西藏研究》1982 年第 3 期。

翁俊雄：《唐后期民户大迁徙与两税法》，《历史研究》1994 年第 3 期。

吴松弟：《宋代东南沿海丘陵地区的经济开发》，《历史地理》第 7 辑，上海人民出版社 1990 年版。

夏鼐：《近年中国出土的萨珊朝文物》，《考古》1978 年第 2 期。

任爽：《南唐时期江西的经济和文化》，《求是学刊》1987 年第 2 期。

肖之兴：《回鹘后裔在辽朝"共国任事"》，《民族研究》1980 年第 4 期。

谢元鲁：《唐五代移民入蜀考》，《中国社会经济史研究》1987 年第 4 期。

叶奕良：《古代中国和伊朗的友好往来》，《中国和亚非国家关系史论丛》，江西人民出版社 1984 年版。

易曼晖:《唐代的人口·唐天宝后人口之南移》,《食货》半月刊1936年第3卷6期。

张广达:《唐代六胡州等地的昭武九姓》,《北京大学学报(哲学社会科学版)》1986年第2期。

赵鸿昌:《唐代云南地区人口迁移问题初探》,《云南社会科学》1987年第4期。

赵永复:《历史时期河西走廊的农牧业变迁》,《历史地理》第4辑,上海人民出版社1986年版。

周伟洲:《唐代六胡州与"康待宾之乱"》,《民族研究》1988年第3期。

作铭:《唐苏谅妻马氏墓志跋》,《考古》1964年第9期。

卷后记

隋唐五代是中国移民史上一个极其复杂的时期,在近 400 年的时间中,周边民族的内迁和北方汉族人民的南下都达到空前规模,对当时和以后的中国历史产生了重要影响。此外,还发生了迁入都城、逃户以及发生于局部地区的各种各样的迁移。由于本时段移民的重要性,在笔者之前已有许多学者对周边民族内迁的文化影响、西域人民的内迁、党项族的迁移、北方人民南迁及逃户迁移诸问题,做了较为深入的研究。还有一些论著因涉及某些移民事件,亦对其迁移过程或影响作了一定的论述。这些成果为本卷相关部分的研究奠定了基础,提供了方便。笔者不敢掠人之美,已在相关章、节与注释中,简要说明前辈和先贤所作的贡献以及和本卷的关系;或尽量引用他人研究成果,说明出处。在此谨向这些学者表示诚挚的谢忱。

按照我们的意图,移民的迁移过程、分布,移民对社会政治、经济、文化各方面的影响,都是移民史研究的范围,都应进行深入全面的研究。就此而言,笔者以前的有关研究成果,因受论文篇幅或著作内容限制,多未能覆盖移民史研究的基本内容。因此,本卷的目标,就是在他人基础上,充分拓展研究范围,广泛搜集资料,通过考证与论述,使各次移民的迁移过程、形式、路线,移民的数量、主要迁出地、分布状况,移民对当时和后世政治、经济、文化等方面的影响,只要在历史文献中留下痕迹,尽量都能得到反映。

为了能够进行比较精细的研究,本卷除了搜集那些反映各次移民运动概貌的史料之外,还从正史列传和墓志铭、神道碑等资料中搜集移民个案资料,制成14张移民实例表,用以反映周边民族内迁、唐后期五代北方移民南迁等主要移民运动中单个移民的迁移状况,包括他们的迁出地、迁入地、迁移时间,某些人还提及迁入后的状况。在移民实例表的基础上进行量化处理,以结合文献记载分析各时期的迁移规模和移民分布状况,有助于读者获得比较清楚的印象。考虑到唐后期五代北方人口南迁的重要性,并且唐五代文献中有关此次移民的资料奇缺,笔者不得不查阅宋代特别是北宋的文献,以作补充。笔者惊喜地发现这方面的资料不仅较多,而且因距唐末五代较近,大多翔实可靠,足以弥补唐五代文献的缺憾。

移民史研究涉及的范围极其广泛,特别是移民对政治、经济和文化诸方面的影响范围更大。为避免流于泛泛而谈,笔者在研究移民影响时将具体事物的发展演变过程和移民在其中的作用作为研究对象,逐项进行考证,在此基础上再依据前后时代的变迁特点进行论述。由于需要对所研究的时代及其前、后时期的政治、经济和文化概况有一定程度的了解,难度极大。这方面的内容来自两方面,一是引用他人的成果,二是笔者的研究。因学力有限,卷中挂一漏万、语焉不详乃至错误之处一定很多,祈望专家学者多多赐教,以求完善。

隋唐五代是中国历史的重要阶段,历时较久,唐代又是中国封建社会繁荣时期,其政治、经济、文化和民族关系均具特色,各种人口迁移,尤其周边民族向中原地区的迁移、安史之乱以后的人口南迁,都是中国历史上重大的北方人口南迁运动之一。由于这两方面内容复杂,本书新版尽量努力增加并调整文字,特别是有关北方人民南迁的内容。尽管这样,新增部分文字增加仍有限,望读者谅解。

本卷在写作过程中,除经常得到葛剑雄、曹树基先生的具体指导和帮助外,还曾得到邹逸麟、周振鹤等许多先生的指教;唐史和历史地理学界的师、友许道勋、牟发松、辛德勇、费省、刘统、梁洪生、华林甫等先生或惠赠自己的论著,或借阅未完成的手稿;华林甫还仔细阅读全卷,提了一些极好的修改意见,谨在此向他们以及所有给予帮助的人表示衷心的谢意。

吴松弟

2021 年 6 月 10 日

图书在版编目(CIP)数据

中国移民史.第三卷,隋唐五代时期/葛剑雄主编;吴松弟著. —上海:复旦大学出版社,2022.1
ISBN 978-7-309-15223-4

I.①中… Ⅱ.①葛…②吴… Ⅲ.①移民-历史-研究-中国-隋唐时代②移民-历史-研究-中国-五代十国时期 Ⅳ.①D632.4

中国版本图书馆 CIP 数据核字(2020)第 138109 号

审图号:GS(2021)5080 号

中国移民史 第三卷 隋唐五代时期
葛剑雄　主编　吴松弟　著

出　品　人/严　峰
责任编辑/关春巧
装帧设计/袁银昌

复旦大学出版社有限公司出版发行
上海市国权路 579 号　邮编:200433
网址:fupnet@fudanpress.com　http://www.fudanpress.com
门市零售:86-21-65102580　团体订购:86-21-65104505
出版部电话:86-21-65642845
上海盛通时代印刷有限公司

开本 890×1240　1/32　印张 14.125　字数 393 千
2022 年 1 月第 1 版第 1 次印刷

ISBN 978-7-309-15223-4/D·1052
定价:78.00 元

如有印装质量问题,请向复旦大学出版社有限公司出版部调换。
版权所有　侵权必究